国家社会科学基金
“十三五”规划 2019 年度教育学重大招标课题研究成果

新时代中国教育高质量发展的路径和对策研究

RESEARCH ON THE PATH AND COUNTERMEASURES OF HIGH-QUALITY DEVELOPMENT OF CHINA EDUCATION FOR A NEW ERA

柳海民等◎著

深圳出版社

图书在版编目（CIP）数据

新时代中国教育高质量发展的路径和对策研究 / 柳海民等著 . -- 深圳 : 深圳出版社 , 2024.6

(深思教育书系)

ISBN 978-7-5507-3956-7

Ⅰ . ①新… Ⅱ . ①柳… Ⅲ . ①教育事业－发展－研究－中国 Ⅳ . ① G521

中国国家版本馆 CIP 数据核字 (2024) 第015899号

新时代中国教育高质量发展的路径和对策研究

XINSHIDAI ZHONGGUO JIAOYU GAOZHILIANG FAZHAN DE LUJING HE DUICE YANJIU

出 品 人　聂雄前
责任编辑　王　博　侯天伦　张晶莹
责任校对　万妮霞
责任技编　陈洁霞
封面设计　新触点

出版发行　深圳出版社
地　　址　深圳市彩田南路海天综合大厦（518033）
网　　址　www.htph.com.cn
订购电话　0755-83460239（邮购、团购）
设计制作　深圳市新触点文化传播有限公司
印　　刷　深圳市希望印务有限公司
开　　本　787mm×1092mm　1/16
印　　张　30.5
字　　数　540千
版　　次　2024年6月第1版
印　　次　2024年6月第1次
定　　价　128.00元

序

2019年初，时值寒假，本人率领的研究团队经过认真思量，决定申报当年全国教育科学规划办发布的“新时代中国教育高质量发展的路径和对策研究”重大招标课题，旋即组建课题组，根据各自的专业方向优长，确定了申报表各项内容撰写的分工和具体任务。根据任务分配、撰写要求和推进时间表，大家放弃寒假休息时间，在进行深入细致、问题聚焦的大量相关文献阅读基础上分头撰写申报表的相关内容。经过近一个月时间的撰写与修改，最后按规定时间提交申报材料，并于2019年5月参加了申报答辩，2019年7月获得全国教育科学规划办的正式立项，项目批准号为VFA190004，是当年全国获立的五个重大招标课题之一。东北师大在当年的报道中说：“此次重大项目的成功夺标是我校首次获批国家社科基金教育学重大项目，更是我校教育学学科发展中的一次历史性重大突破。”

课题获得立项后，为保证课题研究质量，课题组于2019年10月26日在北京师范大学举行了开题报告会，教育部政策法规司司长邓传淮，南京师范大学副校长吴康宁教授，中国教育报刊社党委书记、社长翟博，北京开放大学校长褚宏启教授，中国基础教育质量监测协同创新中心常务副主任辛涛教授，中国教育科学研究院邓友超研究员，北京师范大学科研院常务副院长范立双教授等专家学者组成开题报告评议专家组，为项目研究提出了宝贵的意见，并一致通过了项目的开题。课题组长制定了“课题操作指南”，用于引领和指导本课题的研究过程。2019年11月至2023年6月历时3年多时间，课题组根据预定的研究设计，有计划地在纵向上展开了学前教育、义务教育、高中教育、高等教育和职业教育相关的研究，在横向上展开了教育高质量发展的理论研究、调查研究和实践研究等相关的研究工作，陆续发表41篇课题学术论文，研制2篇咨询报告、4篇研究报告，举办5场学术论坛。呈现在大家面前的就是凝结着课题组学术智慧和辛勤劳动的成果《新时代中国教育高质量发展的路径和对策研究》课题专著。

高质量发展的话语最早来自2017年习近平总书记在中国共产党第十九次全国代表大会上的报告。在报告中，他提出："我国经济已由高速增长阶段转向高质量发展阶段。"2020年，他在《关于〈中共中央关于制定国民经济和社会发展第十四个五年规划和二〇三五年远景目标的建议〉的说明》中指出："经济、社会、文化、生态等各领域都要体现高质量发展的要求。"2021年，他在参加十三届全国人大四次会议青海代表团审议时强调："高质量发展不只是一个经济要求，而是对经济社会发展方方面面的总要求；不是只对经济发达地区的要求，而是所有地区发展都必须贯彻的要求；不是一时一事的要求，而是必须长期坚持的要求。"2022年，他在党的二十大报告中强调："我们要坚持以推动高质量发展为主题。"

关于教育高质量发展的官方表述，最早出现在2020年10月29日党的十九届五中全会审议通过的《中共中央关于制定国民经济和社会发展第十四个五年规划和二〇三五年远景目标的建议》，其中提出"建设高质量教育体系"。党的二十大报告对教育进一步加持和强调，指出：要办好人民满意的教育，全面贯彻党的教育方针，落实立德树人根本任务，培养德智体美劳全面发展的社会主义建设者和接班人，加快建设高质量教育体系，发展素质教育，促进教育公平。

课题组以党中央的文件为指导，聚焦新时代中国教育高质量发展研究主题，重点从三大方面展开了研究布局。

第一，教育高质量发展的理论研究。

课题组以横向铺展的研究思路，深入展开了教育高质量发展的基础理论、现实分析、国际比较、发展对策等方面内容的研究，如新时代中国教育高质量发展的科学内涵与路径转向，背景条件与影响因素，国际借鉴与独特优势，政策体系建构与体制机制改革，以及评价与保障机制等方面的系统研究和论述。课题组在著作中提出，教育高质量发展是：以"五大发展理念"为核心，以"三大动力变革"为手段，以人民群众对美好教育需求为导向，推动教育实现由数量追赶向质量追赶、由规模扩张向质量提升、由追求外延向提升内涵的三大转变，在新的起点上全面提高教育发展的优质化水平和整体品质。优质发展的基本思路包括：微观层面，提升教育产品和服务质量，尤其是高质量的自主品牌产品和优质服务的质量；中观层面，提升人才培养价值链，从简单追求教育年限实现向重视学生学习质量、身心发展质量高端价值链提升；宏观层面，提高全要素的整体优化程度，包括教育中的人力、物力、财力，事务的统筹安排和运行水平。优质发展的实践路向概括为：四面八维，即从当下惠及长远，树立更加优质、可持续的发展理念；从少数普及全体，坚持更加公平、全面的价值遵循；从基本转向高位，盘活更加均衡、协调的体制机制；从追赶走向超越，打造更加创新、安全的路径保障。

第二，教育高质量发展的实践研究。

以纵向层次为研究路线，以高质量的实践表达"优质"为统领，课题组以超前的眼光和洞察力将我国各级各类教育高质量发展的实践道路和发展指向确定为：学前教育优质普惠，义务教育优质均衡，高中教育优质多样，高等教育优质创新，职业教育优质融合，民办教育优质规范。这些表述与2023年的《教育部 国家发展改革委 财政部关于实施新时代基础教育扩优提质行动计划的意见》不谋而合。与此同时，课题组以理论研究为指导，呼应党中央"加快建设高质量教育体系"的时代要求，确立了在实践领域推进学校走向优质发展的思维框架，即构建和实施高质量的行动计划体系、高质量的文化体系、高质量的德育体系、高质量的课程体系、高质量的教学体系、高质量的队伍体系、高质量的管理体系等等。

上述两大方面的成果都融汇在了本专著的相关章节里。

第三，教育高质量发展的调查研究。

基础教育高质量发展的关键要素是中小学教师队伍。从2019年课题获批至今，课题组连续展开现状调查研究。特点是：每年有聚焦的年度调研主题；调研使用自己研发的原创研究工具；研究样本覆盖全国的发达、比较发达和欠发达的所有地区（样本量年均4万左右）；调研结果形成系统的研究报告，如《中国教师发展报告（2020—2021）：中小学教师职业幸福感发展态势、面临挑战与提升举措》《中国教师发展报告2022：中小学教师工作强度现实审视、面临挑战与调试策略》。由于报告篇幅较长，课题组未将其放在本专著中而选择另外成书，陆续由科学出版社出版。两本研究报告形成后，课题组连续两年召开成果发布会和同步的学术论坛，得到广泛关注，新华社、《光明日报》、学习强国、中国新闻网、《中国青年报》等多家中央级媒体纷纷报道，产生了较大的社会影响。

重大项目的研究成果是集体智慧的结晶，本书由柳海民统筹规划，设定了书稿的大纲和核心内容，部分课题组成员承担了相应的创作任务。依篇章顺序，具体创作者是：第一章柳海民教授、邹红军副教授，第二章杨进副教授，第三章林丹教授，第四章姚玉香副教授，第五章徐海娇副教授，第六章王澍教授、周霖教授，第七章郅庭瑾教授，第八章刘学智教授，第九章姚伟教授，第十章杨清溪教授、周霖教授，第十一章付玉红副教授，第十二章黄红兰副教授、柳欣源助理研究员，第十三章王伟博士。

专著的撰写是一项艰苦的创新性活动，各位作者在承担课题组任务的同时还都有各自繁忙的本职工作，但仍然能够结合自己的优长研究领域，根据课题组的整体设计进行深入、细致、富有智慧的创作。我代表课题组对大家的辛勤劳动和艰苦付出表示衷心的感谢。全书成稿后，得到深圳出版社的大力支持，尤其王博编辑对全书的篇章结构、格式规范提出了很多宝贵的意见，在此一并感谢。

在撰写各章内容时参考、借鉴、引用了很多学术同人的研究成果，在此也一并表示诚挚的谢意！

教育高质量发展是个永恒的研究主题，本书的出版只是教育高质量发展研究的一个阶段性成果，课题组将与时俱进，持续地致力于教育高质量发展领域的深耕与精耕！

课题负责人 柳海民教授

2023年9月10日

国家社会科学基金
“十三五”规划 2019 年度教育学重大招标课题研究成果

新时代中国教育高质量发展的路径和对策研究

RESEARCH ON THE PATH AND COUNTERMEASURES OF HIGH-QUALITY DEVELOPMENT OF CHINA EDUCATION FOR A NEW ERA

柳海民等◎著

深圳出版社

图书在版编目（CIP）数据

新时代中国教育高质量发展的路径和对策研究 / 柳海民等著 . -- 深圳 : 深圳出版社 , 2024.6
(深思教育书系)
ISBN 978-7-5507-3956-7

Ⅰ . ①新… Ⅱ . ①柳… Ⅲ . ①教育事业－发展－研究－中国 Ⅳ . ① G521

中国国家版本馆 CIP 数据核字 (2024) 第015899号

新时代中国教育高质量发展的路径和对策研究

XINSHIDAI ZHONGGUO JIAOYU GAOZHILIANG FAZHAN DE LUJING HE DUICE YANJIU

出 品 人　聂雄前
责任编辑　王　博　侯天伦　张晶莹
责任校对　万妮霞
责任技编　陈洁霞
封面设计　新触点

出版发行　深圳出版社
地　　址　深圳市彩田南路海天综合大厦（518033）
网　　址　www.htph.com.cn
订购电话　0755-83460239（邮购、团购）
设计制作　深圳市新触点文化传播有限公司
印　　刷　深圳市希望印务有限公司
开　　本　787mm×1092mm　1/16
印　　张　30.5
字　　数　540千
版　　次　2024年6月第1版
印　　次　2024年6月第1次
定　　价　128.00元

目　录

第一章

新时代中国教育高质量发展的科学内涵与路径转向

当今的中国正处在“两个一百年”奋斗目标的历史交汇点。国家的未来发展方向在哪里、教育的未来发展道路是什么等问题已然成为众所关注的焦点。党的十九大报告、十九届五中全会公报和《中共中央关于制定国民经济和社会发展第十四个五年规划和二〇三五年远景目标的建议》(以下简称《建议》)为全面建设社会主义现代化教育开好局、起好步、走好路确立了纲领性引领。《建议》针对教育提出了“建设高质量教育体系”的远景目标，从基本遵循、育人机制、发展原则、教育治理等方面提出了基本建议。这些关于教育发展的系列重要决定开启了中国教育发展的历史新阶段，明确了“十四五”时期教育改革发展的总方向和总要求。党的二十大报告指出，“高质量发展是全面建设社会主义现代化国家的首要任务”，要“全面贯彻党的教育方针，落实立德树人根本任务，培养德智体美劳全面发展的社会主义建设者和接班人。坚持以人民为中心发展教育，加快建设高质量教育体系”，“办好人民满意的教育”。[①] 无独有偶。此前的2015年，联合国《变革我们的世界：2030年可持续发展议程》(*Transforming our world*：*the 2030 Agenda for Sustainable Development*，以下简称《议程》)正式启动，呼吁各国为今后15年实现17项可持续发展目标而努力。其中，目标4和目标8分别为“确保包容和公平的优质教育，让全民终身享有学习机会”与“促进持久、包容和可持续经济增长，促进充分的生产性就业和人人获得体面工作”。中国和世界两个重要文件的主旨交汇，为新时代我国基础教育改革发展路向的战略性调整指明了方向：由有质量发展转向高质量发展。

① 高举中国特色社会主义伟大旗帜 为全面建设社会主义现代化国家而团结奋斗——习近平同志代表第十九届中央委员会向大会作的报告摘登 [N]. 人民日报，2022-10-17(2).

一、文献综述

对学术界而言，高质量发展可谓是一个全新的领域，尽管世纪之交关于它的思考已初现端倪，但正式起步却是在党的十九大以后，属于典型的政策诱发型研究，且主要集中在经济学领域。2017年，《南方经济》率先以“解读十九大报告亮点”为主题刊发一组文章，王珺在《以高质量发展推进新时代经济建设》一文中指出，新时期解决好发展不平衡不充分问题的关键在于高质量发展，体现为经济、社会、政治、文化与生态等方面的协同发展。[①]陈鸿宇辨析了空间视角下的不平衡发展问题，提出要认识到空间经济不平衡发展的绝对性与相对性，在此基础上做出评估与校正。[②]有学者关注到习近平总书记的可持续发展思想，指出在经济新常态背景下，要实现“两个一百年”奋斗目标和中华民族伟大复兴，就必须解决好经济发展的可持续性问题，这就要求必须加快我国经济增长方式的转型，坚定不移地走可持续发展之路。[③]截至目前，经济学界关于中国经济高质量发展的研究主要集中在以下几个领域。

（一）经济高质量发展的可能性与必要性

推动高质量发展，关乎基本实现社会主义现代化，关乎全面建成社会主义现代化强国，是党中央在我国发展的历史转折关口提出的引领新时代现代化建设的重大战略。改革开放40多年以来，高投入、高增长、高消耗的经济发展模式取得惊人成就的同时也引发诸多问题，越来越迫切地需要由粗放型发展转变为高质量发展，[④]即，当我们成功地解决了“有没有”的问题，也就自然过渡到“好不好”的阶段，也就是转向高质量发展阶段。突出表现在经济发展质量出现积极变化、发展效率开始改善和发展动力正在转换等趋势性变化。[⑤]有研究者认为，高质量

① 王珺．以高质量发展推进新时代经济建设[J]. 南方经济，2017，36（10）：1-2.

② 陈鸿宇．空间视角下的不平衡发展问题辨析[J]. 南方经济，2017，36（10）：2-4.

③ 赵祥．从十九大报告看习近平总书记可持续发展思想[J]. 南方经济，2017，36（10）：13-15.

④ 付智，丁峰，郑安怡．我国高质量发展评价及空间分异[J]. 金融与经济，2021（5）：68-76.

⑤ 郭春丽，王蕴，易信，等．正确认识和有效推动高质量发展[J]. 宏观经济管理，2018（4）：18-25.

发展既深刻揭示了中国经济运行的基本底色，又集中概括了中国经济发展的基本方向，抓住了高质量发展，就牵住了中国经济的“牛鼻子”。其现实依据在于：逻辑起点是社会主要矛盾变化，逻辑基础是经济发展阶段变化，中国特色社会主义进入新时代同中国经济进入高质量发展阶段一脉相承，理论逻辑和实践逻辑高度一致。[①]然而，随着中国经济的快速发展，成长期的数量型经济增长逻辑萌芽并未演变成为足以完成中华民族伟大复兴的原动力，长期经济发展架构也随之成为国内学者亟须探讨的新时代命题。[②]国家统计局数据显示，自2007年起，我国GDP增速明显放缓。党的十九大报告提出“我国经济已由高速增长阶段转向高质量发展阶段”，同时强调“建设现代化经济体系是跨越关口的迫切要求和我国发展的战略目标”，说明我国正处于转变发展方式、优化经济结构、转换增长动力的关键时期。随着我国发展进入新时代，究竟如何培育壮大经济增长动能，实现经济高质量发展，已成为社会各界关心的重要议题。[③]

另一方面，国际、国内经济发展环境正在发生变化，以人工智能与先进制造技术深度融合为核心驱动力的新一轮产业革命正在改变全球价值链曲线，为世界经济高质量发展提供了“新车道”。[④]大数据、云计算、物联网、人工智能等新一代信息技术快速发展并与经济社会各领域实现深度融合，数字经济已成为驱动中国经济增长的重要引擎。[⑤]在移动互联网、超级计算、传感网、脑科学等新理论新技术的驱动下，人工智能加速发展，呈现出深度学习、跨界融合、人机协同、群智开放、自主操控等新特征，正在对经济发展、社会进步、国际政治经济格局等方面产生重大而深远的影响。[⑥]

---

① 高培勇 . 理解、把握和推动经济高质量发展 [J]. 经济学动态，2019（8）：3-9.

② 李梦欣，任保平 . 新时代中国高质量发展的综合评价及其路径选择 [J]. 财经科学，2019（5）：26-40.

③ 荆文君，孙宝文 . 数字经济促进经济高质量发展：一个理论分析框架 [J]. 经济学家，2019（2）：66-73.

④ 刘友金，周健 .“换道超车”：新时代经济高质量发展路径创新 [J]. 湖南科技大学学报（社会科学版），2018，21（1）：49-57.

⑤ 李宗显，杨千帆 . 数字经济如何影响中国经济高质量发展？ [J]. 现代经济探讨，2021（7）：10-19.

⑥ 郭朝先，方澳 . 人工智能促进经济高质量发展：机理、问题与对策 [J]. 广西社会科学，2021（8）：8-17.

（二）经济高质量发展的本质与内涵

我国经济高质量发展，是能够更好满足人民日益增长的美好生活需要的发展，是体现创新、协调、绿色、开放、共享的新发展理念的发展，也应是生产要素投入少、资源配置效率高、资源环境成本低、经济社会效益好的发展。它包括商品和服务质量普遍持续提高的发展，投入产出效率和经济效益不断提高的发展，创新成为第一动力的发展，绿色成为普遍形态的发展，经济重大关系协调、循环顺畅的发展，坚持深化改革开放的发展，共享成为根本目的的发展几个方面。①有研究者从经济系统的静态和动态两方面理解高质量发展的本质和内涵。从静态的经济学分层视角看，高质量发展涵盖了微观、中观、宏观三个层面。微观层面的高质量是指高端的产品和服务质量，包括一流的企业竞争力、品牌影响力、产品性能和创新能力；中观层面的高质量是指较好的产业经济效益，包括合理的产业结构、优化的产业布局、不断进行产业转型升级和提质增效；宏观层面的高质量是指良好的国民经济发展，包括经济平稳增长，区域城乡发展均衡，以创新为动力实现可持续发展，让经济发展成果更多更公平地惠及全体人民。从动态的经济循环视角看，高质量发展涵盖了供给、需求、配置、投入产出、社会分配和经济循环等环节。②高质量的供给意味着企业提供更好的产品和服务；高质量的需求意味着消费者随着收入水平的提高有着更为多样化和高端化的消费需求；高质量配置意味着市场资源在不同地区和产业间的优化配置；高质量投入产出意味着更高生产效率的集约式发展；高质量社会分配意味着社会分配环节更注重公平公正，缩小贫富差距；高质量经济循环意味着供给与需求、虚拟与实体，国内与国外的良好互动。③

此外，根据比较政治经济学和福利国家理论，高质量发展是一类与报酬递增相联系的总括性制度与机制，并随着特定历史条件变化不断更新和完善。④高质

① 林兆木．关于我国经济高质量发展的几点认识 [N]. 人民日报，2018-01-17（7）.

② 李伟．高质量发展有六大内涵 [N]. 人民日报（海外版），2018-01-22（3）.

③ 黄娅娜，邓洲．新时代经济高质量发展的内涵、现状、问题和对策 [J]. 中国井冈山干部学院学报，2019，12（5）：23-30.

④ 高培勇，袁富华，胡怀国，等．高质量发展的动力、机制与治理 [J]. 经济研究，2020，55（4）：4-19.

量发展具有很强的动态性，在经济学的基本意义上，是指能够更好满足人民不断增长的真实需要的经济发展方式、结构和动力状态。[①] 有学者认为，高质量发展是比经济增长质量范围宽、要求高的质量状态。高质量发展的理论导向表现在提高供给的有效性，实现公平性发展、生态文明、人的现代化。[②] 有研究认为，高质量发展的核心内涵是供给体系质量高、效率高、稳定性高。[③] 总之，高质量发展具有十分丰富的内涵，可从社会矛盾变化和新发展理念及其问题、投入与产出、宏观与微观等角度理解。

（三）经济高质量发展的影响因素研究

有研究基于2000—2019年我国30个省级行政区的面板数据，通过中介效应模型考察了金融发展、资本错配与经济高质量发展的内在关系，研究发现金融发展对经济高质量发展具有显著的促进作用，资本错配是金融发展影响经济高质量发展的中介因素且显著降低了经济高质量发展水平，依赖增加投资的粗放型经济增长模式不利于经济高质量发展水平的提升，而增加消费、扩大对外开放、提升城镇化水平以及完善交通基础设施能够促进经济高质量发展水平的提升。[④] 有研究考察了数字化转型对区域经济高质量发展的作用机理，数字化转型对区域经济高质量发展具有显著的促进作用，区域创新能力在此过程中起到正向调节作用；随着区域经济发展质量的提升，数字化转型对区域经济高质量发展的促进作用在减弱；数字化转型和区域创新能力对区域经济高质量发展的作用效果具有同步性，再次验证了数字化转型和区域创新能力提升二者相互协调融合下更有利于促进区域经济高质量发展。[⑤] 同时，即使考虑内生性和经济惯性，数字经济发展依然有效推动了全要素生产率（TFP）增长，其作用效果具有正向空间溢出效应，

① 金碚．关于“高质量发展”的经济学研究 [J]. 中国工业经济，2018，（4）：5-18.

② 任保平．新时代中国经济从高速增长转向高质量发展：理论阐释与实践取向 [J]. 学术月刊，2018，50（3）：66-74.

③ 国家发展改革委经济研究所课题组．推动经济高质量发展研究 [J]. 宏观经济研究，2019（2）：5-17.

④ 常建新．金融发展、资本错配与经济高质量发展 [J]. 金融发展研究，2021（7）：62-70.

⑤ 李柏洲，张美丽．数字化转型对区域经济高质量发展的作用机理——区域创新能力的调节作用 [J]. 系统工程，2022，40（1）：57-68.

有助于提升邻近城市 TFP 水平，技术创新和要素配置效率是数字经济影响 TFP 的中介渠道。[①] 这一数字经济对于经济高质量发展的结构性影响同样适用于解释数字金融与经济高质量发展的关系。[②]

有人从技术与经济高质量发展的关系角度展开了研究，研究发现，信息通信技术（Information and Communication Technology，简称 ICT）资本深化作用明显，技术扩散效应、人才配置效应和自主研发效应是 ICT 资本推动经济高质量发展的重要渠道，但当技术扩散越过对经济发展质量正向影响的临界值时，ICT 资本积累将成为经济发展质量阻碍因素。[③] 而人工智能对经济高质量发展的作用机理，则可概括为对三类产业的扩张效应、赋能效应和活化效应。其中，核心产业扩张效应与融合产业赋能效应交互构建了促进高质量发展的动态循环过程，潜在关联产业活化效应则通过提供非匹配、非集约、非规整、非公平问题解决方案促进经济社会高质量发展。[④] 还有研究从空间入手研究经济高质量发展，利用 E—TOPSIS 方法和基于增益水平的动态激励评价方法对我国省域高质量发展水平进行静态和动态评价，并探究其空间分异特征，研究发现，我国高质量发展水平呈现正的空间自相关性，高质量发展水平正向集聚趋势不断增强，总体保持稳步提高的态势，发展水平较高的地区主要集中在东南沿海地区，而发展水平较低的地区主要分布在西南和西北部分省份。[⑤] 有研究进一步基于新经济地理学和内生增长理论以及贸易自由度约束下的局域溢出模型，探究了创新的空间扩散与集聚影响经济高质量发展的作用机制，得出了对称均衡是模型的唯一内点均衡，创新的空间扩散对整个经济体的经济增长并没有影响，当创新的空间扩散效应足够大或者集聚租金较小时，外围区域的普通劳动力偏好集聚状态等结论。[⑥] 建立健全经

---

① 李宗显，杨千帆．数字经济如何影响中国经济高质量发展？[J]. 现代经济探讨，2021（7）：10-19.

② 徐铭，沈洋，周鹏飞．数字普惠金融对经济高质量发展的影响研究 [J]. 资源开发与市场，2021，37（9）：1080-1085.

③ 林勇，张昊，黄欣．信息技术对经济高质量发展的影响——兼论从模仿创新到自主创新 [J]. 科技进步与对策，2021，38（23）：20-29.

④ 郭朝先，方澳．人工智能促进经济高质量发展：机理、问题与对策 [J]. 广西社会科学，2021（8）：8-17.

⑤ 付智，丁峰，郑安怡．我国高质量发展评价及空间分异 [J]. 金融与经济，2021（5）：68-76.

⑥ 王兵，吴福象．创新空间扩散、集聚租金与经济高质量发展 [J]. 审计与经济研究，2021，36（4）：117-127.

济高质量发展协调机制可以从加强区域空间功能定位与协同发展，建设现代化都市圈、推进城乡一体化以及建立区域联动发展新机制等方面入手。[①]

(四) 经济高质量发展的路径研究

有学者认为，要加快产业链条延伸，培育高质量发展的产业链新动力；提升传统产业，培育高质量发展的新兴产业动力；培育创新者，培育高质量发展的企业家新动力；发展数字经济，培育高质量发展的新业态动力；把握新趋势，释放高质量发展的信息化新动力；创新发展方式，培育高质量发展的绿色动力。[②] 有学者在对已有研究进行总结后认为，应以创新驱动作为推动经济高质量发展的第一动力，以市场化改革作为推动经济高质量发展的主要抓手，以新一轮对外开放作为推动经济高质量发展的重要手段，以提高人民生活质量作为推动经济高质量发展的主要目标。在首届中国发展经济学学者论坛上，学者们一致认为，中国经济高质量发展的动力机制在于构建高质量发展的动力支撑、突破关键核心技术、注重人力资本投资以及实施有效的创新鼓励方式。[③] 基于创新空间扩散、集聚租金与经济高质量发展的关系，降低运输成本，提高贸易自由度，有助于增大创新空间扩散效应，减少集聚租金，提高全域劳动力福利水平，从而促进经济的高质量发展。[④] 数字经济是新时代中国经济发展的重要引擎，建设能够与之匹配的新基建体系至关重要。未来，塑造我国数字经济发展新优势，亟须从供需两侧入手，高度关注政府、社会、企业的数字化转型进程，重视新基建的区域协调和城乡融合发展，加快“软”基础设施建设进程，优化缩减新基建迭代成本，多维度提升新基建的安全性，[⑤]加大对数字基础设施的投资力度，夯实数字技术基础，进

---

① 曾凡银 . 深入推进区域协调高质量发展 [J]. 红旗文稿，2021（12）：29-31.

② 任保平，李禹墨 . 新时代我国经济从高速增长转向高质量发展的动力转换 [J]. 经济与管理评论，2019，35（1）：5-12.

③ 朱紫雯，徐梦雨 . 中国经济结构变迁与高质量发展——首届中国发展经济学学者论坛综述 [J]. 经济研究，2019，54（3）：194-198.

④ 王兵，吴福象 . 创新空间扩散、集聚租金与经济高质量发展 [J]. 审计与经济研究，2021，36（4）：117-127.

⑤ 郭斌，杜曙光 . 新基建助力数字经济高质量发展：核心机理与政策创新 [J]. 经济体制改革，2021（3）：115-121.

一步拓展数字经济与实体经济融合的广度和深度。[①] 而从外资进入、技术进步与经济高质量发展的关系入手，在经济走向高质量发展道路的新时期，工业企业要注重提高自身的技术水平；未来在引入外资政策方面更应注重外资质量，建立健全市场机制，同时企业所在地方也应注意完善相应政策，营造较为有益的政策环境。[②] 从技术赋能经济高质量发展的角度，中国亟须从模仿创新向自主创新转换的内在逻辑、完善自主创新激励机制与纠正信息扭曲和市场失灵等方面入手助力经济高质量发展，[③] 并且，要推进基础理论研究和关键共性技术开发，提高科技自立自强能力；优化行业发展环境，促进产业生态良性发展；完善相关法律法规和伦理规范制度，促进人工智能“科技向善”；构建高素质人才培养体系和人才流动机制，促进包容性均衡发展；加快人工智能创新应用先导区和创新发展试验区建设，推进改革试点和应用示范。[④]

对于教育领域而言，虽然早在2001年，北京就喊出了“高标准高质量发展基础教育”的口号；进入2010年以后，陆续有个别学者关注到高等职业院校、民办高校、学前教育、初中教育高质量发展问题。但相比于经济学的研究，教育领域的研究明显滞后。少量研究集中在高等教育领域，有学者对高等教育高质量发展内涵做了初步探讨，认为高等教育高质量发展是指高等教育系统将高质量发展理念渗透融入教学、研究、服务等各类学术活动，获得了比较平衡、充分的发展，其成果较好地满足了自身需求和外部需求，包含特色强、质量优、满足需求能力强三个特征。[⑤] 有学者指出了中国高等教育高质量发展的若干问题，如高等教育高质量发展需要特别关注多样发展、创新发展、开放发展、集群发展和智能发展，要坚持正确的办学方向，扎根中国大地，遵循教育规律，以务实的改革行动践行

① 李宗显，杨千帆．数字经济如何影响中国经济高质量发展？[J]. 现代经济探讨，2021(7): 10-19.

② 田宇，许诗源．外资进入、技术进步与经济高质量发展——基于索洛余额法与VAR模型实证分析[J]. 技术经济与管理研究，2021(6)：8-13.

③ 林勇，张昊，黄欣．信息技术对经济高质量发展的影响——兼论从模仿创新到自主创新[J]. 科技进步与对策，2021，38(23)：20-29.

④ 郭朝先，方澳．人工智能促进经济高质量发展：机理、问题与对策[J]. 广西社会科学，2021(8)：8-17.

⑤ 钟晓敏．新时代高等教育高质量发展论析[J]. 中国高教研究，2020(5)：90-94.

高质量发展的理念。[①] 有学者提出了中国高等教育高质量发展的十大要点，如保持适度办学规模，追求卓越教育质量；优化办学结构，提高办学效益；树立前瞻性发展理念，突出办学特色；传承独特优势，实现融合式创新发展等。[②] 在基础教育领域，有研究展开了一些初步探索，认为“优质均衡”应是中国义务教育高质量发展的时代路向，也就是在实现基本均衡的同时鼓励特色发展和优质发展，[③] 其动力机制是“抓两头带中间”，如着重抓高等教育和幼儿园及小学教育，带动中等教育发展；做好城市和乡村学校布局，带动城镇教育发展；做好宏观治理与微观教学，带动中观层面质量提升；做好逐优与补差，带动中间的可持续发展，促进教育质量整体全面提升。[④] 数字化社会的教育应该更加突出其智能化发展，有研究者探讨了运用人工智能构建教育大数据平台，优化人才培养机制，丰富教学资源、教学方法、学习形式，构建智慧教育管理系统和保障机制以及人工智能多维度驱动教育高质量发展的路径。[⑤] 有研究者指出，人工智能、机器人、区块链等新兴技术为教育高质量发展提供了新契机，有助于提升教育系统的有效性、公平性和成本效益，推动教育变革，促进教育公平。同时，教育高质量发展不仅需要技术和研究协同驱动，还需要教师、学校领导和学习者的充分合作。[⑥]

可喜的是，随着研究的不断深入，一些更为基本的前提性问题逐渐得以提出。有研究者提出了“何为教育高质量发展”的三重解释：其一，作为一种创新的政策概念谱系，具有超越性、系统性、包容性与现代化价值。其二，作为一组积极的教育变革方略，主要是探索增值的、突破性的、创新的、系统的教育事业发展举措，更加彰显了发展是人的基本权利。其三，作为一套落实“以人民为中心”发展思想的务实举措，教育高质量发展是实现为了人民、依靠人民、发展成

---

① 赵继，谢寅波. 中国高等教育高质量发展的若干问题 [J]. 中国高教研究，2019（11）：9-12.

② 贺祖斌. 论高等教育高质量发展的十大要点 [J]. 高校教育管理，2020，14（5）：42-48.

③ 杨清溪，柳海民. 优质均衡：中国义务教育高质量发展的时代路向 [J]. 东北师大学报（哲学社会科学版），2020（6）：89-96.

④ 王澍. 抓两头带中间：中国教育高质量发展的动力机制 [J]. 东北师大学报（哲学社会科学版），2020（6）：105-112.

⑤ 严伟祥，孟德锋. 人工智能驱动教育高质量发展路径研究 [J]. 河南教育（高等教育），2021（4）：55-56.

⑥ 袁磊，张淑鑫，雷敏，等. 技术赋能教育高质量发展：人工智能、区块链和机器人应用前沿 [J]. 开放教育研究，2021，27（4）：4-16.

果由人民共享的教育，在教育场域中具体表现为“双学中心”，即“学生中心”和“学习中心”。[①] 有研究者基于阿马蒂亚·森（Amartya Sen）的“自由”发展观认为，教育高质量发展的核心内涵应是人的实质自由的扩展，表现在理智和行动两个层面。理智层面意味着，通过教育人的理性得以发展，对自然和社会有更深入和系统的认知，可以经由教育的“启蒙”实现思想的解放；行动层面表现为，接受过教育的人，具备与之相应的通识性知识与专业性技能，在工作世界中具有更强的适应力和创造力。教育的高质量发展需要以扩展人的实质的自由为目的，人的实质的自由的扩展也需要以促进教育的高质量发展为目的。[②]

整体来看，经济学界关于经济高质量发展的研究反应迅速、主题聚焦、渐成系统，高质量成果不断涌现。相比于经济学研究，教育领域对于高质量发展的反应相对滞后，尚处起步阶段，甚至在某种程度上而言，尚未起步。但是，滞后不意味着必然的否定性；相反，它蕴藏着巨大的研究空间，而经济学的先导性研究也为我们关于教育高质量发展的研究提供了一定的核心概念、理论基础、致思路径与解释框架。因此，本文的目的在于，在吸收、转化经济学已有研究成果的基础上，对中国基础教育高质量发展做出基本的理论回应，主要解决中国基础教育高质量发展的可能性、本体论及方法论问题。

二、转换的可能性与必要性

当前，随着社会主要矛盾的转移，我国已进入高质量发展阶段，但是问题在于，人们忽略了一个基本的问题：即经济转入高质量发展阶段后，教育如何可以与其同频共振，迈入高质量发展轨道？也就是说，在我们讨论教育高质量发展之前，必须首先解决其从“有质量”转向“高质量”的可能性与必要性问题。我们认为，教育高质量发展首先依赖于我国经济社会发展稳定向好这一基本国情民情，其次遵循教育发展本身提质升级的内在逻辑。

① 张新平，佘林茂．对教育高质量发展的三重理解 [N]．中国教育报，2021-03-18（7）．

② 王建华．什么是高等教育高质量发展 [J]．中国高教研究，2021（6）：15-22.

(一) 经济社会发展持续稳定向好

自《议程》启动以来，联合国坚持实施，密切跟踪，已发布多项年度报告。《2019年可持续发展目标报告》显示，2017年，全球人均实际国内生产总值增长了1.9%，预计到2020年，这一增长率将保持在2%左右。2019年1月21日，联合国提出全球经济增速已达到顶峰，估计2019—2020年将依然以3%的速度稳步增长。《2020年可持续发展目标报告》指出，随着新冠疫情暴发，过去数十年来在消除贫困、医疗健康和教育领域所获得的成果不断受到侵蚀，计划目标的实现面临更为严峻的挑战。报告预计，贫困人口自1998年来首次出现上升，2020年全球将有7100万人重返极端贫困。《2021年可持续发展目标报告》显示：新冠疫情将使2020年贫困人口增加1.19亿到1.24亿；2020年全球损失了8.8%的工时，相当于2.55亿个全职工作岗位；2020年，可能已经有8300万到1.32亿人陷入长期饥饿；衡量收入不平等的基尼系数在许多国家出现显著上升。

2021年5月11日，《2021年世界经济形势与展望》报告正式发布，报告指出，全球经济预计在2021年增长5.4%，该数字比2021年初联合国报告预测的4.7%有所增长。中美两大主要经济体快速恢复，但其余地区经济形势依旧严峻。中国仍是全球经济恢复增长的动力之一。报告对中国经济增长预测从2021年初的7.2%上调至8.2%，对美国经济增长预测上调至6.2%。《中国经济年报》显示，我国2016—2018年GDP同比增长率维持在7%左右（2016年6.7%、2017年6.9%、2018年6.6%）。面对国内外风险挑战明显上升的复杂局面，2019年虽有所下滑，但依然保持在6.1%。[①]国家统计局认为，整体来说，我国国民经济运行总体平稳，发展质量稳步提升，主要预期目标较好实现。2020年，面对严峻复杂的国内外环境特别是新冠疫情严重冲击，经济社会发展主要目标任务完成情况好于预期，GDP突破100万亿元，同比增长2.3%。[②]

党的十九大报告中指出，过去五年，我国坚定不移贯彻新发展理念，坚持端正发展观念、转变发展方式，不断提升发展质量和效益。经济发展取得巨大成

① 同年美国经济增长在2.3%左右，日本和欧元区略高于1%，印度略高于5%。

② 国家统计局.国家统计局局长就2020年全年国民经济运行情况答记者问[EB/OL].（2021-01-18）[2022-10-12].https://www.stats.gov.cn/xxgk/jd/sjjd2020/202101/t20210118_1812496.html.

就，持续保持中高速增长，在世界主要国家中名列前茅，国内生产总值从54万亿元增长到80万亿元，稳居世界第二，对世界经济增长贡献率超过30%。供给侧结构性改革深入推进，经济结构不断优化，数字经济等新兴产业蓬勃发展，开放型经济新体制逐步健全。创新驱动发展战略大力实施，区域发展协调性增强。报告做出了“我国经济已由高速增长阶段转向高质量发展阶段，正处在转变发展方式、优化经济结构、转换增长动力的攻关期，建设现代化经济体系是跨越关口的迫切要求和我国发展的战略目标”的重大判断。[①] 因此，当前我国经济发展必须坚持质量第一、效益优先，以供给侧结构性改革为主线，推动经济发展质量变革、效率变革、动力变革，提高全要素生产率，着力加快建设实体经济、科技创新、现代金融、人力资源协同发展的产业体系，着力构建市场机制有效、微观主体有活力、宏观调控有度的经济体制，不断增强我国经济创新力和竞争力。

2019年10月，“首届可持续发展论坛”在北京召开，挪威外交部副秘书长海格·赫茨贝格感慨道：“中国向世界展示了我们完全可能在较短时间内为体量巨大的人民创造繁荣，中国的表现令人鼓舞。”[②] 同年12月，《求是》杂志发表习近平署名文章《推动形成优势互补高质量发展的区域经济布局》，文章指出，我国长三角、珠三角等地区已初步走上高质量发展轨道，经济重心进一步南移。新形势下促进区域协调发展，要按照客观经济规律调整完善区域政策体系，发挥各地区比较优势，促进各类要素合理流动和高效集聚，增强创新发展动力，加快构建高质量发展的动力系统，增强中心城市和城市群等经济发展优势区域的经济和人口承载能力，增强其他地区在保障粮食安全、生态安全、边疆安全等方面的功能，形成优势互补、高质量发展的区域经济布局。

毋庸置疑，中华人民共和国成立以来，特别是改革开放以来，我国不断突破经济发展瓶颈，探索创新发展模式，及时实行动能转换，走上了经济腾飞的现代化之路，为我国各项现代化事业建设奠定了坚实的基础，无疑也为中国基础教育快速发展提供了重要经济保障。经济发展与教育发展是互动同步的，高质量的经

---

① 新华网．习近平：决胜全面建成小康社会 夺取新时代中国特色社会主义伟大胜利——在中国共产党第十九次全国代表大会上的报告 [EB/OL].（2017-10-27）[2020-02-25].http：//www.xinhuanet.com/politics/19cpcnc/2017-10/27/c_1121867529.htm.

② 刘志强．“落实2030年可持续发展议程：我们在行动”——首届可持续发展论坛在京成功举办 [N]. 人民日报，2019-10-28（10）.

济结构必然要求有高质量的教育发展与之匹配。

(二) 教育发展数量已达历史高位

《中国教育统计年鉴1978》显示，在我国2221个县级单位中，入学率在95%以上的县级单位为1363个，约占全国61.4%。入学率在90%以上不足95%的县级单位有544个，约占全国24.5%。入学率在85%以上不足90%的县级单位数为172个，约占全国7.7%。而剩下的142个县级单位入学率则不足85%。如果以入学率95%为标准，则我国有约38.6%的县级单位在标准以下。全国共有高等学校598所，本专科生在校人数85.63万人，而研究生在校人数仅为1.09万人。《中国教育统计年鉴1988》显示，全国7~11周岁学龄儿童总数9655.8万人，入学儿童9380.4万人，学龄儿童入学率为97.15%。普通高等学校本专科生在校人数206.59万人，研究生11.3万人。《中国教育统计年鉴1998》显示，全国共有小学学龄儿童13369.3万人，入学学龄儿童13226.8万人，毛入学率98.93%。《中国教育统计年鉴2008》显示，2008年，全国共有学龄儿童9772万人，入学儿童9727.1万人，毛入学率为99.5%。其中，小学毛入学率达到105.7%，初中毛入学率达到98.5%。高等教育毛入学率66%。教育部发布的《2022年全国教育事业发展统计公报》显示，2022年全国共有幼儿园28.92万所，在园幼儿4627.55万人，其中，普惠性幼儿园覆盖率达到84.96%，学前教育毛入学率89.7%。全国共有义务教育阶段学校20.16万所，招生3432.77万人，在校生1.59亿人，其中小学阶段招生1701.39万人，初中阶段招生1731.38万人。全国共有普通高中1.50万所，招生947.54万人，在校生2713.87万人，高中阶段毛入学率91.6%。全国各种形式的高等教育在学总规模4655万人，高等教育毛入学率59.6%。①

对比1978年、1988年、1998年、2008年和2022年的教育发展统计数据，可以发现我国教育规模发展已经达到历史高位。70年筚路蓝缕的努力奋斗，推动教育由中华人民共和国成立之初的文盲充斥到现在的义务教育，由“能上学”到“有学上”，到2017年底全国有81%的区县达到了基本均衡县的要求，高等教育由精

① 中华人民共和国教育部.2022年全国教育事业发展统计公报[EB/OL].（2023-07-05）[2023-08-30].http：//www.moe.gov.cn/jyb_sjzl/sjzl_fztjgb/202307/t20230705_1067278.html.

英化走向大众化，职业教育质量不断提升。进入新时代，我国的社会主要矛盾已发生变化。中国的各级各类教育水平显著提高以后，人民对美好教育、优质教育的向往更加强烈。过去要解决的是“有没有”“够不够”，现在要解决的是“好不好”“优不优”。前者聚焦基础教育的“速度和体量”，追求“速度优势”和“体量优势”；后者聚焦“效益和质量”，追求“效益优势”和“质量优势”。在解决了“有学上”之后，实现“上好学”已然成为百姓对我国教育的殷切期盼，“高质量”成为新时代我国教育发展的关键词与核心价值。

(三) 教育发展水平跃升到世界中高收入国家行列

2019年是中华人民共和国成立70周年。70年来，我国各级各类教育取得的成就是全方位的。基础教育经历“改造与探索期”“停滞与恢复期”“改革与深化期”三个阶段，基础教育办学体制从工具理性向价值理性转变，从政府包揽走向公共治理，随着政治和经济体制的变革发展不断完善。[①]管理体制历经曲折发展、恢复重建、改革计划管理、统筹推进与逐步完善和全方位系统化改革五个阶段，取得巨大成就，“中国模式”逐渐形成。[②]减负政策依次经历了以改善学生身体素质为中心的时期、以缓解升学压力为目标的时期、以提升教育质量为主旨的时期、以基础教育课程改革为依托的时期、全方位深化改革新时期五个阶段，取得显著效果。[③]义务教育财政投入水平不断提高，原有地区间投入差距问题得到改善，义务教育财政已开始迈入更高水平发展阶段。[④]学校布局不断调整优化，经历“布点建校期”“调整过渡期”“规模扩张期”“撤点并校期”，已经走向“审慎调整期”。[⑤]中小学教师队伍建设取得重大进展，数量上从缺乏到满足，质量上

---

① 张辉蓉，李东香，赵云娜．新中国基础教育办学体制发展70年回眸与展望[J]. 中国教育科学（中英文），2019，2（6）：39-47.

② 蒲蕊．新中国基础教育管理体制70年：历程、经验与展望[J]. 中国教育学刊，2019（10）：48-53.

③ 卫建国，秦一帆．我国中小学减负政策70年：回顾与变迁[J]. 教育理论与实践，2019，39（22）：27-31.

④ 李波，黄斌，汪栋．回顾与前瞻：中国义务教育财政体制70年[J]. 华中师范大学学报（人文社会科学版），2019，58（6）：35-44.

⑤ 雷万鹏，王浩文．70年义务教育学校布局调整回顾与反思[J]. 华中师范大学学报（人文社会科学版），2019，58（6）：12-24.

从低水平到高水平，培养上从学历、职前培育到职后培训。师德建设始终坚守时代性重要立场，从工具理性走向人文本位，从单极规范走向多元治理，由模糊笼统走向细致严密，实现了我国师德建设长效化、制度化发展。[①] 基础教育课程方案变革经历初创、迷失、重建、转型、深化五个基本阶段，确立了内涵丰富的培养目标，开发了形式多样的课程类型，建立了均衡灵活的课程结构，形成了多级互补的课程权力关系，在基础教育课程方案变革过程中积累了宝贵经验。[②] 这些举措不仅顺应了经济社会发展、城镇化和人口变化趋势，也在引领城镇化、产业结构调整及教育变迁中发挥着重要的先导作用，为国民经济发展、社会进步、民族团结做出了巨大的贡献。

70年来，我国构建了基本完善的中国特色高等教育体系，规模空前扩大，成为世界第一高等教育大国，教育质量和水平不断提高，培养了大批优秀人才，创造了大批科研成果，为社会主义建设做出了应有的贡献，实现了规模发展、多元发展、重点发展、开放发展、创新发展。[③] 在多重因素的影响下，高等教育办学体制在改革中不断发展，逐渐探索出了一条政府自上而下改革与市场自下而上创新相结合的、具有中国特色的高等教育办学之路。[④] 20世纪50年代，我国高等教育管理体制从"集中统一"领导体制转变为"统一领导、分级管理"体制；自20世纪80年代中期开始，我国持续推进以转变政府相关职能、扩大高等学校办学自主权为目标的高等教育管理体制改革，[⑤]高等教育法治建设历经起步探索、艰难维持、逐步恢复、快速推进、全面深化五个阶段，高等教育法律体系日臻成熟，行政法治深入推进，依法治校取得实效，高校法治教育观念深入人心，学生权益司法保障成效明显。[⑥] 职业教育立法经历了破旧与立新、失衡与纠偏、冲击与停

① 邹红军，柳海民．新中国70年中小学师德政策建设回眸与前瞻[J]. 中国教育科学（中英文），2020，3（1）：38-44.

② 龙安邦，余文森．我国基础教育课程方案变革70年的回顾与展望[J]. 中国教育学刊，2019（10）：28-35.

③ 刘献君．新中国高等教育70年的回顾与展望[J]. 高等教育研究，2019，40（11）：1-8.

④ 皇甫林晓，梁茜．新中国成立70年来高等教育办学体制改革的历史回顾与未来展望[J]. 大学教育科学，2020（1）：73-79.

⑤ 周川．我国高等教育管理体制70年探索历程及其展望[J]. 高等教育研究，2019，40（7）：10-17.

⑥ 刘永林．新中国成立70年来高等教育法治建设的回顾与展望[J]. 中国高教研究，2020（1）：27-34.

滞、恢复与发展、活跃与繁荣、巩固与完善，一系列重要的教育基本制度得以确立、巩固和发展，为我国教育事业的进步奠定了坚实基础。[①]我国职业教育历经发轫期、确立期、完善期和内涵发展期四个阶段，职业教育体系结构从“分等”走向“分类”，职业教育发展方式从“管理”走向“治理”，职业教育发展理念从“小职教观”走向“大职教观”，校企合作方式从“学徒制”走向“现代学徒制”。[②]人才培养目标实现了从培养计划经济时期的“技术工人”“熟练劳动者”到能把握“智能+”时代机遇的“高技术技能型”复合人才的跨越式发展，呈现出以教育观念变革为先导，以技术升级迭代为驱动，以技术技能人才知识结构延展为体现的建设性与批判性共在、历史性与现代性共生、稳定性与发展性共存的富有鲜明“中国特色”的阶段性特征，展现出职业教育人才培养目标与时代共进、育大国工匠，致力于中华民族伟大复兴的使命担当。[③]

经过70年的不懈努力，我国教育完成了重要转变，取得了举世瞩目的巨大成就，探索出一条特色鲜明的“中国道路”：收回并掌握了完整的教育主权；改变了中国教育的属性，使广大人民充分享有了教育权利；消除了数量巨大的文盲，改变了文化教育十分落后的状况；为社会主义国家的现代化建设培养了各类人才；实现了教育理念的转变；完成了教育体制的创新；建成了世界上最大规模的教育体系；形成了独特的教育发展道路；有效开展了民族教育事业；获得了教育的国际地位。[④]无论是在推动普及、着力均衡，还是在提高质量、强化保障的伟大实践中，都创造了世所罕见的发展奇迹。我国教育整体发展水平已经达到世界中高收入国家平均水平，其中义务教育发展水平已经达到世界高收入国家平均水平。[⑤] 2010年，上海参与国际学生评估项目2009（Program for International Student Assessment 2009，PISA 2009）测试一举夺魁，世界教育的目光自此转向

① 湛中乐，靳澜涛．新中国成立70年来教育立法变迁及其制度发展 [J]. 中国人民大学教育学刊，2019（4）：5-25.

② 刘文杰．新中国成立70年我国职业教育发展回顾与前瞻 [J]. 内蒙古社会科学（汉文版），2019，40（2）：192-197.

③ 闫广芬，李文文．新中国成立70年来职业教育人才培养目标的“中国特色”[J]. 中国职业技术教育，2019（36）：27-33.

④ 王明建，杜成宪．新中国70年的教育成就 [J]. 河北师范大学学报（教育科学版），2019，21（6）：25-31.

⑤ 杨银付 .70年基础教育发展的“中国道路”[J]. 中国教育学刊，2019（10）：3.

了中国，英国等世界主要发达国家纷纷前往中国“取经”。2019年，国家市场监督管理总局开展的11个领域公共服务质量监测显示，人民群众对义务教育的满意度名列第一。2017年1月，经国务院批准同意，教育部、财政部、国家发展和改革委员会联合印发《统筹推进世界一流大学和一流学科建设实施办法（暂行）》。同年9月21日，教育部、财政部、国家发展和改革委员会联合发布《关于公布世界一流大学和一流学科建设高校及建设学科名单的通知》，正式公布世界一流大学和世界一流学科建设高校及建设学科名单。历经5年，我国“双一流”建设取得显著成效，表现在学科结构不断优化、人才队伍引育结合效果凸显、人才培养成效显著、科研和社会服务能力不断提升、大学文化建设有序推进、国际交流合作持续开展等方面。US News2022世界大学排行榜显示，中国共有289所高校入围，其中内地（大陆）高校253所，香港高校7所，澳门高校2所，台湾高校27所。相较2021年，中国高校整体排名进步较大。

(四) 因应建设创新型国家、培养创新人才的新要求

20世纪60年代，美国经济学家西奥多·舒尔茨（Theodore W. Schultz）研究认为，人力资本（Human Capital）是一个国家经济发展的重要因素，而教育是形成人力资本最主要的形式，也就意味着，教育是一项促进国民经济增长的重要投资。所谓人力资本，也即负载于劳动者身上的资本，其表现形态为知识技能、文化技术水平与健康状况等。尽管人力资本思想早在古典政治经济学对劳动价值的研究中已有所体现，但是舒尔茨系统阐释，并使之家喻户晓。近年来，美国斯坦福大学（Stanford University）胡佛研究所（Hoover Institution）埃里克·哈努谢克（Eric A. Hanushek）教授及其研究团队提出，知识是一个国家发展的关键，人的认知技能，即一个国家的“知识资本”对经济的长期繁荣至关重要。[①] 他们通过一系列对比性实证研究得出一个重要结论：认知技能与经济增长之间具有非常稳定的关系，且这一关系对发达国家和发展中国家同样适用。[②] 诸多的研究成果反复提醒

① 埃里克·哈努谢克，卢德格尔·沃斯曼因. 国家的知识资本 [M]. 北京：中信出版社，2017：76.

② 埃里克·哈努谢克，卢德格尔·沃斯曼因. 国家的知识资本 [M]. 北京：中信出版社，2017：38-39.

我们，学生的受教育年限只是一个量的确证，更重要的是他们在学校学到了什么，学的效果、质量如何，即是否掌握了相关的基础知识与基本技能，尤其是学生创造力的培养已经成为建设创新型国家的迫切需求，这几乎已经成为国际教育界的共识，世界主要发达国家都将培养学生的创造力、批判性思维作为21世纪重要的教育责任。早在2005年，我国就提出建设创新型国家的发展战略。2006年，全国科技大会提出自主创新、建设创新型国家战略，颁布《国家中长期科学和技术发展规划纲要（2006—2020年）》，确立了“自主创新、重点跨越、支撑发展、引领未来”的15年科技目标。2017年，党的十九大报告指出，创新是引领发展的第一动力，是建设现代化经济体系的战略支撑。进入新时代，我国大力实施创新驱动发展战略，创新型国家建设成果丰硕，但依然面临创新能力不强等问题。2018年，英国科学博物馆学者统计，从旧石器时代到2008年之前全世界共产生1001项改变世界的重大发明，中国有30项，占3%。这30项全部出现在1500年前，占1500年前全球163项重大发明的18.4%，其中最后一项是1498年发明的牙刷。在1500年之后五百多年全世界838项重大发明中，没有一项来自中国。[①] 中国要全面建成创新型国家，就必须有创新的教育，培养创新的人才，唯有如此，才会有创新的技术、创新的成果，在国际竞争中保持优势。这就要求我们的各级各类教育在实现基本均衡、基本公平的基础上向更加公平、更有质量的方向发展。

三、教育高质量发展的核心意涵

（一）质量含义的历史溯源

《说文解字》载，“质”即“以物相赘”，意即，将某物或人作抵押以换取自己想要的东西，此处“质”为交换之意，由此可引申出作为名词的“交换之物”的用法，如“人质”。《康熙字典》载：“《易·系辞》原始要终，以为质也。”南怀瑾在《系辞下传》将其解释为：任何事情都有它的因果，有开始就有结果，这是

① 出自我国著名经济学家张维迎于2017年7月1日在北京大学国家发展研究院毕业典礼上所做讲演《推动和捍卫自由》。

"不虚假"的，诸如人生、宇宙，是"可以摸得到，是可以求证，可以研究的"。[①]这同郑玄注的"质，体也"的用法相近，也就是事物本体、本性的意思。事物之本体、本性当然"不虚假"，就像"道"一样自在自为，不以人的意志为转移。"质"的英文表达常见的有 nature、matter、quality 等，但一般用 quality 表示，《柯林斯英汉双解大词典》解释为质量、品质、特性等。其来源于拉丁语 qualis，意为种类、类型、要求，引申为质量、品质。

以上是"质"的几种常见用法，但随着时代语境及词义本身的历史嬗变，后一种用法成为当今的主要用法，即事物的本体、本质，包括其属性、品质、特性等。

《说文解字》释"量"为"称轻重也"，郑玄注："量，犹度也。谓以丈尺度地。"这里的"量"即动词意义上的估量、测度等义。同时，郑玄注："量，谓豆、区、斗、斛、筐、筥所容受。"这里的量是容量、体积的意思。另外，"量"还有标准、规格之意，如《管子·乘马》有"黄金者，用之量也"[②]的说法。"量"的英文单词有 measure、quantity、capacity 等，动词一般用 measure，名词一般用 quantity，意为数量、总量，来自拉丁语 quantus，意为多大、多少。

可见"量"的常见用法主要有两种：一是估量、衡量等动词义；二是词源学意义上表示程度多大、多少等形容词用法，以及数量、标准等名词义。

简单梳理"质"与"量"的含义有助于我们理解何为"质量"。

"质量"在不同时代有不同定义，如古代汉语中质量有资质器量，事物、产品或工作的数量，以及优劣程度等意思，如刘劭《人物志·九征》："凡人之质量，中和最贵矣。中和之质，必平淡无味，故能调成五材，变化应节。"[③]进入当代社会，不同学科亦有不同的理解。《现代汉语词典》将质量解释为"产品或工作的优劣程度"。经济学中认为质量是反映实体满足明确或隐含需要能力的特性的总和。物理学中指量度物体惯性大小的物理量。技术学领域将质量指称为标准化规定，质量就是符合行业要求的既定标准，如技术标准、产品标准、印刷标准，是对产品的结构、规格、质量、检验方法所做的技术规定。哲学的"质量"是物体在相对时空中的一种物理属性，物体所蕴含能量的多少是物体质量的量度。质量

---

① 南怀瑾 . 南怀瑾选集：第三卷 [M]. 上海：复旦大学出版社，2003：597.

② 管仲 . 管子 [M]. 北京：中华书局，2009：43.

③ 刘劭 . 人物志 [M]. 北京：中华书局，2009：11.

管理学语境下的“质量”指产品的适用性，即产品特性满足用户需求的程度。

由上可知，质量主要有两种含义：一是事物本身所具有的属性，如事物的形状、颜色、气味等，这是“质量”之“质”的规定性；二是表示由此衍生出的满足特定对象需求的程度，即适用性，如好坏、优劣等，这是“质量”之“量”的规定性。“质量”之“质”的规定性是事物的本体属性，蕴含满足对象程度的可能性，而事物属性作用于不同对象则具有不同的适用性，产生不同的质量观。因此，质量是一个事实与价值耦合的概念，不同主体所理解、认可的质量都是事物自身属性与个体合意性的函数。是故，无论是作为认识对象还是认识结果的“质量”之所“是”都不止一种，而是言人人殊。只是随着人们物质获取力的不断提高、对事物认识的不断更新，以及体验丰富性的不断获致，追求高质量成为突出的时代话语，面临着由“量”到“质”的语境转型。如今，质量概念已从符合性质量、适用性质量上升到满意性质量。高质量是对质量的限定，正如质量本身具有事实与价值的双重维度一样，质量之“高”也具有事实与价值两种解释维度，即作为事实的事物属性之高与作为价值的评价之高。这就意味着何为高质量的最终解释权在于个人，但是，这仍然受制于人们对基本事实与价值的范畴框定，并且，事实在逻辑上优先于价值，因为人们总是首先愿意是高质量的，其次渴望是高质量的。基于“人们普通的概念系统大是隐喻的”语言学证据（linguistic evidence），我们可以发现“高”乃是基于“更好为上”的隐喻，“高质量”应是符合真善美且可能更真更善更美的一种要求、程度和发展状态。

（二）教育高质量发展的内涵

界定教育高质量发展内涵的前提是要明确什么是教育质量。关于“何为教育质量”这一问题，研究者仍未形成共识。不同的学者因为研究的视角不同，他们对教育质量有着不同的观点。英国学者 Harvey 与 Green（1993）对纷乱的教育质量界定进行了梳理，总结形成了五种常见的界定。第一，质量是指优秀（quality as exceptional）。传统上，教育质量这一概念经常与独特、特殊、高级等描述相连，暗示主体高于普通水平，达到高标准的要求。第二，质量是指完美或一致性（quality as perfection or consistency）。这一观点起源于工业生产与企业管理中的质量控制理念，强调教育产品与服务符合流程与规范。第三，质量是对目标的适应性（quality as fitness for purpose）。这一观点认为，教育产品或服务的质量体现了对目的的达成程度。第四，教育质量即“物有所值”（quality as value for money）。在这一理念下，教育质量等同于教育的经济价值，强调应当对教育的资助者与顾客负责，强调应追求举办教育事业的效率。第五，教育质量是一种转变（quality as transformation）。这一观点强调有质量的教育应当通过鼓励参与以及赋权使参与者发生改变，突出了教育对人的发展的促进作用。Nikel 与 Lowe 认为，研究者常常从效能、效率、公平、反应性、相关性、反思性、可持续性这七个维度来理解教育质量。效能指教育各个层面产生的影响；效率指资源最大程度地使用；公平指教育在提高或降低社会公正所起到的作用；反应性指重视学生的个性，因材施教；相关性指教育的目标、手段的运用要满足国家、社群、学习者生活情境所需；反思性是指在越来越不确定、快速变化的世界里，教育要对学习者的个人发展方向有所贡献；可持续性是指教育应对全球环境变化、人类世代的幸福承担责任。这些观点既描述了教育质量内涵的复杂性，又体现了研究者已形成的诸多共识。通过对基础教育质量的界定进行梳理可以发现，当研究者论及教育质量时，其往往指向以下内涵：第一，教育质量是指该类教育具有高于普通教育的品质。比如我们时常会有“这所学校是有质量的”“要追求教育质量”等表述。此处的教育质量便强调“高质量”，即与他者对比的优异性。这一观念并非严格的概念界定，而是学术研究中的常见表述。这一理解表明，人们在使用教育质量这一概念工具时存在两种倾向：其一，教育质量往往是在比较中加以澄清明确的，如现在比过去的教育质量好、这所学校比那所学校办学质量高。其二，教育质量这一概念本身带有了极强的价值承载性，即人们论及教育质量时强调达到高标准、高要求，体现了对“好教育”的追求。第二，教育质量是教育达成教育目的目标的程度。这一观点在学界受到广泛认可，如瑞典著名教育学家胡森认为，“质量是指学校里进行某种教育活动的目标达到什么程度”。联合国儿童发展基金会认为，教育质量是指：学习者身体健康，具有良好的身心准备；环境安全，资源充足；学习内容与基本技能的获得相关联；在学习过程中持有儿童中心的理念；所学到的知识、技能和态度与国家教育目标和公民参与相关。中国《教育大辞典》指出，“教育质量是对教育水平高低和效果优劣的评价”，“最终体现在培养对象的质量上”，“衡量标准是教育目的和各级各类学校的培养目标。前者规定受培养者的一般质量要求，亦是教育的根本质量要求；后者规定受培养者的具体质量要求，是衡量人才是否合格的质量规格”。这一界定将教育的目标作为教育质量比较的参照，并且将其落到了学生的发展上。陈玉琨教授认为，教育质量是在既定的社会条件下，在教育活动客观规律与学科自身逻辑关系的限制下，一定的教育所培养的人才满足社会需要的程度与促进学生身心发展的程度。第三，教育质量是达成既定标准或规范的特征。随着全面质量管理理论（total quality management theory）在教育质量评价中的应用，研究者在采用这一界定时常常引用ISO9000国际质量认证标准中对质量的认识，强调质量是指实体满足明确或隐含需要能力的特性的总和，包括实用性、经济性、安全性、可靠性、周到性等。关注教育质量的意义在于通过制定细则，用一种普遍化的标准来保证我们对一个产品可以做出确定无疑的判断。第四，教育质量是满足顾客明确或潜在需要的程度。这一界定日益强调教育应当满足顾客（如学生、家长、投资教育的政府与市场主体）的需要，使顾客和生产者相沟通，让多元主体的需求成为确定标准的客观依据。在新公共管理浪潮下，越来越多的研究者强调教育及其管理应当强调其服务属性，须满足消费者不同层面的需求，扩大消费者选择权和评价权。所以，教育质量可以理解为通过教育活动满足社会、个人对于教育需求的程度，它既与指向的结果有关，又与获得这些结果的过程中的目标、方法、条件等相关。这一理解最为核心的突破是认识到相关利益主体之于教育质量的重要性，体现了“办好人民满意教育”的重要旨归。

2020年党的十九届五中全会针对教育的未来发展道路提出“建设高质量教育体系”，这是党中央为中国教育改革发展确定的新的方向。推进中国教育走向高质量发展，首先要明确的一个前提性问题是：何谓教育的高质量发展？高质量发展是对教育发展状态的一种事实与价值判断，意味着教育在“质”与“量”两个维度上达到优质状态，表现为教育享用价值与质量合意性的提升，具有教育供给及产出质量高、效率高、稳定性高等特点。综合考量多方面因素和认识，我们认为可将教育高质量发展的内涵概括为：以“五大发展理念”为核心，以“三大动力变革”为手段，以人民群众对美好教育需求为导向，推动教育实现由数量追赶向质量追赶、由规模扩张向质量提升、由追求外延向提升内涵的三大转变，在新的起点上全面提高教育发展的优质化水平和整体品质。

优质发展的基本思路：

微观层面，提升教育产品和服务质量，尤其是高质量的自主品牌产品和优质服务的质量。

中观层面，提升人才培养价值链，从简单追求教育年限实现向重视学生学习质量、身心发展质量高端价值链提升。

宏观层面，提高全要素的整体优化程度，包括教育中的人力、物力、财力，事务的统筹安排和运行水平。

具体到各级各类教育，教育高质量发展的核心指向是：学前教育，优质普惠发展；义务教育，优质均衡发展；高中教育，优质多样发展；高等教育，优质创新发展；职业教育，优质融合发展；民办教育，优质规范发展；特殊教育，优质融合发展；成人教育，优质持续发展。

四、四面八维：中国教育高质量发展的路径转换

教育高质量发展是对教育发展状态的限定，它首先应该指向一种教育发展的可能现实，其次成为一种事实价值。这不是说，必须先有教育高质量发展的事实，而后才有关于教育高质量发展的评价，事实往往相反，人们总是首先想象一种价值，然后把它变成事实。我们此处的用意仅在于在逻辑上保证教育高质量发展的事实优先性，以唤起各界人士的充分重视与踏实作为，防止将教育高质量发展仅仅作为一种理想，随意编织但止步不前。问题的关键在于，在明确了教育高质量发展的必要性与可能性及其核心意涵之后，一种高质量发展的教育应该是怎样的？我们认为，一种理想的“高质量”发展的教育，首先应该在教育“有质量”的基础上，或者说在与前者的比较性视域中，实现观念与思维、体制与机制、方式与路径的时代转换，其体现在“四个方面、八个维度”之中。

（一）从当下惠及长远，树立更加优质、可持续的发展理念

改革开放40多年来，我国教育已基本解决“有没有”的问题，但是我们依然面临教育投入粗放，教育要素边际效益尚未充分发挥，对学生个体的全面发展关注不够，甚至在某种程度上付出了以牺牲教育的未来发展换取教育的当下发展的代价等问题。未来教育高质量发展需要首先实现理念转换，也即需要改变旧有的

粗犷型规模扩张思维，树立内涵式增效提质的发展理念，既关注教育发展宏观结构的协调发展，也关注个体自由而全面的发展，拒绝“只见森林不见树木”甚至以牺牲教育的未来发展换取教育的当下优质，也就是在确立教育更优质发展理念的同时牢牢树立可持续发展理念。

1. 更优质的发展

现阶段，优质更多地指向一种教育发展的未来状态，是相对于教育发展的当下而言的。当然，教育高质量发展进程不可阻挡，我们相信更优质的发展既会是一种教育发展的实然状态，也会是一种事实判断。也就是说，其首先是优质的，其次人们承认其是优质的。教育更优质发展的基本要求是提高教育服务以及人才培养的质量与标准，既能够精准有效地满足国家现代化建设需要，也能够满足人民日益增长的美好教育生活需要，还能够满足个体自我发展的多方面需要。教育服务及其人才培养规则与质量达到国际领先水准。要高效、集约、创新地发挥现有教育资源的要素潜力与育人价值，实现各类教育投入产出效益最大化，使各类教育要素边际生产率与边际收益达到最优，不断促进教育要素投入的优化与升级，全面促进教育发展制度、发展动能、发展过程、发展方式、发展结果最优化。从实然状态来看，虽然我国整体教育情况较为复杂，差距依然明显，但是我国东部沿海地区及发达城市，特别是北京、上海等地的教育已经跨入世界先进水平，其他省市和地区也有很多优质教育区和优质学校。通过对这些发达地区及优质学校教育的分析可以发现，优质教育区的较为成熟经验是：立足国家发展与国际竞争需要，创造性地实践教育优先发展的国家战略，因地制宜地为学校发展提供先进的教育理念、良好的教育资源支持、有力的政策安排、有效的过程推进、科学的评估标准和久久为功持续不竭的奋斗努力。这些优质学校的共同样态是发展目标合理、教育质量高、社会声望好。质量高、声望好的综合构成要素有正确的办学方向、良好的学校文化、系统的课程结构、优质的课堂教学、优秀的教学团队、优异的学生发展、完善的办学条件、精细的学校管理和强有力的学校领导等等。从事实判断看，由于历史问题和城乡、区域差距，目前我国教育发展远远没有达到比较均衡的优质发展状态，促进教育质量提升已然成为我国广大中西部地区和各级各类学校面临的迫切任务。

更为优质的教育无疑是一个比较性概念，可以包括但不限于以下几方面内容：一是从教情、校情实际出发，最大程度实现现有教育资源配置的进一步优化，使资源效益最大化；二是教师队伍建设取得更为全面性、实质性的进展，教师的师德师风、专业知识与教学能力等达到基本理想状态，基本形成一支“有理想信念、有道德情操、有扎实学识、有仁爱之心”的高质量教师队伍；三是有高质量的课程与教学体系，能够满足不同生命特征、个性的孩子需要，可以实现每个人自由而全面的发展；四是具有教育发展所需的良好的环境（既指自然环境优美，也指社会环境和谐），尤其是要有好的管理环境，高质量管理指向高质量育人。但是，优质不等于高质量，教育高质量发展包括优质但不限于优质，优质是教育高质量发展的最佳状态。

2. 更可持续的发展

所有的发展都是一个对立统一、质量互变、否定之否定的过程，没有一蹴而就的发展，今天是昨天的发展，明天是今天的发展，每一代人的发展都是建立在上一代人发展的基础上的。但这并不意味着今天的发展是对昨天的否定，简单将今天的发展与昨天的发展对立起来，真正的发展是否定之上的超越与延续。对于教育高质量发展而言，我们必须树立超越与可持续的眼光，也就是在实现教育高质量发展的同时必须考虑教育发展的可持续性，并且是高质量的可持续，以可持续的教育事实观、价值观、伦理观指导教育高质量发展。上一代人发展教育绝不能以损害下一代人的教育发展为代价，而必须为下一代人的教育营造绿色、和谐、健康的可持续发展环境。这就意味着，要致力于建设资源节约型、环境友好型教育，打造教育集约、绿色、可持续发展新常态，改变过度依赖资源投入与外部教育治理现状。纵观世界，可持续发展是世界各国未来教育的共同目标，特别是在历史发展大趋势、现代文明加速转型的当下，我们更应重视教育的可持续发展。

综上所述，自《议程》启动以来，联合国教科文组织已连续发布系列报告。2019年高级别政治论坛特别纪念出版物《超越承诺：各国如何实现可持续发展目标4》（*Beyond Commitments 2019：How Countries Implement SDG 4*）集中展现了世界各国在教育可持续发展上所做出的努力。大多数国家将可持续发展目标4作为本国教育规划框架，各国通过多种方式将本国目标与可持续发展目标4联系起来，其中有六个领域能够加速实现目标：超越平均数、超越受教育机会、超越基础知识、超越学校教育、超越教育、超越国家。2019年联合国教科文组织第四十届会议确定了“2019年后可持续发展教育实施框架”（Education for Sustainable Development：Towards achieving the SDGS，ESD for 2030），强调可持续发展教育是“关于优质教育的可持续发展目标的组成部分，也是所有可持续发展目标的主要推进手段”，可持续发展教育可以使每个人都能获得可持续发展所需的知识、技能、价值观和态度。同时，大会确定了“变革性行动”“结构性变化”“技术性未来”的可持续发展技术路线。变革性行动指可持续发展教育必须更加关注每个学习者的个人转变过程及其发生方式；结构性变化指可持续发展教育需要更加关注不可持续发展的深层结构性原因，特别是经济增长与可持续发展之间的关系；技术性未来指技术进步可为某些“旧的”可持续性问题提供解决方案，但一些改变人们行为的可持续发展教育工作可能就不再具有现实意义。

（二）从少数普及全体，坚持更加公平、全面的价值遵循

新中国成立以来，在特定历史时期，为了在短时间内提高教育质量，我们允许一部分学校、一部分地区先发展起来，创办了大批重点中学、示范性中学以及985、211工程高校，这些政策倾斜虽然取得显著教育成效，但也在很大程度上牺牲掉教育公平性。时至今日，依然造成很多遗留问题，比如教育改革的系统性不够，教育公平依然有待推进，学校发展千人一面，过分拔高智育压倒了学生的全面发展等。进入新时代，在解决好这些重点、难点问题的同时，实现中国教育高质量发展需实现价值转换，在巩固教育公平成果的基础上追求更公平的发展，同时，要将高质量发展理念及其发展成果受益从少数推及整体，实现更公平更全面的高质量发展。

1. 更公平的发展

从人类历史来看，公平是永恒的价值追求，这也就意味着，教育公平则是教育发展永恒的价值追求。教育公平不是一种静态的发展结果，更多的是一种动态的演进过程，教育公平具有现实性与历史性。纵观我国教育发展史，历经扫盲教育、普及教育、全民教育，当前我国教育已迈入优质发展阶段，教育公平的内涵与时代体现已有所刷新，我们对教育公平的关注，已经从机会公平转向过程

公平与结果公平（虽然在很大程度上，结果意义上的教育公平不大可能实现，但是其依然可以作为一种教育理想对现实的教育活动产生影响）。中国教育发展的核心关切是全体人民参与高质量教育体系建设，高质量教育发展成果由全体人民共享。党的十九大报告明确提出，“努力让每个孩子都能享有公平而有质量的教育”，2019年的政府工作报告提出，办更加公平、更有质量的教育。这就意味着，指向更为公平的教育高质量发展不仅具有生动的现实性，也仰赖于“更公平”的政策设计与技术路线。我们认为，“更加公平、更有质量的教育”至少包括以下几方面内涵。其一，必须以现有教育公平为基础，在此基础上实现教育质量的进一步提升，“公平—质量”既是一个语法结构，也是一个发展逻辑，即基于教育公平底座实现质量追赶与提升，逐步实现教育高质量发展从短期到长期、从初级到高级、从物质到精神的结构、内涵实质性升级。其二，此处的教育公平依然需要从宏观与微观两个层面理解，也即从社会与个人的结构性关系及其张力中去理解。

概而言之，社会意义上的教育公平指区域、城乡、学校之间的教育不公平现象基本消除，特别是我国西部地区与东部地区的教育差距基本消除。这首先意味着教育资源配置的基本均衡。其次要增强教育制度供给的充分性与平衡性，建立健全教育高质量发展的“兜底”机制、保障机制、协调机制，优化改进其分享机制、动力机制与联动机制。要以高质量的教育发展机制盘活教育资源的高效配置，最大程度发挥教育资源的公平效应。个人意义上的教育公平首先指以人的发展为核心评估区域的教育公平，即以实现人的全面发展为核心视点与内在关切，这就要求教育高质量发展既要着眼于外在性的规范逻辑，也要着眼于内在性的育人逻辑。其次要适当打破教育结构惰性对受教育者发展的制约与阻滞，促进受教育者的合理有序流动，促进区域教育资源配置的合理化，提升人民教育获得感。更公平发展的实践体现是，通过全面提高教育教学质量，进而更好地实现受教育者接受教育起点的更公平，力争让每一所学校都优质，每一个孩子都能“上好学”；教育过程的更公平，力争让每一个教师都优秀，每一个孩子都能“学得好”；教育结果的更公平，力争让每一个学生都出彩，每一个孩子都能优异发展。

2. 更全面的发展

公平与全面具有内在的一致性，在某种程度上而言，公平是全面的价值内核，全面是公平的表现形式，也就是说，教育公平的达成首先需要满足“不让一个孩子掉队”，也即一种全面性的教育关照。如果一种教育不能实现全面性的教育关照，也就是将所有受教育者的现实与可能作为一种公平正义问题考虑，要达到实质性的教育公平便不现实。因此，指向高质量教育的更全面的发展首先意味着“人人都能享受高质量教育”，这是价值定位与逻辑起点。在现实路径上，它要求全面贯彻党的教育方针政策，落实立德树人根本任务，坚持五育并举、五育融合，是全面发展素质教育、培养德智体美劳全面发展的社会主义建设者和接班人的根本要求。更全面的发展，既要坚持面向质量的全面系统的教育发展观，又要蹄疾步稳，抓住关键，解决局部性、片面性问题；既要全面发力深化教育教学改革，坚决破除、改进各方面体制机制弊端，也要增强改革系统性、整体性和协同性，多点突破，纵深推进，着力拓展质量改革的广度和深度。

更全面发展的宏观着力点是，要全面解决学前教育入园难、入园贵问题，推进学前教育步入普惠、优质发展快车道，使教育高质量发展“起好步”；要全面巩固义务教育成果，推进义务教育进入优质教育新阶段，做好教育高质量发展中间环节；要全面普及高中阶段教育，推进高中教育多样化、有特色发展，守好教育高质量发展关键期。全面调动教师的积极性、主动性、创造性，健全中小学教师工资长效机制，全面实施绩效管理，落实集中连片特困地区生活补助政策，为教育发展提质、创新人才培养提供人力保障。全面完善教育质量标准体系，制定体现世界先进水平、覆盖全学段、符合不同层次类型教育特点的教育质量国家标准，突出学生发展核心素养与关键能力要求及其自我可持续发展。全面推进依法治教水平，确保各项教育立法、修法稳步推进，为教育提供全方位法律、制度保障。全面提高经费使用效益，保障教育办学经费，把教育经费花在刀刃上，拒绝面子工程、资源浪费。全面提高国家教育创新能力，既包括教育理论创新、体制机制创新，也包括教育实践创新。要推动形成教育开放新格局，提升国际交流合作水平，学历互认、标准互通、经验互鉴，扎实推进“一带一路”教育行动，勇于、善于借鉴国际经验。更全面发展的微观着力点是，以高质量的德智体美劳全面发展教育培养全面发展的人。落实立德树人，突出德育实效，完善德育工作体系，坚持课程思政，深化课程育人、文化育人、活动育人、实践育人、管理育人、协同育人；提升智育水平，着力培养学生的认知能力，促进思维发展，激发创新意识与批判能力；强化体育锻炼，坚持健康第一，实施学校体育固本行动，严格执行学生体质健康合格标准；增强美育熏陶，实施学校美育提升行动，落实音乐、美术、书法等课程；加强劳动教育，充分发挥劳动综合育人功能，落实劳动教育指导纲要。[①]

（三）从基本转向高位，盘活更加均衡、协调的体制机制

新中国成立以来，我国在消除教育发展不均衡现象、解决教育不公平问题的历史探索中，逐渐形成了教育发展的均衡协调机制，教育活力不断激发，教育质量显著提升。但与此同时，教育发展总体布局有待优化，资源分配均衡度仍处在低水平，城乡教育一体化尚未形成，区域、学校教育联动机制尚未有效建立等问题依然十分突出。因此，新时代教育高质量发展需要实现体制机制转换，从基本均衡、协调转向高位均衡、协调，在已形成的有效的体制机制基础上，进一步调整、优化教育高质量发展的均衡、协调体制机制，以体制机制的优化完善全面促进教育高质量发展。

1. 更均衡的发展

教育均衡是新时代我国教育高质量发展的重要内涵之一，当然这里的均衡不是基本意义上的均衡，而是超越其上的均衡，即高位均衡。从历史现实与词源学考察来看，教育均衡不仅与教育公平有着千丝万缕甚至有些暧昧不清的联系，在某种程度上几乎可以说，教育均衡是教育公平的重要条件之一。原因在于，如果教育公平更多地涉及关系正义，那么教育均衡则更多地指向分配正义。一种实质性的关系正义应该建立在卓有成效的分配正义基础之上，分配是手段，公平是目的，前者更多指向结果与事实，后者更多涉及立场与价值。那么显然，新时代教育高质量发展追求的是更为均衡的发展。什么是指向更均衡的教育高质量发展呢？更均衡的教育高质量发展样态可以表现为优质教育资源的公平、有效分配。如何实现这种高位均衡呢？我们认为，要立足我国教育布局差异和区域发展不均衡现实，科学规划、合理调整区域教育协调发展空间布局，健全区域教育协调发

① 中共中央 国务院关于深化教育教学改革全面提高义务教育质量的意见[EB/OL].（2019-07-08）[2020-10-15].https：//www.gov.cn/xinwen/2019-07/08/content_5407361.htm.

展体制机制，引导各地因地因时制宜、发挥比较优势、优化教育格局。同时充分挖掘教育区域间梯次转移的空间潜力，积极培育内陆地区承接沿海地区教育迁移和延伸的能力，推动区域间特别是沿海地区和内陆地区教育的协调链接，打造海陆一体化的教育发展新格局。要以供给侧结构性改革为主线，不断推动深化教育质量变革、效率变革、动力变革，着力提高供给质量，调整优化区域结构，矫正资源配置不当，提高区域资源协同利用率，增加有效教育供给。尤其要增加有效高质的中高端教育供给，增强教育供给侧结构对人民高质量教育需求变化的适应性，满足人们日益增长的优质教育需要。要大力破除阻碍受教育者自由流动的体制机制障碍，尤其是城乡二元体制，建立城乡一体化的公共教育服务制度，刺激人力资本区域间的合理有序流动。

在实践操作上，可以将均衡状态概括为全要素均衡、全过程均衡与全方位均衡。所谓“全要素”指教育要素的配置性均衡，公平与利益是核心价值，这是追求教育高质量发展的起点均衡；“全过程”指教育发展过程的受益性均衡，均等与效率是关键指标，在教育均衡发展过程中，既要做到使教育者均衡受益，也要兼顾教育发展的效率效能，不能为追求均衡牺牲太多效率，导致教育资源浪费；“全方位”指教育发展空间上的一体化状态，主要包括均衡与效益等价值考量。也就是说，教育发展空间达到一种高效率全方位的均衡发展状态。三全均衡同时体现了教育均衡的三级水平：公平与正义是义务教育初始均衡水平的价值表征，质量与品质是义务教育均衡化水平的发展旨归，个性与卓越是义务教育后均衡水平的核心诉求。[①] 教育高质量视域下的均衡显然追求个性与卓越。但是，同时我们要注意的是，教育均衡作为一种教育高质量发展的动态调整过程，不是追求大一统、平均化甚至同质化，高质量的均衡发展是均衡与效益的和谐统一。

2. 更协调的发展

教育高质量发展的协调指向教育内部各要素、系统以及教育与社会其他要素、系统间的科学合理、往返调试、互促互进的结构性动态关系。任何一种静态、僵化的教育公平与均衡都难以满足当今社会教育与社会发展的需要，也就是说，

① 徐小容，朱德全．义务教育均衡发展的推进逻辑与价值旨归[J]．教育研究，2017，38(10)：37-45.

教育高质量发展的均衡与公平是经由协调机制而不断走向更高质量的均衡与公平的。只有充分激活甚至是高位盘活各级各类教育部门、区域到学校的三级均衡，建立健全教育高质量发展的协调机制，才能为高质量教育注入源源不断的发展动力，推动教育不断增效提质。

如何达到更协调的发展呢？我们认为，可以有如下路径。教育高质量的协调发展意味着紧紧围绕统筹推进“五位一体”总体布局和协调推进“四个全面”战略布局，加强宏观教育政策协调和发展战略对接，确保形成顶层合力，科学合理的顶层设计对于教育实践的协调发展有着重要的前导性功能。要立足中国、放眼世界，深刻理解实现教育协调发展的战略要义，从当前我国区域、城乡与学校教育发展中不平衡、不协调的突出问题与时代价值出发，坚持总体布局与分领域相结合，集中力量突破教育“卡脖子”环节，不断攻坚克难，在关键领域、重难点问题领域取得重要突破，提升中国教育高质量发展的自我设计和创新能力。各级教育部门要充分发挥制度协调与政策配套优势，不断调整优化制度与政策的现实匹配性，破除部门壁垒，加强部门沟通协作能力，打造共建共享的教育协调发展新格局。要在充分调研、摸清教育协调发展现状的情况下，因地制宜地充分继承教育发展规律与演化模式的匹配路径，协调教育系统内要素配置、运行机制以及反馈方式，提高教育内外联动能力，打造有机组合效果，进一步打破发展桎梏，最优化教育要素、机制利用率。一是坚决落实区域协调发展战略。充分发挥互联互通对教育高质量发展的辐射和带动作用，充分利用发达地区在历史基础、资源禀赋、前景规划等方面的优势，构建区域教育高质量发展一体化网络，同时发挥欠发达地区的特色优势，加强东西对话，强化南北合作，创新强弱组合、精准对接、对口拉动机制，构建区域教育高质量发展规划、治理、交换与共享新局面。二是科学构建城乡协调发展新格局。建立更加有效的教育协调发展新机制，如协同规划机制、跨部门统筹协调机制、教育治理联动机制等，促进教育协同联动高质量发展。以城市群为主体构建大中小城市和乡镇教育协调发展格局，不断补齐区域教育发展短板，突破农村教育发展瓶颈，发挥农村教育在地化优势与特色。三是努力实现校际协调发展目标。建立强强组合、强弱帮扶的校际发展新格局，充分发挥强校教育高质量发展的辐射带动作用，建立师资、课程、管理等共建共享新机制，逐步缩小校际差距，动员各方力量协同推进教育高质量发展。需要注意的是，协调既是理念也是机制，既是标准也是尺度，既是手段也是目标，是公平论与重点论、均衡与非均衡、补短板与出新招的统一。

（四）从追赶走向超越，打造更加创新、安全的路径保障

中华人民共和国成立70多年特别是改革开放40多年以来，我国教育发展取得的成就是历史性的。办学规模不断扩大，办学水平不断提高，教育教学质量日益提升，教育经费和资源保障不断巩固加强，办学体制和管理制度日益科学完善，教育国际化水平显著提高。21世纪以来，中国学生在国际学生评估项目测试中的优异表现更是为中国教育赢得了世界美誉，"双一流"建设成效显著，高等教育世界吸引力稳步提高。然而，与世界发达国家相比，我们依然面临着教育创新活力不够、学生创新意识及创造力不强等问题。同时，我们在学习、借鉴西方教育理念与模式的同时对于其潜在的风险意识不够，国家教育安全发展观念不强等问题也越来越突出。因此，中国教育高质量发展必须实现路径转换，改变跟跑西方教育的路径依赖，走出一条自我创新的发展之路，并且在国际、国内日益复杂的环境下强调国家教育发展的安全性。

1. 更创新的发展

党的十九届五中全会公报和《建议》提出，展望2035年，我国经济实力、科技实力、综合国力将大幅跃升，经济总量和城乡居民人均收入将再迈上新的大台阶，关键核心技术实现重大突破，进入创新型国家前列。《建议》要求，坚持创新在我国现代化建设全局中的核心地位，深入实施科教兴国战略、人才强国战略、创新驱动发展战略，完善国家创新体系，加快建设科技强国。深化人才发展体制机制改革，全方位培养、引进、用好人才，造就更多国际一流的科技领军人才和创新团队，培养具有国际竞争力的青年科技人才后备军。这些新的要求无疑对教育的创新发展提出了高要求高挑战。创新从来不是易事，但创新的价值是不容置疑的。教育创新的发展意味着始终坚持创新是教育发展的第一动力，着力实施教育创新驱动发展战略，消除一切不利于教育创新的限制因素，变不利为有利。要突出问题导向，统筹兼顾、综合施策、提前布局，要以创造性的方式破解制约教育发展的体制机制障碍，补齐制度短板，消除僵化路径依赖，打破固化行为结构，激发教育创新活力，既要不断增强现有体制机制适应性，又要以创新嵌入诱致体

制机制革新。鼓励教育理论创新、实践创新、制度创新、文化创新等各方面创新，不断赋予中国教育以鲜明的实践特色、理论特色、民族特色、时代特色，形成创新性中国特色教育道路、理论、制度、文化。加快培育教育创新新动能，充分调动各方面积极性，增强创新意识，培养科学素养，全面激活全民创新精神，提升全民创新能力。以坚持促进创新思维发展为抓手，激发创新意识，提升动手能力。教育是培养创新人才的重要手段，只有夯实教育创新才能孕育创新人才。

在办学实践上，要坚持创新引领、实践导向，以创新的方式、创新的过程、创新的管理，培育学生的创新意识和创新实践能力，提高人才培养质量。以丰富并创新课程形式为依托，促进课程体系、教学方法、学生活动等关键环节的改革。创新教材体裁编排及话语体系，紧跟科学研究前沿，吸纳最新研究成果，紧贴社会现实，回应社会议题，进一步增强内容针对性与实效性。把握师生特点和发展需求，创新工作理念思路，改进工作方式方法，激活教师工作内生动力，不断提高师生的获得感。在人才培养过程中，要根本改变传统的人才培养方式，构建体现教育课程改革宗旨、塑造学生核心素养和关键能力的创新教学新形态。新形态的内涵表达是，变“双基”为“四基”，即在“基础知识和基本技能”基础上再加上“基本思想”和“基本活动经历”。变“双能”为“四能”，即在“分析问题和解决问题”基础上，再加上“发现问题和提出问题”。变单向思维为双向思维培养，即演绎思维与归纳思维培养并重。演绎思维可给学生坚实的知识基础，但它难以给人以创新，因为演绎思维是验证真理，验证结论，而非重新审视现实，解决问题。要创新必须有归纳思维，因为归纳思维直面现实与经验，是从问题中来的，更能给人以创造和发现能力。

2. 更安全的发展

党的十九大报告指出，要坚持总体国家安全观，统筹发展和安全，增强忧患意识，做到居安思危；十九届五中全会提出，统筹发展和安全，建设更高水平的平安中国;《建议》更是频繁提及国家发展安全，提出加强国家安全体系和能力建设，如国家安全教育、人才体系与运行机制安全等。这就意味着，随着国际国内形势的不断变化，教育高质量安全发展已经是时代之需。

我们认为，更安全的发展首先要求教育系统严把政治安全关。坚决落实好为党育人、为国育才的责任和使命，建设政治强、人格正、视野广、情怀深、自律严、质量高的思政课教师队伍，实施课程思政、教学思政、三全育人，打造铸魂育人的思政“金课”，不断完善思政课程体系，提升内涵，强化保障，发挥好思政育人的主渠道作用。要坚持以学生为本，让思想政治教育可亲可感，引领理想信念，培育爱国情怀，提升品德修养，熏陶高远志向，培养奋斗精神和锤炼个人修养，培养立志肩负民族复兴大任、德智体美劳全面发展的社会主义建设者和接班人。其次要关注教育发展的政治安全。充分发挥党在教育事业中领导、协调的核心作用，切实增强“四个意识”，坚定“四个自信”，坚决做到“两个维护”。坚持马克思主义对教育事业的指导，牢牢把握教育领域意识形态领导权，自觉运用马克思主义的理论、思维与方法研究教育、发展教育、指导教育，谋求教育高质量发展。要明确中国教育与国外教育的政治立场与利益导向，防止国外教育系统内政治风向向中国教育系统的传导与灌输，也要防范国内教育政治风险的变异与升级。建立健全教育系统政治安全的风险识别、防治机制，使其拥有正确合理的政治意识、政治需要、政治内容、政治活动，并且在这些方面免于侵害和威胁。再次要注重信息安全建设。信息安全包括物理安全和逻辑安全两个方面，前者要求教育系统中的网络系统各类通信、计算机设备及相关设施等物质设施得到有效保护，以为教育高质量发展提供足够充分的硬件支撑；后者主要指教育系统的信息完整性、保密性以及可用性，它要求各类教育主体具备充分的信息安全素养，在日常的网络信息活动中自觉遵守相关法律规范，不泄密、不传谣，积极建设高质量的网络教育空间。最后还要切实保障校园安全。校园安全直接关系到广大青少年是否能健康、安全成长。近年来，国家高度重视校园安全工作，出台了《关于加强中小学幼儿园安全风险防控体系建设的意见》《安全生产宣传教育“七进”活动基本规范》《推进安全宣传“五进”工作方案》等一系列重要文件，为教育高质量发展提供了政策屏障。校园安全建设需要积极贯彻国家关于校园安全建设的系列文件要求，深入推进公共安全教育相关课程建设，将公共安全教育融入德智体美劳全过程。创新教育形式，不断增强师生公共安全意识和能力，提高自保、自防、自救能力。结合教育系统实际情况，系统推进各级各类国家安全教育。探索实施健康副校长制度，强化联防联控，建立应急预案，落实责任分配制，强化监督检查，切实强化学校安全教育，为教育高质量发展保驾护航。

五、实现路径转换需付出的努力

在某种程度上而言，人与动物之区别在于，人是会想象的动物，也就是说，人总是不满足于现状，具有持续不断的超越性需求。但是，人类社会的进步绝不仅仅是建立在想象之上的，从柏拉图（Plato）到托马斯·莫尔（St. Thomas More），再到我们关于教育高质量发展的设想，人类关于世界的美好想象从未停止过，有各种各样的理由憧憬想象。但是，任何一种关于可能世界的想象，只有当其付诸实践时，才具有真正的现实性。也就是说，在某种程度上，想象高于现实，实践优于想象。因此，无论我们提出多么令人期待的未来教育高质量发展图景，若只是停留于理论设想而无切实的高质量行动，这种教育想象就永远只是理论的高质量而非现实的高质量。那么，实现新时代中国教育发展路向的时代转换，走向高质量的教育需要付出哪些努力呢？我们认为，以下几点是必要的。

（一）学理研究聚焦

1. 厘清教育高质量发展内涵

马克思认为，蜜蜂的建筑技艺是会令多少杰出的建筑师自惭形秽的，但是再蹩脚的建筑师也比蜜蜂高明，就在于人们总是先在头脑里形成建筑的，然后将其变成建筑。人类社会所有的理性实践都离不开理论的指导或先行到场。理论与实践具有非常复杂的关系，但是人们一般认为，理论是实践的先导，理论不会解决所有的实践问题，但是所有的实践展开都离不开理论，正如伊曼努尔·康德（Immanuel Kant）所指出的那样，所谓“理论无实践则空，实践无理论则盲”。因应于我国经济高质量发展的战略举措和十九届五中全会提出“建设高质量教育体系”的国家安排，我国教育必须尽快实现高质量发展转向。但是，什么是教育高质量发展？当我们谈论教育高质量发展时，我们在谈论什么？这是我们讨论“如何转”时首先需要解决的学理性问题。从目前已有的少量关于教育高质量发展的研究成果来看，这一问题似乎尚未很好进入学者们的研究视野或者说尚未被很好解答。应该承认，在没有充分厘清其内涵的情况下，匆匆构建教育高质量发展的路线、指标可能是无源之水、无本之木，有可能导致教育实践肤浅化、狭隘化、功利化。因此，我们必须从厘清教育高质量发展的科学内涵开始，通过深度阐释其内涵、廓清其外延，推动我国教育高质量发展的理论研究。这既是学者们首先应该做出的努力，也是教育主管部门应该做出的尝试，还是教育实践者理应贡献的智慧。应该围绕“什么是教育高质量发展”这一核心问题，进行跨专业、跨部门合作，进行理论攻坚、专题研究，形成以问题为导向的理论研究合力，以此助力教育高质量发展。本文上述对教育高质量发展的内涵阐释只是初步尝试，在某种程度上而言，它远远只是一个尚未开始的开始。

2. 加强原生性教育理论研究

厘清教育高质量发展的内涵是丰富新时代我国教育理论研究的重要方面，也是最为关键的理论先行，只有先有理论，实践才有方向。但是，我们进一步的追问是：应该构建什么样的高质量发展理论呢？毋庸置疑，虽然世界各国都将教育提质作为持续性的变革探索，但是，中国教育高质量发展首先是中国的，它源于中国生动复杂的教育实践，指向满足人民日益增长的美好教育需求。因此，我们认为，应该以高质量为导向，加强我国教育领域的原生性理论研究。中国教育高质量发展不是空穴来风，其学理聚焦与理论体系必须源自我国丰富而鲜活的教育理论与实践。但不得不承认的是，我国教育理论研究乃至于教育实践，长久以来受到西方教育理论及其实践的深刻影响，以至于难以走出西方的概念、理论与实践框架，在某种程度上造成我国教育研究与实践“画虎不成反类犬”的困境。新时代中国教育高质量发展必须首先走出西方范式，致力于构建具有中国特色、中国风格与中国气派的原生性教育理论研究。只有源于我国教育发展现实的理论才具有科学的解释力，也只有建立起坚实厚重的原生性教育理论体系，我们才能盘活、下好中国教育高质量发展这盘大棋。因此，我们必须深入挖掘、诠释教育高质量发展的价值、逻辑与动力，从时间动态性和维度分割性的双向互动中全面评估教育发展现实，强调内源性、本土性理论生成。这就意味着，其一，我们要全面总结我国教育已有的成功发展经验，形成较为系统的一般性教育理论。其二，对已有教育理论成果进行全面的批判性分析与“创造性破坏”，发掘源于实践场、饱含生命力、富有时代性的科学教育理论，形成系统的框架与体系。其三，要不断加强关于我国传统教育理论与实践的整理与研究，激活我国古代教育丰富的教化智慧，通过时代性转化为今所用。

3. 创造性转化域外先进经验

当然，我国教育高质量发展不是关起门来搞发展，在全球化日益加强，“人类命运共同体”联系日益紧密的今天，任何偏安一隅的发展都将被浩浩荡荡的世界潮流淹没，中国教育高质量发展只能走发展自己、借鉴外来、走向世界的现代化之路。同时，基本的学理研究也不是一味地闭门造车，特别是在教育国际合作不断向纵深推进、世界教育研究全球化浪潮席卷民族国家的当下，与世界教育研究脱轨就意味放弃中国教育学术界的话语权。因此，在强化我国教育本土性、原生性理论研究的同时，需要高瞻远瞩、提前谋划、充分实现与国际教育及其研究对接，特别是与世界主要发达国家教育接轨，在理性论证、有的放矢学习引进的基础上，不断提高我国教育国际化水平，提升教育高质量发展研究的国家话语权与影响力，这也是我国教育高质量发展的题中之义。历史的经验已经证明，“师夷长技以制夷”的路子走不通，提升中国教育高质量发展的国际化水平，需要研究、辨析、借鉴先进的国际化理念、理论进而同中国教育实践相结合才行。发达的国家与先进的理论都是相辅相成的。因此，我们必须处理好以下几对关系。一是本土性教育理论与世界性先进性教育理论的关系，必须以前者为主、后者为辅，不可本末倒置、妄自菲薄，要努力尝试构建“域外为推、本土为拉”的推拉综合作用的理论模式。二是吸收外来与提升自我的关系。扩大中西方教育交流，充分吸收、利用西方发达国家教育经验，加强我国教育制度性、学术性话语权，提升教育研究影响力。三是“移植”和“转化”的关系。任何科学、先进的教育理论都是一定国情、社情与民情的产物，先进不意味着合适，重视域外教育研究也不意味着不加辨别地全盘照搬，而是需要基于我国教育发展现实与既有理论框架实现创造性转化，只有充分具备中国教育基因的理论才能真正丰富我国教育高质量发展的学理研究。

（二）教育实践提质

1. 构建提高质量的顶层设计

教育高质量发展是国之大计、党之大计，是今天的发展，也是明天的发展，是我们这一辈人的教育，也是下一辈人的教育，其重要性不言而喻。因此，我们必须认准形势、精心谋划、科学合理地构建具有针对性、系统性、时代性的顶层设计。国家相继下发《中共中央 国务院关于学前教育深化改革规范发展的若干意见》《中共中央 国务院关于深化教育教学改革全面提高义务教育质量的意见》《国务院办公厅关于新时代推进普通高中育人方式改革的指导意见》等重要文件，提出提升教育教学质量、建立教师培养质量保障制度、实施义务教育质量提升工程等。三个文件既注重针对性，又体现系统性，对教育改革发展做出重大部署，标志着我国教育迈入全面提高育人质量新阶段。2019年7月29日，国务院召开“全国教育工作会议”，这是改革开放以来，以国务院名义召开的第二次全国基础教育工作会议，吹响了贯彻落实三个重要文件、全面提高基础教育质量的冲锋号。同年11月底，教育部印发《关于加强和改进新时代基础教育教研工作的意见》《关于加强初中学业水平考试命题工作的意见》《关于加强和改进中小学实验教学的意见》三个配套政策文件。这是我国基础教育高质量发展重要政策进展，为推动我国基础教育高质量发展进程、构建高质量发展文化提供了重要的政策遵循。2020年10月，教育部召开全国基础教育综合改革暨教学工作会议，总结近年来各地基础教育综合改革和教学工作经验，分析当前我国基础教育面临的新形势新任务，部署下一步深化综合改革、加强教学工作，推动基础教育高质量发展。2021年1月7日至8日，2021年全国教育工作会议在京召开，会议强调，“十四五”时期，我国教育进入高质量发展阶段，教育改革发展的外部环境和宏观政策环境已发生深刻变化，面临着新形势、新阶段、新理念、新格局、新目标、新要求。教育系统要在认识上找差距，在工作上找短板，在措施上找弱项，在落实上找问题，在安全上找盲点，坚持问题导向、目标导向、结果导向，深入学习贯彻十九届五中全会精神，切实抓好工作落实。《建议》要求，要健全教育基本公共服务体系，完善共建共治共享的教育治理制度。围绕“五大理念”，积极构建教育“三大变革”的体制机制，既要有战略定力也要有紧迫感。及时做出教育高质量发展的有效的制度安排，创建和完善制度环境，加快形成推动教育高质量发展的政策体系、标准体系、指标体系、绩效评价与政绩考核体系，统筹兼顾做好教育高质量发展的各项顶层设计。一系列重大相关政策部署表明，构建提高教育高质量发展的顶层设计正在不断针对化、系统化、全面化。未来，还要不断加强研究，协调联动，继续做好做实提高质量的顶层设计。

2. 创建教育增能的质量文化

所谓文化，即人类社会相对于经济、政治而言的精神活动及其产物，在广泛意义上而言，教育就是一种典型的文化形式，因为，教育本身置身既定文化之中，又承担着创造文化的使命，教育的功能就在于“以文化人”。因此，从文化与教育的关系而言，文化是最根本的教育环境，具有潜移默化的育人功能。因此，我们要大力发挥文化在教育高质量发展中的作用，充分利用、培植高质量文化，大力推进全国教育高质量发展文化建设，坚持“文化引领，实践导向；文化创造，实践反哺”的教育高质量发展路线。其具体可行路线为：其一，质量育人，标准先行。在很大程度上而言，高质量是一种理念，既是理念，便不好把握，如若仁者见仁智者见智，那么教育高质量实践就有可能陷入混乱的危险，因此，我们必须以高质量文化为指导，构建起具有实践指导力的质量标准，如此一来，教育实践便有据可依。在此基础上，要不断测评、改进、完善教育高质量评价维度、标准及其体系，建立以教学质量报告、教学评价、专业评价、课程评价、教师评价、学生评价为主体的全链条多维度高质量教育评价与保障体系。其二，持续推进高质量教学工作审核评估和合格评估。有了标准，有了实践，接下来的问题是，标准与实践是否符合要求呢？因此，建立及时、科学、全面的审核与评估机制就显得十分重要，它要求首先建立科学合理的审核、认知、评估标准与体系，其次要把评估、认证等结果作为教育行政部门和本校政策制定、资源配置、改进教学管理等方面的重要决策参考，提升其权威性与公信力。其三，要构建教育自觉、自省、自律、自查、自纠的高质量文化，把其作为推动学校不断前行、不断超越的内生动力，将质量意识、质量标准、质量评价、质量管理等落实到教育教学各环节，并内化为师生的共同价值追求和自觉行动。任何的质量文化只有内化于学校管理者及师生的生命自觉，方能取之不尽用之不竭。其四，全面落实文化导向、学生中心、持续改进的先进工作理念，加快形成以学校为主体、教育部门为主导的行业部门、学术组织和社会机构共同参与的中国特色、世界水平的质量文化保障制度体系，以制度文化推动教育高质量发展。

3. 学校因校实际的特色努力

考察中国教育高质量发展的各个环节，从中央到地方，从政府到学校，其关键还在于学校。学校作为教育教学的主阵地，是打通我国教育高质量发展的“最后一公里”，也是“关键的一公里”。立足未来，教育高质量发展的学校可以有如下一些内容。自觉学习、传达、创建教育高质量发展文化，以国家教育战略、政策规划部署为指导，立足学校发展实际，明确发展思路，不断完善体制机制，科学制订发展规划，特别要注重发展连续性，全面落实科学评估，不可朝令夕改。深化课程育人、文化育人、活动育人、实践育人、管理育人、协同育人，构建全方位高质量育人机制；打造教育强校、文化强校、人才强校、体育强校、健康校园，形成一体化高质量育人体制。要有国家眼光，自觉创建深化东西互补、南北对话联动机制，发挥优质学校示范辐射作用，完善强弱帮扶、对口支援等办学机制，促进学校发展全面提质增效。设立课堂教学质量提升工程，定期开展主题式教学研讨，紧跟科研前沿，保持与时代互动，以研促教，以研带学。注重培育、遴选和推广优秀教学经验、模式和案例。加快数字校园建设，积极探索基于互联网的教学，促进信息技术与教育教学融合应用，完善监管机制。学校要健全教学管理规程，统筹制订教学计划，优化教学环节。坚持教学相长，注重启发式、互动式、探究式教学，引导学生主动思考、积极提问、自主探究。注重基础创新与原始创新，强化教育理论学习，提高教师教育学素养，增强教育研究能力，提升教育实践自信，打造高质量教师队伍。坚持教师主导，学生主体，保护学生好奇心和想象力，激发求知欲和学习兴趣，提高学习力和行动力。重视差异化教学与个别性指导相结合。探索以学科为基的综合性课程教学，强化跨学科、融学科思路，开展研究型、项目式学习，优化学科布局，强化课程思政。坚持健康第一、体育强校，实施学校体育固本行动，严格执行学生体质健康合格标准，普及医疗卫生知识，建立健全应对重大卫生事件体制机制。

六、结语

中国教育高质量发展既是时代大势所趋，也是教育自身发展逻辑的新时代升级转换，是一项具有长期性、阶段性、综合性的系统工程。但是，无论教育发展质量如何提升，其根本使命与内在逻辑依然是立德树人。基于教育成人的教育学立场，我们想强调的是，归根结底，教育高质量发展所遵循的是“更合适”的发展逻辑。好生命与好生活是教育高质量发展的两个向度，好生命成全好生活，好生活孕育好生命。生命是所有教育思想的逻辑起点，高质量的教育是教化生命向好、趋于更好的教育，充分实现每个人“自由而全面的发展”。首先，它是“率性”与“修道”和合的教育，既合乎天性，又超拔天性，既是个体自然天性的充分释放，又是个体社会性与精神性的全面养成与不断获致。其次，它是“个性”与“共性”和谐的教育，既尊重个体生命，因材施教，因势利导，彰显个体的生命完整与独特，又在个性的不断放大中走向共性，即以中华民族的历史文化基因培育扎根人民、复兴民族的时代新人。最后，它是“育人”与“育才”统一的教育。以国家教育目的为根本遵循，以青少年身心发展规律为基本依据，以拓展深化学校特色为办学举措，以科学合理的方式方法为教学手段，为社会培养优良的公民，为国家输送高质量人才。生活是一切教育实践的现实归宿，高质量的教育既是对个体生命的成全，也是对个体美好生活的承诺与践履。它既为个体生活提供充分的现实凭借，又为人民生活绘就和谐集体蓝图；它既为今天的生活节制而庆祝，也为明天的可能生活而开拓；既是基于学生为了学生的合适生活而育，也是基于教师为了教师的适切生活而教。

第二章

新时代中国教育高质量发展的背景条件与影响因素

党的十九大报告做出了中国特色社会主义进入新时代、社会主要矛盾发生转变的两大战略判断，对新时代推进中国特色社会主义伟大事业做出了全面部署，并明确提出“我国经济已由高速增长阶段转向高质量发展阶段”[①]。2017年中央经济工作会议又进一步指出，新时代经济工作的根本要求是“推动高质量发展”。高质量发展是体现新发展理念的发展，改革开放四十年的经济高速增长，成功解决了“有没有”的问题，现在强调高质量发展，根本在于解决“好不好”的问题。[②]我国经济发展正实现着从数量追赶转向质量追赶，由规模扩张转向结构升级，从要素驱动转向创新驱动的重大转换。经济社会发展倒逼教育质量不断提升，《中共中央关于制定国民经济和社会发展第十四个五年规划和二〇三五年远景目标的建议》针对教育提出“建设高质量教育体系”的决定，明确了“十四五”时期教育改革发展的总方向和总要求。改革开放以来，我国各级各类教育发展已达到历史高位，教育领域的主要矛盾也发生转变。教育发展正从外延扩张、高速发展阶段转向内涵提升、高质量发展阶段。

我国教育正处在转变发展方式、优化教育结构、提升质量效益的攻坚期。因此，对新时代中国教育高质量发展的背景条件与影响因素深入研究，可以准确、及时地反馈出我国教育高质量发展过程中的突出问题、棘手问题和焦点问题。正是这些难题方能反映出新时代教育发展的新任务，从而提出新时代教育高质量发展需要面对和解决的最新问题与时代主题。

① 习近平．决胜全面建成小康社会 夺取新时代中国特色社会主义伟大胜利——在中国共产党第十九次全国代表大会上的报告 [EB/OL].（2017-10-27）[2021-12-10].http：//jhsjk.people.cn/article/29613458.

② 李伟．高质量发展的六大内涵 [J]. 中国林业产业，2018（Z1）：50-51.

一、新时代中国教育高质量发展的背景条件

四十年来，我国已由改革开放之初的文盲充斥到现在的义务教育基本均衡、高中教育快速普及。中国各级各类教育发展水平显著提高，我国正从人力资源强国向人才强国迈进。建成教育强国是2035年基本实现社会主义现代化的远景目标，是“十四五”时期建设高质量教育体系的根本导向。因应于经济社会发展取得巨大成就、我国各级各类教育发展已达历史高位、各大教育主体对优质教育的需求以及建设创新型国家提出的创新人才培养的教育新要求，新时代中国教育改革路向必须做出战略性调整：由有质量发展转向高质量发展。

（一）经济社会发展的基础

1. 经济社会发展成就与提高人口素质需求

“十三五”以来，党中央团结带领全党全军全国各族人民，统筹推进“五位一体”总体布局、协调推进“四个全面”战略布局。坚持稳中求进工作总基调，坚定不移贯彻新发展理念，坚持以供给侧结构性改革为主线，推动高质量发展。经过“十三五”时期的发展，我国经济社会发展取得了全方位、开创性的历史成就。国内生产总值在2016—2019年间保持了约6.7%的年均增速①，2020年国内生产总值突破100万亿元②。2020年脱贫攻坚成果举世瞩目，现行标准下农村贫困人口全部脱贫，贫困县全部摘帽，为世界范围内消除贫困、实现和平发展做出历史性贡献。“十三五”规划主要指标总体如期实现，重大战略任务和165项重大工程项目全面落地见效，规划确定的各项目标任务胜利完成，中国经济步入提质增效的新时期。

中国经济的快速增长，国内外学者普遍认为人口因素有着很高的贡献率，即

① 李克强．“十四五”时期经济社会发展指导方针[EB/OL].（2020-11-18）[2022-10-12]. https：//www.gov.cn/xinwen/2020-11/18/content_5562141.htm.

② 国家统计局．中华人民共和国2020年国民经济和社会发展统计公报[EB/OL].（2021-02-28）[2021-07-10].https：//www.gov.cn/xinwen/2021-02/28/content_5589283.htm.

我国经济增长的相当部分来源于人口红利。[①]我国自实行计划生育政策以来有效遏制人口过快增长，同时年龄结构也发生显著改变，为经济高速增长提供了客观条件，这一时期也被认为是我国人口红利的黄金时期。然而人口红利并非“取之不尽，用之不竭”，2010年中国劳动年龄人口比例见顶，2023年中国出生人口创新低。国家虽出台鼓励生育的政策，但无法缓解当前劳动力供需矛盾。人口红利的消减与老龄化进程的加速，引发了人们对经济增长动力不足、经济增速大幅下滑的担忧。而实际上，生育率下降、劳动年龄人口减少、人口老龄化等都是社会发展的必然结果。数量型“人口红利”的消失使得劳动密集型优势减弱，然而人口结构的变化中劳动力质量与素质的提升将进一步释放“新人口红利”，即形成质量型“人力资本红利”。因此我国亟须发挥人力资本存量的作用，通过提高人口质量、实现人力资本的积累，培养学习型、研究型和创新型产业工人，持续提升工人的劳动生产率，实现人口红利由“数量型”向“质量型”的转换。

2. 科学技术发展成就与创新人才需求

高质量发展是体现新发展理念的发展，是创新为第一动力、协调为内生特点、绿色为普遍形态、开放为必由之路、共享为根本目的的发展。其中，科技创新是引领高质量发展的第一动力。习近平总书记强调“要充分认识创新是第一动力，提供高质量科技供给，着力支撑现代化经济体系建设”[②]。21世纪以来，全球科技创新进入空前密集活跃期，新一轮科技革命和产业变革正在重构世界创新版图，重塑全球创新结构。“十三五”期间在创新型国家建设上，我国研发经费投入总量位居世界第二，全员劳动生产率和科技进步贡献率稳步提高。在载人航天、探月工程、火星探测、深海工程、量子通信等领域取得一大批重大科技成果，2020年我国基本实现“进入创新型国家行列”的目标。“十四五”规划纲要将“坚持创新驱动发展，全面塑造发展新优势”摆在未来众多重要领域的第一位，更是突出强调了要坚持创新在我国现代化建设全局中的核心地位，把科技自立自强作为国家发展的战略支撑。

① “人口红利”指一个劳动力资源丰富、抚养负担较轻，人口的数量优势有利于经济发展的黄金时期。

② 人民网．发挥科技创新对现代化经济体系建设的支撑作用[EB/OL].（2019-02-11）[2021-06-10].http：//theory.people.com.cn/n1/2019/0211/c40531-30616902.html.

创新之道，唯在得人。当前，我国经济发展进入新时期、新常态，把科技自立自强作为国家发展的战略支撑，其中人才支撑是核心，是关键。为走好下一步，必须直面我国科学技术领域依然存在的创新能力不强、基础科学研究短板突出、关键核心技术“卡脖子”、顶尖人才较为缺乏、科学技术管理体制不健全等问题。为此，我们必须把创新作为引领发展的第一动力，把人才作为支撑发展的第一资源，把创新摆在国家发展全局的核心位置。在激发人才创新活力上，通过教育培养造就高水平人才队伍、激励人才更好地发挥作用和优化创新创业创造生态。

（二）教育发展的现实基础

1. 学前教育

高质量的学前教育不仅是个体终身学习和终身发展的重要基础，更是保障社会公平、促进社会和谐、提高国民素质和增强国家经济实力的重要战略举措。改革开放以来，我国对发展学前教育重要性的认识逐渐加强。2010年，国务院在《国家中长期教育改革和发展规划纲要（2010—2020年）》（简称《纲要》）对学前教育所做的系统设计基础上，颁布《国务院关于当前发展学前教育的若干意见》（简称“国十条”），对我国学前教育事业发展做出了全面部署。在“国十条”的指导下，我国学前教育事业取得令人瞩目的成就。主要表现在以下几个方面：

（1）性质定位愈加清晰，政府职责得以明确

学前教育性质定位不清是长期以来制约我国学前教育健康发展的根本原因。为推进我国学前教育事业科学发展，“国十条”对我国学前教育的性质加以明确，指出“学前教育是终身学习的开端，是国民教育体系的重要组成部分，是重要的社会公益事业”。2017年党的十九大胜利召开，将“幼有所育”纳入习近平新时代中国特色社会主义思想和基本方略，强调要办好学前教育。可见，党和国家将学前教育的性质定位为我国国民教育体系的重要基石，肯定了其在国计民生中的重要地位。

政府是实现学前教育事业和儿童发展的关键主体。纵观我国学前教育发展历程，政府职能的缺位与错位往往导致学前教育事业偏离健康的发展方向。政府缺乏对学前教育的系统管理，缺少财政经费投入，导致幼儿园从数量到质量上都存在失范失序现象。为此，《纲要》在学前教育发展任务中强调了政府职责的重要性，从规划、投入、办园、管理等方面对政府职责做出明确规定；“国十条”也提出了“坚持政府主导，社会参与，公办民办并举”的学前教育发展方针。同时对各部门的具体职责加以明确，教育行政部门加强对学前教育的宏观指导和管理，相关部门履行各自职责，充分调动各方面力量发展学前教育，为学前教育事业科学健康发展提供了政策保障。

（2）教育资源逐步扩充，普惠性幼儿园数量增加

改革开放以来，我国学前教育在办园数量、在园幼儿数和入园率上呈大幅增长态势。1979年全国幼儿园约16.56万所[①]，到2020年达到29.17万所，增幅约为76.15%；2020年幼儿园在园幼儿数达4818.26万人，学前教育毛入学率85.2%。[②]学前教育已完成了《纲要》提出的到2020年的指标。

“国十条”的颁布，有力推动了各地学前教育的发展；大批资源的增补，弥补了长期以来学前教育资源供给不足的短板。“国十条”规定“坚持公益性和普惠性，努力建构覆盖城乡、布局合理的学前教育公共服务体系，保障适龄儿童接受基本的、有质量的学前教育”[③]。2021年，我国普惠性幼儿园在园幼儿4218.20万人，普惠性幼儿园覆盖率达87.78%[④]，“入园难”“入园贵”等问题得到有效缓解。此外，学前教育的区域差距逐步缩小，农村学前教育资源也得到了较快增长。学前教育的资源扩充使越来越多的适龄幼儿得到入园机会，保障了适龄幼儿接受学前教育的权利。

（3）教师学历层次提升，教师队伍质量不断提高

师资队伍的质量关系着学前教育政策最终的落实水平，公平而有质量的学前教育发展有赖于一支数量充足、质量合格的幼儿园教师队伍。改革开放以来，国

---

① 出自《中国教育统计年鉴1979》。

② 中华人民共和国教育部.2020年全国教育事业发展统计公报[EB/OL].（2021-08-27）[2021-10-01].http：//www.moe.gov.cn/jyb_sjzl/sjzl_fztjgb/202108/t20210827_555004.html.

③ 中国政府网.国务院关于当前发展学前教育的若干意见[EB/OL].（2010-11-24）[2021-10-01].http：//www.gov.cn/zwgk/2010-11/24/content_1752377.htm.

④ 中华人民共和国教育部.2021年全国教育事业统计主要结果[EB/OL].（2022-03-01）[2022-04-11].http：//www.moe.gov.cn/jyb_xwfb/gzdt_gzdt/s5987/202203/t20220301_603262.html.

家建立了幼儿教师长效补充机制、幼儿教师待遇保障机制，制定并全面落实幼儿教师专业标准，提高幼儿教师专业化水平。

2010年“国十条”颁布以来，国家相继下发了《幼儿园教师专业标准(试行)》(2012)、《幼儿园教职工配备标准(暂行)》(2013)、《幼儿园园长专业标准》(2015)、《教育部 财政部关于改革实施中小学幼儿园教师国家级培训计划的通知》(2015)、《中共中央 国务院关于全面深化新时代教师队伍建设改革的意见》(2018)、《教师教育振兴行动计划(2018—2022年)》(2018)等文件。在上述政策的引导、支持和保障下，我国幼儿园教师队伍不断壮大，幼儿园园长和专任教师的学历水平逐年提升，幼儿园教师接受教育的层次也大幅提高，教师队伍的学历结构也发生巨大变化，大专及以上学历幼儿园教师所占比例明显提高。

(4)科学育儿理念转变，学前保教质量逐步提升

为加强幼儿园科学管理，规范办园行为，提高保育和教育质量，一系列政策文件相继出台。20世纪80年代以来，在贯彻《幼儿园教育纲要(试行草案)》等政策精神的过程中，幼儿园开始积极改革教育方法，教师们普遍意识到了幼儿成长需求和学习方式的特殊性。随着《幼儿园工作规程》的试行与正式颁布，学前教育实践更加关注幼儿学习与发展的环境创设，更加关注幼儿的主动学习。2001年教育部颁布《幼儿园教育指导纲要(试行)》，要求幼儿教师培养机构做好相应的教育工作，客观上推动了广大一线教师(包括准教师)教育理念的蜕变。

《纲要》强调要遵循幼儿身心发展规律，坚持科学的保教方法，保障幼儿健康快乐成长。为贯彻这一要求，“国十条”提出要“坚持科学保教，促进幼儿身心健康发展”的具体措施。2012年教育部颁布《3—6岁儿童学习与发展指南》，这是我国第一个同时面向幼儿园、家庭和全社会发布的学前教育指导性文件。[①] 该文件系统描述了3—6岁儿童身心发展规律与学习特点，以一整套科学、明确、具体的目标和教育建议来指导教师和家长梳理对幼儿发展的合理期望，实施科学的保育和教育。[②] 2016年1月，修订后的《幼儿园工作规程》正式颁布，这是21世纪我国学前教育领域第一部国家层面的教育法规，从规范幼儿园内部管理的角

① 朱永新．中国教育改革大系·学前教育卷[M]. 武汉：湖北教育出版社，2015：29.

② 虞永平，张斌，等．学前教育[M]. 北京：科学出版社，2018：44.

度为保教质量提供了制度和法规保障。[①] 在《3—6岁儿童学习与发展指南》和《幼儿园工作规程》的指导下，幼儿园教师根据幼儿发展需要制订教育计划、指导游戏活动和安排一日生活，保教质量明显提高。

2. 基础教育

基础教育是我国国民教育的主体，也是各级各类教育的重要基础，是“提高民族素质的基础工程”。新中国成立以来，我国基础教育在党和国家领导下，经过全国人民共同努力，在艰难曲折中快速发展，在不懈奋斗中改革开放，规模不断扩大，办学水平和教育教学质量不断提高。在从“穷国办大教育”到“大国办强教育”的战略转变中，国际影响力不断攀升，实现“跨越式”发展，为我国加快教育现代化进程、建设教育强国奠定坚实基础。

（1）实现义务教育“普九”，重点发展基础教育

我国基础教育起步较晚，中华人民共和国成立初期，国家在教育事业上的经费投入不到总 GDP 的3%，用于发展基础教育的更是少之又少。整个基础教育的普及程度非常低，幼儿园毛入园率仅为0.4%，小学净入学率为20%，初中阶段和高中阶段毛入学率分别为3.1%和1.1%。[②] 为改变高文盲率和低入学率这一艰难境地，国家颁布一系列法律法规和政策文件，来提高人民文化水平和确保适龄儿童按时入学。随着教育改革不断深化，中国基础教育高速发展，用25年时间实现了普及九年义务教育的壮举。[③]

到2020年，我国已经拥有全世界规模最大的基础教育，基础教育阶段幼儿园在园人数4818.26万，毛入园率提升到85.2%；小学阶段在校生人数10725.35万，小学学龄儿童净入学率达到99.96%；初中阶段在校生人数4914.09万，毛入学率102.5%；高中阶段在校生人数4163.02万，毛入学率达到91.2%。[④] 我国基础教育

① 虞永平，张斌，等．学前教育 [M]. 北京：科学出版社，2018：44.

② 人民网．从“文盲大国”到教育大国：新中国最大程度实现了教育公平 [EB/OL].（2021-06-21）[2022-10-12].http：//sn.people.com.cn/n2/2021/0621/c393584-34785630.html.

③ 宋乃庆，罗士琰，王晓杰．义务教育改革与发展40年的中国模式 [J]. 南京社会科学，2018（9）：25-30.

④ 中华人民共和国教育部 .2020年全国教育事业发展统计公报 [EB/OL].（2021-08-27）[2021-10-01].http：//www.moe.gov.cn/jyb_sjzl/sjzl_fztjgb/202108/t20210827_555004.html.

普及率已达到世界中高收入国家平均水平，其中义务教育普及率直接超过发达国家平均水平。[①] 高中教育普及率已达到《国家中长期教育改革和发展规划纲要（2010—2020年）》中所提出的战略目标。我国已构建起适应社会主义现代化建设需要的现代基础教育体系，为社会主义现代化建设和中华民族伟大复兴奠定了坚实的文明基础和可持续的发展动力。

（2）坚持公平导向，县域内教育实现基本均衡

基础教育均衡发展是实现教育公平的重要前提，我国基础教育呈现出的非均衡态势主要体现在城乡间、区域间以及校际等方面。国家为实现基础教育均衡发展做了一系列富有成效的工作。

第一，继续增加义务教育投入，启动中小学标准化建设工程。“十五”期间，国家先后出台《国务院关于基础教育改革与发展的决定》和《国务院关于进一步加强农村教育工作的决定》，提出要将新增教育经费主要用于农村的重大决策。同时，颁布《城市普通中小学校校舍建设标准》《农村普通中小学校建设标准》等文件，推进中小学标准化建设。

第二，加速薄弱学校改造，改善偏远贫困地区办学条件。实施“东部地区学校对口支援西部贫困地区学校工程”等政策，将政策资源向农村地区倾斜、向中西部地区倾斜，扶持经济欠发达地区基础教育发展，构建农村及西部地区基础教育健康发展的良性机制。近年来，国家财政性教育经费投入重点向中西部贫困地区倾斜，普通高中教育是中西部贫困地区教育发展中的明显短板，也是财政资金投入支持的重点领域。自2011年起，国家实施了“教育基础薄弱县普通高中建设项目”和“普通高中改造计划”两个重大工程，中央财政五年累计投入270多亿元，用于支持中西部贫困地区普通高中的建设和发展，惠及1800多所农村普通高中和近千万名学生。[②] 在中央专项基金项目扶持和推动下，基本办学条件显著改善。

第三，加强基础教育基本建设，调整中等教育结构。党的十八大以来，加快推进县域内义务教育在学校建设标准、教师编制标准、生均公用经费基准定额、

---

① 罗士琰，张辉蓉，宋乃庆．基础教育改革与发展的中国模式探析 [J]. 江西师范大学学报（哲学社会科学版），2020，53（1）：123-129.

② 中华人民共和国教育部．介绍从数据看党的十八大以来我国教育改革发展有关情况 [EB/OL].（2017-09-28）[2021-02-20].http：//www.moe.gov.cn/jyb_xwfb/xw_fbh/moe_2069/xwfbh_2017n/xwfb_20170928/201709/t20170928_315538.html.

基本装备配置等方面统一进程。[①] 截至2020年5月，全国通过义务教育均衡验收的县数累计达2767个，占全国总县数的95.32%，其中23个省（区、市）已经整体通过认定。[②] 教育均衡、公平发展整体水平得到明显提升，义务教育城乡一体化取得突破性进展。中职与普通高中招生比例大体相当，中职教育和普通高中国家助学金资助标准由生均每年1500元提高到2000元。发展中职教育已成为普及高中阶段教育和建设中国特色职业教育体系的重要基础。

（3）加强依法治教，法律法规日益完善

依法治教和完善法律法规建设是推动基础教育发展的基本保障。改革开放以来，我国基础教育立法、执法和普法力度不断增大，基础教育法律法规日益完善。相继出台《中华人民共和国义务教育法》（1986）、《中华人民共和国教师法》（1993）、《中华人民共和国教育法》（1995）等法律法规，不断健全基础教育法治体系，逐渐摆脱了无法可依的发展状态，依法治教逐渐步入正轨。基础教育治理正朝着法律化、规范化的方向逐步迈进。自教育部提出依法治校、依法治教以来，我国接连发布《全面推进依法治校实施纲要》《教育部 司法部 中央综治办 共青团中央 全国普法办关于进一步加强青少年学生法制教育的若干意见》等一系列政策文本，青少年法治意识逐渐增强，未成年人违法犯罪率大幅降低。2016年和2017年相继出台的《国务院教育督导委员会办公室关于开展校园欺凌专项治理的通知》《义务教育学校管理标准》，严肃校规校纪，防治校园欺凌力度与日俱增。全面依法治教的深入推进，为全面深化基础教育领域综合改革提供了法律保障。

（4）加速推进信息化，教育现代化初显成效

办好基础教育，质量是关键。教育信息化是实现优质教育资源共享、提高教育教学质量的重要支撑。自2000年全国中小学信息技术教育工作会议后，教育信息化开始进入普及阶段，并进一步走向全面应用的深化阶段。[③] 此后相继出台《教育管理信息化标准》《2003—2007年教育振兴行动计划》等政策文本，旨在加

---

① 陈子季. 从“穷国办大教育”到“大国办强教育”——改革开放40年我国基础教育发展成就概述[J]. 人民教育，2018（21）：7-12.

② 中华人民共和国教育部. 全国2767个县（市、区）通过国家义务教育基本均衡发展督导评估认定[EB/OL].（2020-05-19）[2021-10-05].http：//www.moe.gov.cn/fbh/live/2020/51997/mtbd/202005/t20200520_456715.html.

③ 朱旭东，施克灿，林钧. 中国教育改革开放40年：义务教育卷[M]. 北京：北京师范大学出版社，2018：146.

强信息基础设施建设，构建国家公共教育信息化平台。实施“农村中小学现代远程教育工程”，致力于形成农村教育信息化环境，并向农村地区中小学输送优质教育资源。随着新课改的不断深入和发展，高中学校越来越重视信息技术与学科教学的深度融合，越来越多的高中学校利用《管理通》《家校通》等软件辅助开展学校的管理和教学，校园网成了学校管理的重要硬件。

基础教育信息化建设以来，在基础设施建设、资源开发和远程教育教学收视点建设等方面取得巨大进步。“十二五”以来，尤其是《教育信息化十年发展规划（2011—2020年）》发布以来，实现了“三通两平台”网络覆盖，优质数字教育资源日益丰富，信息化教学逐渐普及。2018年是我国教育信息化发展的关键年，教育部相继印发《2018年教育信息化和网络安全工作要点》《教育信息化2.0行动计划》等文件，推进“互联网＋教育”等具体实施计划，探索基于“互联网＋”条件下的人才培养、教育服务与教育治理新模式。《教育信息化2.0行动计划》指出“没有信息化就没有现代化”，教育信息化是教育现代化的重点内容和显著标志，持续推进“三通两平台”，实现教育信息化的普及应用是实现教育现代化的必经之路。

3. 高等教育

高等教育作为社会发展的重要基石，是社会发展的动力之源。伴随着我国经济的高速增长，我国高等教育事业也发生了翻天覆地的变化。不仅体现在办学规模的扩张及培养体系的日益完善，也体现在对外开放、变革转型以及从质量管理到质量治理的结构转型上。在办学质量上，国家“双一流”建设快速推进，我国高等教育改革进入关键时期。

（1）在学规模稳步提升，培养体系日益完善

改革开放以来，我国高等教育规模从稳定发展到急剧扩张，实现了从精英高等教育到大众高等教育再到普及高等教育的跨越。1978年，全国本专科在校生只有85.63万人，研究生1.09万人①；到2020年，全国本专科在校生达到3285.29万人，

① 出自《中国教育统计年鉴1978》。

在学研究生313.96万人，高等教育毛入学率达54.4%。[①] 这标志着我国高等教育迈入普及化门槛。随着《中国教育现代化2035》的不断落实，中国高等教育保持良好的发展势头，从绝对规模上看，我国高等教育规模已在世界上名列前茅，成为名副其实的高等教育大国。

20世纪80年代以来，我国高校不断引进国际先进标准，在本科生和研究生的培养上始终以质量为核心，不断完善培养体系。本科教育作为我国高等教育最大的培养体系，在40多年的发展中逐渐形成了“以本为本，本科立人，本科立校”的发展观念。[②] 在研究生培养体系建设上，其培养规模在以质量为核心的理念下逐步扩大。近年来我国研究生教育坚持走内涵式发展道路，在导师队伍建设、研究生创新能力培养、研究生课程体系建设方面持续不断探索。随着研究生招生规模的不断扩大，对研究生培养质量管理与提升形成了由教育部、各地方教育主管部门及高校齐抓共管新态势，充分激发了各方主体管理活力。

（2）人才供给服务社会，对外开放变革转型

随着高等教育进入普及化阶段，我国人口数量红利逐步转化为人口质量红利。我国人才队伍结构不断优化，人才素质稳步提升，为“卡脖子”的关键领域输送具有创新能力的领军人才。根据世界银行的测算，2020年，我国人力资本对经济增长贡献率已达36.8%。2021年，劳动年龄人口接受高等教育占比达24.9%[③]，结构进一步优化，我国在全球创新指数排名也逐年上升，人才使用效能被充分激活。

改革开放以来，我国高等教育事业统筹国内和国际两个大局，高等教育领域的对外开放和社会领域的对外开放一样蓬勃发展起来，在发展中取得了全方位、深层次、系统性的成就。高等教育国际化建设由“引进来”向“走出去”转变。随着高等教育对外开放的规模不断扩大，我国留学事业呈现跨越式发展态势，我国连续多年成为全球最大的留学生源国。加之我国高等教育质量的显著提升，吸

---

① 中华人民共和国教育部.2020年全国教育事业发展统计公报[EB/OL].（2021-08-27）[2021-12-01].http：//www.moe.gov.cn/jyb_sjzl/sjzl_fztjgb/202108/t20210827_555004.html.

② 张继东，王颖.改革开放以来我国高等教育成就及对“双一流”建设路径的启示[J].天津大学学报（社会科学版），2021，23（1）：50-57.

③ 中华人民共和国教育部.数说教育十年：全国拥有大学文化程度的人口超过2.18亿[EB/OL].（2022-09-27）[2022-10-13].http：//www.moe.gov.cn/fbh/live/2022/54875/mtbd/202209/t20220927_665364.html?ivk_sa=1023197a.

引了大量留学生来华求学，目前，我国已成为亚洲最大的留学生目的国。尤其是自加入世界贸易组织以来，面对高等教育国际化形势，我国同180多个国家和地区建立了高等教育交流合作关系，同50多个国家和地区签署了高等教育学历学位互认协议。高等教育的中国范式架构已大体成形，并逐渐走向世界高等教育舞台中央，高等教育事业的对外开放由“借力发展”向“助力前行”转变。

（3）教育质量不断提高，倡导争创一流学科

高等教育质量是高等教育安身立命之本，是高等教育可持续发展的根本动力。我国历来重视高等教育质量，改革开放40多年来，党和国家在提高高等教育质量上注重扩大办学规模，补齐硬件短板，不断引进国际先进标准，充分凝聚社会力量，形成了“以高校发挥主体作用，政府进行办学主导，全社会积极参与”的高等教育质量建设与管理模式。2017年，党的十九大报告明确提出要“实现高等教育内涵式发展”[①]，为不断完善质量建设，党和国家不断深化高等教育质量体系改革，创新发展理念和发展方式，实现从质量管理向质量治理的根本转变。

20世纪90年代以来，我国以建设世界先进水平的学科和大学为目标，计划实施“211工程”和“985工程”。“211工程”“985工程”的实施为党和国家培养了大批创新人才和优秀师资队伍，在教育质量、科学研究、管理水平及办学效益上取得巨大成就，但在其重点建设中逐渐形成身份固化、竞争缺失、重复交叉等问题。

在迈入高等教育普及化阶段之后，高等教育结构最主要的特征是多样化。为满足个体发展与经济社会发展的多样化诉求，2015年10月，国务院发布了《统筹推进世界一流大学和一流学科建设总体方案》（“双一流”方案），决定统筹推进世界一流大学和一流学科建设（“双一流”建设），建设高校在立足本校特色的基础上，实行总量控制、开放竞争、动态调整的策略，以实现我国从高等教育大国向高等教育强国跨越。无论是“211工程”“985工程”还是“双一流”建设，作为以国家政策为导向的重点高校的建设思路，对不同历史时期我国高等教育的发展都起到了重要的推动作用。

① 习近平.决胜全面建成小康社会 夺取新时代中国特色社会主义伟大胜利——在中国共产党第十九次全国代表大会上的报告[EB/OL].（2017-10-27）[2021-12-10].http：//jhsjk.people.cn/article/29613458.

4. 职业教育

职业教育与普通教育是两种不同的教育类型，具有同等重要的地位。我国职业教育经历了从小到大、从弱变强、由慢到快的发展历程，作为国民教育体系的重要组成部分，职业教育始终承担着中等教育和高等教育两个阶段中教育结构调整的重任，肩负着培养专业技能人才、促进就业创业的职责。党的十八大以来，我国职业教育改革发展走向提质培优、增智赋能的快车道，职业教育面貌发生了格局性变化。

（1）发展模式不断完善，与市场匹配度不断提高

近年来，我国职业教育发展模式不断完善，在产教融合、校企合作等方面表现突出。在产教融合上，职业教育实行专业设置对接产业企业岗位。从2013年《教育部关于2013年深化教育领域综合改革的意见》提出“完善职业教育产教融合制度”，到2019年《国家产教融合建设试点实施方案》审议通过，从产教融合型城市、产教融合型行业和产教融合型企业等维度提出产教融合具体措施，几年间，职业教育的课程设置与市场需求的契合度逐步提高。2019年，教育部职业技术教育中心研究所向全社会公开发布先期重点建设培育产教融合型企业24家。2021年，教育部印发《职业教育专业目录（2021年）》，并在2022年和2023年进行持续修订。目前，高等职业教育（专科）“经省级教育行政部门备案并在我部汇总的2023年拟招生专业点共65808个”[①]，职业教育进入了快速发展阶段。在国际办学领域，据不完全统计，高职院校在境外建立了40多所海外分校，尤其是鲁班工坊成为中国高职院校国际交流合作的新名片，595个专业教学标准落地国（境）外。

在校企合作上，学生培养对接生产过程和市场需求。《2018年全国职业院校评估报告》显示，2017年高职院校校企共建校外实习实训基地数达16.68万个，企业提供的校内实践教学设备值总额达61亿元，校均达到493万元；中职学校中，90%以上建立了校外实习实训基地，70%以上有专业教师进入合作企业实践，

① 中华人民共和国教育部．教育部关于公布2023年高等职业教育专科专业设置备案和审批结果的通知[EB/OL].（2023-03-14）[2023-10-12].http：//www.moe.gov.cn/srcsite/A07/moe_953/202303/t20230320_1051759.html.

60%以上聘请了企业兼职教师。[①] 高职院校在助力乡村振兴、脱贫攻坚方面持续发力，2018年，65所职业院校发起成立全国职业院校精准扶贫协作联盟。2018年高职院校全日制留学生1.7万人，比上一年增长50%，595个专业教学标准落地国（境）外，“一带一路”沿线国家成为主要生源地和境外办学的主要集聚地。[②] 深化产教融合、校企合作，促进教育链与产业链有机衔接，是当前推进人力资源供给侧结构性改革的迫切要求，对全面提高教育质量、扩大就业创业和培育经济发展新动能具有重要意义。

（2）落实“双师型”培养，教师队伍结构有所改善

教师队伍是发展职业教育的第一资源，是支撑新时代国家职业教育改革的关键力量。1995年，国家教育委员会在《关于开展建设示范性职业大学工作的通知》中首次提出“双师型”教师这一概念，虽然当前国家未对高职院校“双师型”教师专业标准进行明确界定，但教育部2019年发布的《职业技术师范教育专业认证标准（第二级）》从践行师德、学会教学、学会育人和学会发展四大模块规定了面向中等职业学校教师岗位的职业技术师范生毕业时应达到的能力要求。由此，显示出职业院校“双师型”教师兼具职业实践者与职业院校教师的双重身份。[③]2019年教育部教师工作司公布有关“双师型”教师队伍建设情况，我国职业院校专任教师133.2万人。其中，中职专任教师83.4万人，高职专任教师49.8万人。“双师型”教师总量为45.56万人，其中，中职26.42万人，占专任教师比例31.48%；高职19.14万人，占专任教师比例39.70%。[④]

专业化的“双师型”教师是职业教育培养社会经济发展所需复合型、创新型技术人才的基础，《国家职业教育改革实施方案》和《深化新时代职业教育“双师型”教师队伍建设改革实施方案》重点强调了培养高素质、专业化的“双师型”

① 中华人民共和国教育部.2018年全国职业院校评估报告发布[EB/OL].（2019-11-27）[2021-11-01].http：//www.moe.gov.cn/jyb_xwfb/gzdt_gzdt/s5987/201911/t20191127_409905.html.

② 中华人民共和国教育部.2019中国高职质量年度报告发布[EB/OL].（2019-06-21）[2023-10-12].http：//www.moe.gov.cn/jyb_xwfb/s5147/201906/t20190621_386921.html.

③ 中华人民共和国教育部.教育部教师工作司关于印发《职业技术师范教育专业认证标准》和《特殊教育专业认证标准》的通知[EB/OL].（2019-10-10）[2021-11-05].http：//www.moe.gov.cn/s78/A10/tongzhi/201910/t20191030_405965.html.

④ 中华人民共和国教育部.“双师型”教师队伍建设有关工作情况[EB/OL].（2019-02-19）[2021-11-10].http：//www.moe.gov.cn/fbh/live/2019/50294/sfcl/201902/t20190219_370020.html.

教师是推进职业教育全方位实现现代化的一项基础性工作。在“双师型”教师队伍建设上，教育部通过健全职业院校教师标准体系和管理制度、实施教师素质提高计划、校企共建“双师型”教师培养培训基地、选聘行业企业兼职教师等举措，推动职业院校“双师型”教师队伍规模不断扩大，“双师”素质持续提升，“双师”结构逐步优化。

（3）教育成效显著，毕业生就业状况持续向好

近年来，我国中等职业教育快速发展、不断壮大，中职毕业生就业率相对较高且趋势较好。自2006年以来，中职毕业生就业率保持在95%以上，对口就业率在70%以上。[①] 中职毕业生呈现就业去向多样化、实体经济供不应求、区域差距明显缩小等发展样态，已逐步成为支撑中小企业集聚发展、区域产业迈向中高端的主力军。

同时，高职毕业生就业收入倍增，吸引力日渐增强。《2019中国高职质量年度报告》显示，2019年度高职毕业生半年后就业率持续稳定在92%，连续11年超过90%。毕业3年后月收入增幅达到76.2%，毕业生本地就业率接近60%，到中小微企业等基层单位服务的比例保持在60%以上，高职教育对于扩大就业和促进学生发展的作用日益显现。[②] 同时，高职院校在助力乡村振兴、脱贫攻坚方面持续发力。2018年全国职业院校评估报告显示：2017年，“三区三州”等深度贫困地区的高职在校生总数超过18万人，46%的毕业生在当地就业；地处深度贫困地区的中职学校有14.2万名学生实现就业，就业率超过90%。2018年，65所职业院校发起成立全国职业院校精准扶贫协作联盟，职业院校毕业生成为教育扶贫主力军。在现代制造业、战略性新兴产业和现代服务业等领域，一线新增从业人员70%以上来自职业院校毕业生，职业教育社会认可度显著提升。[③]

---

① 人民网．普及高中教育，质与量要同步 [EB/OL].（2018-01-26）[2022-11-10].http：//edu.people.com.cn/n1/2018/0126/c1053-29788743.html.

② 中华人民共和国教育部.2019中国高职质量年度报告发布 [EB/OL].（2019-06-21）[2021-11-10].http：//www.moe.gov.cn/jyb_xwfb/s5147/201906/t20190621_386921.html.

③ 中华人民共和国教育部．教育部：在现代制造业等领域 一线新增从业人员70% 以上来自职校 [EB/OL].（2018-11-08）[2021-08-05].http：//www.moe.gov.cn/jyb_xwfb/xw_zt/moe_357/jyzt_2018n/2018_zt11/zt1811_hn/zt181109_mtgz/201811/t20181108_354017.html.

5. 特殊教育

特殊教育是面向有特殊需要人群的教育，因其服务对象的特殊性而自成体系。[①] 作为国民教育体系的重要组成部分，特殊教育的发展标志着国家的繁荣与进步，是推进教育公平、实现教育现代化的重要举措。

（1）普及程度稳步提高，保障力度不断加强

党和国家对特殊教育高度重视，连续实施《特殊教育提升计划》，印发残疾儿童随班就读指导意见，中央财政大幅提高特殊教育投入，扩大特殊教育资源，加速特殊教育普及进程。2020年，全国共有特殊教育学校2244所，比上年增加52所，增长2.37%；特殊教育学校共有专任教师6.62万人，比上年增加0.38万人，增长6.11%；招收各种形式的特殊教育学生14.90万人，比上年增长3.35%；在校生88.08万人，比上年增长10.85%。[②] 监测显示，至2020年，全国残疾儿童义务教育入学率已超过95%[③]，过去残疾儿童"入学难"问题已成为历史。

教育立法是推动全纳教育发展的重要保障。1994年颁布的《残疾人教育条例》是我国较早实施的教育法规，2017年修订时充分吸收特殊教育理论研究的先进成果，其中"禁止任何基于残疾的教育歧视""应当提高教育质量"等条例为现代化特殊教育奠定了良好的法规基础。《中华人民共和国宪法》《中华人民共和国教育法》《中华人民共和国义务教育法》《中华人民共和国高等教育法》《中华人民共和国职业教育法》《中华人民共和国残疾人保障法》等法律也对发展特殊教育做出了明确具体规定，从立法层面保障了特殊教育的稳步发展，彰显了特殊教育在国家教育决策中的地位。

（2）师资建设不断加强，教学质量持续提高

随着特殊教育社会保障力度的不断加强，残疾学生受教育的权利也逐渐得到重视，对高质量教师的需求也更为迫切。特殊教育师资作为特殊教育事业发展中最宝贵的资源，是保障残疾儿童享有公平而有质量教育的关键，更是办好特殊教

---

① 朱宗顺．特殊教育史[M]. 北京：北京大学出版社，2011：1-2.

② 中华人民共和国教育部.2020年全国教育事业发展统计公报[EB/OL].（2021-08-27）[2021-12-01].http：//www.moe.gov.cn/jyb_sjzl/sjzl_fztjgb/202108/t20210827_555004.html.

③ 中华人民共和国教育部．不断加大政策、资金、项目对特殊教育的倾斜——我国残疾儿童义务教育入学率超95%[EB/OL].（2021-09-27）[2021-12-05].http：//www.moe.gov.cn/jyb_xwfb/s5147/202109/t20210927_567367.html.

育、提高教学质量的最直接保障。

在国家政策支持下，我国特殊教育师资建设不断加强。第一，在培养规模上，特殊教育师资供给不断完善。截至2018年6月，全国已有61所普通本科高校开设特殊教育专业，在校生1万余人。在“国培计划”中专设特教学校校长和骨干教师培养项目，累计培训特教学校骨干教师10298名、校长726名。① 高校特殊教育专业数量的不断增加，为补充我国特殊教育师资队伍做出巨大贡献。第二，在培养层次上，特殊教育师资培养层次逐步提升。根据国家统计数据，2020年，特殊教育学校专任教师总量达66169人，其中专科学历教师约占教师总数的23.70%，本科学历教师约占72.22%，研究生学历教师约占2.83%，高中及以下学历教师约占1.25%②，可见随着高等师范院校特殊教育教师的培养规模逐渐扩大，本科学历特殊教育教师已成为特教师资队伍的主力军。第三，在培养主体上，特殊教育师资培养更加多元。随着国家对特殊教育事业的重视，为解决特殊教育专业人才匮乏问题，除专门培养特殊教育教师的师范类院校，一些综合性大学、医科类大学、体育类大学也逐步兴办特殊教育专业培养特殊教育教师，如长春大学、天津体育学院等。特殊教育师资逐步走向多元，教学质量也逐步提高。

（3）“全纳”理念逐步推广，政策体系不断完善

20世纪末，全纳教育③ 理念应运而生，它不仅关注教育的覆盖面，更注重教育质量的提升，这种全新的教育理念已得到世界各国的认可。特殊教育的理论与实践源远流长，但是在其萌生、发展过程中始终处于一种与普通教育相对“隔离”的状态，在各界人士的高度关注与不断改革调整中，特殊教育从“隔离化”到“一体化”再到“融合化”，朝着“教育面前人人平等”的目标努力。

我国“随班就读”已有30多年历史，我国的全纳教育目前处于一种具有全纳

---

① 中华人民共和国教育部.对十三届全国人大二次会议第2879号建议的答复[EB/OL].（2019-09-29）[2021-06-05].http：//www.moe.gov.cn/jyb_xxgk/xxgk_jyta/jyta_jijiaosi/201912/t20191204_410817.html.

② 中华人民共和国教育部.特殊教育学校专任教师学历、专业技术职务情况[EB/OL].（2021-08-27）[2021-10-20].http：//www.moe.gov.cn/jyb_sjzl/moe_560/2020/gedi/202109/t20210901_557328.html.

③ 全纳教育（inclusive education），作为一种全新的教育理念，是1994年由联合国教科文组织在西班牙萨拉曼卡召开的“世界特殊需要教育大会”上正式提出。联合国教科文组织强调全纳教育是“通过增加学习、文化和社区参与，减少教育系统内外的排斥，应对所有学习者的多样化需求，并对其做出反应的过程”。

教育意义的"随班就读"阶段。我国特殊教育顺应世界发展潮流，不断推广"全纳教育"理念，形成了以"政府主导，多措并举，特色创新"的"全纳＋融合"的全纳教育理念。同时，政策逐步完善，强化保障。2010年《国家中长期教育改革和发展规划纲要（2010—2020 年）》明确提出要不断扩大随班就读和普通学校特教班规模。2014年《特殊教育提升计划（2014—2016年）》首次提出要全面推进全纳教育，强调"全面推进全纳教育，使每一个残疾孩子都能接受合适的教育"，不断提供对有特殊教育需要的学生的政策支持。

（三）教育主体对高质量教育的强烈诉求

1. 家长减轻教育负担的多样需求

高质量的教育应当是能使家庭减轻教育支出，使家长减轻精力负担，不为择校焦虑的教育。20世纪90年代以来，中小学"择校热"一直是教育治理的难题，直接导致了家长的"择校焦虑"。国家相继推行免试就近入学、废除"择校费"、取消重点校等举措，然而公办学校"零择校"并未使得择校热潮完全降温。上海、深圳等地的"民办择校热"重新带动课外培训热潮，拉大学校差距，引发家长焦虑。[①]"公民同招"与"随机录取"政策的落实使学校招生趋于公平有序，然而义务教育优质资源分布不均、校际教学质量悬殊等问题的存在仍使家长对"未抽中"而无法进入优质学校心有不甘。有些家长甚至将孩子送进校外培训机构以期孩子不会在学业上被落下，使得家庭校外教育支出增加和家长精力负担加重。因此，要减轻家长教育负担，应当在实行"公民同招"的同时提升各学校教育质量，均衡配置优质教育资源。2021年7月，中共中央办公厅、国务院办公厅印发《关于进一步减轻义务教育阶段学生作业负担和校外培训负担的意见》，通过治理校外培训和提高校内教学质量，来推进"双减"进程，从源头上给学生和家长减负。家长对减轻教育负担的多样需求呼唤着教育高质量发展。

① 陆韵．义务教育阶段"民办择校热"背后教育不公平的生成与治理[J]. 中国教育学刊，2020（12）：35-41.

2. 学生实现个性发展的差异需要

传统教学以分数为导向的结果评价导致人才培养模式的单一性，未能注重个体差异化需求，在一定意义上造成“千人一面”的现象。横向来看，高质量的教育应当是在使学生实现全面发展的基础上培养其个性发展以适应差异需求的教育。因此要在评价上下功夫，中共中央、国务院印发《深化新时代教育评价改革总体方案》，要“改进结果评价，强化过程评价，探索增值评价，健全综合评价”①，明确了改革学生评价是为了促进“德智体美劳全面发展”。全面发展正如人的一只完整的手，五个手指的功能既有侧重又要有全局观。因此全面发展不只是单纯的叠加，而是五育融合下的全面而有个性的发展。纵向来看，高质量教育应当具有进阶性的特点，能够适应每个阶段的发展。《深化新时代教育评价改革总体方案》指出“针对不同主体和不同学段、不同类型教育特点，分类设计、稳步推进”②。如小学阶段、中学阶段、大学阶段应当形成梯度，落实不同阶段的任务和目标，实现“全面而有个性的发展”，使学生能够快乐学习、个性发展。因此，为满足学生全面而个性的差异需要，教育也必须走向高质量。

3. 教师减负提效的强烈愿望

随着教育教学改革的不断深入，社会、家长和学校对教师的要求越来越高。教师在教学科研、教学管理和教学评价等方面的压力与日俱增，教师课堂实践时间被挤占，教师幸福感与工作满意度逐渐下滑。在教育高质量发展的理念下，应当摒弃以往“功利化”的发展模式，回归“促进学生发展”的初心，给教师减轻教学负担，以实现教师的自我“生命觉醒”。高质量的教育不是向规模和时间要结果，而是向质量和效率要结果。因此，要给教师减负，减少非教学工作占用时间，最大化提高教学效率，让教师把更多时间和精力放在提高教育质量上以保证教学效果，使教师教学提效与高质量教学形成双向闭环。同时，高质量的教育应该是能使教师实现教育理想、快乐从教的教育，能够使教师在教育中获得教育幸福感和提高工作满意度，实现从诸如公开课、示范课等“形式化”课堂向探索真

① 新华社．中共中央 国务院印发《深化新时代教育评价改革总体方案》[EB/OL].（2020-10-13）[2021-07-12].https：//www.gov.cn/zhengce/2020-10/13/content_5551032.htm.

② 新华社．中共中央 国务院印发《深化新时代教育评价改革总体方案》[EB/OL].（2020-10-13）[2021-07-12].https：//www.gov.cn/zhengce/2020-10/13/content_5551032.htm.

理、育人为本的生命自由的同构共生转变。教师对过有意义的职业生活的向往和探索生命律动的热情呼唤着教育必须走向高质量发展。只有在这样的教育下方能感知陶行知先生所言：教育乃一种快乐之事业。

此外，国家多样化的教育需求，学校为建设创新型国家、培养创新人才的需求和对优质教育资源的争夺都在倒逼教育全面高质和多元发展。中国要全面建成创新型国家，就必须有创新的教育，培养创新的人才，唯有如此，才会有创新的技术和成果来形成国家竞争力。这些都要求我们的教育在解决基本均衡和基本公平的基础上走向更加公平和更有质量。

二、新时代中国教育高质量发展面临的挑战

中国特色社会主义进入新时代，新一轮技术和产业革命带来前所未有的机遇和挑战，如何通过需求导向、问题导向的发展目标设计回应国家对高质量教育发展的需求是教育领域面对社会主要矛盾转变要回应的首要问题。立足中国实际，当前我国各级各类教育依然面临诸多难题。这些薄弱环节不仅是教育进一步攻坚的发展动力，也是教育高质量发展应关注的重点领域。这些重点领域能否实现高质量发展，关乎新时代中国教育高质量发展能否实现。

（一）优质均衡推进缓慢，软实力鸿沟凸显

随着教育资源投入的增加，城市与乡村、优质学校与薄弱学校在硬件资源上差距越来越小。硬件资源是实现教育基本均衡不可缺少的要素，强硬件固然可以促均衡，抓软件才能谋发展。软实力差距作为教育质量参差不齐的重要因素，导致各类教育“均衡”容易，“优质”却难实现。

1. 义务教育基本均衡，优质均衡任重道远

回顾我国义务教育均衡发展历程可以发现，我们走出了一条由局部均衡到整体均衡的渐进性道路。《国家中长期教育改革和发展规划纲要（2010—2020年）》明确提出要“优先发展、育人为本、改革创新、促进公平、提高质量”的工作方

针，促进公平和提高质量具体到义务教育，就是要巩固提高九年义务教育水平，以实现更高水平的普及教育。九年义务教育巩固率是国家“十二五”规划新增指标，截至2019年底，全国累计2767个县（因行政区划调整减少19个）通过县域义务教育均衡发展督导评估认定，占比95.32%；[①] 我国义务教育巩固率达94.8%，比2015年提高1.8个百分点。[②] 在县域层面上，实现了县域义务教育基本均衡发展。然而，从区域范围上看，县域局部均衡之后还有省域局部和全国的均衡。从数据指标上看，我国义务教育均衡还存在着县域局部内的高位均衡和优质均衡的不同层次。[③] 在基本达标后，教育经费投入不足、标准化建设存在短板、教师队伍建设和学校管理水平相对滞后等问题仍然比较普遍。因此，在义务教育发展实现了快速普及和基本均衡之后，应当进入追求更加优质均衡、实现教育高质量发展的新阶段。

2. 各类教育基本均衡，横向比对差距明显

在纵向维度上，各级各类教育的硬件设施已达到基本均衡标准，但是在横向比对中，各类教育间非均衡状态仍然明显。

首先，体现在特殊教育与普通教育的非均衡上。特殊教育均衡也是我国教育均衡发展的重要组成部分，更是考验社会公平正义的一面镜子。[④] 当前，义务教育阶段残疾儿童与普通儿童受教育程度存在较大差异，非义务教育阶段特殊教育发展整体滞后，特殊教育教师数量和专业水平与普通教育差距显著。与此同时，大多数地区普通学校接纳残疾儿童随班就读的意愿不高、准备不足，在残疾儿童少年接受教育的质量上存在明显不均衡。[⑤]

---

① 中华人民共和国教育部.2019年全国义务教育均衡发展督导评估工作报告[EB/OL].（2020-05-19）[2022-01-18].http：//www.moe.gov.cn/fbh/live/2020/51997/sfcl/202005/t20200519_456057.html.

② 中华人民共和国教育部.教育部：九年义务教育巩固率达94.8%，辍学生由60万降至831人[EB/OL].（2020-12-11）[2021-10-20].http：//www.moe.gov.cn/fbh/live/2020/52763/mtbd/202012/t20201211_504942.html.

③ 杨清溪，柳海民.优质均衡：中国义务教育高质量发展的时代路向[J].东北师大学报（哲学社会科学版），2020（6）：89-96.

④ 王培峰.特殊教育政策：正义及其局限[M].南京：南京大学出版社，2015：29.

⑤ 江雪梅.从“关心”到“办好”：特殊教育公平问题及提升策略[J].中小学管理，2020（12）：24-27.

其次，体现在职业高中与普通高中的非均衡上。2020年9月教育部等九部门印发《职业教育提质培优行动计划（2020—2023年）》，提到了“职业教育与普通教育规模大体相当、相互融通”的目标。中等职业教育已经占据了我国高中阶段教育的半壁江山，承担了近一半的教育任务，但与普通高中教育相比，预算内拨款分配严重不均衡，师资水平悬殊，教学资源配置仍相对落后。

最后，体现在高职院校与普通高校的非均衡上。在教育层面上，职业教育与普通教育都是教育的一种类型，高等职业教育与本科层次的普通高等学校教育处于平行层次。但实际上，无论在硬件设施还是软件设施建设上，二者都存在严重不均衡现象，具体表现为教育经费的投入和教师队伍建设等方面。

3. 硬件设施基本均衡，“软实力”鸿沟凸显

当前各级政府都在加大对薄弱地区的教育投入，但是这些地区与其他地区的教育差距实际不仅体现在硬件设施和经费投入上，而且体现在学校的办学理念和教学水平等软实力上。

一是师资配置的不均衡。在数量上，“普九”以来，我国各地义务教育教师数量整体上能够满足，但在师资配备上的不均衡日益凸显。城区和重点学校教师“超编”与农村和薄弱地区教师“缺编”现象共存；部分学科任课教师严重短缺，如在一些农村中小学，老师往往是身兼多职。在质量上，依然存在着教师学历水平差距和骨干教师的聚集和流失等问题，由于工作环境、待遇等，农村骨干教师流入城市，普通学校骨干教师流入重点学校。在师资配置结构上，依然存在教师学历结构、年龄结构、性别结构不合理等问题。

二是学校教育教学管理水平的差距。由于发展历程、办学理念、校长管理方式等方面的不同，学校在教育教学管理水平上存在较大差异。学生择校实则择师，而优秀的教师要靠名校长培养出来。学校办学的灵魂是校长，近年来国家不断倡导教育家办学理念，即要让真正懂教育的专家型教师当校长。校长领导力直接决定学校的整体办学水平，也直接形成校际教育教学管理水平的不均衡。部分薄弱学校校长在个人领导力上的欠缺，导致知识陈旧或知识结构不合理、教育理念落后和决策能力的弱化；在团队领导力上的不足，导致教学团队和管理团队的结构不合理；教学领导力的欠缺，导致课程改革理念的滞后，课程开发、实施和评价技能的缺失导致无法开发出优质校本课程；在促进教师专业发展上重制度而

忽视教师情感需要和学校教研文化建设。这些软实力上的差距，直接影响了教育的均衡发展。

(二) 教育出路相对单一，制约多样化发展

新形势下，我国教育面临着时代挑战，工业化的推进和信息化的兴起对各种规格及高素质人才提出了更强烈的需求，从而使得人们对各级各类教育的多样化需求不断增加。这些都对传统的、单一的、终结型的教育结构提出了新的挑战。

1. 中等教育阶段分流机制仍需完善

教育分流[①]作为一种对人才分别培养的制度，为人们提供了多样化的教育选择。我国人口状况和经济发展水平决定了当前我国的教育分流模式总体上是以校际分流为主，实行普通教育与职业教育的校外分轨教育。我国中等教育分流是随着整个分流体系的形成而逐步确立的。总体上看，我国中等教育分流取得了较大发展，但在不断完善的过程中依然存在不合理的问题。

第一，“唯分数”的分流选拔机制。我国的升学评价机制以考试作为主要手段。虽然我国基础教育由应试教育向素质教育转变，但其教育分流依然处于“唯分数”“唯升学”等顽瘴痼疾的“独木桥”上，导致教育分流制度无法有效落实。考试评价本身就具有筛选、淘汰的功能，如“过滤器”一般将成绩好的学生过滤到普通学校，而职业教育则成为“差生”的收容器，还有一部分走向社会直接就业，这也间接导致了中职教育生源质量差和生源匮乏的困境。

第二，教育效果不显著，中职教育缺乏吸引力。由于我国优质教育资源的有限性，不同区域、不同类型的教育在资源占有上处于非均衡状态。职业教育长期以来存在着办学投资不足、师资水平不高等问题，导致我国中职教育的质量受到很大影响。教育资源不足使得中职教育在教学过程中更偏向于理论而非实践操作，同时，分流的学生因教育资源的差异而缺乏一定的市场适应性，进而导致教

① 教育分流是指根据学生专业考试成绩和学术性向测验，将学生分层别类，导流进入不同的学校和课程轨道，按照不同要求和标准，采用不同方法，教授不同的内容，使学生成为不同规格和类型的人才，以具备将来从事某种职业的能力。

育效果不明显。虽然近些年国家对职业教育的政策调控取得一定成效，但中职教育改革依旧任重道远。

第三，传统的"人才观"下，普通教育与职业教育发展比例失衡。中国古代重伦理道德而轻生产知识的传统观念是影响教育分流发展的深层原因。这种"重学历，轻技能"的观念直接导致了对分流选择的价值取向上的偏颇和分流功能的阻滞，进而导致整个教育结构体系呈现一种发展不均衡状态。

2. 职业教育与市场需求未能高度衔接

随着我国经济结构的转型升级，职业院校学生的专业素质和技术水平已经不能满足时代发展、人才市场和企业实际工作的需要。[①]《国务院办公厅关于深化产教融合的若干意见》将深化职业院校产教融合作为推进人力资源供给侧结构性改革的一个重要举措。市场需求导向下的职业教育产教融合机制应以市场需求为依据，然而我国职业教育仍存在人才培养供给侧和产业市场需求侧"两张皮"现象，供需两侧无法高度衔接。

第一，人才培养目标与市场需求衔接度不高。统筹职业教育与区域发展布局是产教融合的一个重要发展目标，但从当前来看，职业院校人才培养模式与地方经济结构调整脱节，学校办学同质化现象突出。职业院校更倾向于理论知识灌输而非专业技能指导，过度强调能力本位而忽视创新精神的培养，从而导致人才培养目标的定位与市场需求未能高度衔接。

第二，课程内容体系未能与行业标准对接。当前，职业院校专业课程体系缺乏系统性，课程内容相对滞后。且存在高职院校与中职院校课程内容重复等问题，导致课程重复率较高。在高职院校中，专业实训课少于理论知识课且多在校内进行，导致学生上岗实操机会较少。在行业标准对接上，其课程设置存在知识点缺失等问题，未能与行业标准有效衔接，影响人才培养质量。

第三，校企合作政策保障力度不足。近年来我国制定了多项政策推动校企合作培养人才，但在政策保障力度上仍存在一定问题。首先，没有专门的法律法规作为制度引领对合作中相关主体的责任与义务承担做出明确规定；其次，职业院

---

① 龚添妙，朱厚望．冲突与引领：文化视域下高职教育深化产教融合的再审视 [J]. 职教论坛，2020（1）：36-41.

校与企业的根本目标不一致，校园文化的公益性决定了职业教育承担着人才培养的社会责任与使命，而企业的市场性决定了其追求经济效益和利润的最大化。根本目标的不一致性也导致校企双方在教学与课程设置等方面的衔接不够。

3. 高等教育资源配置有待均衡

高等教育发展水平是国家教育发展水平的重要标志，我国高等教育已迈向全面发展阶段，在高速发展中取得令人瞩目的成绩，同时也面临一些如入学机会差距、资源投入差异和教育资源浪费等亟待探讨和解决的问题。

第一，高校布局不合理，造成入学机会差距大。全国重点大学主要聚集在北京、上海和东部主要发达城市，在中国75所教育部直属大学中，北京有24所，而像中部河南没有一所。我国高校招生实行分省统一录取制度，但各省区市的录取定额并不是按照考生数量平均分布的，而是依据“高校向其所在省、市录取投放较多名额”和“优先照顾大城市考生”原则；[①] 并且各省份高考分数线相差很大。因此，我国东、中、西三大区域[②] 高等教育入学机会水平存在较大差距，并且呈现梯度落差，导致“高考移民”现象屡禁不止。

第二，公共资源配置不均衡，各类学校资源投入存在差异。我国高等教育资源在不同发展水平城市间分布不平衡，更多的教育资源及经费投入倾向于北京、上海和东部主要发达城市。在不同水平学校间同样存在资源配置不均衡，如在“双一流”院校与普通院校之间、综合院校与专业院校之间、公办高校与民办高校之间资源投入悬殊。在教育资源一定的情况下，较高水平的高校获得较大比例的教育资源。

第三，毕业生缺乏竞争力，导致教育资源浪费。我国普通高校把培养综合型、研究型人才作为主要目标，但高速发展的经济社会更需要创新型、复合型人才。普通高校在专业结构和课程设置上通识性课程过多，造成理论教学远超于

---

① 曹瑞明．推进高等教育公平的思考 [J]. 现代教育管理，2010（4）：35-38.

② 本文对区域的划分是依据2008年教育部《关于做好2008年招收攻读硕士学位研究生工作的通知》的政策文件，其中东部包括北京、天津、上海、江苏、浙江、福建、山东、河南、湖北、湖南、广东等11省（市）；中部包括河北、山西、辽宁、吉林、黑龙江、安徽、江西、重庆、四川、陕西等10省（市）；西部包括内蒙古、广西、海南、贵州、云南、西藏、甘肃、青海、宁夏、新疆等10省（区）。

实践教学，不能适应市场和社会需求。因此造成两个问题：专业技能弱、实践本领差导致部分高校毕业生就业难，技术工人、合格劳动者急缺导致企业单位“用工荒”。“用工荒”与“就业难”的碰撞，恰恰说明了高等教育按市场需求培养人才的目标未能实现，专业设置无法迎合市场需求，造成了高等教育资源浪费的现实。

(三)“片追顽疾”依然存在，教育改革任重道远

长期以来，社会对学校的评价导向偏离，以升学率为唯一标准，导致学校片面追求升学率。片面追求升学率是一种违背教育规律、片面追求智力发展而忽视人的全面发展的办学倾向，是全面实施素质教育的桎梏。“片追顽疾”引发了一系列教育问题甚至上升到社会问题，背离了教育立德树人的根本指向，对基础教育实践产生严重的负面影响。

1. 超前教育“全面开花”，影响儿童教育启蒙

“片追顽疾”的屡禁不止助推超前教育“全面开花”。随着社会不断发展进步，学校和家长对孩子教育问题越来越重视。学前教育小学化、小学教育初中化等等，超前教育正在全面“侵蚀”各阶段教育。究其原因，在学校方面，我国应试教育深受传统科举制度影响，考试成绩被当成衡量学生“好”和“差”的唯一标准。学校课程设置为迎合家长需求，如学前阶段就设置小学教学科目，限制了幼儿园教育实践。在家长方面，激烈的社会竞争下，家长产生了教育焦虑，为了让孩子“赢在起跑线上”，纷纷将孩子送进补课班超前学习。家长的虚荣攀比心理导致我国幼儿教育中小学化现象严重，违背幼儿的天性和成长规律，对幼儿的未来发展和健康极为不利；不但培养不出优秀的人才，还扼杀了学生的潜能，严重地影响了儿童教育启蒙。不断的超前学习与素质教育背道而驰，甚至进一步加剧“内卷”现象。

2.“片追”压制思维创新，影响基础教育实践

片面追求升学率导致了学生创造性思维发展严重受限，不断的超前教学使得孩子的创造力和想象力完全被抑制，如同机器般在“题海战术”的旋涡中挣扎。

现在所有的升学体系、教育教学体系和教育评价体系都迫使学生过分注重确定性知识的背诵、记忆和掌握，过分强调“精确”，严重压制了儿童的创新思维，影响着基础教育实践。会思考、会想问题是“能创新”的前提，现有的教学偏向于演绎思维的训练，但真正会“想问题”的思维方式恰恰是归纳推理，归纳推理的结论是在过程中表现出来的，是“从特殊到一般”的过程，因此只能通过“过程”来培养。[①] 所以我国的评价机制和评价方法应当有所改进，除了考查学生是否掌握了知识外，更应该考查学生思考能力和归纳推理能力是否形成。

3. 课外补习推波助澜，偏离教育公平发展

超前教育是课外补习的基本模式，课外补习与学校教育又如影随形。不可否认，课外补习弥补了学校教育的不足，加强了学科学习的深入，但其实质是为“应试教育”推波助澜，干扰了义务教育秩序，逐渐弱化学校教育传授知识的作用。在有些学校，由于多数孩子都参加了课外培训，教师难以把握教学进度，因此少数未参加补习的学生也不得不去，如此“绑架”了学校教育。部分学校依然存在将奥数题等超纲内容引入教学，并出现在试卷的附加题部分，导致学生不得不参加课后补习来取得“好成绩”。这种现象把教育变成了一种商品，只注重考试成绩而不关注学生的全面发展。校外补习和学校教育的双重压力，使得学生的学习负担和家长的教育焦虑加剧，导致不同家庭背景的学生学习成绩差距加大，对义务教育公平和社会流动构成了严重挑战。

(四) 文化自信尚有欠缺，“中国经验”仍待凝练

习近平总书记在党的十九大报告中指出：“没有高度的文化自信，没有文化的繁荣兴盛，就没有中华民族伟大复兴。”[②] 文化自信是最根本的自信，在多元文化激荡的时代背景之下，中国教育在多方面取得举世瞩目的伟大成就。但是这些

---

① 史宁中，邹红军，郝文武．思之于心而行之于途 一位大学校长的教育格局——访史宁中教授 [J]. 当代教师教育，2019，12（1）：1-7.

② 习近平．决胜全面建成小康社会 夺取新时代中国特色社会主义伟大胜利——在中国共产党第十九次全国代表大会上的报告 [EB/OL].（2017-10-27）[2021-12-10].http：//jhsjk.people.cn/article/29613458.

伟大成就的“中国经验”尚未讲清、讲好和传播，这是文化感召力、凝聚力与认同感缺失以及文化自信尚有欠缺的表现。

1. 基础教育改革的中国经验有待总结

中国学生在由经济合作与发展组织进行的国际学生评估项目（PISA）考试中取得很好成绩，中国的基础教育开始备受世界瞩目，很多国家纷纷开始研究中国教育，试图汲取中国经验。回溯中国基础教育发展历程，我国从世界人口大国的末位走到了中等偏上收入国家的前列，创造了大国教育“跨越式”发展的奇迹，普及义务教育、入学率全覆盖等“中国奇迹”为世界教育发展贡献了中国经验、中国智慧。分析中国基础教育，既要全球视野，也要中国立场。但是当前我国学术界对我国基础教育改革经验总结的深度不够，缺乏在制度设计、政策制定、教育理念等不同层次的深入研究，尚未实现把中国基础教育改革各领域间的对话与合作的成果在世界范围内推广、分享与转化。

2. 教育扶贫的中国经验有待推广转化

中国的脱贫攻坚是人类历史上最伟大的历史事件之一。习近平总书记指出“扶贫必扶智”，教育在中国的脱贫攻坚战中起到了阻断贫困代际传递、让每个人都有人生出彩机会的重要作用。教育扶贫在创造备受瞩目的“中国奇迹”中发挥了重要作用，但与巨大的脱贫攻坚实践相比，教育脱贫的学术关注尚需加强。首先，中国学术界在国际反贫困研究领域的概念供给、理论供给和模式供给显然不足。目前关于扶贫研究的主要理论基础如“贫困文化理论”“资源要素论”“人类素质贫困理论”等均来自西方，中国的扶贫实践有其独有的文化基因和体制特色，简单地使用西方反贫困理论无法解释中国的扶贫经验。其次，尚未能从学术的角度梳理出教育脱贫的中国经验。未能形成符合中国实际的教育扶贫理论模式进而转化为切实可行的公共政策，让不发达的第三世界有所借鉴，让“中国故事”得到完整诠释和有效传播。

3. 中华优秀传统文化传承发展体系尚未构建

文化自信是国家和民族对自身文化禀赋的肯定，蕴含了对自身文化价值与生命力的坚定信心。习近平总书记强调，中国优秀传统思想文化体现着中华民族世世代代在生产生活中形成和传承的世界观、人生观、价值观、审美观等，其中最核心的内容已经成为中华民族最基本的文化基因。[①]中华民族上下五千年的文化元素和文化理念是中国人独有的精神世界和价值追求，是中华民族的“根”与“魂”。近代以来，中华文明在一次次屈辱的战争和国势衰微中遭遇重创。饱经战乱的中国社会一直处于文化自卑中，在一定程度上导致了如今我们对传统文化的全貌缺乏深入理解，甚至导致盲目崇拜外来文化尤其是西方文化。在提出社会主义核心价值观教育的今天，我们对传统文化的精神价值和时代意义仍有所忽视，并没有深入全面地挖掘和提炼，甚至有人对传承千年的民族文化和道德规范不屑一顾。在此背景下，迫切需要进一步增强文化自觉和文化自信，充分认识中华优秀传统文化对滋养社会主义核心价值观的重要作用。围绕立德树人的根本任务，将中华优秀传统文化全方位融入启蒙教育、基础教育、职业教育、高等教育、继续教育各领域。同时，中华优秀传统文化传承发展体系有待构建，以更好地在世界范围内传播“中国故事”和构筑中国精神。

(五) 信息化建设仍需深入，资源共享机制待完善

教育信息化是教育现代化的先决条件，是建设教育强国的必由之路。信息资源共享机制建设是教育信息化的重点内容，在“新冠疫情”这样的特殊背景下，信息技术的重要作用也尤为凸显。信息化支持下的“三通两平台”等项目的实施提升了教育薄弱地区教育发展水平，在线学习、远程教学平台等系统建设为乡村教育振兴提供新路径。在信息技术以不可阻挡之势重塑教育生态的今天，加强技术赋能教育和完善资源共享机制建设成为信息化建设之重点。

1. 城乡、区域间教育信息化水平发展不平衡

我国教育信息化发展不平衡问题，首先表现在城乡之间、区域之间的信息化资源布局不平衡。尤其是东南部沿海地区教育信息化水平普遍较高，而中西部偏远地区教育信息化水平相对较低。其次，在软件和硬件的信息化投资比例上，存

---

① 人民网．习近平：从延续民族文化血脉中开拓前进 推进各种文明交流交融互学互鉴[EB/OL].（2014-09-24）[2023-10-20].http：//jhsjk.people.cn/article/25726801.

在失衡现象。比如有些学校已经建立了较为丰富的教学资源库，但是有些乡村学校尚缺乏软件教学配套设施，一些乡村教师甚至没有接受过现代教育技术的培训。最后，各级各类学校间也存在着教育信息化发展不均衡现象，如高中的教育信息化建设水平要明显高于小学和初中，普通教育的信息化建设水平要高于职业教育。这些都是教育信息化发展不平衡的表征，如果这种局面持续发展下去，势必会拉大原有教育差距，加深教育鸿沟。

2. 信息化教学资源建设缺乏系统性和规范性

要实现信息化教学资源的高度共享，相关部门应当建立一套用于规划、管理、监控与协调的干预机制，否则教学资源共享工作将缺乏系统性和规范性。现有的信息化教学资源建设“缺乏系统化、规范化，缺乏对教学资源的评价、认定和监管，缺乏国家的宏观调控、统筹规划和有效引导”①，因而造成了信息化教学资源良莠不齐的无序状态，呈现出“优质资源的结构性匮乏”的现实样态。教育资源建设理应是非功利的，但现实是有些教育机构为率先抢占市场急功近利，导致教育资源私有化和商业化较为严重，有针对性和系统性的教学资源的可用性相对较差。在学校和教师层面上，学校由于对信息化教学资源的应用乏力而未能制定相应的政策引导和激励机制，使得“教师缺乏对信息化教学资源应用深度和广度的认识”②，大部分教师还固守传统的教育理念和教学模式。

3. 资源共享机制建设与智能技术赋能待深入

教育信息化的推进为智能技术创造了发展空间，“人工智能 + 教育”“区块链 + 教育”“互联网 + 教育”等智能技术辅助教学的策略是教育信息化发展的重要表征，也是推动教育信息化发展的重要途径。教育部在《教育信息化2.0行动计划》中提出实施“教育大资源共享计划”，旨在打破共享壁垒，促进教育资源的开放与汇聚，为学生提供充足的学习资源。在此背景下，智能技术的应用为实现教育资源的共建共享提供了技术支持，也为教育高质量发展提供新的契机。人工智能作为教育变革的内生动力，推动“工业化教育”向“智能型教育”转变，促进教

① 白春章，关松林．信息化教学资源共建共享机制研究[J]．中国教育学刊，2013（6）：60.

② 白春章，关松林．信息化教学资源共建共享机制研究[J]．中国教育学刊，2013（6）：60.

学方式创新、管理流程再造和评价体系重构。[①]“区块链＋教育”依靠区块链技术的去中心化、不可篡改等特点，通过“教育资源优化机制”“教育资源管理机制”“教育资源保护机制”等提高教育资源的配置效率，提高了生产要素的投入与配置水平。[②]在教育信息化建设进程中，应继续强化智能技术的赋能，发挥智能技术在共建共享机制上的作用。既要提高人工智能、区块链等技术的管理与运用水平，又要加快推动区块链技术和教育产业的融合发展，为教育高质量发展提供有力保障。

(六) 教育评价亟须改革，大数据测评系统待建立

教育评价关乎教育的发展方向。2020年10月，中共中央、国务院印发的《深化新时代教育评价改革总体方案》提出“坚持科学有效，改进结果评价，强化过程评价，探索增值评价，健全综合评价，充分利用信息技术，提高教育评价的科学性、专业性、客观性”[③]的明确要求。大数据信息技术正在成为赋能新时代基础教育评价改革的科学力量。将大数据应用于教育评价领域，成立由政府部门牵头、多元主体参与的教育评价机构，建构大数据时代的教育测评模型，实现对教育现象的定量刻画和教育过程的质量监测，以重塑评价流程是当前教育改革迫切所需。

1. 偏重结果评价造成基础教育异化

学校场域内的结果评价是以统一的标准化、客观化的分数作为衡量标准，以此检测学生学业成绩是否达标，重结果而轻过程。这种以分数、升学率为导向的衡量标准，导致“唯分数”“唯升学”的顽瘴痼疾出现，使本应作为促进学生学习手段的分数成为学习的目的，进而导致基础教育实践存在重智育，轻体育、美

① 曹培杰．人工智能教育变革的三重境界 [J]. 教育研究，2020，41（2）：143-150.

② 刘湖，于跃，蒋万胜．区块链技术、教育资源差异与经济高质量发展——基于我国高等教育资源配置状况的实证分析 [J]. 陕西师范大学学报（哲学社会科学版），2020，49（1）：145-158.

③ 中共中央 国务院印发《深化新时代教育评价改革总体方案》[EB/OL].（2020-10-13）[2021-07-12].https：//www.gov.cn/zhengce/2020-10/13/content_5551032.htm.

育、劳动教育等问题，造成基础教育异化和学生的畸形发展。[①] 过于关注学业结果必会导致对情感、态度与价值观培养的忽视。若要改变这一现状，就要改进结果评价，强化过程评价，更加关注受教育的过程，指向基于全面发展的学科素养。发达国家的教育评价体系则非常重视过程性评价，比如美国的 SAT、ACT 考试，其考试成绩并非最终录取的唯一评价指标。《深化新时代教育评价改革总体方案》明确提出强化过程评价的思路，在评价目的上以育才而非选拔作为评价的根本目标；在评价方式上正逐步转变以单一考试成绩为唯一标准的招生模式，代之以多元评价标准，以改变过于偏重结果评价造成的基础教育异化现象。

2. 综合评价尚未健全偏离全面发展

综合评价作为新时代深化我国考试招生制度改革的重点内容，影响着基础教育实践。增值性评价则是以一段时间内学生在原有水平上相对进步程度为考察目标，现我国多地区已开始探索增值性评价。按照学生进校时的成绩给高中下达升学指标任务，超过这一指标就会获得更高评价。但是问题在于如果“增值”还是基于分数、指向升学，那便还是没有消除“唯分数”和“唯升学”的顽疾。传统的评价过于注重甄别与选拔功能，评价方式过于单一而陷入“以分取人”的窠臼。不可否认，以传统评价方式为依托的招生考试模式具有经济高效的优势，但由于其自身“一刀切”的绝对性和单一性的特征，严重偏离了培养全面发展的人的教育目的。如传统中考、高考以单一考试成绩为依据，无法测出学生的情感、态度和价值观的发展水平，无法客观、真实反映学生的综合素质，不利于人的全面发展。因此，在探索增值评价时，不能将其与其他评价方式割裂开来，要把它作为一个整体来健全综合评价。

3. 信息化大数据测评系统亟须建立

大数据与教育的深度融合在教育评价改革中发挥重要技术支撑作用。通过大数据构建科学性和系统性的教育系统，可以实现教师教学、学生学习和管理服务的数据化、可视化。大数据可以通过海量的数据规模和快速的数据处理完整地记录教育过程，为教育教学和管理提供数据采集、清洗、分类和分析的服务，实现

---

① 刘学智，田雪 . 新时代基础教育评价改革的路向转变 [J]. 中国考试，2020（8）：16-19.

过程性教学的记录，进而实现增值评价和综合评价。如清华附小“过程数据＋关键事件＋榜样引领”的全方位的过程性评价和综合性评价，通过大数据实时记录学生的行为数据，深度挖掘纵向数据，对学生个体成长轨迹进行全过程、全方位的描述。此外，要构建能够以全样本、全过程记录、刻画和呈现教育系统运行的大数据测评系统，涵盖学生作为教育主体的兴趣、爱好与志向的多维度行为数据的智能评价系统。

三、新时代中国教育高质量发展的影响因素

在新时代中国教育高质量发展的进程中，存在许多由来已久且深深作用于教育的各方面因素，包括广泛存在、深植于心的传统、社会、教学及家长各主体观念的作用，涵盖了制度实施、政策制定、经济投入等要素的政府作为，学校内部办学的自主权、校长的领导力以及组织效能的发挥，还有作为教学主体教师的专业素养提升、队伍结构、职业吸引力、评价方式以及社会信任度等。这些均构成了新时代中国教育高质量发展的影响因素。

（一）观念固化的长期作用

1. 传统观念：功利性、有用性的教育追求

“在教育领域当中，我们看到有一些功利主义的现象存在，我们看到有很多人自觉不自觉地卷到追求功利的应试教育当中。”[①] 中国教育科学研究院教育比较研究中心李协京在人民网强国论坛参加“理论热点面对面”座谈会时表示，这种观念已经渗透到很多人头脑当中并根深蒂固，而这种功利性的追求往往伴随着许多问题。

教育的功利性是指追求短期行为、急功近利，背离自身宗旨和规律的功利倾

① 人民网．教育专家：教育领域的功利主义观念根深蒂固 [EB/OL].（2013-08-28）[2021-04-10].http：//edu.people.com.cn/n/2013/0828/c1053-22720235.html.

向日益严重，主要表现在教育目标、价值取向、教育行为和教育途径几个方面。[①]从教育目标来看，功利性的教育违背了教育培养真正的人的本质，过度重视智育，不利于培养全面发展的人。在教育的价值取向上，一些学校以经济效益为先，征收各项费用使教育沦为创收手段；也有学校在形成模式、打响品牌后逐渐偏离初衷，沦为资本的傀儡。忽视教育质量的同时增加了学生家庭的经济负担，加剧了教育的不公平。就教育行为而言，功利化教育一味追求考试成绩、追求教育结果而忽视学生发展过程，忽略学生个体的成长与个性的发展。从教育的途径来看，往往采用单一的封闭性教学，长期处于学校环境内使得学生脱离实践、脱离社会生活，难以实现社会化适应，不利于学生的社会化发展。由此可见，这种功利性教育违背了高质量教育全面、公平、优质的发展要求，无论是对学生个体成长来说还是对整个社会的发展进步而言，都产生了一定的阻碍。

钱颖一教授同毕业多年的校友交谈后发现：他们感到遗憾的是当时学的所谓有用的课在后来变得如此无用，而后悔当时没有更多地去学那些看上去“无用”，但后来实际上很有用的课，比如一些人文、艺术、社会科学类的课。[②]短期内对于“有用”的过度追求，反而带来了日后对于“有用”与“无用”颠而倒之的评判与反馈。在新时代中国教育高质量发展的进程中，对于教育的这种功利性、有用性的追求成为重要的阻碍因素之一。

2. 社会观念：教育分层功能的固化认知

古往今来，无论是“学而优则仕”抑或是“教育改变命运”的观念都深深扎根于人们心中。部分人将教育视为阶层跃迁的跳板，也有人将其视为维持社会地位的工具，对于教育社会分层功能的固化认知无疑成为应试教育的助推器。学生和家长都希望通过考试这唯一出路来改变自己乃至整个家庭的命运和未来。

诚然，这也不仅仅是学生和家长的个体观念的结果，社会用人单位对人才的任用往往也以学历作为判断依据，即便在当下，依然有许多单位的招聘要求是“985”“211”大学的本科毕业生。在这种固化认知的影响下，无论是学校、学生

① 杨兆山，张海波．中国特色社会主义教育道路的理论探索 [M]. 长春：东北师范大学出版社，2018：125.

② 清华大学经济管理学院．钱颖一：“无用”知识的有用性 [EB/OL].（2017-09-08）[2021-04-05].https：//www.sohu.com/a/190564289_641792.

还是家长都会出现“唯分数论”的情况，一味将追求考试成绩的提升作为终极目标，阻碍了高中教育的多元化发展。高中阶段是学生发展的重要阶段，是学生价值观形成、职业理想确立、追问世界与追寻自我的重要时期，单一的课程教学往往会忽视学生的发展，许多引导学生感知世界、感受自我的多样化的兴趣爱好相关课程及实践活动无从开展，其中不乏固化的社会认知所带来的巨大阻力。

随着越来越多的人渴望通过考试改变人生，文凭本身也开始走向贬值，教育年限不断延长，应试教育的风更是逐渐吹向了高等教育领域。许多本科、硕士毕业生因毕业后找不到适合自己的工作而选择继续学习，“考研热”和大批考研辅导机构随之而来，大学也不再是高谈阔论、思想交锋的“象牙塔”。而与之相对的，社会上许多专业技术岗位却无人问津。从古至今便有“士农工商”之说，学生和家长一味追求在应试教育中获得一席之地成为“士”，转过头来对职业教育所培养的“工”嗤之以鼻，包括教师哪怕是校长亦是如此。优质教师较少流入职业院校，职业学校的校长自身也少能明确学校的定位从而推进学校发展。由于长期面临生源和师资方面的困境，职业院校越来越走向没落，职业教育也无法起到真正的效果。

同时，职业教育所培养出的人最终大多会进入次级劳动力市场，而次级劳动力市场本身存在着许多亟待解决的如户籍管理、工资待遇、保障体系等方面的问题，这也是职业教育吸引力不足的重要原因。由此可见，这种对于教育社会分层功能的固化认知在助长了应试教育之风的同时，也严重阻碍了职业教育的发展进步，无疑对新时代教育的高质量发展产生了重大的阻碍。

3. 文化观念：对西方理论的过度推崇

当前的中国教育中不乏对于西方教育理论的过度引入和推崇现象，然而究其根本，西方教育理论本身的合理性以及本土化的可能性依然有待思考，理论与实际的结合仍旧是亟待解决的难题。

风靡一时的“快乐教育”理念、如火如荼的高效智慧课堂建设以及种类纷繁的 MOOC 课程，随处可见西方教育理论对于当今中国教育的影响。随着时间的推移和实践的检验，不难发现放任自流、快乐至上的教育态度并非全然利于孩子的成长和个体发展，家长、老师的引导在孩子的成长过程中是必不可少的，标榜“快乐教育”的放纵实际上并非良策。而“高效课堂”“智慧课堂”是否真正促使学生实现深度学习，小组合作讨论的形式是否真的高效而非流于形式，同样需要深入研究。MOOC 课程也并非一味地强调开放和共享，其开设的必要性、专业性和内在的含金量也应当纳入考虑。过度推崇和引入西方教育教学理论同样不利于本土具有中国特色的教育理论的生成和完善，某种程度上对于新时代教育的高质量发展产生了一定的阻碍。

4. 教学观念：权威性、确定性与纪律性追求

教学是学校教育中最为外显化的部分，其中作为教学主体的教师的权威性、教学内容中对于确定性答案的追求以及课堂上严苛的纪律要求对于新时代教育的高质量发展都存在着重要的影响。自中国古代起，儒家道统就赋予了教师权威，正所谓尊师重道、师道尊严，“学在官府”的传统更是从制度、法律上维护了教师的权威。而随着教师从“传道者”到“专业人”的角色转变，教师的权威逐渐被弱化甚至被消解。教师权威不仅关系到教师的地位与尊严，而且直接影响师生关系与教学效果，对于教师权威程度的把握至关重要。教学中许多问题的答案都是固定且不容置疑的，这无疑是教学观念中对于确定性答案的追求的表现。然而在日常的社会生活中往往缺少固定或是程式化的答案，习惯追求确定性答案很容易带来接受和妥协，导致思考能力和创新能力的丧失，难以适应复杂的现实生活。严苛的纪律要求会对学生产生许多负面影响，如带来恐惧、压抑、自我否定的心理，开始逃避和封闭自我，甚至自暴自弃；而过于松散的课堂纪律又会扰乱课堂秩序，使得日常教学无法正常推进，影响教学效果。因此松弛有度、有的放矢地推进课堂教学，调动学生的积极性，建立起生态和谐的纪律文化，对于教育的高质量发展起着重要的作用。

5. 家长观念：盲目地攀比、跟随与竞争

现代家庭的父母往往并不缺乏对于子女的责任感，但由于教育知识和方法的缺乏，容易受到片面观念的支配而在教育过程中表现出一些盲目性，如盲目攀比、盲目从众和盲目竞争。

比较可能会使人获得优越感，也有可能使人深受其害。攀比的观念深深植根于中国家长心中，背负着家长期待的孩子不得不辗转于众多补课机构和兴趣班之间，某种程度上也滋生了孩子之间的攀比心理，而攀比本身却绝不是一种健康

的心理。脱离孩子的能力和水平而寄予过高的期望，只会给孩子带来沉重的负担和巨大的心理压力，阻碍孩子的身心健康发展。家长自身也可能因为期望未能达成而产生失落感。盲目地从众则会抹杀孩子的天性和个性，忽视个体的特点和兴趣；一味迎合主流或是跟风会扼杀孩子的创新意识，不利于创造性能力的培养。盲目的竞争也是不可取的，竞争往往导致压力倍增。凡此种种，盲目地攀比、从众和竞争心理往往是相伴相生的，家长对于“名校”“名师”的追求，无疑就是这些观念的外化。

一味地效仿或是拘泥于分数高下只会使得问题频发，培养良性的竞争意识、以人为鉴吸取经验才能更好促进个体发展进步，促进新时代教育的高质量发展。

(二) 政府作为的深远影响

1. 城乡二元制的长期效应

城乡二元结构是指由市民组成的城市社会和由农民组成的农村社会的对立结构，是指以二元户籍制度为核心，包括就业、福利保障、教育、公共事业在内的一系列社会制度体系，这是由身份壁垒、不平等交换、城市化滞后乃至包括户口、粮食供应、住宅等制度组成的不平等现象。[①] 中华人民共和国建立之初，为了实现国家工业化战略，迅速由贫穷落后的农业国建设成强盛的工业国，在缺乏外来资本且资本高度稀缺的前提下只能依靠农业和农村为工业化、现代化提供资金积累。于1953年开始施行的统购统销政策及1958年开始施行的城乡分割的户籍制度使得农业和农村处于被剥夺状态，也将农民固定在农村。在这种二元经济结构影响下，我国二元的社会结构相继形成，城乡在政治、经济、文化、教育等各个方面的差距与日俱增，体制化的城乡二元结构也逐渐被构筑而固定下来。改革开放以后农业农村改革虽取得重大成效，但城乡二元制并未得到根本上的改观，甚至萌生了一些伴随着城市化的推进而来的新问题。

教育作为二元经济社会结构的组成部分，也长期受到城乡二元制的影响而呈现出巨大的城乡差别，体现在硬件软件、资金投入、教育主体等各个方面，涵盖

① 褚宏启．城乡教育一体化：体系重构与制度创新——中国教育二元结构及其破解 [J]. 教育研究，2009，30(11)：3-10.

了具体的教育投资、学校分布、教育内容、学生条件等。1985年颁布的《中共中央关于教育体制改革的决定》明确规定，乡村义务教育实行“县、乡、村三级办学，县、乡两级管理”。可见农村的“义务”教育实际上还是落到了乡镇、村和农民身上而非由各级政府承担，办学投入主要通过财政、“三提五统”①、学杂费等多种渠道进行筹集。如2000年我国义务教育总经费为1085亿元，占教育预算内拨款的52.0%，而义务教育阶段在校生合计1.93亿人，占各级各类学校在校生总数的78%。不难看出义务教育的经费投入之不足，而在这些经费中农村义务教育费用仅占25.36%。②农村教育经费的长期短缺导致农村教育费用的很大一部分转嫁到校长、教师和学生及家长身上。

城乡间的差距在学校的数量分布、学生的交通方式、教育教学的价值取向等各方面中均有所体现。城乡经济结构和生产方式的性质不同决定了二者教学活动的开展也有所不同。城市按照法律或政府规定的劳动日和休息日进行作息，并据此安排教学活动；而农村的生活是依照农业生产的规律展开的，在特定的时节依然有农业劳动任务，因此农村学校相对于城市学校而言实际上课天数也会偏少。从受教育主体学生来说，城乡学生的条件存在巨大的差异，无论是物质条件方面的用水用电、学习材料，还是精神层面上父母的帮助和支持，大部分乡村孩子都远远不及城市学生。

由此可见，这种长期以来的城乡二元制对于教育产生了重大的影响，使得城市和农村间出现较大的差距。与此同时，马太效应也不断地作用于城市和农村的教育，产生更深远的影响，导致城乡教育之间的不公平、不均衡发展。

2. 教育政策制定的阶段性

我国教育政策的制定呈现出阶段性的特征，面临不同的现实情况和发展任务，教育领域也有着不同的侧重点和政策转向。这种阶段性的政策在教育发展的整体进程中发挥了重要的作用，对于新时代中国教育的高质量发展也产生了极大的影响。

---

① “三提五统”中“提”是指村提留，“统”指的是乡统筹。“三提”是指农户上交给村级行政单位的三种提留费用，包括公积金、公益金和行管费。“五统”是指农民上交给乡镇一级政府的五项统筹，包括教育费附加、计划生育费、民兵训练费、乡村道路建设费和优抚费。

② 刘汉霞.城乡二元结构与农村教育[J].教育探索，2003(11)：68-69.

基础教育中的“重点校”政策便是社会经济非均衡发展战略在教育中的体现之一。面临着人才短缺、教育资源匮乏的社会现实，为了更加迅速培养更多更好的人才，政府采取了集中稀缺教育资源办好重点学校的教育发展政策。1953年6月教育部发布了《关于有重点地办好一些中学和师范学校的意见》，1962年12月教育部发布了《关于有重点地办好一批全日制中小学校的通知》，“重点校”政策初步形成，并于1978年到1983年陆续发布系列文件强调了要办好“重点校”。20世纪90年代中期，国家教育委员会做出在全国建立1000所示范高中的决定，可以看作“重点校”政策的延续。至此，基础教育阶段“重点校”政策最终形成，全国各省市自治区乃至县都先后形成了一大批重点小学、重点中学。这一历史政策对于推动国家的社会经济和教育进步发挥了重要作用，培育了一批教育资源丰厚、教育质量较高的中小学，使得一部分适龄儿童和青少年受到了较高质量的教育，但同时也加剧了区域、城乡、学校在资源配置和教育质量上的差距，这种不均衡导致了教育公平缺失，需要漫长的时间来弥补。“大跃进”时期的“教育革命”在扫除文盲、普及教育、密切教育与社会的联系方面取得了一定的成绩，但同时带来了系列的问题。以高等教育为例，学校数量和师生数量的大幅度扩张造成了学校类型、专业设置的重复，使得办学力量不够集中。且无论是硬件方面的资金投入、校舍面积、基础设施建设，还是软件方面的学生质量和师资质量，都难以过关，毫无疑问带来了教育质量的下降和教育发展的难以为继。

世纪之交，党和国家为了建设具有世界先进水平的一流大学做出了重大决策，先后推进了“985”“211”工程。凭借着巨额的资金投入，学校的办学条件得到了很大程度的改善，尤其加速了高层次人才引进及学科建设、国际交流合作等大学诸要素品质的提升。我国高等教育的发展规模迅速扩张，教育质量也得到了快速的提升。然而，这种近乎垄断的资源配置加剧了大学之间的不公平，高等教育的阶层固化愈演愈烈；也带来了就业市场上的学历歧视问题，不少用人单位在人才招聘中明面或暗地里以985、211工程大学学历进行筛选甚至建章立制。

3. 教育投入的持续不足

我国政府教育经费（又称公共教育经费）投入存在着长期不足的状况。联合国教科文组织（UNESCO）、经济合作与发展组织（OECD）对公共教育经费有着不同的定义。就我国而言，且将财政性教育经费作为政府教育经费进行分析与比较。国际上一般用公共教育经费占国内生产总值（GDP）的比例来计量和评价政府教育经费投入水平。根据UNESCO的统计，2005年世界政府教育经费占GDP的平均比例是4.9%，其中发达国家5.5%，发展中国家4.7%。

早在1993年我国政府便提出到2000年政府教育经费占GDP的比例要达到4%，但这一目标直到2007年也未能达成。有学者以我国2000年和2007年政府教育经费投入进行计算，按最高水平模型分别只相当于国际水平的56%和67%；按最低水平模型也仅仅相当于67%和81%。[①] 可见我国的政府教育经费投入水平远远低于国际水平。

从满足教育发展需要的角度来看，我国政府的教育经费投入也十分不足，农村义务教育公用经费不足普遍存在。国家教育督导团披露，2004年全国有113个县（区）的小学、142个县（区）的初中生均预算内公用经费为零，其中85%以上集中在中、西部地区。有5省（区）各有超过10个县的中小学生均预算内公用经费为零。即使江苏、山东这样经济比较发达，对教育比较重视的省份，也存在预算内生均公用经费为零的县。教育基础设施建设投入不足也造成了严重的债务负担。中国社科院的《2006年：中国社会形势分析与预测》显示，截至2005年，公办高校向银行的借款高达1500亿—2000亿元。各项数据都表明我国的教育经费投入存在着长期不足的现象。

4."放管服"职能转换不力

"放管服"改革的概念自2015年被首次提出后在各领域内逐渐深入实践。2020年5月22日，国务院总理李克强在发布的2020年国务院政府工作报告中提出，"放管服"改革纵深推进。[②] "放管服"，"放"即简政放权，降低准入门槛；"管"即创新监管，促进公平竞争；"服"即高效服务，营造便利环境。[③] 随着"放管服"改革的深入，政府部门逐步开始提供涵盖教育等领域更多的延伸服务。

教育领域的"放管服"职能转换主要体现在简政放权，将权力下放到学校。

① 袁连生．我国政府教育经费投入不足的原因与对策[J]. 北京师范大学学报（社会科学版），2009（2）：5-11.

② 李克强作的政府工作报告（摘登）[N]. 人民日报，2020-05-23（3）.

③ 蒋建科．"送政上门"赢得主动[N]. 人民日报，2017-06-22（5）.

即鼓励各中小学校结合实际自主办学、教师探索改进教育教学模式方法，同时在人才引进、职称评审和岗位聘任方面扩大自主权。同时主张借助政策法规、行业标准、信息服务等手段规范学校办学行为，规划、指导的同时强化事中事后监管，实现“放管结合”。全面提升服务能力，打造优质教育营商环境。聚焦立德树人根本任务，在推动学前教育普惠升级、义务教育优质均衡、高中教育特色多样、职业教育融合贯通、民族教育优先发展、民办教育规范发展以及大力推进教育现代化、坚持“五育”并举全面提升素质教育、区域教育联盟发展、城乡学校结对共建、打赢教育脱贫攻坚战上下功夫。

“放管服”改革在高等教育领域中同样适用。“放”解决的是高校办学自主权的扩大与落实，中央向地方下放高校办学自主权，地方向高校下放办学自主权；“管”主要解决的是政府对高校办学的监管，高校办学自主权的下放要配套相应的监管体制；“服”主要解决的是在“放、管”基础上的政府服务职能的改善。三者的核心问题也是处理好政府与高校、政府与市场的关系，指向教育治理的转型。推进高等教育领域的“放管服”改革，其关键是理顺和构建政府与高校资源配置关系，提高高校资源配置的公平和效率。在我国，无论是高校经费份额，还是各种财政分配政策的制定，政府都掌握着高校财力资源的决定性配置权力。从份额看，1950—1979 年，全国普通高校经费累计投入 224.14 亿元，财政性教育经费占比为 100%；1980—1989 年累计为 692.07 亿元，财政性教育经费占 91.77%；1990— 2002 年累计为 6546.71 亿元，财政性教育经费占 63.68%。①

可见，我国高等教育经费从完全由政府提供的单一来源向逐步引进市场资源的多元渠道转变，经历了财政性教育经费占比逐步下降又逐步有所提升，稳定在 50% 以上的过程，但总体上，财政一直保持在主体的位置。政府在非财力资源方面同样保有着较强的控制力。一是人力资源的计划控制，主要体现在编制的数量和规模以及高校的招生计划如招生总量、专业结构等。二是对于土地资源的绝对控制。土地资源是高校赖以生存和发展的基础，是最主要的物力资源，政府在高校的校区扩建及新建方面有着较大的裁量权。近年来，高校不断探索聘用合同、劳动合同等方式，推行人事代理，实行“预聘制”等，不失为一种激发人事活力

① 华成刚 .1949 年以来我国普通高等教育经费投入情况分析 [J]. 教育发展研究，2003（8）：40-44.

的改革。但总体而言，政府“放管服”职能转换仍旧有很长的路要走。

（三）学校组织的权力缺失

1. 学校的办学自主权受限

高校的办学自主权对于发挥大学的人才培养、科学研究、社会服务和文化传承创新功能具有重要的作用。当前落实和扩大高校的办学自主权的重点便是推动高校集中力量发挥四大功能，全面提高高等教育的质量。这对于深化教育改革、推进教育现代化以及新时代教育的高质量发展有着至关重要的作用。

近年来，我国高校的办学自主权呈现出逐步扩大的趋势，其历史发展大致可分为三个阶段。首先是政策推进阶段。1985年全国第一次教育工作会议发布的《中共中央关于教育体制改革的决定》明确提出“在国家统一的教育方针和计划的指导下，扩大高等学校的办学自主权，加强高等学校同生产、科研和社会其他各方面的联系，使高等学校具有主动适应经济和社会发展需要的积极性和能力”。此后高校的自主权开始走向扩大，走向立法确权阶段。自1998年颁布的《中华人民共和国高等教育法》对于高等学校自主权进行规定以后，国家多次以中共中央、国务院文件的形式对高等学校办学自主权进行了确定。2014年，教育部下发了《关于进一步落实和扩大高校办学自主权 完善高校内部治理结构的意见》，提出要探索多种放权方式，根据赋权与能力相匹配原则，对有能力用好、有良好的权力运行和规范机制的高校，以协议、试点等方式赋予更多的办学自主权。最后是章程规范阶段，赋予学校立法权，要求学校自己制定章程，把落实和扩大高校办学自主权推进至新阶段。

高校自主权依然存在着“落实难”的问题，主要表现为政府权力的限制、现行法律不够完善以及制度层面的短缺。高校办学自主权本身并非高校内部生发的、自由的概念，而是特定历史时期政府基于人才培养所采取的现实举措，是政府对于部分教育行政管理权的让渡。因此办学自主权始终被视为一种“下放”而非应有的权利，难免受到诸多限制而难以落实。另一方面，高校的权力结构本身便存在着一定的争议。为保障各利益主体的权益，需要建立新的制度形式发展“第三部门”机构进行控制，而这一机构的建立以及制度确立过程极为困难，这也是教育领域一直以来的共性问题。

2. 各级校长领导力不足

《义务教育学校校长专业标准》指出，校长是履行学校领导与管理工作职责的专业人员，作为学校改革发展的带头人，担负着引领学校进步、促进教师发展和促进学生全面发展与个性发展的重任。总体而言，校长在实现学校目标、推动学校发展的过程中影响全校师生员工和以家长为代表的利益相关者的能力，以及与全校师生员工和以家长为代表的利益相关者之间的相互作用统称为校长领导力。

现阶段校长的领导力依然存在整体不完善或某方面内在缺失不足的问题。基于义务教育阶段的教育目标，校长的教学领导力长期以来受到较多关注，呈普遍良好态势，但其沟通能力、执行能力仍待提升。有学者对于校长的沟通行为现状进行调查发现大部分校长都认可与教师、家长和学生沟通的必要性，但不少校长认为与上级领导进行沟通是非必要的。在沟通频率上，校长与家长的沟通较少；就沟通方法而言，有 90% 的校长选择主要运用“口头沟通”，6% 的校长选择主要运用“书面沟通”，而只有 4% 的校长选择“非言语沟通”。[①] 同时，当前学校中存在重计划轻执行的问题，领导者制定战略后未能切实施行，科层制的组织结构使得执行过程中呈现出重程序轻结果、配合较少的问题，这些均为校长执行能力不足及监控不力的体现。

受到区域、市场、行业等影响，职业教育的地域性较强也更为复杂，各职业院校的发展方向、课程设置等较为独立，校长领导力的重要性也愈发凸显出来。课程开发与设计、实习实践活动安排等校内自发性活动对于校长的课程领导力要求较高。职业院校的校长需要具有先进的职业教育理念和高效的学习能力、敏锐的分析能力，开设实用性较强的课程并积极与企业进行沟通合作。

在高等教育领域，理想中的校长应该是教育家、学问家、管理专家和政治家的结合，既面向未来指向学生，也要具备和教授群体进行沟通的学术背景；善于对大学的大局进行把握而非陷入纷繁的事务中；同时能处理好政府、社会和大学内部的关系，具有政治情怀，赢得社会的尊重。

---

① 李玉芳. 论中小学校长领导力及其开发 [D]. 上海：华东师范大学，2009.

3. 教育组织效能发挥不善

组织效能以管理为基础，包含与质量有关的产品质量、员工满意度及社会责任等内容，是组织总体表现的一种形式。[①] 组织效能一词大多出现在组织学和管理学领域，也有学者从教育学角度出发进行概括，组织效能是指管理者运用科学的方法，增加组织的功效。[②] 由此迁移，教育的最主要组织便是学校，员工即是校领导及教职工，学校所追求的组织目标便是学校所想要实现的教育目标。即强调在学校范围内以管理为中心，通过实现育人任务、肩负社会责任并保证教职工满意度进而达成学校总体的教育目标。

学校组织效能存在着发挥不善的状况。以中职院校为例，有学者对于中职院校的学校组织效能现状进行了调查，发现对现在学校组织效能感到非常满意和满意的学校领导约占20%；对学校不满意的人占比非常高，为 78.8%。[③] 这与学校组织内思想观念的滞后、教育管理方面的不足以及管理者重心偏移密切相关。组织效能的低下不利于学校范围内组织文化的培养，也不利于学校办学目标和宗旨的实现，阻碍了学校的发展进步。

高等学校的组织效能同样需要进一步提升，尤其体现在经济效益层面。不同于基础阶段教育的义务性质，我国高等教育经历了从免费、“并轨”收费到全面收费的改革，“从1994年起，高校招生不再有计划外指标，不再分公费和自费，这就是‘并轨’。不是并到公费去，也不是并到自费去，而是改为缴费上学，即由学生分担部分培养成本。……前后用了6年多的时间，在上个世纪末高校招生并轨改革基本完成”[④]。由于财政拨款的不足以及较低的资金资源使用率，我国的公立高校依然保有营利性质的特点，但公共化的高等教育不同于市场和企业，并非私人化的物品，概括而言属于准营利性组织。高校存在着产权不清晰、投资效率低下、资源配置不均衡等问题，其产权依附于政府机关的行政管理，受到政府计划的控制；内部效率也较为低下，管理制度不健全。这些均表明高校组织效能仍需进一步发挥。

---

① 霍海涛．知识管理、企业文化与组织效能的关系研究 [J]. 商业时代，2009（7）：31-32.

② 林昌华．教育管理原理 [M]. 成都：成都科技大学出版社，1992：185.

③ 张小芬．广西中职学校组织效能研究 [D]. 南宁：广西师范学院，2012.

④ 中青在线．李岚清回忆：高校收费改革决策始末 [EB/OL].（2003-12-12）[2023-10-20]. https：//zqb.cyol.com/content/2003-12/12/content_787957.htm.

(四) 教师队伍的特性表现

1. 教师专业素养提升的缓慢性

我国的教师资格准入制度的发展经历了初步确立（1986—1994年）、过渡和试点（1995—2000年）、全面实施（2001年至今）三个阶段。1986年4月12日颁布的《中华人民共和国义务教育法》规定“国家建立教师资格考核制度，对合格教师颁发资格证书”，此后我国陆续通过了一些关于教师资格证书制度的法案。1995年12月我国正式颁布了《教师资格条例》，标志着教师资格证书制度的过渡。经过一系列的试点工作，2000年9月23日，教育部部长陈至立正式签发第10号令，颁布《〈教师资格条例〉实施办法》，标志着我国教师资格制度的规范得以确立。2001年4月以来，教师资格认定工作在全国全面铺开。一方面教师资格准入制度建立的过程长达二十年，且依然在不断的发展完善中；另一方面从表面上看教师资格证制度的建立已经起到了规范和标准的作用，但教师的质量以及专业化的水平并未得到显著的提升。

自《中华人民共和国教师法》（1993年）颁布以来，教师学历提升政策实施已约30年。但是教师学历的提升从1998年《面向21世纪教育振兴行动计划》颁布后才逐渐受到国家重视并得以全面实施。在国家政策的大力倡导和教师自身的不断努力下，学历提升的目标正不断实现并取得一定的成绩。中小学教师学历提升过程表现出由高中、专科为主向专科、本科和高中再到本科、专科，进一步专科、本科、研究生最后到本科、研究生学历为主的总体趋势。但不同学段学校的具体进程并不相同，高中教师学历提升最为迅速，初中其次，小学教师学历提升位于最末，可见我国中小学教师的学历提升还有较长的路要走，专业素养的提升也较为缓慢。

同时，人的培养具有长期性。教师专业素养的提升究其根本而言是教师个体的提升，因而也呈现出缓慢性的特征。就教师的专业知识和技能而言，现阶段给予教师的知识技能培训仍然不够全面和完善，如教育知识和心理学知识的相对忽视，新媒体应用技能、线上线下教学融合能力仍待提升，培训、竞赛等其他自我提升的机会相对不足等。专业情意提升的缓慢性则更为显著。对于教师而言，接受新的教育观念并进一步贯彻实行需要一个漫长的过程；其思想态度价值观受到环境、年龄、生活境况等诸多因素的影响，同样难以在短时间内发生重大变化，且变化方向存在着偶然性和不可控性。

2. 教师队伍结构的不均衡性

教师队伍结构的不均衡在各级各类教育中均有所体现。就义务教育而言，教师队伍结构在区域、城乡和学校之间都存在着不均衡的状况，中小学教师队伍内部男女教师的性别比也严重失衡。高职高专的教师队伍结构存在着专兼职教师比例失衡，教师学历、职称、年龄比例失衡等问题。

义务教育中小学教师队伍在区域、城乡和学校之间都存在着不均衡的状况。近年来各项政策如“特岗计划”和定期交流轮岗制度的施行，一定程度上推进了中小学师资队伍建设的均衡发展，但中小学师资队伍建设还远远未及优质均衡的程度，现状依然堪忧。这种不均衡在数量和质量两方面均有所体现，数量上中小学教师队伍超编与缺编现象共存。城区学校以及重点学校的师资普遍存在超编现象，而农村学校与薄弱学校缺编现象则较为严重；学科任课教师中农村中小学音体美学科教师的严重短缺也佐证了这一点。城乡、学校之间教师的学历水平存在较大差距，且骨干教师、优秀教师更多倾向于留在经济发达地区和城市地区，也造成了教师队伍的质量不均衡。这种不均衡在教师性别上也有所体现。以东部地区部分省市特别是北京、上海、天津为例，北京女教师所占比例总体水平最高，小学、初中和高中各学段与全国平均水平相比，分别高出23.6、26.3和24.5个百分点；上海高中女教师比例最高，比全国平均水平高出33.2个百分点，[①]足以见得部分区域中小学教师性别结构已达到严重失衡的地步。

高职院校教师队伍的不均衡主要体现在专兼结构、“双师”结构、学历结构、职称结构等方面。兼职教师作为高职高专院校教师队伍的重要组成部分，一方面有助于缓解在编教师数量少的压力，另一方面也有助于培养高职高专院校人才。按照我国《高职高专院校人才培养工作水平评估方案（试行）》要求，我国高等职业教育师资队伍中兼职教师队伍的合格标准是兼职教师数占专业课和实践指导教师合计数之比达到10%，优秀标准是兼职教师数占专业课和实践指导教师合计数

① 惠中，韩苏曼.论我国中小学教师队伍建设中的性别结构失衡问题[J].全球教育展望，2011，40（10）：66-71.

之比达20%以上。[①]近年来兼职教师的比例虽有所增加，但仍然占比较低，目前，大多数高职院校中兼职教师数量约占专职教师总数30%[②]，距离“国家示范性高等职业院校建设计划”项目专家评审标准所提出的1∶1的专兼教师比仍存在一定的差距。兼职教师应有作用的发挥不善无疑对师资队伍建设产生了重要的影响。

高职高专院校师资队伍的“双师”结构也存在失衡，“双师型”教师数量不足，理论型教师数量偏多。“双师型”教师占专职教师的39.4%[③]，低于政策所要求的50%。就学历结构而言，师资队伍多以本科学历为主，研究生学历较少。《关于加强高职（高专）院校师资队伍建设的意见》中指出“获得研究生学历或硕士以上学位的教师应基本达到专任教师总数的35%”，而对湖南6所高职学院专业教师的学历调查显示：本科学历（包括各类自考、函授等成人教育本科）占85%，硕士占8.5%，博士占0.4%。从职称结构方面来看，根据对5省市21058名教师的统计，具有高级职称的教师占专任教师的29%，具有中级职称的教师占46%。[④]

3. 教师职业吸引力的疲软性

教师职业吸引力所呈现出的疲软性与教师职业本身的特质紧密相连，与此同时内在也存在着一定的差异性，影响着教师队伍的建设。

教师通过高等教育获得公职，工资收入虽较为稳定却十分有限。根据《中国劳动统计年鉴2018》的数据，2017年我国教育行业平均工资在全社会19个行业中仅仅排在第七位，而教育行业大学本科及以上学历劳动者占比达45.8%，位居全行业第一，可见教师工资与其学历水平并不匹配。2008—2017年，我国中小学教师工资与其他高学历行业工资的比值始终未能超过0.8，表明中小学教师工资水平在劳动力市场上的吸引力较差，中小学教师的教育投资收益普遍较低。[⑤]除

① 李淑芳，时少华，任伟宁.高职院校师资队伍结构优化途径的研究[J].中国职业技术教育，2008（14）：37-38.

② 张忠海.谈高职院校兼职教师的管理与考核[J].职业教育研究，2008（1）：85.

③ 李丽华.高职院校“双师型”教师队伍建设情况调研报告——以辽宁省为例[J].现代教育管理，2010（10）：72.

④ 陶红.高素质高职高专师资队伍建设的硬件构成及存在问题分析[J].广东技术师范学院学报，2007（8）：11.

⑤ 吴晶，金志峰，葛亮.为什么教师职业对于女性更具吸引力——基于社会比较理论的视角[J].教育发展研究，2020，40（2）：59-68.

此之外，教师的工作压力较大、工作空间较为封闭、可支配的自由时间较少等都会影响教师职业吸引力。有研究调查了不同人群对教师职业吸引力的评价，发现教师职业平均吸引力低于中等水平。在“自由选择职业”的情况下，有58.6% 的教师不愿意再选择教师职业，78.5% 的学生不愿意做教师；在自己分数允许的情况下，有59.2% 的学生不愿意免费就读师范院校。①

特殊教育的职业吸引力同样呈现出疲软性的特点。现在特殊教育学校教师数量普遍无法达到编制所核定的数量，新教师的补充成为制约特殊教育学校教师队伍建设的重要因素。以北京市为例，政府在1990年就已经出台了《北京市教育局 北京市人事局 北京市财政局关于提高特殊教育学校教职工和普通学校附设特教班教师补贴费标准的通知》(京财文〔1990〕2164号)，但随着工资结构的改革和调整，特教津贴所占的比例不断下降至不足工资总额的5%。② 同时，从事特殊教育行业的教职工男女比例差异较大，残疾学生因自我控制能力差对教师造成伤害的现象较为普遍，对于数量较多的女职工来说较为危险，也是导致特殊教育教师职业吸引力疲软的原因。

我国幼儿教师职业吸引力也较低。一方面表现在学前教育学生从教意愿低下，受社会观念影响，幼儿教师的职业认同较低。根据调查，55% 的学前教育本科毕业生不愿意去幼儿园工作。③ 另一方面在岗的幼儿教师留守意愿也较低，在幼儿教师本就数量不足、质量参差的情况下幼儿教师的离职倾向依然较高。有调查表明，珠江三角洲地区计划转行的幼儿教师占比为57.8%，其中年轻教师所占比例高达66.1%。④ 基于生育政策逐渐放开的背景，疲软的职业吸引力无疑会导致幼儿教育师资的重大缺口，阻碍幼儿教师队伍建设。

4. 教师评价方式的不合理性

教师评价方式的不合理广泛存在于中小学和高校之中。义务教育阶段教师评

① 高英哲，高龙刚，高洪民．关于中小学教师职业吸引力的社会调查 [J]. 中国成人教育，2011（10）：83-86.

② 史利国．增强特殊教育职业吸引力 [J]. 北京观察，2015（4）：39.

③ 冯帮，王曼．社会阶层化背景下幼儿教师职业地位分析 [J]. 教育与教学研究，2015，29（7）：40-43.

④ 高莉杰，卢清．幼儿教师流失严重及其原因分析 [J]. 科教导刊，2011（7）：72.

价的不合理之处主要体现在评价取向存在偏差、评价方法不够科学、评价核心指标不当以及评价主体外部化上。就评价取向而言，现阶段教师评价的出发点大多是学校管理和教师管理，为具体的评优、奖惩和职称评定等决策服务，而非从教师专业发展和学生发展的角度出发。评价方法上存在着过分量化的问题，现有的评价体系中量化指标较多，如论文发表、家访次数或是请假次数等，偶尔会有脱离具体教育教学的情况发生；同时一些无法被量化的内容如态度、情感、价值观等重要方面也往往遭到忽视。另外，多数学校依然秉持着“唯分数论”，其教师评价的核心指标依然是学生的学习成绩。事实上，学生学业成绩的影响因素众多，无法单单与教师的素质和水平直接挂钩。而教师为了获得更优的评价和晋升便会通过补课、加班等形式来提高学生的成绩甚至受其支配沦为教学机器。同时，现有的评价主体呈现外部化的倾向，以他人评价为主。这在具备客观真实、避免评价过高过低等优势的同时也存在一定的不足之处，如费时费力、忽视评价对象个体特质和具体情境，且不易开展得较为频繁，更重要的是不利于教师自我检查、反思以及自我改进的展开和自我价值的实现，也不利于新时代高质量教师队伍的建设。

高校教师的评价的不合理表现在过度重视科研而忽视教学、考核评价与利益挂钩过于紧密[①]、标准性评价过多而忽视差异性评价等。高校“重科研轻教学”这一老生常谈的问题始终未能得到有效改进。高校教师的评价往往呈现出“唯论文”的倾向，依照发文数量、科研经费、课题项目级别等来判定教师对于学校发展做出的贡献，并据此进行职称评定、年终奖励、晋升等决策。因此教师为了寻求个人发展，往往会耗费较多的精力在论文发表和学术科研上而轻视日常教学。这种评价与利益之间的紧密连接容易滋生学术腐败等急功近利的教师失德失范问题，也不利于教师自我发展提升。

目前教师考评制度中针对不同级别高校教师制定不同考评标准的行为一定程度上体现了差异性评价的要求，但是这种以职称为基础的差异并未能真正意义上反映教师之间的差异。不同学科、发展阶段或是不同类型的教师的评价制度也不尽相同，如人文社科与自然社会科学学科的教师考核评价标准便无法一概而论，

① 焦师文.坚持发展性评价方向 推进教师考核评价改革[J].中国高等教育，2014（10）：30-32.

更遑论细致化的区分。过于笼统的、标准性的评价忽视了教师之间的差异性与个性化，无法真实准确地评价教师的工作，也不利于教师的发展提升和高等学校教师队伍的建设。

5. 社会对教师信任度的低迷性

教师信任危机指家长、学生、社会等主体对教师从事教育教学的能力和品质产生怀疑，对其不信任的现象。[①] 近些年来，教师信任危机正不断发酵，在中小学教育和幼儿教育之中尤为明显。社会对教师信任度的低迷性严重影响着教师队伍的建设，究其原因一方面是教育教学中现存的缺陷或是部分教师素养缺失或素质低下，另一方面也与复杂的社会公共体系密切相关。

从现实层面而言，当下教师的教育教学活动中确实有不完善之处。如一些教师忽视与学生之间的情感沟通，或是在教学活动中存在着“不作为”的表现，以及部分教师基于自身喜好的倾向性而有所偏爱，体现在中小学教师身上主要为“唯成绩论”，幼儿教育中便是偏心于一些听话乖巧的孩子等。诚然，教师队伍中也确实存在着部分群体的失德失范。幼儿园虐童等教师失德事件的相继曝光，运用“潜规则”实行“合法伤害权”和“合法恩惠权”的教师也着实存在。部分教师通过在座位安排、学生评价、入党入团等专业权力范围内的潜规则行为收受贿赂，不当地索取个人利益，丑化了教师群体的形象，在社会范围内导致了教师信任危机的产生。

与此同时，社会民众的舆情偏见也会导致教师信任危机。信息化时代加速了消息流通和新闻传播，而为了引起广泛的关注和讨论，一些媒体更倾向于片面发布或是解读一些负面的教师相关新闻，无疑加剧了民众对于教师的信任危机。部分教师的不当行为很容易被投射到教师群体中，即存在着一种“晕轮效应”，导致学生和家长对于教师群体的信任感严重丧失，甚至是整个社会范围内不信任的扩散。同时，人们往往将教师行业神圣化，对于教师有着较高的道德要求，因此一旦教师出现一些过格或是争议性行为，便很容易被大肆传播并遭到攻击，导致人们对整个教师队伍的信任度大幅降低。

教师的不作为或是情感联系的减少部分出于本能的风险规避。无论是外在

① 朱志成. 中小学教师信任危机与信任机制重建 [J]. 教育评论，2016（12）：119-122.

教育变革的力量所造成的教师实践的不确定性，还是来自社会的已有信任危机，都会对教师工作的积极性产生影响，促使其被动保持现状或消极防御。久而久之便形成了恶性循环，教师更加不愿转变过往的教育观念或是进行教育改革的尝试。由此可见，社会对于教师信任度的低迷性极大程度地影响了新时代教育的高质量发展。

第三章

新时代中国教育高质量发展的国际借鉴

党的十九大报告明确提出，我国社会发展的主要矛盾发生新变化，中国特色社会主义进入新时代，经济已由高速增长阶段转向高质量发展阶段。教育领域由此获致根本遵循，明晰了活力之源，着力谋求内涵层次的提升，进而追寻一种高质量发展的教育转向。而“他山之石”又为此提供了一条可能的路径：借由对国际基础教育改革经验的归纳和梳理，实现基础教育学界对国际教育优秀经验的优长借鉴，达成一种精神上的吸氧，助力我国基础教育的创进。

一、他山之石：西方发达国家基础教育改革的国际经验

（一）依何改革：教育理念之析

在瞬息万变的信息化时代，教育改革成为国际社会的视点聚焦和实践重点，而教育理念借教育改革的直观映射而浮现雏形。事实上，对教育理念本身的关注和讨论具有鲜明的时代价值和迫切的实践意义。一是能够影响教育发展以及人的思想和行为，从而去改造某些现存的、外在的和僵化的教育观念及实践问题。二是可以给教育发展以方向，助力教育改革与发展中对真善美境界的自觉追求。三是给教育工作者以使命，帮助教育相关人士克服对现实的消极适应，焕发活力，追求人生的至高境界，达成一种精神意义上的和谐与超脱。总之，教育理念是一个具有多维意义的概念，其内涵随着时代发展不断更新和丰富，在教育改革中受到的关注与日俱增。在此必须强调的是，教育理念作为改革经验的“山中之灵”，既是对教育改革内在逻辑起点的回溯和定位，理所当然应该具有与教育改革的同构性而天然地指向教育实践之现实解释力与超越生命力。我们将以此为出发点，尝试建构诠释国际基础教育改革经验之原初源起的基本思路。

通过梳理我们发现，世界各国教育改革理念是全球教育发展理念本身的一种映照，是一种时代具现与本土聚焦。因此，探究和讨论教育改革背后的教育理念，倒不妨暂时先将研究重心“下沉”，借全球教育发展理念之视角“一览全貌”。已有研究成果将最新的全球教育发展理念界定为十项。[①]

其一，教育是未来发展的核心。2010年6月，欧盟描绘了未来十年的发展蓝图，正式通过《欧洲2020：智慧、可持续与包容性的增长战略》(以下简称《欧洲2020战略》)，提出了构建“智慧增长（smart growth）”“可持续增长（sustainable growth）”和“包容性增长（inclusive growth）”的新的社会经济发展框架，明确了欧盟未来十年的发展重点和具体目标。《欧洲2020战略》将教育和培训视为欧盟未来发展的核心，视为实现“智慧增长”和“包容性增长”、帮助欧洲各国摆脱危机的关键。

其二，从“全民教育”转向“全民学习”。2011年4月，世界银行集团（以下简称“世行”）推出了《全民学习：投资于人们的知识和技能以促进发展——世界银行2020教育战略》(以下简称《世行2020教育战略》)。《世行2020教育战略》对未来十年世行在教育领域的关注重点和实践动向进行了规划，提出了“全民学习”(learning for all)的战略新愿景。世行认为，“全民学习”是一个国家经济长期增长和减贫的关键，面对全球教育面临的挑战，未来教育的目标应从促进“全民教育”转变为促进“全民学习”。“全民学习”意味着确保所有儿童和青年不仅能上学，还能掌握使他们拥有健康、有成效的生活并获得有意义的工作所需的知识和技能。“面向全民学习”的新理念和新目标将“学习”概念提到了一个比“教育”更加宽泛的层面，拓展了教育的时间观，也将教育延伸到了新的空间维度。

其三，家庭背景强烈影响教育成效。2011年OECD发布的PISA 2009结果报告得出的一个重要结论是：学生的家庭社会经济背景正强烈影响其教育成效。OECD在PISA评估中，用“经济、社会和文化地位指数”(缩写为ESCS)来测量学生的家庭社会经济背景，该指数根据学生提供的有关其家长的教育、职业及家庭财产信息得出。PISA 2009结果报告显示：与学生家庭社会经济背景相关的成绩差异在所有国家都非常明显。当前，消除学生家庭社会经济背景对于学习结果

---

① 商发明，李震英，李志涛，等.近年来主要国际组织提出的十大教育新理念[J].教育导刊，2014(4)：34-37.

的影响已经成为发达国家促进教育公平的努力方向。PISA 2009结果报告也发现，一些国家已成功减少了学生家庭社会经济背景对于学习结果的影响。

其四，阅读是成功的核心素养。2011年OECD发布的PISA 2009结果报告得出的另外一个具有重要政策内涵的结论是：真正影响经济及社会进步的是学习结果的质量，而不是现在各国普遍采用的“教育年限”这一指标。OECD用对义务教育末期学生（15岁学生）“素养”（literacy）的测评来评估基础教育阶段学习结果的质量。“素养”这一概念是经合组织的独创，“素养”不是知识，也不是技能，而是个人获取或应用知识和技能的能力，以及兴趣、动机、学习策略等。同时OECD用“精熟度水平”（proficiency level）来表示不同学科的测试成绩，即学生在某个领域（阅读、数学及科学）达到的素养水平。此外，OECD还特别强调阅读素养是所有学生在学习及今后的工作、生活中能够广泛运用的一项核心技能。

其五，资源分配方式决定教育结果。2011年OECD的PISA 2009结果报告显示，整体而言，将世界划分为富裕、受过良好教育的国家与贫穷的国家这种教育极差的国家的二分法现在已经过时了，尽管人均GDP与教育成就之间存在相关性，但是人均GDP只能解释各国学生平均成绩差异的6%。其余94%的差异证明了这样一个事实：当达到一定的教育支出门槛后，相同富裕程度的国家利用不同的政策杠杆、通过不同的资源分配策略能够带来完全不同的教育结果。

其六，协同创新是高等教育新增长点。联合国教科文组织发布的《2009年世界高等教育大会公报》、世界银行发布的《发挥高等教育的作用：促进东亚技能与科研增长》报告、欧盟发布的《支持经济增长和就业——欧洲高等教育体系现代化议程》报告都不约而同地认为，协同创新是高等教育发展的新增长点。“协同创新”是指创新资源和要素有效汇聚，通过突破创新主体间的壁垒，充分释放彼此间“人才、资本、信息、技术”等创新要素活力而实现深度合作。它有两层含义：一是本国的高等教育融入世界高等教育，走国际化、区域化和全球化发展道路，提升本国高等教育发展水平；二是高等教育机构同企业合作，协同研发，创新技术，既能提升高等教育机构的社会声誉，又能促进教学，有利于高等教育自身的发展。

其七，高等教育是科研引擎和经济增长推动器。2011年世界银行发布的《发挥高等教育的作用：促进东亚技能与科研增长》报告认为，在日益开放和一体化的全球环境下，技术工人和科技能力的增长已经成为国家竞争力的检验标准，高等教育在经济增长中所起的作用日益明显，不仅帮助培养劳动力的认知和技术技能以使他们在劳动力市场上富有竞争力，同时也能够带动创新、创业和生产力的发展。从此意义上讲，高等教育在自身发展的同时所带来的技能与研究是保障经济增长的两个推动器。

其八，技能是21世纪的“全球货币”。2012年5月，经合组织发布的《更好的技能、更好的工作、更好的生活：技能政策的战略方针》提出，技能已成为21世纪经济的全球货币，人们可以使用他们的资格和能力作为“共同的货币”在国家之间和不同工作之间自由流动。欧盟于2002年启动了哥本哈根进程（Copenhagen process），加强职业教育与培训领域的合作，其目标是要创建一个欧洲终身学习区，使人们使用他们的资格和能力作为“共同的货币”在国家之间和不同工作之间自由流动。

其九，为不同人群定制不同职业教育规划。欧盟于2010年12月发布的《布鲁日公报》提出，职业教育与培训的两个核心目标之一是应对更广泛的社会挑战，致力于实现社会和谐。公报提出要对弱势人群给予特别关注，使那些处于危险或排斥边缘的个人和群体，特别是低技能和无技能的人、有特殊需要的人以及老年人获得平等的培训机会。2010年欧洲职业培训发展中心发布的《通向未来的桥梁：欧洲2002—2010职业教育与培训政策》报告提出发展全面和包容，为最好和最聪明的学生以及被社会排斥、处境危险的不同群体量身定制的职业教育与培训系统，通过使教育、培训和相关服务更容易获得和灵活以适应不同的学习需要和风格来促进社会包容。

其十，学校行政领导将成为“学习领袖”。2009年，OECD发布了基于TALIS（Teaching and Learning International Survey，简称TALIS）调查结果的分析报告——《营造有效的教与学环境——TALIS首次调查结果》，就学校领导力培养的目标提出了一个鲜明的观点：让学校领导逐渐从过去的“官僚化行政人员”转变为“学习领袖”。作为学习领袖的学校领导，需要满足更高的期望、肩负更大的责任和应对更复杂的环境，学校管理必须超越微观层面，迈向更高层次的引领发展。

以上是对全球教育发展的最新理念和趋势的归纳和总结。近年来，以经合组织（OECD）、联合国教科文组织（UNESCO）、欧盟、世界银行为代表的四个主要国际组织发布了很多教育发展报告、教育决策咨询报告、教育公报及重大声明等，在全世界范围内产生了巨大影响，并在一定程度上影响了各国的教育政策走向。[①]我们也借此得以从中窥见教育改革背后的教育理念，获得一种可能的教育新视野。总体而言，当下的全球教育发展理念力图克服对人本身的存在形式的单向度定义，尝试溯回“人”在教育理论与实践逻辑起点意义上的原发性境遇，以实现古老而永恒的教育理想——获得人类及个体生活的和谐和幸福。

(二) 为何改革：改革背景之辨

1. 外部动因

(1) 经济转型：对教育领域提出新要求

近年来，全球恐怖袭击事件频发、贸易战冲突升级、欧洲难民危机加剧、部分地区冲突交火不断……世界经济态势显然与这些波动息息相关，经济起伏与动荡势必会波及教育领域。自2008年国际金融危机爆发后，全球经济形势走向不容乐观，在教育方面，各国政府致力于解决教育经费投入不均衡、教育过程不公平、教育财政分配不合理、学生学业就业保障不完善等相关问题。

首先，国家经济发展的需要与教育信息技术的推进相关。美国高度重视信息技术在基础教育中的作用，连续五次发布《国家教育技术计划》，并推出一系列行动计划，让美国成为世界上基础教育信息化程度最高的国家之一。[②]对信息化媒介的有效利用创造了工作岗位，满足了信息化市场的需求，对稳定美国中小学毕业率、降低辍学率发挥着强有力的作用。2019年2月21日，德国联邦议院确认了由调解委员会商定的《数字协议》(*DigitalPakt*)方案。根据该方案，德国将提供约50亿欧元的经费投入中小学数字化建设中。[③]德国将数字化未来视为经济增值驱动因素，重申创新教育的重要性。

其次，知识经济传播引发的国际影响力不容小觑。知识变“现”，英国政府意识到只有凭借着信息共享的优势，扩大教育交流，把教育活动同本国的社会实

① 商发明，李震英，李志涛，等.近年来主要国际组织提出的十大教育新理念[J].教育导刊，2014(4)：34-37.

② 胡永斌，龙陶陶.美国基础教育信息化的现状和启示[J].中国电化教育，2017(3)：36-43.

③ 陆霞.德国呼吁加大职业教育数字化建设经费投入[J].世界教育信息，2019，32(8)：76.

践生产活动结合起来，才能维持长效的国际竞争优势。对此，英国政府花费了大量心血，以2019年启动国际教育战略为例，该教育战略明确提及要保持英国教育广度，展现出多样多元的一面，积极接纳优秀的海外留学生，为国际社会提供一个高质量的学习环境。2021年更新的国际教育战略报告提及了面向2030的两个重要目标：教育出口每年达350亿英镑，每年在英国留学的国际高等教育学生人数达到60万。同时，鼓励海外留学，进一步提升国际影响力，努力使国内经济从复苏转向稳定的可持续增长。educations.com 网站统计的2021世界最佳留学地的排名统计中，德国、美国、英国和法国都排进了前十，其中德国成为欧洲最佳的留学选择地。

联合国教科文组织曾在《学会生存——教育世界的今天和明天》中剖析了教育与经济发展之间的关系，随着世界教育经费投入的不断扩充，对知识、技能的投资方案得到各国认可，这将有利于拉动经济效益攀升。美、德、法、英、日近五年的人均 GDP 水平均在世界排名中靠前，说明教育先行既暗含转型契机，也带来了挑战。《教育概览2020：OECD 指标》公布的数据显示，2017年，经合组织成员国教育公共支出总额占政府支出总额的平均比例约为11%，受新冠疫情影响，各国相应削减了财政预算，出台了必要的教育筹资计划。OECD 在《迈向增长的2021年：塑造充满活力的复苏》报告中指出各国共同行动的重要性，提出“追求增长”的方案，为向更具公平性的全球化社会转变做出努力。

（2）政治环境：各国政府领导相继更替

在过去的十年之间，世界政治格局一直呈现复杂波动的态势，尤其在新冠疫情肆虐的影响之下，不同政府的政权交替影响着教育的定位及转型。在基础教育方面，各国都在寻求新的驱动发展着力点，统筹规划提升教学质量，以便紧跟上全球化浪潮的步伐。

美国自奥巴马签署《每一个学生成功法》后，基础教育理念进一步得以落实与推进，与小布什任期签署的《不让一个孩子掉队法》相比，相对地刺激了教育活力，更关心教育质量的显现。奥巴马政府还密切追踪着 STEM 教育的发展态势，注重培养学生的创造力，鼓励创新，为创新而教。不过，特朗普上台后，基于对国际政治秩序的考量以及原有改革路径中存在的弊端，他废除了之前法案中有争议的相关法案，但支持进一步推动 STEM 教育。2019年11月，美国教育部根据特朗普总统指令宣布将投资5.4亿美元用于支持 STEM 教育，确保为美国人提供终身高质量的STEM教育。拜登继任美国总统后，针对全球流行病传播的严峻形势和国内种族歧视引发的一系列问题，为完成上任前100天重启大多数K-8学校的目标，随即签署了《美国救援计划》，帮助学生、教育工作者、家长、学校渡过难关。

法国始终关注着基础教育的未来发展趋势，新任总统常会在大选中做出相应的承诺和保证，一方面是为了得到选民的肯定和支持，另一方面也能折射出他们对教育改革的决心。此外，法国政党通常分为左右两派，其政治主张和改革理念差别较大，教育改革重点也不尽相同。萨科齐政府在教育方面主要着眼于高等教育改革，忽视了基础教育的根基作用。① 奥朗德政府则强调关注教育平等。马克龙在重组政府结构时，将原有的“国民、高等教育与研究部”拆分为负责基础教育和职业教育的“国民教育部”和负责高等教育的“高等教育、科研与创新部”，分别对不同教育领域进行管理，力图发挥教育在解决法国社会的各类问题中的作用。②

德国总理默克尔执政后，重点解决德国基础教育与信息化社会脱节的问题，强调数字经济与社会间的紧密联系，面向世界，以开启数字战略为导向，摒弃僵化的人才培养模式，确保德国基础教育走在世界前列。默克尔强调：“教育是21世纪个人和社会实现富裕繁荣的关键，共同富裕在今天意味着面向所有人的教育。”③

戴维·卡梅伦、特雷莎·梅、鲍里斯·约翰逊三届英国政府持续跟进脱欧项目直至2020年脱欧协议的最终达成。这次政治战略上的重大调整让英国教育被迫处理脱欧后要面临的种种问题。脱欧可能会失去原有的“福利”，教育研究投资、交流合作项目、人才流动等方面不免受到波及。

日本方面，“宽松”教育理念曾一度助力日本基础教育在稳定的发展轨道上运行，如今面对世界多元文化冲击，不得不重新反思其育人目标能否经得住国际激烈竞争环境下的多重考验。对此，内阁制订了教育振兴基本计划，指出培养学

---

① 杨进，王玉珏.法国萨科齐、奥朗德、马克龙三届政府教育改革的变化及思考(2007-2017年)[J].世界教育信息，2018，31(6)：11-16.

② 王玉珏.马克龙政府教育改革最新进展[J].世界教育信息，2017，30(22)：29-30.

③ 秦琳.德国基础教育[M].上海：同济大学出版社，2015：232.

生的学力是关键，为推进基础教育质量提升，以“通过OECD的PISA调查等各种国际调查维持世界最高水平”为学力的测量指标，以“OECD的PISA调查中熟练度等级5以上（上层）及等级2以下（下级层）的比例”为学力的参考指标。[①]

（3）社会问题：改革教育成为应对之策

今时不同往日，随着科学技术的强有力推进，世界各地紧密地联系在一起，享受着共享和共建所带来的便利。同时，国际社会也认识到：当今世界任意一点波动都会引发不小的影响，教育的矛盾与冲突在不同场域内冲撞不断，这些问题既相似，又有显著差异。

一是新冠疫情危机下的协调统筹。美国于2020年3月27日紧急签署《冠状病毒援助、救济和经济安全法案》（CARES法案），支持各州教育在防范疫情方面所做的恢复工作，设立教育稳定基金（ESF）。这场疫情使得全球范围内的大多数学校的正常教学受到了影响。法国认为这次健康危机迫切需要确保中小学教学的连续性，教学资源应公开透明，积极为社会提供快捷高效的数字化服务。德国联邦教育与研究部意识到流行病毒的扩散会加大失业风险，因此政府决定为学生提供过渡性援助，改变学分和助学金的发放标准。英国教育部提出为家长和照顾者、学生和大学生、教师和教育机构领导提供指导以应对新冠疫情带来的挑战，并为以上三类人群安排了详细的核酸检测方案，以降低感染风险。与此同时，修订《保护儿童在教育中的安全》，帮助未成年学生适应远程教学，安全上网。日本文部科学省除了颁布应对新冠疫情的相关教育对策之外，还特别设立了“消除偏见和歧视”项目，给儿童和学生、以教职工为首的学校相关人员、家长和社区逐一做出解释和说明，及时提供必要的心理援助，积极协调，防止恐慌情绪加速蔓延，减弱对教学的冲击。

二是PISA测试引发“自我怀疑”。由PISA测试引发的危机使得很多国家陷入困境中，测试结果的不尽如人意挫伤了以往所谓的教育威信，因而，改革一度成为化解危机、寻求出路的重要选择。英国、法国、日本等国相继在PISA测试中遭到“打击”，名次靠后、排名下滑，然而深究成因，测试背后还隐藏着不同程度的矛盾激化。一是教育投入得不到回报，不同地区间的教学实力存在较大差距；二是缺乏对基础教育质量的测评，检测手段单一；三是过分关注“排名”，

① 根据日本文部科学省发布的《教育振兴基本计划》。

得不偿失，忽视了对学生综合素质能力的考核。

三是移民问题引发的风险性、不确定性。例如，随着大批拥有移民背景的学生涌入学校，以往生源相对固定的德国学校面临很大的挑战，生源的学习水平变得参差不齐，学校各科教师与校长也显得力不从心。[①] 移民的大量涌入意味着原有的教学管理、教学进度、教学效果都会受到影响，如何去协调并力求一致成为困扰。显然，PISA 等国际测试会毫不留情地显现各个国家基础教育的综合实力水平，不过测验中凸显出来的问题不能粗暴地归结到全体学生头上。移民学生的学业综合能力本就与本土学生存在着差异，价值观取向也不完全一致。此外，移民文化与本土文化之间势必会产生交叠，融合过程中存在各种各样的可能性，如何引导移民学生更好地融入本国的文化中、适应新的学习环境，也是不能忽略的关键问题。

2. 内部动因

（1）国际学生测评项目

国际学生评价项目（Program for International Student Assessment，简称 PISA）与国际数学与科学趋势研究（Trends in International Mathematics and Science Study，简称 TIMSS）是在国际组织的支持和筹措下产生的两个国际范围内的教育成就评价项目，也是目前全世界最具影响力、覆盖面最广的基础教育成效评估体系。PISA 被誉为“教育界的世界杯”，各国十分重视 PISA 测试项目，各国可根据学生在 PISA 的表现反思本国教育的不足，而另一方面，表现优异的国家则可以成为其他国家学习的对象。NAEP 虽是美国国家层面的评估项目，但作为美国国内最具权威性的中小学学业成绩评价体系，同样在全球各国拥有广泛的认可度和接受度。[②]PISA 通常是采用过程、概念、情境三维框架对学生进行测评。PISA 2003年之前，过程是主要的测评目标，但 PISA 2006年至今，则更加注重对学生综合能力和认知的考察。近年来，国际学生测评项目在不断深化测评素养的内涵和维度，对于学生综合能力要求更加全面，关注学生能力的生活性，测评

---

① 任平，迈纳特·迈尔 . 从 PISA 危机到能力导向的革命：世纪之交德国基础教育改革的困境、举措与效果 [J]. 比较教育学报，2020（1）：117-130.

② 严文法，刘雯，李彦花 . 全球基础教育质量评估变化趋势及其对我国基础教育质量监测的启示——以 PISA、TIMSS、NAEP 为例 [J]. 外国教育研究，2020，47（9）：75-86.

的内容和手段不断数字化、信息化、情境化。TIMSS每隔四年对参评国家4年级和8年级学生的数学和科学水平进行测评。[①] NAEP则全方位测评美国4年级、8年级、12年级学生的多项学科素养。

不同国家对于PISA测试结果的反应主要分为三类，态度由漠不关心到颂扬参差不齐。在PISA 2000测试中，德国学生表现十分不佳，德国将其称为“PISA震惊”，并对基础教育进行反思，以最快的速度进行力度最大的一系列教育改革。在往后的PISA 2009、2012、2015中，德国学生成绩有了大幅度的提升。英国对于PISA的态度由漠视到重视。在PISA 2000的第一轮测试取得优异成绩的英国，自认为基础教育处于世界一流水平。在接下来的PISA测试中，英国一直呈下降趋势，前两次PISA成绩的下降并没有引起英国政府的重视，英国政府以“不急不躁”的回避态度，采取“避免坏结果”的策略，大部分教育从业者对此也保持沉默，因为20世纪80年代的教育改革已经形成了复杂的教育评价体系。在接下来的历次测评中，英国学生PISA测评成绩显著持续下降，逐渐引起英国社会对此的忧虑，英国政府开始重视，并对基础教育进行改革。[②] PISA 2003和PISA 2006是日本教育史上的两次“PISA震惊”，日本学生在这两次测试中成绩连续下降，这在日本国内引起一片哗然。面对PISA测试带来的打击，日本政府开始实行“去宽松教育”，这一政策的实施使日本学生的学力实现了V字形恢复与回升。[③]

（2）原有政策弊端凸显

不同国家在不同时期为了达到一定的教育目标会制定相应的教育政策，在实行相应教育政策的过程中也会不断产生新的问题。

面对教育全球化，日本政府为了使得学生充分适应社会发展，高度重视基础教育学生“学习力”的培养。自20世纪80年代日本开始实行“宽松教育”，对基础教育进行大刀阔斧的改革。但自日本实施基于“宽松教育”的基础教育改革以来，学生的“学习力下降”已成无可争辩的事实，“学力低下”“学力危机”成为

① 王倩.国外数学评价研究综述[J].教育科学论坛，2018(19)：75-77.

② 陈法宝.PISA测评对英国基础教育改革动向的影响——例论“中英数学教师交流项目”[J].基础教育，2016，13(5)：107-112.

③ 吴伟，赵健.日本“宽松教育”：历史脉络与理性审视[J].比较教育研究，2018，40(4)：77-85.

日本教育界关注的焦点。[①]

德国传统基础教育的中学阶段主要划分为三轨，即主体中学、实科中学和文理中学，20世纪70年代在此基础上又增加了综合中学，成为四轨通路。[②] 教育研究者发现在中学阶段实行分流并不利于学生自身综合素质的全面发展和潜能的全面开发。过早的学校分流，一方面导致学校之间缺乏有效的交流与沟通，使得学生失去了选择交流的机会，另一方面导致了学生家庭经济社会地位的分层，不利于与多种文化的融合，使得教育改革变得越来越迫切。

受民主化的影响，法国基础教育由侧重精英教育转向大众教育。法国在1995年开始了第一轮中小学课程改革，这次改革面向全体学生，以“共同基石”和“共同文化”为核心内容编写课程标准，[③] 以保证学生在走出学校时能够拥有平等的能力；而后为了促进教育公平问题，于2004年公布了《为了全体学生成功》，让学生能够平等地掌握知识和能力。而在2010年，新一轮的中小学课程改革主题为“更好定向、更多辅导、更多准备”，更关注学生利益，帮助每一名学生成功。

美国在小布什政府时期，为了实现教育公平，出台了《不让一个孩子掉队法》，这成为美国基础教育的行动指南。虽然法案在一定程度上达到了提升美国基础教育质量的目标，但与此同时这项政策的实施，使得部分地区学习功利化，延长基础教育阶段学习课堂时间，只为达到既定的考核目标，忽略未纳入考核目标的学科教学，造成学生学科知识的不均衡等问题。政策实施带来的一系列负面影响已经严重阻碍了美国基础教育的正常发展，这逐渐引发了美国社会各界对于基础教育状况的不满。奥巴马上台之后，在肯定原有法案实施成效基础之上进行了基础教育改革，由“不掉队”到“都成功”，推行《每一个学生成功法》。该法案缓解了各州的目标考核压力，将教育的主体权利即“问责权”还给了各州和地方。联邦政府虽然不直接干预教育，但是通过出台相关的法律法规、倡导教育政策以及教育的拨款资助来间接干预，联邦政府在教育中的作用也随之不断强化。

---

① 王丽燕，王建萍.基于“宽松教育”的日本基础教育改革及其思考[J].教育评论，2019(1)：36-40.

② 任平，迈纳特·迈尔.从PISA危机到能力导向的革命：世纪之交德国基础教育改革的困境、举措与效果[J].比较教育学报，2020(1)：117-130.

③ 和学新，李博.21世纪以来法国基础教育课程改革及其启示[J].教师教育学报，2016，3(5)：89-100.

小布什和奥巴马两届政府教育政策都十分注重效率和提高学生的学业成绩，通过制定严苛的教育标准，实施学校问责制，对未达标的州、学校、教师给予相应的惩罚，一系列严苛的教育奖惩制度给州、学校和教师带来了巨大的压力。为了达到规定目标，各州纷纷降低本州的学业标准，学校和教师都开始增加对考试科目的重视和投入，对非考试科目则放任自流。[①] 特朗普上台后，在基础教育领域关注州共同核心标准的存废抉择和择校政策这两个问题。州共同核心标准力图让学生投入更多时间学习、教师之间合作更加高效，使得学生达到预设目标，但更多的是向学生灌输大量应学到的知识和必须掌握的技能，不利于培养学生的人文素养。各州认为应该协同商定一个更加灵活和满足不同地区需求的州共同核心标准。特朗普欲取消州共同核心标准是希望控制各州自主协商的权利，由联邦政府直接制定相关标准，但特朗普的这项政策遭到各州抵制，特朗普政府也逐渐淡化这项政策。美国有识之士批判特朗普的择校政策，称其沿着教育市场化的路线在前进，是教育市场化改革有史以来最糟糕的改革方案。[②]

（3）基础教育质量不佳

西方发达国家基础教育质量发展情况不一，但整体上来说都存在着基础教育质量发展不均衡和学科知识薄弱的特点。

2015年，英国政府充分意识到教育政策影响范围的局限性，将教育改革充分地大范围地倾向于“弱势”群体。具体措施为落后地区第一年引入补考制度，对教育质量下滑学校进行改进，派遣优秀教育从业人员到“弱势”学校进行任教和管理。2016年3月，英国政府由教育的大范围扶持向全面卓越发展转型，发布教育白皮书《无处不在的卓越教育》，明确指出，未来五年，英国政府的目标是实现无处不在的卓越教育，让每个孩子和年轻人都可以接受世界一流教育。

法国基础教育一直存在着学业困难问题。在20世纪80年代，基础教育学业困难问题已引起重视，在接下来的二十年内，中小学生学业失败的问题依旧十分严重。截至2007年，大量中学毕业生的法语和数学知识能力尚未达到应有水平，四分之一的小学生毕业时成绩不理想。截至2013年，法国基础教育还存在着课时

① 孔令帅．新世纪以来美国基础教育政策价值取向的演变 [J]. 西南大学学报（社会科学版），2016，42（5）：93-191.

② 戴安娜·拉维奇．美国学校体制的生与死：论考试和择校对教育的侵蚀 [M]. 冯颖，译．北京：北京大学出版社，2014：242.

安排不合理、失学率和学业失败率高、教育不公平泛滥等现实窘境。

一向在政治、经济领域处于优先级的德国在PISA 2000测试中惨遭败北：学生阅读素养排名21/30。最高分与最低分学生比例1∶8，是参赛国中最高的，德国学生的质量远远落后于其他参赛国，这次国际测试让德国认清自己的教育现实形势——基础教育存在着严重的不均衡。

美国基础教育质量问题可归为教育不均衡和学科质量下滑两大类，美国学生还存在总体学业水平低下、关键学科素养缺乏、公民责任与全球意识较弱等问题。美国教育分权化的管理体制导致了不同州、地区，即使是在同一学区，不同学校之间的教育资源相差甚大。而美国对于基础教育的投资大多数用于教育从业人员的相关支出，分配到学生上的教育经费往往投入优秀学生群体，这加剧了美国基础教育的不均衡现象。持续推动基础教育改革，缩小不同阶层学生成绩的差距刻不容缓。从总体上看，美国政府的教育投入一直保持增长态势，但由于缺乏有效的教育经费评估措施，教育投入的增加与质量提高并不同步。① “儿童中心论”在美国课堂盛行，学生对于课程拥有较大的自主选择权，大部分学生则会倾向于选择社会交际等较容易获得学分的科目，导致了美国学生在数学、科学、阅读等科目上的成绩下滑。

二、以何攻玉：西方发达国家基础教育改革的特征分析

（一）由普及走向公平而卓越的质量本位观

1. 以差异性公平缩小教育差距

差异性公平既强调要保障每个学生拥有平等享受教育的权利，又强调承认学生的个体差异，使不同特性的学生得到具有差异性的教育，保证每个学生个性能够得到充分发展。西方发达国家的基础教育改革呈现出以差异性公平缩小教育差距、提升教育质量的特征。

① 王正青，徐辉．当前美国基础教育质量现状与改进趋势——“追求卓越”理念引领下的实践[J]．教育研究，2014，35（9）：121-126.

“在美国基础教育改革的整体脉络中，教育公平问题始终是政策制定者和教育改革者关注的焦点。”[①] 随着美国基础教育改革的深化，联邦政府及各州颁布了一系列的改革方案，呈现出不同的教育公平理念，以差异性公平缩小教育差距是当前美国基础教育公平的一大趋势。这种差异性公平首先体现在基础教育财政改革上，教育经费诉求实现由注重“质量”向满足“特殊要求”的转变，这一特点以“新泽西州的阿伯特诉伯克系列案”为典型代表，它强调根据学生间的差异，针对学生的不同需求，进行有差异的教育，“确保每个学区的每个学生都可以接受适当的教育”[②]，这实际上是通过差异性公平缩小教育差距，通过调整基础教育财政资源的分配方式，来保证这种教育公平理念的实现。对教育均衡发展的要求也体现出了差异性公平的特点。美国新一轮的基础教育改革更注重教育质量的均衡发展，旨在通过质量的均衡发展实现教育公平。这种公平理念并不是强调每个学生的发展程度完全相同，而是在看到学生具有差异性的基础上承认教育结果的差距，强调所有学生应该达到一个基本标准，“以使得他们能掌握适应未来社会竞争所需要的基本知识和能力”[③]。

日本重视以差异性公平缩小教育差距，将“重视个性”作为教育改革的指导思想，先后对基础教育的《学习指导要领》进行了三次修订，明确重视个性的教学原则，并强调“因材施教”“因人施教”。为了贯彻落实这一思想原则，“日本在教育理念、教育行政管理、课程设置、教学模式等方面进行了改革”[④]，以使每个学生都能够得到最大程度的发展。

英国基础教育公平经历了由关注起点公平到关注结果公平，再到现在关注过程公平三个阶段。自20世纪90年代以来，英国基础教育公平更加关注教育过程的公平，强调“在教育过程中，为了学生的差异性优化发展的需要，给予学生公

① 段俊吉. 美国基础教育改革的公平演进及现实反思——基于二战后联邦教育政策的考察[J]. 外国中小学教育，2019（2）：9-14.

② 李晓燕，陶夏. 从均等到公平：美国教育平等理念的嬗变——基于20世纪70年代以来美国基础教育财政诉讼的视角[J]. 教育与经济，2015（3）：58-64.

③ 孙志远. 试论美国基础教育公平理念的演变：以战后联邦教育法案为线索[J]. 外国中小学教育，2013（3）：8-11.

④ 李润华. 基于个性差异的日本中小学教育改革实践研究[J]. 世界教育信息，2016，29（17）：47-52.

平待遇"[1]，并于2010年出台《教育的重要性：学校白皮书》。为实现过程性公平，该文件对学校教学质量及教师培训等做出规定，强调使具有差异的学生接受适合自己的教育，实现教育公平。

法国教育特别强调在"共同基石"的基础上加强方向指导，追求"有差别"的教育公平。所谓的"方向指导"即是让学生根据自己的兴趣、能力与个性特点，选择适合自己的教育，最大限度地发展学生个性。方向指导的有关制度最初是针对职业教育，后来"朗之万—瓦隆计划"提出"所有的儿童不论其家庭、社会和种族出身如何，都享有平等的权利，使个性得到最大限度的发展"[2]，也在一定程度上体现了差异性公平理念。

作为"教育强国"典范的德国特别注重基础教育的发展，为了表彰基础教育领域表现突出的学校，并鼓励它们更好地起到模范作用，在联邦政府的支持下成立"德国学校奖"。获奖的11所学校的办学理念，体现了差异性公平的原则。获奖学校的一个突出特征就是将生源群体的差异、学生个体的差异都看作教育活动的先决条件，在此基础上走特色化发展之路[3]，以使每个学生都能够实现个性化发展，进而促进教育公平。

2. 以资助和生源促进质量提升

由于各种条件的限制，不同地区的经济发展水平有所差异，教育水平也存在差异，政府通过资助来提升落后地区的教育水平，是西方发达国家提升教育质量、促进教育公平的一大措施。

日本政府通过一系列优惠和扶持政策来保障偏远地区和经济不发达地区的基础教育，并且因地制宜，制定合理的条例，在教师资源、学校软硬件设施以及教学方法等方面给予一定的补贴。同时，由于日本小学大多为公立小学，学生只需满足年龄的限制即可就近入学，享受平等地接受义务教育的权利，且政府不鼓励大规模建立私立的中小学校，在一定程度上实现了教育机会均等，从而使教育的

① 殷玉新，王德晓.19世纪以来英国教育公平的嬗变轨迹探寻[J].外国中小学教育，2016(1)：6-10.

② 瞿葆奎.法国教育改革[M].北京：人民教育出版社，1994：74.

③ 赵志勇，高凤兰.德国基础教育核心价值观及其对我国教育改革的启示——基于对德国"最佳学校"的述评[J].外国中小学教育，2018(1)：14-21.

公平化以及教育质量的提升得以保障。

英国公立小学学生人数大幅增长，但基础教育师资严重短缺，面临严峻的招聘危机，同时贫困地区面临更严峻的教师短缺和素质低下问题，师资短缺造成教师负担重，形成恶性循环。[①] 因此英国政府采取的重要举措之一就是通过资助从四个方面提高教师待遇，并通过实施财政激励促使高素质的毕业生和转行者从事教育，促使新教师留任，有效利用财政激励措施促使优秀教师积极到贫困地区从教，资助是解决英国教师供需失衡问题的重要策略之一。

法国从1981年开始推行的教育优先区政策是法国实现教育公平、抵制社会不平等的有力杠杆。[②] 秉持“给匮者更多”的原则，法国通过不断对“教育优先区”进行改革来保证教育公平。在教育优先区，政府通常采取以下措施给予特殊支持：一是增加教育经费，二是增加教师数量，三是加强早期教育。

3. 以弱势群体和学校为突破口

弱势群体是指在政治、经济、社会、文化、生理等各个方面处于相对不利地位的人群。[③] 通过立法来保障弱势群体在教育、就业等方面的权利，是各国制定政策时关注的重要内容。

针对弱势群体的教育问题，美国联邦政府颁布了一系列补偿教育法案，试图通过补偿教育的措施保障弱势群体的受教育权利。自20世纪60年代以来，美国联邦政府在先后颁布的《初等与中等教育法》《教育整合和改善法》《不让一个孩子掉队法》《每一个学生成功法》等法案中，通过对补偿教育的强调来保障弱势群体的教育。随着教育改革的不断深入，美国补偿教育政策主要经历了由关注外部公平到关注内部公平再到关注实质公平三个阶段，其实现路径主要是“以资助为保障，以项目为依托，以评价为手段”[④]，有效推动美国基础教育公平发展，提

---

① 董丽丽，王敏．英国基础教育教师招聘与留用战略探析 [J]. 比较教育研究，2020，42(4)：82-89.

② 卢丽珠．法国“教育优先区”政策改革新探索 [J]. 比较教育研究 .2019，41(9)：90-97.

③ 覃红霞，刘海峰．美国弱势群体入学政策的法律审视与启示 [J]. 高等教育研究，2015，36(3)：91-96.

④ 李娟．美国弱势群体补偿教育立法的历史研究——基于教育公平的视角 [J]. 外国教育研究，2016，43(1)：71-81.

升教育质量。

为了保障弱势群体享有平等接受教育的权利，日本政府采取一系列支援措施，对因经济条件落后而就学困难的儿童提供必要的费用资助。文部科学省于2015年启动“地域未来塾”计划，主要针对学业落后的中学生予以辅导；厚生劳动省则对单亲家庭的学生提供援助政策；此外，日本还另设贫民学校以接收孤儿和流浪儿，为弱势群体提供接受教育的机会。

英国基础教育注重“以人为本”，学困生教育即对学习不积极且成绩落后的学生的规范化教育，是英国格外重视的三种教育之一。不放弃学困生并为他们提供专业化的提升课程，是体现公平的典型举措。同时，英国确立的融合教育，即容纳所有学生，反对歧视排斥，满足不同需求，提倡民主公平，重视教育公平和教育机会均等的新的国家教育观念，弥补之前英国整合教育无视学生个性化发展的缺陷。[①] 英国现已建立起了完善的融合教育体系，关注到了学生的不同需求，他们的差异性被社会最终容纳，有效推动了教育质量的提升。

法国政府一直以来都非常重视平等教育机会。自1980年以来，法国政府开始关注弱势群体的需求，并颁布了一系列法规和政策以补偿弱势群体。除了增加教育经费和给予教师自主权之外，在初中和小学开设补习班已成为一项重要政策。随着教育公平发展的深入，法国逐渐形成了一套系统的辅导制度，给予弱势群体补偿教育。此外，针对学习困难，特别是弱势群体中学习困难的学生，法国教育部设置教育成功个人项目来为其提供特殊帮助。

德国各州政府还采取了一些特殊措施。例如，所有具有移民背景的儿童和年轻人，如果他们的德语水平不够，都可以获得语言帮助，因此他们可以公平地学习各种课程。

(二) 紧抓学生的资质能力，为未来做准备

1. 基础知识能力

基础教育阶段要加强学生对于基础知识的学习，为以后学习更高深的学问打

---

① 张凯，蒋惠妃. 英国融合教育政策与实践评述：对我国早期教育的启示 [J]. 早期教育（教育科研），2020（2）：12-16.

下坚实的基础。

为了确保学生获得进入大学或者就业必需的知识和技能，美国于2010年首次颁布了中小学统一课程标准——共同核心标准，其特点之一就是重视基础知识的传授与学生的理解；并在之后颁布的一系列法案中都对基础教育阶段基础知识能力的培养做出了规定，如在《不让一个孩子掉队法》中强调“阅读第一”，并对数学和科学教学提出了要求;《每一个学生成功法》同样强调学生的数学和阅读水平，并对相关测试做出了规定。由此可见，美国基础教育改革重视基础知识能力的培养。

日本在基础知识目标与内容上做出了要求。在目标上，日本通过《彩虹计划》提出“以通俗易懂的教学，促进学生基础学力的提高”①，并将其作为基础教育战略目标，明确要求重视基础。在内容上，日本强调基础性，对“难繁偏”的知识进行调整，充分体现了对学生基础知识的重视。

英国基础教育课程改革在内容方面也强调了读写和计算两大基本技能的培养，为学生提供更多的联系这两大基本技能的实践机会，强调让学生在掌握这两大基本技能的基础上根据自身兴趣选择其他课程。

提高学生的能力和促进学生的发展日渐成为法国基础教育的首要目标。法国政府通过制定法案保障学生基础知识的学习。2005年4月颁布的《学校未来的导向与纲要法》强调“共同基础”，以确保每个学生都有基本的知识与能力；2008年9月的新一轮小学课程改革，着重强调要通过培养学生的基本能力，以促进学生的发展；2013年6月，法国在《重建共和国学校方向与规划法》中再次强调应提高所有学生的知识和能力。由此可见，法国注重在基础教育阶段塑造和培养学生的能力，促进自身发展。

2. 多语言能力

全球化的发展趋势使得外语成为现代人必须掌握的技能之一，培养学生的多语言能力成为世界各国基础教育改革的一大重点。为了适应国际发展趋势，世界各国更加重视外语教学，以提高外语教学水平和质量，培养出高质量的复合型外

① 马德益.俄美日新世纪基础教育发展目标构建及特征[J].外国中小学教育，2007(5):12-16.

语人才[①]，培养学生的多语言能力是适应国际趋势的必然选择。

在多元文化背景下，为了提高国际竞争力，美国将一度不受重视的外语课程设为基础教育阶段必修基础课。在基础教育阶段，通过系统的课程设计来保障学生多语言能力的培养，具体表现为为学生提供多种可供选择的外语语种，根据时代发展特征确定教学内容，制定明晰的教学目标，采用先进的教学手段以及科学的评价体系。除此之外，对外语教师质量要求严格，重视其专业培训与发展，鼓励外语教师积极提升自身的专业素养，强化自身的教育机制。

为了适应全球化的发展趋势，日本在2012年出台的《全球化人才培养战略》中，对培养全球化人才的目标和路径做了明确规定，并将语言和交流能力作为必备素质之一，强调基础教育阶段英语教育的重要地位；并于2013年由文部科学省颁布了《应对全球化的英语教育改革实施计划》，基础教育阶段英语教学在政策指引下有序开展。另外，为了有效提高学生的外语能力，日本也采取了一系列措施，包括强化实践性的英语教育、鼓励高中生出国留学、提高外语教师资质与能力。

“法国国民教育部部长瓦洛·贝勒卡西姆指出，在当今的全球化时代，掌握多门语言不仅是进入职场的要求，更是孕育国际视野的途径”[②]，法国特别重视基础教育阶段的外语教学，强调注重不同年龄段外语授课的渐进性和连贯性，并不断对其外语学习规划进行改革，促使法国基础教育阶段的外语教学“更提前、更强化”。

3. 跨学科学习能力

单一的视角很难客观地认识、理解、解释世界，因此，系统地了解多个学科知识、提高学生的跨学科学习能力，是解释瞬息万变的世界的重要方法。为了提高国际竞争力，西方发达国家在基础教育阶段普遍重视对学生跨学科学习能力的培养。

美国为培养具有“全球胜任力”的人才，在基础教育阶段积极培养学生的跨

① 周侠，谢利民. 美国中小学外语课程改革经验及其启示 [J]. 外国中小学教育，2011（1）：32-36.

② 纪俊男. 法国多语种教学“从娃娃抓起”[J]. 世界教育信息，2016，29（8）：76.

学科学习能力，“当学生整合来自两个或多个学科的知识、思想和方法来准确和灵活地理解世界、解释现象、解决问题时，他们会对学科的观点做加深或补充理解，拓宽思想方式的局限性”①，这种局限性的突破也能成为打开创新之门的钥匙，符合当前形势下人才培养的要求。美国的跨学科课程以多种形式进行，包括经济、政治、语言、环境等不同领域的结合，为学生提供多元文化学习资源。这种跨学科课程，能够使学生在加深对本国理解的基础上拓宽国际视野，培养全球意识。

为了培养学生的综合能力，日本自20世纪80年代初开始探索“综合学习”，2002年正式在中小学开设新课程“综合学习时间”，开设至今，收获颇丰。这门课程注重学科间的整合，学习内容多为综合性课题。在宽松教育终止和“扎实学力”兴起的背景下，综合学习逐渐受到重视，“新时期的综合学习不再视学科课程为对手，反而密切关注与学科课程间的互动和融通，力图成为各学科知识的复合体和试验田”②。“综合学习”课程的开设是日本重视学生跨学科学习能力培养的典型表现。

英国在21世纪初的基础教育课程改革中使课程设置充分体现交叉融合的灵活性，“一些综合性课程把以前互不相关的独立学科有机地整合起来，加深了学科之间的融合”③，更好地培养学生对于知识的理解与掌握能力，以及从多角度分析、解决问题的能力，符合现代社会对于人才培养的要求。

全球化和信息化的社会对人才培养提出越来越高的要求，法国为适应这一发展趋势，对基础教育进行深刻改革，除了重视学生的“个别化教学”以及“研究性学习”外，也加强了对跨学科学习的重视，提出具有全国性的跨学科主题，“学科的组合在同一年级或在同一专业内进行，尽量让人人都有机会参加”④，以此来培养学生的跨学科学习能力。

从20世纪90年代中期开始，德国就倡导在小学、初中实行跨学科的整合性开放教学，注重培养学生的跨学科学习能力。以德国巴符州为例，2004年，巴

① 计莹斐．美国基础教育全球胜任力培养研究[D]. 上海：华东师范大学，2019.

② 李昱辉．日本综合学习嬗变、特征与问题[J]. 比较教育研究，2019，41（1）：63-70.

③ 王妍.21世纪初英国基础教育课程改革现状[J]. 吉林省教育学院学报，2014，30（3）：130-131.

④ 孙启林，贾东立．法国的TPE课程概述[J]. 外国中小学教育，2005（2）：25-29.

符州在国家教育标准指导思想下制定了《巴符州教育计划》。该计划强调将学生培养从以知识为导向转变为以能力为导向，从单层次的知识理解转变为综合的能力训练，整合某些学科，实施跨学科教学。与此同时，德国巴符州也注重培养教师的跨学科教学能力。在实践工作中，学校还要求教师进行跨学科和跨年级的合作，进一步提升了教师的跨学科素养，以此成为培养学生跨学科能力的重要条件。

4. 科技创新能力

在信息化时代，科技创新能力是衡量一个国家综合国力的标准之一，也是具有国际竞争力的人才必备的能力。拥有较高的科技创新意识与能力才能紧跟时代发展的步伐，因此，世界各国都致力于培养学生的科技创新能力。

为了保证世界领先水平的科技创新力，美国首先提出了 STEM 教育（STEM 教育是美国培养大批科技创新人才，提高劳动力整体素质的重要途径[①]），并一路引领着世界 STEM 教育的发展。美国 STEM 教育的发展历程可以概括为 STS、STEM、STEAM 三个阶段，且目前还处于不断探索与研究中，将对学生科技创新能力的培养提升到国家战略高度。国家重视科技创新能力的培养，因此政府持续颁布的政策成为 STEM 教育迅速发展的重要保障；同时，美国政府鼓励社会各界人士积极体验 STEM 教育，建构协同发展机制，推动 STEM 教育的发展；另外，专门设置 STEM 学校，不断完善 STEM 教师体系，并通过多元综合的学习方式推动 STEM 教育的发展。

随着科学技术的快速发展与进步，日本政府敏锐觉察到信息技术对教育的巨大作用，20 世纪 80 年代就已经起步推进基础教育信息化，90 年代加速发展，21 世纪已经进入腾飞阶段，现已处于世界一流水平。日本 2016 年制定的《教育信息化加速化计划》提出利用 ICT（Information and Communication Technology）政策，推动教育信息化的发展。该计划还特别提出通过官民联合组织建立"智慧学校"，顺应信息化时代发展潮流，培养具有适应社会发展的信息应用能力的下一代国民，鼓励基础教育阶段实施编程教育，积极利用 ICT 建立系统的教育体制。日本

① 李小红，李玉娇．美国推进 STEM 教育的策略 [J]. 比较教育研究，2019，41（12）：87-93.

以中央教育审议会提出的“资质与能力的三大支柱”为准则，进一步对基础教育阶段信息应用能力教育进行改革，要求对编程思考与操作能力的培养从小学阶段开始，从而充实编程教育。正基于此，2016年被认为是日本的“编程教育”元年，“意味着日本已将信息应用能力纳入生存能力的培养范围，正在逐步加快贯彻落实信息技术教育的均一化和低龄化，以实现整个社会信息教育的终身化体制”①。

英国注重英才教育，专门培养研究型及创新型人才，注重通过教育信息化培养学生的科技创新能力。STEM教育作为培养科技人才的重要手段，同样受到英国的重视，并被提升至国家战略层面，以确保英国科技创新领域的世界领先地位。英国建立STEM学习中心来提高青少年学生在STEM领域的参与度，从各方面提升学生STEM素养，为他们在领域内取得成就创设条件；为吸引社会力量加入，还推出了“STEM大使”项目，吸引来自社会各类组织中的志愿者参与。同时，英国STEM教育也充分体现了本国的教育特色，英国的学校和教师对课程和课堂有极大的自主性，使得各种各样的STEM教育得以开展，大幅提升学生合作能力、问题解决能力、实践创新能力等等。

法国在2015年颁布的《知识、能力和文化共同基础》文件中从五大领域来界定义务教育目标。其中第四大领域“自然和技术的相关体系”指与科学技术相关的核心素养，包括科学方法的运用，以及想象、设计、创造和制造技术产品和系统等创新与实践。

在接受PISA考试后，德国开始反思本国的教育政策，并在课程改革中加强了数学—自然科学—技术课程的学习。例如，2009年发布的《关于加强数学—自然科学—技术教育的建议》对小学常识课程和中学自然科学技术课程的教学内容提出了明确要求。同时，它也加强了信息技术课程和信息技术应用。一方面，信息技术被列为基础教育课程的重要内容；另一方面，加强信息技术在教学中的应用，以培养学生利用数字媒体和资源的能力，从而培养学生的技术创新能力。

① 张玮，李哲，奥林泰一郎，等．日本教育信息化政策分析及其对中国的启示[J].现代教育技术，2017，27(3)：5-12.

（三）以数据支撑的多元评估测试为驱动力

1. 反思过往评估测试之不足

基础教育的评估方式与教育质量息息相关，对过往评估测试进行反思与改革，是提高基础教育质量的有效方法之一。

美国大学理事会对 SAT 考试进行反思，认为当前 SAT 考试存在着一系列问题，如“词汇晦涩，内容与课本严重脱节，作文也无法反映学生的真实水平”[①]，于是对有98年历史的 SAT 考试进行改革，从词汇难度、阅读材料、数学及论文写作四个方面做出了改变，使考试内容更加注重学生实际操作能力、解决问题能力。

日本在21世纪初为了改变大学升学考试竞争激烈导致大学招生出难题、偏题、怪题的现象，减轻学生过重的学习压力，从培养学生“生存能力”的理念出发，实施了以“宽松教育”为指导的基础教育改革。然而，改革实施后，学生基础学习能力普遍下降，不仅中小学生对基础知识的掌握水平明显下滑，而且基础知识薄弱造成大学生自主学习热情低，不能适应正常的大学学习生活，从而产生了厌学和消极情绪，学业能力和学习质量普遍下降。日本近20年历史的“宽松教育”并没有让学生真正轻松，反而酿成公立瘦弱、私营肥满、家庭教育支出负担剧增、国民学习水平普遍下滑等不良后果。[②] 于是日本决定自2020年起在小中高学校陆续实施修订后的《学习指导要领》，该要领被认为标志“宽松教育”的终止。这次修订不仅没有改变以“生存能力”为教育理念的目标，而且力争在对学生技能知识的把握，以及判断力、表现力等方面培养上达到均衡，把“扎实的学习，扎实的学力”作为今后寻求高质量教育的主要指导方针，在大量增加学校课程学时和教育内容的基础上，力求达到知识和思考两者的平衡。

英国新一轮的国家课程改革方案于2013年由教育部颁布，对基础教育阶段学生的评价方式进行改革是其中的一项重要内容。此前，英国的学生评价模式是等级评价模式，由英国学者实施的调查显示其存在两方面弊端，即评价结果具有

---

① 杨光富 . 美国大学入学考试 SAT 改革述评 [J]. 全球教育展望，2015，44(1)：83-91.

② 王丽燕，王建萍 . 基于“宽松教育”的日本基础教育改革及其思考 [J]. 教育评论，2019(1)：36-40.

抽象性和模糊性，评价模式的过度实施导致学习异化。针对等级评价模式所出现的问题，“教育部将取消抽象的等级评价标准，代之以具体的课程学习内容”[①]，这就意味着对学生学习情况的评判代替了对学生学业的等级划分，从而使教师能够更加清楚地了解学生的知识学习情况，有针对性地实施教育。为了推动新的评价模式的推广与实施，教育部设立基金，鼓励专家团体设计具体的评价方案；而对于“已经形成良好评价系统的学校，教育部指出只要这些学校能够证明所实施的模式适应新课程实施的需要，它们就可以继续使用这些评价模式”[②]。

进入21世纪后，法国在PISA、TIMSS和PIRLS等国际教育测评中的欠佳表现，为其基础教育发展水平敲响了警钟。2003年，法国在全国范围开展了大讨论。经过两年多的不懈努力，2006年法国政府出台了《共同基础法》，明确规定了小学生、初中生毕业时必须具有的基础知识及核心能力。近年来，为了更有效地提升基础教育质量，法国不断完善基础教育质量评估体系，加强对学生学业表现的评估与追踪，并将测评作为推动教育改革的工具。

自21世纪以来，德国参加了一系列大规模的国际学生学习成绩评估，结果表明，德国学生的学业成绩与OECD（经济合作与发展组织）其他国家相比仍存在一定差距，尤其是家庭背景一般的学生、移民与难民学生等。2001年12月，PISA 2000结果揭晓，在OECD国家中，德国学生的阅读、数学、科学成绩的排名分别为21名、20名、20名，均处于中下游，且所有测试项目的成绩均在OECD国家平均值以下；当年的PISA研究报告显示，德国15岁学生中有1/4无法正确书写和阅读，并且在数学和自然科学领域远远落后于其他国家。这场“PISA震惊”（PISA-Shock）对德国的基础教育体系产生了巨大影响，促使德国上下从政府到教育部门对本国的教育体系进行反思，随后开始实施一系列教育改革措施，彻底改变了德国的学校体系及教育制度。一是制定全国统一的教育标准和教师教育标准，建立“能力导向”的质量标准体系。二是对基础教育课程进行改革，使其与国家教育标准规定的能力相匹配。例如，德国各州文教部长联席会议以全国统一的教育标准为参照，从2004年9月开始陆续对国家新的课程大纲进行修改，并制定了德语、数学、第一外语等核心课程的新标准。同时，各州开始对

① 张晓露.英国教育部改革基础教育阶段学生评价模式[J].课程.教材.教法，2014，34(5)：77.

② 张晓露.英国教育部改革基础教育阶段学生评价模式[J].课程.教材.教法，2014，34(5)：77.

本州的课程大纲进行修订，使之与国家教育标准规定的能力要求相匹配，建立基于“能力导向”的基础教育课程体系，保证所有学生在教育内容上达到共同的标准。三是加强基础教育质量监测与评估，由输入导向的教育管理转向输出导向的教育监控。长期以来，德国基础教育采取的是“输入控制”的质量管理方式，即在学生分流、分类培养的“入口”进行筛选和质量控制。而 PISA 等国际学业测试评价结果使德国教育界意识到这种传统的质量控制方式无法提高学生整体的学业成绩，必须转变教育质量管理模式，由输入导向（内容）的教育管理转向输出导向（结果）的教育监控，加强对学生学业成绩的监测和评估，实现基础教育质量保障模式的“范式转型”。

2. 与国际学生测评项目对接

PISA 测试是由 OECD 发起的国际测评项目，其通过实施大规模的国际测评，用以了解世界各国基础教育发展状况，其数据为各国教育改革与政策决断提供支撑。

作为 OECD 的成员，美国积极参与 PISA 测试，PISA 对美国基础教育阶段教育质量的评估具有重要意义。PISA 主要从阅读、数学和科学三个方面评估学生的能力，突破了美国原有评估体系的维度，以更多元的视角看待基础教育的发展状况，更好地推动美国基础教育的改革。

日本利用 PISA 测试考查学生在阅读、数学和科学等科目方面的学力及成绩，并由此评价其在基础教育领域的学力水平。在监测学生学业成绩的同时，日本基础教育质量监测也收集学生个体、教师、学校、教育行政和家庭等的多方面信息，以探索影响学生成绩的各种原因。“多元化的教育质量监测结果为日本制定和调整基础教育改革与发展的战略提供了及时、有效和可靠的信息。”[①] 日本通过与国际学生测评项目对接，实现基础教育的全面质量管理。

英国一直非常重视 PISA 测试中所呈现出的学生数据，历次 PISA 测试结果排名上呈现整体下滑的趋势对英国传统教育的冲击力度极大。此外，英国还有近五分之一的 15 岁学生阅读能力低于 OECD 认定的接受进一步教育或就业应达到

① 吴遵民，赖秀龙．日本基础教育的质量保障机制及启示 [J]. 外国中小学教育，2009（3）：1-6.

的最低要求。因此，英国进行教育上的政策调整和积极改革，开始向最优者学习。2014年英国教育部与上海学校建立交流项目，在项目的第一阶段便选派优秀数学教师到上海学习观察与交流，两年后该项目又投入大量资金来培训数千名小学教师掌握“上海市”数学教学方法。专家认为这种效仿可能推动了在PISA2018测试中英国数学国际排名的大幅度上升。

PISA测试的结果同样推动着德国基础教育的改革。为了提升德国学生在国际比较测试中的表现以及缩小与其他国家之间教育质量发展的差距，德国联邦政府实施了一系列有针对性的教育改革，以提高基础教育的质量。在PISA测试的推动下，德国制定了全国统一的教育标准和教师教育标准，要求教育过程中不仅要重视知识的传授，更要注重学生的发展；同时对基础教育阶段的课程大纲进行修订，以“能力导向”为基础，构建与国家教育标准规定的能力要求相匹配的课程体系；加强了对基础教育的监测，在2006年通过了《教育监测总体战略》，在全国范围内实施系统科学的教育监测与评估。[①]基于PISA测试的德国基础教育改革对于提升基础教育的质量有显著的效果。

为了与国际测评项目相对接，法国不断提高教育质量，形成了较为完善的基础教育质量测评体系，主要包括教育系统监测、学生学业诊断和学校发展评估。其中，教育系统监测包括国家测评、国际组织测评，学生学业诊断包括教师自主选择的测试、国家统一规定的测试，学校发展评估主要是以学校为主体的增值性评估。这些测评主要围绕提高学生的基础能力与核心素养开展。如在国家测评中，评估的对象主要是5年级、9年级的学生，测评的内容主要以国家课程标准和《共同基础法》为依据，包括口语和写作、外语、社会态度、社会学习、科学、数学六大领域。[②]

3. 建立数据库追踪发展状况

在基础教育阶段，建立数据库追踪学生的发展特点与状况，对于制定教育决策、进行教育改革都有重要意义。

---

① 李志涛.PISA测试推动下的德国教育政策改革：措施、经验、借鉴[J].外国中小学教育，2017（6）：1-8.

② 杨涛，辛涛，董奇.法国基础教育质量测评体系探析[J].比较教育研究，2013，35（4）：60-65.

英国为了追踪学生的发展状况，制定“有效学前中小学教育项目”，该项目经历了从1997年到2014年的时间跨度，其研究成果对英国基础教育改革产生了巨大影响，并逐步确立起高质量早期教育的重要地位。“该项目发现儿童是否接受早期教育、接受早期教育的时间与质量均对其后期的学习如中考、高考甚至工作产生了深远影响，同时良好的早期家庭教育环境能够对儿童产生全面而持久的成绩促进作用。”①

德国定期发布《国家教育报告》。第一份《国家教育报告》于2006年发布，此后每两年发布一次。该报告基于数据，并使用实证分析方法对德国教育各个方面的发展进行持续跟踪、分析和反馈。自报告发布以来，它对德国教育政策的制定和教育研究产生了重要影响，并成为德国教育质量监控总体战略的一部分。

三、何以攻玉：通往中国教育高质量之路的有效借鉴

综观整个国际社会，教育质量与公平是人们普遍关心的话题。而大多数发达国家也都经历了一个从关注教育公平到关注教育质量的过程。我们如何立足中国本土需要，有效地借鉴外国的成功经验就成为一个值得思考的问题。

(一) 确立基于教育均衡、公平的教育优质发展理念

回顾我国教育的发展历程可以发现，在九年义务教育取得一些成绩以后，我们又提出了“优质均衡发展”的教育理念与目标，该理念的提出既是对国际经验的借鉴，也是立足于中国教育本土情况的实际需要。优质均衡不只是中国教育发展方式的转变，更是我国教育价值取向的调整。

1. 注重整体性与协调性

中国教育的发展不能局限于一些学校、一个地区、一段时期、一个环节和一

① 谢春风．英国“有效学前中小学教育项目”的特点与启示[J]．学前教育研究，2016（7）：22-30.

类学校，而应该始终坚持一种大视野的教育发展观，从整体的角度出发去谋篇布局。目前，无论在理论还是在实践层面，不少学者都倾向于从教育发展方式转变的角度，理解教育优质均衡发展的意义。其中最为常见的说法是：优质均衡意味着教育从外延发展转向内涵发展。毋庸置疑，优质均衡是中国教育发展方式的一次重大转变。但如若我们的理解停留于此，并在此理解下，将更多的精力放在教育发展的方法、途径、手段、机制等问题上，就可能在具体实践中淡忘或偏离中国教育优质均衡发展的目标。因此，在通往中国教育高质量之路的过程中应更加注重整体性与协调性。

（1）注重地域的整体性与协调性

如前文所说，整体性即不能局限于一些学校或某个地区，正所谓“一花独放不是春，万紫千红春满园”。中国高质量教育的实现，应首先着眼于地域的整体性，即努力实现优质教育资源由各地共享，在可行范围之内实现“全覆盖”，让所有人都能有机会接受高质量教育，特别要关注那些过去因为经济发展较慢而被抛在后面的落后地区。发达地区已经更多地在考虑“好不好”的问题，而一些落后偏远地域可能还在为“有没有”的问题发愁。当然，这里的“有没有”不仅仅局限于教育的硬件资源，也包括教师素质、校园环境等隐性资源。

（2）注重城乡区域间的整体性与协调性

尽管近些年国家政策对乡村教育已经投入大量的人力、物力、财力，从整体上看乡村教育质量得到了改善，乡村教师的待遇、幸福感也确实得到了显著的提高，但不可忽视的问题也有所显现，即仍然有许多的乡村学龄儿童流向城市。每一个父母都想让自己的孩子接受更好的教育，这无可厚非，但从某种程度上说，城乡教育间的失衡与不协调性并没有得到根本性的改变。因此，在通往中国教育高质量的路上，我们仍然应该把城乡间的整体性与协调性视作一个重要因素。

（3）注重学段的整体性与协调性

不同学段有不同特点，这是教育界的一个共识。如学前教育阶段，应更多关注孩子的抚育与健康成长；小学阶段不仅需要关注学生的健康成长，也需要对其进行三观的塑造和学习习惯的养成。借鉴发达国家不同学段的优质教育经验，我们不难发现每一个学段的相应教育都分别对应该学段的特点，且注重不同学段间的衔接问题。总而言之，应坚持整体性与协调性的视角，既能把握住不同学段教育中的特点、重点、难点，也能构建出一个相互协调、嵌套的整体性教育系统。

如英国就通过借助政策工具制定一系列方案和标准，既充分考虑到不同学段儿童特点，又在前一学段的基础上进行拓展与延伸。

从我国目前教育经费使用的宏观角度出发，不同学段的教育经费投入还是有所差别的。如目前的幼儿园大多数仍然由各个家庭自行承担费用，这就从某种程度上造成学前儿童因家境的不同而无法获得相对均衡的教育资源。高等教育阶段的经费与人才投入显著多于义务教育阶段。当然，经济资源的投入并不是决定性的，不同学段由于各自的特点不同，教育经费拨款也一定是不同的，但从整体可持续的角度出发，我们应该将其作为一个考虑因素。

从我国受教育者的长期发展来看，优质均衡的义务教育不能局限于一时发展，不能一直困在“玩命的中学，愉快的大学”的泥泞当中。要注重各个学段的整体性、持续性。如我国的高中学生，总是在“学完不用再学”的期待下坚持学习；教师队伍中也有因内在成就匮乏的应付性工作而具有职业倦怠感的现象；各个学校因标准化的竞争而变得种群单一，“高考工厂”模式盛行而导致其发展的后劲与能量不足。这些都是未能注重学段的整体性与协调性的表现。

（4）注重不同类型院校的整体性与协调性

中国的学校教育体系涵盖许多不同类型院校，可以从纵、横两个维度去认识，即横向的类别结构和纵向的层次结构。不同类别的学校共同构成了中国的教育结构，迈向中国教育高质量之路的过程中，我们同样要注重不同类型院校的整体性与协调性。而目前较为突出的问题就是高等教育类院校与职业技术院校间的不平衡发展，中国家长仍然没有摆脱对职业教育的刻板印象，一心希望把自己的孩子送进大学的校门，各地职业技术院校的师资水平与办学条件也与大学有一定的差距。总体而言，职业技术院校也确实客观存在社会总体认可度不高、教育质量不高、学校发展定位不明确等问题。针对职业教育发展，各国也都有自己的特色与经验，如：美国通过建立完善的职业教育法律制度体系来保障职业教育的良性发展；澳大利亚则通过发挥行业组织的中介组织作用联系了政府、学校、企业之间的关系，为职业教育与培训的发展起到了引领方向作用；德国则通过创立完善的职业教育运行机制而一直走在世界职业教育的前列，德国青年不仅能在职业技术院校学到一技之长，而且可以继续学习高中的相关课程。① 正如前文所说，

① 蒋春洋.制度分析视角下我国高等职业教育发展研究[D].长春：东北师范大学，2013.

教育的发展不能局限于一些学校或一类学校。各类学校作为我国教育的重要组成部分都应该得到同等的重视与发展机会。

（5）注重不同责任主体的整体性与协调性

教育关系到千家万户的切身利益，也关系到一个民族和国家的前途命运，是一项需要多方参与的系统工程。从国际经验来看，各个发达国家的优质教育都离不开多方责任主体的参与，尤其是社区在构建良好的教育环境方面起到不可忽视的作用。随着改革开放之后教育的稳步发展，我国开始重视学校、家庭、社会在育人环节上的协同合作。1987年中共中央《关于改进和加强高等学校思想政治工作的决定》中明确指出：各高等学校要加强与社会各界和学生家长的联系，听取意见，得到他们的配合与帮助，共同为培养新一代德才兼备的知识分子而努力。《中国教育现代化2035》指出，“学校教育与社会教育、家庭教育密切配合、良性互动”是建成现代教育体系的重要目标。《中共中央关于制定国民经济和社会发展第十四个五年规划和二〇三五年远景目标的建议》明确要求“健全学校家庭社会协同育人机制”。因此，要从制度层面入手，建成畅通有序的社会参与教育治理渠道和网络，形成全社会共同参与建设、共同参与治理、共同分享成果的教育发展新格局，构建教育发展的良好生态和育人环境。

通往中国教育高质量之路的过程中，全社会必须形成教育合力，首先，要强调家庭的教育责任。家庭是社会的基本细胞，是人生的第一所学校。习近平总书记强调，家长是孩子的第一任老师，要给孩子讲好“人生第一课”，帮助扣好人生第一粒扣子。家庭教育涉及很多方面，最重要的是品德教育，是如何做人的教育。种子如果没有播撒好，无论未来怎样耕耘心灵的田地，都难以长成参天大树。其次，社会各方面都要关注教育，营造良好的育人环境，担负起青少年成长成才的责任。社会是大课堂，生活是教科书。要加强社会教育，通过报刊、电视、广播、新媒体、剧院、街道板报等多种渠道，形成家庭、学校、政府、社会通力协作的良好育人氛围。各类社会公共文化教育服务机构，同学校教育和家庭教育一样，都承担着立德树人的重要使命。民间社会财富不断增长，可利用的社会资源很多，要注重吸收利用民间社会资源发展教育。要健全社会教育资源有效开发配置的政策体系，加大图书馆、博物馆、科技馆、纪念馆、运动场、少年宫、儿童活动中心等公益设施的建设力度。各相关单位特别是宣传、文化、科技、体育机构要积极为学生了解社会、参与实践、锻炼提高提供条件。

2. 把握改革措施之特色

教育要发展，关键靠改革。改革开放40余年的历史证明，每一次重大改革都给党和国家发展注入新的活力。教育既是改革开放的先行者，又是改革开放的受益者，更是改革开放的助力者。教育战线以改革点燃时代创新发展引擎。“苟利于民，不必法古；苟周于事，不必循旧。”而在改革的过程中，我们既要立足整体，具有宏观视野，也要从实际出发，把握中国高质量教育改革之特色。

（1）超越没有生机的两极：采用渐进主义式改革的思路与方法

首先，我们应该认识到，某种程度上，激进主义和保守主义两种改革倾向是造成当代中国教育改革过程中出现多方改革利益主体孤立与失衡“问题”的主要根源。在中国，若想要教育改革取得成功，就要采用渐进主义式的改革思路与方法。[①] 渐进主义认为：教育如同生物一样是一个有机整体，是不断进化和演变的；为了处理与外部因素的关系和求得自身发展，教育必须使内部各有机部分及其功能发生不断的变化和调节，教育改革的过程是渐变的，不是突变的；教育改革包括教育竞争，允许不同教育制度、模式、方法之间的竞争，在多方主体的互动与制衡中实现中国教育结构与功能的完善。中国的改革一直都具有“摸着石头过河”的特点，既强调充分利用自发性的活力与大胆精神，也强调“具体情况具体分析”的灵活应变。

其次，中国教育改革的复杂性决定了采用渐进主义式改革的思路与方法的必要性。中国教育改革与整体改革是一致的，同样来到了深水区，剩下的都是难啃的“硬骨头”。教育本身也是一个复杂系统，具有非线性、不可还原性、自组织性的特点，教育为人而设、由人而为，正是教育的这种“为人性”“人为性”更加强化了教育改革的复杂性与多样性。因此，我们既要防止教育改革操之过急，驶入“一步到位，根本解决”的快车道，也要防止其过于保守，待在原地停滞不前。而是立足中国本土，把握中国教育改革之特色，发挥“中庸”的智慧，“顺木之天，以致其性”，采用渐进主义式改革的思路与方法。

（2）从厘清问题出发，深化教育领域综合改革

问题是时代的声音。教育改革必须从问题出发，坚持问题导向与目标导向相

---

① 林丹. 在互动中制衡——当代中国基础教育渐进主义改革研究 [D]. 长春：东北师范大学，2008.

统一。我国的教育总体上符合国情，适应经济社会发展的需要。但也要看到，教育改革点多面广线长，需要做的事情很多。目前我国教育存在一些突出问题和短板：学前教育、基础教育不同程度地存在着超前教育、过度教育现象，职业教育、高等教育质量有待提高，继续教育比较薄弱，公平和质量问题仍然是广大群众关注的教育热点；教育评价还不同程度地存在着唯分数、唯升学、唯文凭、唯论文、唯帽子的顽瘴痼疾；教育事业发展还存在各种体制机制上的障碍，管理体制、办学体制改革有待进一步深入，教育事业发展生机活力有待进一步激发，教育服务经济社会发展能力有待进一步提升。只有通过改革创新，才能使教育发展更加符合时代发展的趋势，更加符合中国特色社会主义事业对人才的要求，更加符合教育发展规律和人才培养规律，更加符合广大人民群众对更好教育的热切期望。哪里是痛点、难点，哪里就是教育改革的重点。①

教育改革只有进行时，没有完成时。自1977年恢复高考制度以来，我国用改革的办法解决了教育事业发展中的一系列问题，当然，旧的问题解决了，新的问题又不断产生。改革是一场深刻的革命，改的是体制机制，动的是利益藩篱。在这个过程中，我们既要厘清问题，从问题出发，对症下药，又要注重教育改革的系统性、整体性、协同性，针对教育体系内的不同领域深化改革。

3. 保证优质教育的供给

习近平总书记在党的十九大报告中指出，中国特色社会主义进入新时代，我国社会主要矛盾已经转化为人民日益增长的美好生活需要和不平衡不充分的发展之间的矛盾。而在中国教育高质量发展的路上也同样存在这个问题，不可否认，中国教育已经取得世界瞩目的成就，中国上海屡次在国际PISA测试中拔得头筹，但中国上海的教育水平是否能代表中国教育的普遍水平呢？总体而言，我国对优质教育的需求与供给之间依然存在矛盾，我国的教育非均衡发展问题也广泛地存在于城乡、区域和学校之间。而要想使优质均衡的教育资源惠及更多人民，就要从师资、政策、技术三个方面保证优质教育的有效供给。

（1）保证优质教师队伍的人才供给

国以才兴，政以才治，业以才兴。中国教育的高质量发展关键在教师。习

① 本书编写组. 习近平总书记教育重要论述讲义 [M]. 北京：高等教育出版社，2020.

近平总书记在2013年教师节致全国广大教师的慰问信中指出，教师是立教之本、兴教之源，承担着让每个孩子健康成长、办好人民满意教育的重任。这一论断强调了教师对于教育的关键性作用。教师是推动教育高质量发展的根本条件。我国教育事业的长足发展、创新人才的不断涌现，同广大教师爱岗敬业、无私奉献是分不开的。在一定意义上，教师的质量就是教育的质量，有一流的教师才有一流的教育，有一流的教育才有一流的人才。好学校、好教育的重要标准，是有好老师。一所学校、一个地区乃至一个国家，如果老师有爱心、有学识、有高超的教育艺术，学生就会心向往之。促进教育内涵发展，迈向高质量教育之路，实现教育现代化，关键在教师。加强高素质教师队伍建设是解决好教育发展不平衡不充分问题的重要抓手，是办好人民满意教育的根本途径。因此，要充分保障教师队伍高质量发展的人才供给，不仅不能削弱师范教育，而且要更加重视教师队伍的建设与发展，提高教师的收入待遇与社会地位，吸引更多的优质人才加入教师队伍。

（2）保证优质教育的政策供给

有效的政策供给是任何一个领域的改革都不可或缺的关键因素，教育也不例外。有效推进教育公平，走中国教育高质量之路需要充实和完善政策工具箱，改变政府过去主要使用行政性工具的做法，纳入经济性工具和社会性工具，同时选择恰当的政策工具或政策工具组合，精准解决教育公平的重点和难点问题。① 保证优质教育的政策供给并不仅仅是政府运用行政命令式的文件与指令去要求地方执行，而是综合运用各类政策工具的集合，包括行政性工具、经济性工具、社会性工具。优质教育的政策供给并非一经选定就固定不变，它必须不断调整以适应社会变迁和教育发展的需要。以行政性工具为例，行政性工具在体现国家意志方面有突出的优势，但也表现出刚性有余而柔性不足的问题。在建设责任政府、法治政府和服务政府的背景下，需要把非强制性的政策工具如“行政指导”“宣传引导”“能力建设”等纳入其中，也需要引入市场主导的经济性工具，即市场化工具，主要包括“民营化”“用者付费”“合同外包”“凭单制”等。例如，举办民办学校属于“民营化”，收取非义务教育学费属于“用者付费”，政府付费购买义务教育

---

① 褚宏启．新时代需要什么样的教育公平：研究问题域与政策工具箱[J]．教育研究，2020，41（2）：4-16.

学位属于“合同外包”。这些政策工具能够提供更多的教育服务，并且能减轻政府财政压力。

（3）保证优质教育配套设施的技术供给

无论是教育公平问题还是教育高质量发展，我们最终都绕不开的一个根本性问题就是教育资源的分配问题。资源是有限的，而人类的欲望是无限的，这就涉及有限资源如何分配、由谁分配的问题。从人类教育的历史考察，生产力的进步与技术的变革为教育的普及化、大众化、现代化提供了必要条件。同样，中国教育优质发展的道路上我们同样不能忽略相关配套设施的技术供给，当然，这里的配套设施不仅仅包括教育的硬件资源，更包括优质教育资源的软件技术供给。在新冠疫情的冲击下，线上教育得到了全球教育界的空前重视，大家纷纷把教育信息化视作解决教育优质均衡问题的一剂良药。但是，我们需要清醒地意识到，在疫情期间，并不是所有的学校和家庭都满足线上教育的技术要求，一些边远山区没有网络，一些家庭有两个孩子需要线上学习却只有一部手机，一些家长因为缺乏信息技能而无法让孩子线上学习的事实都客观存在。这些都是我们需要考虑的问题，技术当然不能主宰与决定教育，但无论是教育公平还是教育高质量发展都离不开技术的参与，这是客观事实也是必经之路。保障优质教育配套设施的技术供给首先要保证知识的创造与传递，即保障优质教育的内容生产；其次是保障传递教育资源的技术，即保障优质的教育资源能够到达每一个需要它的人面前；最后是课堂里教育者的技术，即教师如何综合使用这些资源形成自己的教学风格与教育艺术。

综上所述，中国教育的高质量发展不能局限于一些学校、一个地区、一段时期、一个环节和教育一域。中国教育的高质量发展，不是政策修辞，不是一般性的行政工作，也不是政府对于人民的恩惠，而是中国教育发展到一定阶段的必然要求，它始终应是一种大视野的教育发展观。我们应该制订聚焦以某方面提质为重点的综合改革计划。

（二）制订以某方面提质为着重点的综合改革计划

1. 教师队伍质量提升

教师是教育工作的中坚力量，有高质量的教师，才会有高质量的教育。高质量教育体系是高素质教师队伍和人才体系支撑的教育体系。教师是立教之本、兴教之源。教育质量归根结底取决于教师素质。全社会尊崇教师，建设一流师资队伍，每一个讲台上都有优秀教师和合格教师，是高质量教育体系的显著特征。“十四五”规划纲要提出“提升人力资本水平”。建设高质量教育体系，要加大教育自身的人力资本投入，牢牢抓住教师队伍建设这一基础性工作，把师德师风建设摆在首要位置。[①] 但提高教师质量的最有效最根本的办法是让优秀的人才从事教师职业，提高教师职业的吸引力。全社会应当更加尊师重教，尊重教师职业的专业性，同时也应给教师更大的专业空间，让教师能够更专心地投入教学工作，让教师更有幸福感，而非在其他事务上耗费时间。[②] 应从以下几方面进行考虑。

第一，国家要加大对师范院校支持力度。实施教师教育振兴行动计划，建立以师范院校为主体、高水平非师范院校参与的中国特色师范教育体系，推进地方政府、高等学校、中小学“三位一体”协同育人。研究制定师范院校建设标准和师范类专业办学标准，重点建设一批师范教育基地，整体提升师范院校和师范专业办学水平。大力支持高水平综合大学开展教师教育，推动一批有基础的高水平综合大学成立教师教育学院，设立师范专业，积极参与基础教育、职业教育教师培养培训工作。

第二，推进教师培养供给侧结构性改革，为义务教育学校侧重培养素质全面、业务见长的本科层次教师，为高中阶段教育学校侧重培养专业突出、底蕴深厚的研究生层次教师。大力推动研究生层次教师培养，增加教育硕士招生计划，向中西部地区和农村地区倾斜。依托现有资源，结合各地实际，逐步推进地方尤其是县级教师发展机构改革和专业培训者队伍建设，实现培训、教研、电教、科研部门有机整合。继续实施教师国培计划，鼓励教师海外研修访学。

第三，国家要创新编制管理，加大教职工编制统筹配置和跨区域调整力度，省级统筹、市域调剂，以县为主，动态调配。编制向乡村小规模学校倾斜，按照班师比与生师比相结合的方式核定。加强和规范中小学教职工编制管理，严禁挤占、挪用、截留编制和有编不补。实行教师编制配备和购买工勤服务相结合，满

① 管培俊．建设高质量教育体系是教育强国的奠基工程 [J]. 教育研究，2021，42（3）：12-15.

② 倪闽景．努力实现更加公平更高质量的教育 [J]. 人民教育，2021（6）：1.

足教育快速发展需求。实行义务教育教师“县管校聘”。深入推进县域内义务教育学校教师、校长交流轮岗，实行教师聘期制、校长任期制管理，推动城镇优秀教师、校长向乡村学校、薄弱学校流动。实行学区（乡镇）内走教制度，地方政府可根据实际给予相应补贴。深化中小学教师职称和考核评价制度改革。

第四，完善中小学教师待遇保障机制，大力提升乡村教师待遇。深入实施乡村教师支持计划，关心乡村教师生活。认真落实艰苦边远地区津贴等政策，全面落实集中连片特困地区乡村教师生活补助政策，依据学校艰苦边远程度实行差别化补助，鼓励有条件的地方提高补助标准，努力惠及更多乡村教师。加大教师表彰力度。大力宣传教师中的“时代楷模”和“最美教师”。各省、自治区、直辖市党委常委会每年至少研究一次教师队伍建设工作。建立教师工作联席会议制度，解决教师队伍建设重大问题。相关部门要制定切实提高教师待遇的具体措施。研究修订教师法。统筹现有资源，壮大全国教师工作力量，培育一批专业机构，专门研究教师队伍建设重大问题，为重大决策提供支撑。①

2. 课程教学质量提升

教育最根本的目的是育人，而育人水平取决于教学质量，提高学校办学质量的根本途径是提高课堂教学质量。现代化教育治理体系下，高质量的课堂教学是以学生为中心，体现学生的个体生命价值。课堂是教学的载体之一，首先，要对课程的政治性、思想性、科学性、先进性和规范性进行严格把关，严格做到“教学质量不降低，教学监控不放松”；其次，要采用课程复合、集体备课、资源共享和帮扶结对等方式，优势互补，切实提升教学质量；最后，要实施全校员工、全过程、全方位育人，打造“三全育人”的新格局。②

高质量发展必须向每一所学校寻求质量，变革教学模式，面向未来教育，培养创新人才，构建智能化、个性化、交互性、开放性的立体的智慧课堂。③立体

① 新华社.中共中央 国务院关于全面深化新时代教师队伍建设改革的意见[EB/OL].（2018-01-31）[2020-07-02].https：//www.gov.cn/zhengce/2018-01/31/content_5262659.htm.

② 王海文，李杰，林峰，等.提升课程在线教学质量的方案研究[J].数字印刷，2020（3）：119-124.

③ 王澍.抓两头带中间：中国教育高质量发展的动力机制[J].东北师大学报（哲学社会科学版），2020（6）：105-112.

智慧课堂将教师讲授、网络运用、实践活动融为一体，在现行的课堂教学中，对立体课堂教学已有相应的探究和实践：教学的目标应是立体的，要求知识与能力、过程与方法、情感态度和价值观三维目标纵横交错；知识的呈现应是立体的；教师指导学生的过程应是立体的；师生的情感应是立体的。课堂讲授是主体，实践教学是理论学习的延伸，随着互联网技术的不断发展，网络空间是拓宽理论课教学时空维度的重要平台。特别是在抗击新冠疫情的特殊时期，依托网络空间的在线教育更是彰显了重要的价值。在基础教育阶段，信息化支撑的立体课堂就是建设教师、学生和家长交互的云平台。如：将信息技术引入课堂，运用微课程资源、课堂教学录像等，为学生呈现更直观、更有趣味的课堂；依据教学内容，运用信息技术为学生创设情境，给人更真切的体验和感受。

课堂教育质量评价制度也是基础教育发展过程中的重要构成，也是基础教育阶段学校教育教学管理的根本和基础。构建一个合理的课堂教学质量评价制度是发展高质量教育的关键一步。课堂教育质量评价制度的构建要围绕多方面的因素和诉求展开，在其构建过程当中应充分考虑新时代社会和家长对教学质量的切实需求，更应满足我国基础教育领域当中教育教学的基本需求，体现教育高质量发展的时代性，课堂应该实行全面的、多方位、多主体的教学质量评价。将教学质量评价贯穿于课前、课中和课后的每个环节：课前进行个性化诊断性评价，课中进行协作性、创生性的形成性评价，课后进行自主性、反馈性的总结性评价。教学信息的收集构成了教学质量评价监控的重要基础，要加强对教学质量监控中信息反馈机制的利用，一方面要及时将信息对教师进行反馈，另一方面也要对优秀教学成果进行宣传，做到“诊断”“指导”“交流”的三位一体。①

3. 学生学业能力提升

教育高质量发展需要以学生发展为基本，学生学业能力的提升促进教育高质量发展。随着信息技术和人工智能的不断发展，教育必须随着世界的飞速变化而加快前进的步伐，我们的教育不仅要帮助年轻人应对当下遇到的各种经济以及社会发展问题，更为重要的是要将眼光放在更长远的未来，而我们的教育似乎在与

① 陈延军．我国基础教育教学质量监控体系的建构 [J]. 现代教育管理，2015（2）：71-75.

技术的赛跑当中日趋落后，因此我们需要促进教育高质量发展，应该考虑现在学生所具备的学业能力在未来是否还有重要性。在这个信息技术和人工智能飞速发展的当下，学生是否具备解决复杂和未知问题、创新思考、沟通协调协作等能力变得愈发重要。[①]

教师首先应该优化学习环境，培养学生的自主参与意识。只有能够激发学生学习主动性的教育，才是真正的教育。环境对人具有强大的影响力。培养学生的自主学习能力，需要教师创造良好的学习环境，通过多种感官刺激激发学生的学习欲望，增强学生的自主学习意识。变换角色，培养学生当主角。传统的教学模式是教师“独占”讲台，这样不仅束缚学生思维，而且与新课改相悖。因此，教师要还主动权给学生，让他们自主学习、自我发现、展现自我个性。学生从配角到主角，从被动到主动，通过努力获取知识。[②]

“无情境，不教学。”情境素养的重要价值是形成驱动性任务、引导学生学习、促进学生发展。知识植根于特定情境，如果脱离特定情境，那就只是符号形式。教材知识枯燥，概念学习和记忆、探究规律、理论持续性学习都需要通过情境，把教学内容以形象、具体、贴近生活的方式表现出来，要通过情境引导学生深入思考，形成知识与意义的构建，用所学知识解决实际问题，把学生置于特定的实践体验之中，注重实践，培养学生的自主学习能力。新课程理念坚持理论联系实际的原则，发展“以人为本”的理念。[③]

发展性学生学业评价作为整个教学过程中的重要环节之一，其最直接的作用就是通过全面提升学生学科学习所需的多元能力，提高学生学业能力。发展性学生评价体系是基于新课程设置的学生全面发展之教育目标而构建的，它的根本目的在于促进学生的全面发展、诊断学生能力的长处与短处。传统的以考试为基本形式的评价模式难以展现出评价的诊断性、多元化等特点。新课标指出，对学生的评价，在目的上应是发展性的而非甄别式的，评价要反映学生的进步，帮助其树立自信，激励其自主学习，同时评价也要反馈学生在各方面的不足，帮助学生

① 李文辉．面向未来的课程：机遇与挑战——基础教育课程改革与创新国际研讨会综述 [J]. 基础教育课程，2020（1）：6-15.

② 杜月英．自主学习能力培养四策 [J]. 思想政治课教学，2017（6）：59-60.

③ 赖肖芬．为未知而教 为未来而教——基于深度学习的学生思维能力培养 [J]. 中学政治教学参考，2020（4）：34-35.

意识到下一步努力的方向，促进其全面发展；在评价内容上，关注学生学习结果的同时，更要关注学习过程，观察学生的学习行为，体会学生在学习活动中所表现出来的情感与态度。发展性学生评价不仅关注学生在学业成绩上的表现，更注重在学生学习过程中发现和挖掘学生多元能力的发展情况，帮助学生更好地认识自己的学习情况、建立起对学习的兴趣和自信。除此之外，建立教育质量标准、教育质量监测与评价机制也是发展高质量教育的应有之义。

(三) 建立教育质量标准、教育质量监测与评价机制

1. 教育质量标准体系

(1) 构建统一的、以学生为中心的教育质量标准

为提高教育质量，各国都积极制定统一教育质量标准。如2012年6月18日，美国全国各州生涯与技术教育联盟主任协会（National Association of State Directors of Career Technical Education Consortium，NASDCTEC）和国家生涯与技术教育基金会（National Career Technical Education Foundation，NCTEF）联合颁布《共同生涯与技术核心标准》(*Common Career Technical Core*，CCTC)(以下简称《标准》)。新近颁布的《标准》全文共21页，包含导言、生涯准备实践和CCTC标准三部分。导言简要介绍了《标准》的目的、内容等概况。生涯准备实践包括个体为职业生涯做好准备所需达到的知识、能力和情感标准。CCTC标准则包括针对16个职业群的知识与技能标准，以及针对79个相应职业路径的知识与技能标准。后两部分是《标准》的主体内容。[①] 德国的“国家质量倡议计划”合作伙伴包括各联邦州以及各地的学前教育主管部门以及专业协会，整个倡议计划的重点就在于为学前教育工作制定质量标准。2002年，《儿童日托机构的教育质量：国家标准集》出台，其全面系统地提出了学前教育机构工作的质量标准。2004年，德国出台了《幼儿园教育条例》以及《发展和提高学前教育质量的建议书》，以解决“幼小衔接”的问题。[②]

① 任佳萍，吴雪萍.美国《共同生涯与技术核心标准》探析[J].职业技术教育，2015，36(31)：68-72.

② 魏翔宇.论我国学前教育的法律规制[D].成都：四川师范大学，2013：18.

此外，构建以学生为中心的教育质量标准。教育质量应该从宏观走向微观，由对学校的评价和教育过程的质量监测转向对学生学习成果的关注。质量内涵即为高校如何最大限度地促进学生的学习与发展，质量标准则有各国实行的大学生学习体验调查等。基于学生视角的高等教育质量标准有助于将学生诉求作为质量改进的重要依据，有效保证学生权益，推进高等教育满足学习者复杂多样的学习需求。关注多重利益相关者的价值诉求，可以适当引进市场机制协调高等教育质量，使高校在市场竞争中把握市场定位，确立以学生为中心的质量意识，提升服务质量以满足消费者需求。[①]改善教育质量应围绕学生实施，以学生中心主义为核心理念，大学教师作为研究者应将自身的研究成果积极应用于教学实践，提高学生的学习兴趣和求知欲望，应注重学生的反馈，增进师生之间的了解。[②]最近几年，随着广泛实施学生评价，学生被期待在教学活动、保障和提高教育质量的措施方面担任更重要的角色。[③]

（2）构建统一的课程体系

一是全国实行统一的课程标准。2009年奥巴马宣布“竞争卓越”计划，各州通过改革竞争获得基础教育资金，2010年颁布《州共同核心课程标准》，统一全国课程标准以及“为创新而教”加强 STEM 教育。[④]

二是实行统一与自主相结合的课程管理，提供具体的教育目标和教育内容。英国提高学前教育课程质量的政策主要有：2005年《早期奠基阶段规划》、2008年《早期基础阶段法定框架》、2012年《早期基础阶段法定框架》。特点为：实行统一与自主相结合的课程管理，设立重能力发展且具强制性的学前教育目标，设置全面而整合的课程内容。影响包括：明确英国学前教育发展方向，规范英国学前教育课程实施，提供学前教育课程具体目标与内容。

---

① 黄芳. 普及化高等教育阶段的质量观——基于美国、英国和日本的经验及启示 [J]. 现代教育论丛，2018（6）：37-42.

② 华丹. 当前日本改善大学教育质量的应对措施及今后动向 [J]. 世界教育信息，2005（7）：8-9.

③ 黄福涛，汤杰琴. 确保与提高大学教育质量——日本的视角 [J]. 国家教育行政学院学报，2005（10）：29-36.

④ 白瑞. 奥巴马第二任期内基础教育政策研究 [D]. 长春：东北师范大学，2018.

(3)提高教师的专业水平

一是建立师资质量保障机制。为保障教育质量，日本从高等职业教育师资的标准、来源和职后发展三个方面入手建立了稳固的高等职业教育师资质量保障机制。即《高等专门学校设置基准》《短期大学设置基准》《专修学校设置基准》《教育公务员特例法》。英国提高学前教师教育质量政策主要有：2006年《早期教育专业教师身份标准》、2013年《早期教师标准》。特点包括：强调幼儿教师具备“实践—反思”能力，加强幼儿教师领导实践能力培养，强调学前教师专业发展最终目的是促进幼儿全面发展。影响有：保障并规范英国学前教师师资队伍建设，提供学前教师专业化素质与能力培训依据。①

二是严格教师准入和筛选制度，职前培养和在职培养相结合。英国的政治体制是中央集权与地方分权相结合的，其教师质量保障机构也属于这一性质，英国中小学教师质量保障机构数不胜数，它们负责英国中小学教师培训、监督和评价等工作以保障教师质量。中小学教师质量保障机构分为官方机构与组织、民间机构与组织两种形式。英国在不断推进教师教育和培训政策演变的时期，不仅重视学校教师素质的不断提高，还密切关注职前教师的培养、在职教师的入职培训以及教师专业化成长，以求在不断提高教师质量的过程中形成教师成长一体化路径。在职前教师培养中，侧重职业技能的教师培养导向，注重理论与实践相统一的课程设置，实施“合作伙伴”的教师培养路径。在入职教师选拔上，严格遵循教师入职标准选拔合格教师，破格录用“标准之外”的优秀人才。对在职教师的培训严格秉承培训宗旨，量身定制培训计划。英国中小学教师质量保障体系的优越之处在于，质量保障体制的系统性、质量保障机构的多元性、质量保障管理的严密性、质量保障评估的多维性。②

2. 教育质量监测与评估体系

一是构建多元化的、一体化的质量评价标准。日本职业教育质量评价包括设置认可、内部评价、外部评价三种基本形式，以第三方评价机构为主体开展的外部评价已经成为日本职业教育质量评价的主要形式。构建一体化的内外部质量保

① 陈亚庆．近十年英国提高学前教育质量的政策研究[D]. 昆明：云南师范大学，2015.

② 李媛．英国中小学教师质量保障体系研究[D]. 长沙：湖南师范大学，2016.

证制度体系及建立健全高等职业教育质量保证体系，制度建设是关键。科学、可行和健全的制度体系能够调动学校质量保证的积极性，形成自我约束、自我完善、自我发展的内在评价机制。系统构建制度内容体系；从教育行政管理角度，以一体化为原则建设高职与技术本科相互衔接的质量保证制度体系；保持制度的先进性，紧随国内外变化不断修订质量标准体系；学校保证校内的教育质量水平等同或高于校外的参考基准水平；建立促进内部质量保证体系有效运行的保障机制。①

二是建立严谨、科学、分工明确的组织体制。只有各部门之间权责明确，既相互独立，必要时又能进行合作，才能保证我国职业教育质量评价工作能够按部就班地实施。但是要做到职责明确，就必须细致地研究评价工作各个环节中的任务和目标。

三是引入市场导向的评价机构以实现教育质量评价的以评促建。日本职业教育质量评价将市场机制引入外部评价工作中，允许职业学校根据自身的情况，自主地选择由哪家第三方评价机构对自己进行评价。这不仅赋予了职业学校较大的自主权，而且有助于第三方评价机构自身评价水平和质量的提升。我国的职业教育质量评价体系中也应该有引入市场导向的评价机构对职业学校进行教育质量评价的意识。只有这样，职业学校才会逐渐地承担起接受社会向其问责的义务。

四是要健全质量评估制度标准。我国各级评估主体的垂直设置特点决定了目前开展的教育教学质量评估是一种由政府主导的内部评估，评估过程和评估指标易受行政体制和主观因素左右，经验性成分多，科学化程度低。从荷、日两国的评估经验可以看出，近年来分类评估、专业评估和认证成为教育质量保障体系建设的发展方向。我国的高等教育评估亦应当开始由统一的、整体的、全国性的评估转向针对学科、专业的评估与认证。②

3. 教育质量问责体系

一是加强教育立法。高质量的教育管理体系的重要基础是完备的制度与法律

① 孙颖，刘红，杨英英，等．日本职业教育质量外部评价的经验与启示——以短期大学为例 [J]. 比较教育研究，2013，35（12）：48-55.

② 吴陈亮，王宝玺．荷兰、日本高等教育质量保障模式及其启示 [J]. 当代继续教育，2013，31（4）：68-70.

法规，德国职业教育立法有以下公认的显著优势：立法起步早、体系完善、监督有力、明确具体、便于操作。随着职业教育的发展，其法律法规不断完善，与时俱进。[①]

二是加强对教育质量的外部问责。评价结果不仅用于指导项目改进，更是划拨后期补助金的主要依据，确保每个院校都按它们所公布的计划、目标进行质量建设，保障评价的公平和透明。[②]对资源的使用和机构表现如果缺乏问责，往往更容易导致制度执行的低效、失效甚至腐败。

三是建立健全问责制度。美国经过教育改革的六次浪潮，形成了新的较健全的问责管理体制：政府对高等教育的监管与协调、高等教育系统的总体规划与设计，明确高教机构功能定位，形成合理结构层次，高校各得其所，避免无序竞争、重复建设等，同时也明确高等教育管理中各种协会、中间机构的作用以及董事会制等。美国高等教育问责制度的主要类型有：外部、内部、法律、财政和学术五种。其主要功能是：控制权力滥用，预防腐败发生，使高等教育接受政府的监督；实现社会公众的期望，保证教育的公正公平；保证高等教育的质量，提高高等教育的效率和效益；满足高等教育自我生存和发展的需求以及促进高等教育自我改进和改革等。[③]

四是建立健全具有中国特色的教育质量问责体系。2013年的《国家生涯与技术教育中期评估报告》针对帕金斯法案Ⅳ在美国近年来的实施情况进行评估，该报告详细制定了绩效问责评价指标体系和逻辑模型。[④]客观地审视美国职业教育领域的绩效管理与问责机制，发现其更像是钳制美国职业教育持续发展变革的约束与保障机制：一方面，绩效与问责成为美国职业教育不断创新发展的积极推动力，具有重要的激励功能；另一方面，绩效与问责还在很大程度上制约、规范着美国职业教育的发展，具有重要的约束功能。了解美国职业教育绩效与问责的框架、指标等核心问题，对于建立健全中国特色的职业教育绩效与问责机制、建立与完善职业教育治理体系，具有重要意义。2014年美国教育部发布了《职业教育

① 刘艳珍．德国职业教育的立法特点及其启示[J]. 成人教育，2009，29（4）：86-87.

② 韩小娇．日本私立大学教育质量保障研究[D]. 辽宁：沈阳师范大学，2013.

③ 王玲，李国春．中美高等教育质量保障比较[J]. 思想战线，2011，37（S2）：340-341.

④ 张宇，徐国庆．美国生涯与技术教育质量问责机制评析[J]. 职业技术教育，2015，36（15）：72-75.

国家评估报告》，该报告旨在通过对帕金斯法案Ⅳ实施情况的分析，从学生与教师对职业教育的参与、帕金斯法案Ⅳ职业教育资金的分配、课程发展学习计划的实施、职业教育问责制的发展、职业教育学生所获成就五个方面，全面评估美国职业教育发展现状。

第四章

新时代中国教育高质量发展的独特优势

他国的有益经验为新时代中国教育高质量发展提供了宝贵的镜鉴，中国经济的高质量发展也成为推动中国教育高质量发展的现实基础。除此之外，中国深厚的思想文化精粹、具有中国特色的教育制度体系以及鲜活的教育改革实践也为新时代中国教育高质量发展提供了本土的独特优势。

一、新时代教育高质量发展的文化优势

文化是人类社会特有的产物，是民族的血脉、国家的灵魂。五千年中华文明积淀着中华民族最深沉的精神追求，孕育了中国人的文化精神和文化观念，形成了中华民族的行为方式和价值取向，是“中华民族的突出优势”，是“中华民族生生不息、发展壮大的丰厚滋养”，也是教育活动设计与运作的理论先导与价值根基，成为新时代中国教育高质量发展的精神原动力。

(一) 民惟邦本，本固邦宁

“民惟邦本，本固邦宁”的重民思想是中华文化的重要特质，是中华民族治国安邦的经验和智慧，也是新中国以人民为中心思想的传统文化渊源。新时代中国教育高质量发展的主要目标就是“办好人民满意的教育”。因此，“民惟邦本，本固邦宁”的文化基因也是推动新时代中国教育高质量发展的重要动力。

《尚书》中曰:“民可近，不可下；民惟邦本，本固邦宁。”人民是构成国家的基础，只有基础牢固，国家的安宁、社会的稳定才会获得保障，国家才有机会获得发展，这是最早的民本思想阐述。到了春秋战国时期，民本思想成为百家争鸣的重要论题。以儒家学派为代表，对这一思想进一步发展，孔子提出“节用而爱

人，使民以时”“修己以安百姓”，指出统治者治国是为了百姓能够安居乐业，因此应当克制私欲，为民而生。孟子在继承孔子思想的基础上，提出了“民贵君轻”。对于国家的发展，人民比君主更重要，强调统治者要注重获取民心。荀子则提出“君者，舟也；庶人者，水也。水则载舟，水则覆舟”，将统治者与国民比喻成舟与水，强调人民同君主的关系直接影响到国家的兴亡，强调“天视自我民视，天听自我民听”“民之所欲，天必从之”“人无于水监，当于民监”。经过历朝历代的继承与发展，明清时期的民本思想更为丰富，不仅体现在对先秦以来的封建专制统治的批判，更是试图通过各种途径约束君主权力。新中国成立后，坚持以人民为中心的发展思想正是对民惟邦本思想的继承与发展。党的十九届四中全会提出“坚持以人民为中心的发展思想，不断保障和改善民生、增进人民福祉”①。主张坚持人民主体地位，紧紧依靠人民，让人民共享到更多的发展成果。认为只有顺应民意、将人民利益始终放在最高位置，才会取得改革与发展的成功。习近平总书记强调“人民是历史的创造者”②，应让人民共享到更多的发展成果，并在上海合作组织成员国元首理事会第十四次会议上的讲话中引用荀子的观点“民齐者强，民不齐者弱”③，意思是人心向背、是否服从统一管理、是否齐心合力是决定国家盛衰、事业成败的根本因素。

新时代中国教育高质量发展就是要提高人民对教育的满意度，让人民在教育发展改革中享有更多的获得感，让人民获得实在的利益，这就需要倾听人民群众的声音，只有这样才能准确抓住制约我国教育发展的瓶颈与重点，进而破解教育发展的难题。改革开放40多年来，随着市场经济的发展与完善，教育改革利益主体呈现多元化、利益关系呈现复杂化的发展趋势，应及时厘清不同层次和主体的教育需求，不断满足人民群众日益增长的多层次、多样化的教育需求，逐步改变教育供给僵化、单一，缺乏个性和吸引力，不能满足人民群众对多元教育的期待和需要的情况。

① 中共中央关于坚持和完善中国特色社会主义制度、推进国家治理体系和治理能力现代化若干重大问题的决定 [M]. 北京：人民出版社，2019：32-33.

② 习近平 . 决胜全面建成小康社会 夺取新时代中国特色社会主义伟大胜利———在中国共产党第十九次全国代表大会上的报告 [M]. 北京：人民出版社，2017：60.

③ 人民日报评论部 . 习近平用典：第二辑 [M]. 北京：人民日报出版社，2018.

(二) 尊师重教，崇智尚学

中华民族之所以能成为文明古国、礼仪之邦，与尊师重教、崇智尚学的优良传统有着密不可分的联系。

“以教为本，崇智尚学”是中华民族自古至今的一种普遍心理。上至国家，下至庶民，都把教育、学习看作治国安家的第一要务。首先，历代统治阶级都把教育视为立国之本。如《礼记·学记》中说“君子如欲化民成俗，其必由学乎”“古之王者建国君民，教学为先”；董仲舒则明确提出：“教，政之本也；狱，政之末也。”古代先哲圣贤之所以如此重视教育，是因为他们认为“玉不琢，不成器；人不学，不知道”“教者，民之寒暑也，教不时则伤世”“教化立而奸邪皆止”“教化废而奸邪并出”。人非生而知之者，而且人性有善恶之别，教化是使人知道明理、善恶转化的关键，教化不及时就会危害社会。建立起完备的教育感化体制，能够有效地制止奸佞邪恶，一旦教育感化体制被废除，种种奸佞邪恶就会四处出现。善于利用教化的作用，更容易获得国民的拥护和爱戴。“善政不如善教之得民也。善政，民畏之；善教，民爱之。善政得民财，善教得民心。”古代的统治者都明白这个道理，因此当他们登上王位治理天下的时候，都把建立教育感化体制作为第一要务来对待。其次，百姓将教育看作修身齐家的途径。一方面是认为教育能够培养人的学、识、志、行，提高人的精神境界，完善人的情感、意志和性格。孟子曾提出，“人之有道也，饱食、暖衣、逸居而无教，则近于禽兽”。即是说人如果只是饱食暖衣，居住安逸，却不受一点教育，就跟禽兽没什么不同。而教育不仅使人获得知识和才能，由愚而智；更使人懂得道德，知人伦，明礼让，以别于禽兽。另一方面，也是重要的方面，是教育能够使人立身行道，建功立业。所谓“学而优则仕”，受教育是平民入仕的主要途径。因此，为了光耀门庭，民间百姓也都重视教育。

正是基于对教育重要作用的认识，兴教办学在我国古代蔚然成风，有许多贤哲把兴学施教视为自己的天职，献身教育。中国古代教育事业的发达，不仅使兴学崇教成为中华民族优秀传统世代传承，而且使中华文明曾在很长的历史时期内领先于世界，为人类文明的发展做出了卓越的贡献。

“以师为本，尊师重道”是中华民族长期以来达成的普遍共识和基本遵循。我国古代的政治家和思想家都普遍重视教师的作用，赋予教师以崇高的社会地位，把教师视为应受社会推崇和尊敬的人。一是把师纳入天地君亲的序列加以推崇。《礼记·礼运》说："天生时而地生财，人其父生而师教之。"《国语》则提出："民生于三，事之如一。"所谓三即父生之，师教之，君食之。战国末期的思想家和教育家荀况更明确提出了"天、地、君、亲、师"的说法，把师与君、亲等并提到同样崇高的地位。自唐以后，历代帝王皆尊孔子为先圣，颜回为先师，其祭祀典礼极为隆重；在民间，读书人皆把"天、地、君、亲、师"刻在牌位上，摆在厅堂上加以供奉，以示尊崇；学校则把祭祀先圣先师视为立学之礼。二是君主礼遇教师。《礼记·学记》说："当其为师，则弗臣也。大学之礼，虽诏于天子，无北面，所以尊师也。"也就是说皇帝也不能把自己的老师按一般臣下对待，老师见天子可免行臣子之礼。古代有许多君王都对自己的师傅推崇备至。汉明帝曾以帝王之尊亲执弟子之礼，对自己的老师敬爱有加，进退不失恭敬。帝王将相们对教师的谦恭循礼，对民众是一种表率作用，促进了尊师重教风尚的形成。古人对教师社会地位的推崇一方面是基于对教育重要性的认识。所谓教之本在师，即认为教育与教师是天下之大本。另一方面是基于对教师社会作用的认识。荀子曾提出："礼者，所以正身也；师者，所以正礼也。无礼何以正身？无师，吾安知礼之为是也？"马融则说："师者，教人以事而谕诸德也。"郑玄也指出："师，教人以道者之称也。"韩愈在其《师说》中更明确地指出："师者，所以传道受业解惑也。"总之，古人认为教师是知识、伦理道德、价值观念的传授者，是道德和学术的代表者，在社会上承担着"传道、授业、解惑"的责任，因此理应受到全社会的尊重。这说明古人的尊师源于重道。正因为尊师与重道是一致的，所以古人认为只有尊师才能重道，如提出"疾学在于尊师""学士简练于学，成熟于师"，把尊师与求取知识和真理相联系。不仅如此，古人还把尊师与国运的兴衰连在一起。《荀子·大略》提出："国将兴，必贵师而重傅，贵师而重傅，则法度存。国将衰，必贱师而轻傅，贱师而轻傅，则人有快，人有快则法度坏。"因为不重视教育，不尊重教师，其后果是难以很好地培养人才，难以提高人的道德素质，国家的安定和强盛都会因此而受到严重影响。因此，以师为本、尊师重道自古以来就是中国文化的传统美德。

(三) 和而不同，和合共生

文化是一个开放的概念，它因和而贵，因不同而生生不息、绵延流长。从文明发展史来看，在世界几大古文明中，只有中国文明一以贯之，没有断裂，延续至今，其重要原因就在于中国文化倡导“和而不同”“和合共生”，在自身原有文化的基础上，有限度、有选择地消化、吸收外来文化，从而丰富、壮大自身，形成新的文化。

“和而不同”既是一种世界观，也是一种为人处世的价值观，深刻影响着人们的思维方式，成为中华民族重要的文化基因。[①] 早在西周末年，中国古代先哲就提出了“和同之辩”的命题。《国语·郑语》记载，郑桓公与史伯谈论关于周王朝的未来发展趋势时，史伯回答:“以他平他谓之和。”[②] 此处的“他”意指“不同”，把原本不同的事物结合起来达到平衡和谐状态就是寻求“和”的过程。春秋时期晏子回答齐景公的问话时进一步阐释了“和”与“同”的辩证关系。《左传·昭公二十年》记载，齐侯问晏子：“和与同异乎?”[③] 晏子的回答大意是，“和”是指不同成分的合理配合，而“同”则是“一致”，强调“和”是多样性的统一，较为清晰准确地表达了“取和去同”的价值理念。“和而不同”的表述最早出自《论语·子路》中的“君子和而不同，小人同而不和”。此处“和”意指和谐相处，“同”意指消除差异、顺从。大意是说，君子能够与他人和谐相处，却不盲从附和，小人表面上和他人保持一致，实际上并不讲求真正的和谐贯通。孔子所主张“和而不同”，反对“同而不和”，将“和同”之辩从哲学和自然规律引申到社会领域，用以阐释为人处世之道。经过儒家文化的解读、应用和发展，“和而不同”的文化理念逐渐被推广、放大，对中国社会政治建设、文化冲突解决、社会交往方式等都产生了深刻影响。

“和而不同”的目的在求“和”，“和”的特质是和而不同、互相包容、求同存异、共生共长，即“和合共生”。史伯认为:“夫和实生物，同则不继。……声一无听，物一无文，味一无果，物一不讲。”主张不同元素之间的协调，指出和

---

① 董卫国 . 彰显和而不同的时代意蕴 [N]. 人民日报，2019-07-08（9）.

② 左丘明 . 国语 [M]. 上海：上海古籍出版社，2015：347.

③ 徐中舒 . 左传选 [M]. 北京：中华书局，1963：259.

谐确实能够产生新事物，但一味求同并不能够持续发展。只是一种声音就谈不上动听，只是一种颜色就谈不上美丽，只是一种味道就不能成为美味，只是一种事物就无法进行衡量。因而，只有“和而不同”，才能最广泛地凝聚和发挥一切智慧和力量，调动一切可以调动的积极因素。“和”的精神是一种承认、一种尊重、一种感恩、一种圆融。“和”的佳境是各美其美，美人之美，美美与共，天下大同。那么，如何在众多的“不同”中求“和”呢？“和”的途径是以对话求理解，和睦相处；以共识求团结，和衷共济；以包容求和谐，和谐发展。“和”的方式是一分为二基础上的合二为一，和而不同基础上的求同存异，良性竞争基础上的奋进创新，我为人人基础上的人人为我；既有包容更有择优，既有融合更有贯通，既有继承更有创新；是一以贯之、食而化之、从善如流、美而趋之。对此，儒释道三家均做出了充分的阐述。道家认为，道的属性是“和”。天地日月森罗万象、芸芸众生千差万别，无不蕴含着两重性，“万物负阴而抱阳，冲气以为和”。当产生利益冲突、矛盾纠纷时，不妨彼此体谅，委曲求全，开阔胸襟，以德报怨，“挫其锐，解其纷，和其光，同其尘”。而释家的根本原理是缘起论。所谓“缘起”，就是互相依存，和合共生。释家主张的“是法平等”“自他不二”“无缘大慈、同体大悲”的慈悲、平等观念，是实现与达成“和”的重要思想基础。道家以“道”为最高信仰，认为“道”之最根本的属性就是生成容纳万物、自然平和无私、无为柔弱不争。道家提出“道法自然”“知和曰常”，强调用心去体会世间万物相互依存的统一性，维护其和谐。道家在促进人内心和谐方面，主张少私寡欲，知足常乐；在促进人际和谐方面，主张齐同慈爱，异骨成亲；在促进人与自然和谐方面，主张物我共生，其乐融融。释家讲“理事圆融，事事无碍”，即教人克服贪嗔痴的欲念，达到和谐的境界。释家在人与自然的关系上主张“缘起共生，依正不二”；在人与人的关系上主张“无缘大慈，同体大悲”；在自我的和谐上强调内心和平，“若无闲事挂心头，便是人间好时节”。儒家认为，“君子和而不同，小人同而不和”“君子周而不比，小人比而不周”。以“和而不同”为主线追求“和”，以“和”对“多”集散成大，以“和”制“合”平衡互补，是和而不同、美美与共。“和也者，天下之达道也。致中和，天地位焉，万物育焉。”儒家强调以和为贵、和而不同，尊重事物的多样性、和谐性，主张多样共生、协调平衡。由此可见，儒释道三家确以一个“和”字相通。万流归宗，和而不同。可以说，“和而不同”“和合共生”既是中华传统文化的表象特征，也是古代先哲的生命信仰和思维基础。①

迄今为止，古今中外教育史上产生了众多的教育思想、教育理论，这些教育思想和教育理论之间存在着不容忽视的差异甚至矛盾，但正是这些各具特点的千差万别的教育言论的存在，才体现出教育理论世界的丰富性和多样性，为教育实践提供了丰富的智力资源。世界各国各有千秋的教育理论之间不应该是互不相干、互相对抗的，而应该是和谐发展、同生共存的。如果没有多种多样、各具特色的教育理论，强求用一种高度统一而集中的形态实行霸权控制，全球教育都在一个统一的教育理论的基础上进行单一的实践，那么教育必将失去生命活力而停滞不前。因此，中国传统的“和而不同”“和合共生”文化优势对新时代中国教育高质量发展具有重要的推动作用。

(四) 革故鼎新，生生不息

中华文明具有不断革新的精神，中国文化是“尊生”“重生”的文化，所崇拜的“生”即革故鼎新。这种生生不息的创新精神正是中华民族延绵数千年的文化密码所在，也是新时代中国高质量发展的不竭动力。

古人很早就认识到革新的道理。从思想层面看，《礼记·大学》曰：“苟日新，日日新，又日新。”中华传统文化的另一部经典《周易》中，“易”可释为“变易”，即顺应时势做出变革。其第四十九卦“革卦”，“革”的意思是“去故”。第五十卦“鼎卦”，“鼎”的意思是“取新”。“革故鼎新”这个成语就是由此而来。从制度层面看，中国历史上经历过不断的革新，例如从分封制到郡县制就是一次重大的变革。革新可以说是中华文化的基因，这个基因推动了中国历史和中华文化的发展。中华传统文化宛如滚滚不尽的江河，不断吸纳支流，或涨或落，或直或曲，变动不居。要真正做到革故鼎新，关键是如何识“故”，做到激浊扬清。在具体的创新发展中首先要对具体事物、现象做价值判断，哪些属于糟粕，哪些属于精华，然后将其中确实腐朽过时的糟粕彻底革除，而精华成分则要做出创造性转化也就是鼎新的过程。这一过程关键是扎根于时代，分析时代特征，剖析时代问

① 叶小文．“和而不同”的多重境界——构建人类命运共同体的文化底蕴 [J]. 人民论坛，2021(8)：6-9.

题，厘清时代需求，努力把握现代中国与现代教育的深层特性，在批判、传承的基础上创生出新的事物。革故鼎新，也应增强创新意识，善于打开局面。邓小平同志曾谆谆告诫：世界形势日新月异，特别是现代科学技术发展很快。现在的一年抵得上过去古老社会几十年、上百年甚至更长的时间。不以新的思想、观点去继承、发展马克思主义，不是真正的马克思主义者。今天，面对新的时代环境和条件，更要激发创造性思维，激扬创新的朝气，奔着问题去，朝着问题改，大胆革除阻滞发展的一切羁绊或藩篱，让创新源泉充分涌流、创新成果充分汇聚，只要如此，我们就一定能勇立时代潮头，开辟改革发展的新境界。①

“革故鼎新”是为了实现生生不息的发展。“富有之谓大业，日新之谓盛德，生生之谓易。”宇宙间最高最大的原理就是：一切都在迁流创化中发展着，世界是一个生生不息、变化日新的历程，生长衰亡，新陈代谢，永不停息，“为道也屡迁”。中国的儒、道、释诸家尊奉的“道”，就是天地自然或人文世界的永恒运动和发展变化，正所谓“变动不居，周流六虚，上下无常，刚柔相易，不可为典要，唯变所适”“天行健，君子以自强不息；地势坤，君子以厚德载物”。人们效法天地的，就是这种不断进取、刚健自强的精神与包容不同的人、事物与文化、思想的胸怀。人在天地之中，深切体认了宇宙自然生机蓬勃、盎然充满、创造不息的精神，进而尽参赞化育的天职；由此产生了真善美统一的人格理想，视生命之创造历程即人生价值实现的历程。在天地宇宙精神的感召之下，人类可以创起富有日新之盛德大业，能够日新其德，日新其业，开物成务。所以《礼记·大学》引述汤之《盘铭》，曰：“苟日新，日日新，又日新。”又引《康诰》，曰：“作新民。”又引《诗》，曰：“周虽旧邦，其命维新。”无论是对我们民族还是个人，我们不能不尽心竭力地创造新的，改革旧的，推陈出新，革故鼎新，这是天地万象变化日新所昭示给我们的真理。此正是王夫之所言：“天地之间，流行不息，皆其生焉者也，故曰‘天地之大德曰生’。……今日之日月，非用昨日之明也；今岁之寒暑，非用昔岁之气也。……故人物之生化也，谁与判然使一人之识亘古而为一人？谁与判然（使一物之命）亘古而为一物？”总之，中国文化的主旋律是世界自身的永恒运动、创新与发展，创新是中国文化发展的动力，世界或事物自身内部的矛盾是文化创新的动力源泉。中国文化就是在自我更新、自我否定、革故鼎新

① 张凡．以革故鼎新开辟未来[N]．人民日报，2019-07-29（4）．

的过程中不断发展演变的，彰显了中华民族积极有为、自强不息的精神。新时代中国人民，要响应习近平总书记的号召，“勇于推进理论创新、实践创新、制度创新、文化创新以及各方面创新，通过革故鼎新不断开辟未来”。

中国是世界上古老文明国家之一，优秀的传统文化蕴含了丰富的哲学思想、教化思想、人文精神和治世理念，不仅有利于构建和形成中华民族的共同价值观，而且成为教育发展的重要思想来源。要推进新时代中国教育高质量发展，必须“坚守中华文化立场，提炼展示中华文明的精神标识和文化精髓”，并“坚持创造性转化、创新性发展”，[①] 使承载厚重历史基因的优秀传统文化，真正成为新时代中国教育高质量发展的丰厚沃土和浓重底气。

二、新时代教育高质量发展的制度优势

社会的制度体系作为实体性工具，是该社会文化观念的支持力量。制度问题带有根本性、全局性、稳定性和长期性。[②] 一个国家、一个民族的命运，与其制度建设血脉相连。“制度优势是一个国家的最大优势，制度竞争是国家间最根本的竞争。”[③] 中国特色社会主义制度，在长期的实践中不断彰显出自身的优越性。作为其组成部分的中国教育制度既植根中国大地，具有深厚中华文化根基，又立足中国国情，充分反映中国教育实践的现实要求和中国人民的根本利益诉求，具有多方面的独特优势，是新时代中国教育高质量发展的制度保障。

（一）坚持党对教育的统一领导，集中力量办大事

“中国特色社会主义最本质的特征是中国共产党领导，中国特色社会主义制

① 习近平．高举中国特色社会主义伟大旗帜 为全面建设社会主义现代化国家而团结奋斗——在中国共产党第二十次全国代表大会上的报告[EB/OL].（2022-10-25）[2023-02-07]. https：//www.gov.cn/xinwen/2022-10/25/content_5721685.htm.

② 邓友超．以制度自觉支撑制度自信[J]. 中国高等教育，2017（19）：48-49.

③ 习近平．坚持和完善中国特色社会主义制度推进国家治理体系和治理能力现代化[J]. 求是，2020（1）：4-13.

度的最大优势是中国共产党领导。”[①]坚持党对教育事业的统一领导是中国教育制度的最大优势。党的领导具有确保国家稳定、总揽全局、凝聚共识的独特优势，可以引领中国教育事业始终沿着正确方向前进。中国共产党的领导犹如一束普照的光，使新时代中国教育高质量发展有了导航灯。

“党的领导是做好党和国家各项工作的根本保证，是我国政治稳定、经济发展、民族团结、社会稳定的根本点。”[②]历史和现实已经证明并将继续证明，“没有共产党的领导，肯定会天下大乱，四分五裂”[③]。正如习近平总书记所说：“为什么我国能保持长期稳定，没有乱？根本的一条就是我们始终坚持共产党领导。党的领导是党和国家事业不断发展的‘定海神针’。”[④]在我们党的领导制度体系中，“两个维护”的制度是新时代民主集中制的创造性运用，有利于全党上下形成一个以党中央为圆心的“同心圆”，在“圆心”的聚集效应下，始终保持团结统一，维护国家政治稳定。教育事业是一项长期的系统工程，党的统一领导不仅确保国家长期稳定发展，还为教育事业的发展提供了良好的社会环境，使得教育工作得以平稳有序开展。

党的领导具有总揽全局、协调各方的能力，在国家各项工作中发挥主导和决定作用，既有助于教育事业的协调推进，也有助于集中力量解决教育中的各种困难和问题。党的领导制度体系中的党领导各类组织的制度，能够保障党全面进入国家系统，占据关键位置，确保党对党政机关、企事业单位、群众自治组织、行业协会等组织的领导，有利于党的方针政策和决策部署在同级组织和本区域得到有效贯彻落实。党委（党组）工作制度和党领导各项事业的具体制度，从工作程序与运行规则上对地方党委在本地区发挥总揽全局、协调各方的职能作用做出相应规定，对党组在本单位发挥把方向、管大局、促落实等职能提出要求，使党能够站在全局的高度加强统筹谋划和宏观调控，调动各方面力量为完成同一个目标协作奋战。党和国家机构职能体系的制度，则从机构职能上理顺了党对一切工作

① 习近平．高举中国特色社会主义伟大旗帜 为全面建设社会主义现代化国家而团结奋斗——在中国共产党第二十次全国代表大会上的报告[EB/OL].（2022-10-25）[2023-02-07]. https：//www.gov.cn/xinwen/2022-10/25/content_5721685.htm.

② 习近平．论坚持党对一切工作的领导[M]. 北京：中央文献出版社，2019：9.

③ 邓小平．邓小平文选：第二卷[M]. 北京：人民出版社，1994：391.

④ 习近平．论坚持党对一切工作的领导[M]. 北京：中央文献出版社，2019：267.

的领导的体制机制，打破了部门行业间的协作壁垒，有利于党统筹相关领域、行业、系统的重大工作，推动党和国家机构职能更加优化、协作更加顺畅、运行更加高效。坚持党对教育事业的统一领导，中央和地方各级教育行政部门、各级各类学校、每一个教育工作者各就其位、各司其职、各尽其责、有序协同、平稳有序地推进各项教育工作。同时，教育资源往往是很有限的，如果各方面把持“一己私利”维护“局部利益”，就极有可能损害整体利益，整体利益不保，个体利益就失去了保障的基础。坚持党对教育的统一领导，就能从全局出发，将有限的人力、物力、财力用于急需的领域和迫切需要解决的问题，力求以最快速度解决有可能对全局利益造成严重损失的主要问题。

党的领导具有思想引领与凝聚共识的作用。在党的领导制度体系中，作为党内根本大法的党章以及确保其得以贯彻落实的有关制度、恪守党的性质和宗旨的制度等，将马克思主义理想信念融入制度建设全过程，同时依托制度治党和思想建党的协同发力，引导全党上下把对人民、民族和全人类的使命和责任内化为思想自觉。此外，党的理论学习制度和教育培训制度，坚持把党的理论教育和党性教育作为主业主责，用党的创新理论武装头脑、统一全党思想认识，再通过宣传群众，把党的理论创新成果和路线方针政策转化为群众的思想自觉和价值认同，进而最广泛地凝聚全党全社会为中华民族伟大复兴和共产主义理想奋斗的思想共识，牢牢占据推动人类社会进步、实现人类美好理想的真理和道义的制高点。多年来，正是由于我们始终坚持党对教育事业的统一领导，才使得教育事业有了凝聚民心的制度保障，才能在各项教育改革中攻坚克难、不断努力，推进教育事业不断前进。

在应对此次突发的新冠疫情的重大决策中，再次见证了坚持党的统一领导的优越性。疫情期间，以习近平同志为核心的党中央准确判断，做出了一系列的战略部署，党员干部和基层工作人员迅速投入疫情防控的战斗中，党员的模范带头作用和党组织的战斗堡垒作用充分发挥，全国上下迅速形成了部署周密、众志成城、环环相扣的疫情防控格局，在抗疫的同时保证了国家的稳定、社会的发展。在疫情防控期间，党中央始终坚持全国一盘棋，调动各方力量，全国各族人民皆以不同的方式，汇聚成一股坚不可摧的力量，加入了这场斗争之中。在疫情最严重的时期，全国各级各类学校停课不停学，利用多种形式进行线上教学；疫情缓解之后，在严控疫情反弹的同时，各级各类教育事业能够平稳有序开展，在保障师生生命安全的同时，保质保量地完成了各项教育任务。坚持党对教育工作的全面领导，是关乎教育兴衰成败的关键，党的领导毫无疑问是引领新时代中国教育高质量发展的最大优势。

(二) 坚持社会主义办学方向，人民利益至上

习近平指出："中国特色社会主义是社会主义而不是其他什么主义。"[①]明确了中国特色社会主义的本质是社会主义。中国特色社会主义教育制度，其根本特征就是始终坚持社会主义的办学方向，坚持以人民为中心，将维护广大人民群众的利益作为办学的重要依据，将"办好人民满意的教育""提升人民教育获得感"等写进教育文件作为教育政策加以施行。教育要获得人民满意就必须实现高质量发展，这就从制度上保障了新时代教育高质量发展的群众基础。

坚持社会主义办学方向，以人民为中心，彰显了中国教育发展的基本逻辑和价值追求。"人"是马克思主义的逻辑起点同时也是终极目标，以马克思主义为指导的中国特色社会主义教育制度也理所当然地被赋予了人民性这一鲜明的底色。毛泽东同志指出，人民，只有人民，才是创造世界历史的动力。邓小平同志说，"我是中国人民的儿子"。江泽民同志指出，我们的改革和建设，只有得到人民群众的理解、支持和参与，充分发挥人民群众的积极性和创造性，才能顺利推进。胡锦涛同志强调，每一个共产党员都要把人民放在心中最高位置。习近平总书记更是站在新时代的高度强调，人民是历史的创造者，是决定党和国家命运的根本力量。可见，人民史观始终贯穿着中国特色社会主义制度探索、建立、发展和完善的全过程，中国特色社会主义制度的归宿和出发点都是人民，体现的是广大人民的根本利益，中国特色社会主义制度的力量从根本上讲就是人民的力量。

习近平指出："为什么人、靠什么人的问题，是检验一个政党、一个政权性质的试金石。"[②]为少数人谋利益，还是为多数人谋利益，是判断社会制度优劣的根本标准。社会主义与资本主义的本质区别就在于秉持"以人民为中心"的价值

---

① 习近平．习近平谈治国理政：第一卷 [M]. 北京：外文出版社，2014：22.

② 习近平在中央党校（国家行政学院）中青年干部培训班开班式上发表重要讲话强调 在常学常新中加强理论修养 在知行合一中主动担当作为 [N]. 人民日报，2019-03-02（1）.

立场，坚持“立党为公，执政为民”“全心全意为人民服务”，实现人民福祉最大化；始终代表最广大人民根本利益，保障人民当家作主，体现人民共同意志，维护人民合法权益；坚持人民立场，关注人民所需，得到人民拥护，让人民满意。社会主义，是中国教育制度前进的方向；人民中心是教育事业发展的价值取向；人民满意是检验教育事业成败的标尺。中国特色社会主义教育制度体系牢牢坚守以人为本的价值理念，化物本位为人本位，化效益本位为民需本位，化政治本位为人性本位。坚持社会主义办学方向，立足于一切为了人、为了一切人、为了人的一切的价值追求，充分体现出中国特色社会主义教育制度的人民性，这也构成了其制度优势的鲜明特征。人民群众是历史的创造者，是真正的英雄。人民群众的支持和拥护是保持国家各项事业兴旺发达的力量源泉，也是推进新时代教育高质量发展的最大底气和强大动力。把密切联系服务人民群众、保障人民当家作主、维护和发展人民群众根本利益统一起来并加以制度化，是长期以来教育事业发展的一个重要经验和优良传统。

坚持社会主义办学方向，坚持人民利益至上，作为一种价值理念始终贯穿于教育事业发展的各项具体制度中，从各个领域、各个环节维护最广大人民群众的根本利益。在教育制度设计层面，自觉将尊重民意、汇聚民智、凝聚民力、提高教育获得感贯穿全部教育工作之中，从整体上做出顶层设计。在政策制定层面，坚持问题导向，聚焦人民群众关注的热点难点痛点问题，把“三个有利于”作为政策制定的总出发点和落脚点，在政策研究环节拓宽民意表达渠道，在政策拟定上把人民利益摆在首位，在政策评估与论证上把人民高兴不高兴、满意不满意、答应不答应作为检验制度、政策好坏的标准。在政策落实层面，坚持把“为人民服务”落实到制度执行的各个环节，以钉钉子精神抓好政策落实，突出把人民满意作为最大实效，不断增强人民群众的获得感。如中共中央办公厅、国务院办公厅印发《关于进一步减轻义务教育阶段学生作业负担和校外培训负担的意见》，就是基于学生负担过重，家长教育焦虑严重、经济与精力负担过重等现实问题而提出的，是坚持学生为本，积极回应社会关切与期盼，减轻家长负担、缓解家长焦虑，人民利益至上的集中体现。

坚持社会主义办学方向，是我国教育要牢牢把握的政治原则。这就决定了我们的教育必须把培养社会主义建设者和接班人作为根本任务，培养一代又一代拥护中国共产党领导和中国特色社会主义制度、立志为中国特色社会主义事业奋斗终身的有用人才。如果在教育工作过程中我们忽视对社会主义办学方向的坚持，在培养人的问题上走错方向，我们为之奋斗的教育事业就会失去方向和目标。人民利益至上，办好人民满意的教育是教育事业发展的方向和目标，也是教育的初心和使命。在事关办学方向的问题上站稳立场，坚持以人民为中心发展教育事业，办好人民满意的学校，是推进新时代教育高质量发展的显著制度优势。

(三) 坚持依法治教

坚持依法治教是中国特色社会主义教育持续健康发展的可靠保障。党的十九大报告明确指出:“加强社会治理制度建设，完善党委领导、政府负责、社会协同、公众参与、法治保障的社会治理体制，提高社会治理社会化、法治化、智能化、专业化水平。”党的十九届四中全会提出“坚持和完善共建共治共享的社会治理制度”“建设人人有责、人人尽责、人人享有的社会治理共同体”。《中国教育现代化2035》指出：推进教育治理体系和治理能力现代化。依法治教在教育现代化进程中具有引领性、基础性、规范性、保障性的重要地位和作用。1980年，新中国第一部教育法律《中华人民共和国学位条例》正式颁布。此后，我国出台了《中华人民共和国教育法》《中华人民共和国义务教育法》《中华人民共和国民办教育促进法》等一系列教育法律法规，教育成为除经济之外立法最多的领域，并结合社会发展适时进行修订。经过近40年努力，目前已经形成以8部教育法律为统领，包括16部教育法规和一批部门规章和地方教育法规规章在内的比较完备的中国特色的社会主义教育法律体系，为教育改革发展提供了法治保障，教育领域基本实现了有法可依。

新时代，要持续坚持依法行政、依法办学、依法治教，科学运用法治思维和法治方式推进教育改革发展，促进学生健康发展。要进一步健全教育法律法规规章有效实施和监管机制。通过法治引导和规范教育管理行为、学校办学行为、群众维权行为、社会参与行为，通过法治明确划分政府、学校、社会、家庭的教育权利、义务和责任，通过法治全面监督各类主体的履职尽责行为，通过法治有效调整教育领域各种矛盾和纠纷，更好地把教育领导者、决策者和工作者的思维方式、决策方式、工作方式转到法治的轨道上来。

（四）坚持政府主导与多元参与相结合

坚持政府主导与社会参与相结合，是中国特色社会主义教育的重要制度创新和制度优势。作为一个发展中的人口大国，面对教育发展水平低、教育支撑能力弱的现实情况，坚持政府主导，鼓励社会参与，发挥市场配置资源的积极作用，成为中国发展公共教育事业的重要途径和成功经验。

政府主导是中国特色社会主义教育制度的重要体现。制度经济学告诉我们，好的制度特别是高效的政府治理水平，可以降低交易成本，提高管理效能和资源使用效率。在正确处理教育服务公共产品、准公共产品和非公共产业之间的关系方面，中国已经形成比较完善的制度体系：在学前教育方面，大力发展公办幼儿园，鼓励、规范社会力量以多种形式举办公益普惠性幼儿园；在义务教育方面，国家建立义务教育经费保障机制，将义务教育全面纳入财政保障范围，保证义务教育制度实施；在职业教育方面，国家鼓励通过多种渠道依法筹集发展职业教育的资金，职业学校举办者应当按照学生人数平均经费标准足额拨付职业教育经费；在高等教育方面，国家建立以财政拨款为主、其他多种渠道筹措高等教育经费为辅的体制；在终身学习方面，引导高等学校、职业学校、行业企业和其他社会力量共同参与，培育多元办学主体，提供多样化的教育服务；在教师发展方面，教师的平均工资水平应当不低于或者高于国家公务员的平均工资水平，并逐步提高。这一系列的制度设计和安排，为中国教育经费不断增长、教育能力持续提升创造了足够大的制度空间。

在坚持政府主导的同时，充分发挥市场在配置教育资源中的重要作用。在非义务教育阶段引入市场机制，建立了政府主导、市场调节、社会支持，多主体、多渠道、多模式参与的教育发展机制。根据教育部、国家统计局、财政部发布的《全国教育经费执行情况统计公告》，全国教育经费从2000年的3849.08亿元增长到2022年的61329.14亿元，约增长了14.9倍；2022年，国家财政性教育经费约占总经费的79%，约21%的教育经费来自企业、社会和学习者个人。这既充分体现了政府的主体地位和主导作用，也体现了在解决公共教育发展经费方面的中国方案和中国智慧。

制度是教育发展的重要保障和有力支撑。推进新时代中国教育高质量发展，必须坚定制度自信，彰显中国特色社会主义教育制度的价值，提升中国特色社会主义教育制度的效能。

三、新时代教育高质量发展的实践优势

教育要发展，根本靠改革。这既是历史的经验，也是顺应时代形势的举措。当代中国教育的发展史就是一部改革史。从1950年的《关于实施高等学校课程改革的决定》和1951年的《关于改革学制的决定》到1985年的《中共中央关于教育体制改革的决定》和1993年的《中国教育改革和发展纲要》，再到2010年的《国家中长期教育改革和发展规划纲要（2010—2020年）》，改革始终是主旋律。基于本土国情的教育改革，积累了丰富的教育经验，是推动新时代中国教育高质量发展的实践优势。

中华人民共和国成立以来，中国教育改革大致可以分为以下三个时期：一是改革开放之前，探索中国教育发展道路时期的教育实验，如“祈建华速成识字法”实验，北京市育才小学等6校开展的“小学五年一贯制”课程改革实验，辽宁省黑山北关实验学校开展的“集中识字”实验，上海育才中学开展的“八字教学法”实验，北京景山学校开展的教学实验等。二是改革开放至20世纪末，建设中国特色社会主义教育体制时期的教育改革实验，如江苏南通师范二附小开展的“情境教育”实验，上海市青浦县（今青浦区）开展的“青浦实验”，江苏省常州市开展的“尝试教学法”实验，上海市闸北八中开展的“成功教育”实验，东北师范大学主持的“农村基础教育综合改革”实验，华东师范大学发起的“新基础教育”实验，国家教育发展研究中心主持的“应用学科高层次专门人才培养途径多样化研究”实验等。① 三是21世纪以来，优化中国特色社会主义教育体制时期的教育改革实验，如中国教科院教育综合改革教育实验区教育实验，清华附小开展的成志教育实验，东北师大附小进行的“率性教育”实验，深圳学府中学的“幸福教育”实验，上海市教育科学研究院职业教育与成人教育研究所开展的上海社区教育实验等。这些教改实验都针对具体的问题，从不同的方面提出了提升教育质量的方案，为新时代中国教育高质量发展奠定了实践基础。本课题组仅就其中的个

① 熊明安，喻本伐．中国当代教育实验史[M]．济南：山东教育出版社，2005：23-35.

别案例进行简单介绍。

（一）率性教育：东北师大附小的教改实验

1. 率性教育的由来及内涵

从1948年建校以来，东北师范大学附属小学（简称东师附小），一直都担负着“引领、示范”的作用。70年来的发展历程中已经深刻蕴含了教育研究的基因，东师附小一直坚持根植于教育教学实践开展教育教学研究，建校初期东师附小首任校长王祝辰进行了“动的教学法”“小学语文教学法”的改革尝试；20世纪80年代李筱琳校长进行“单科单项改革实验”“整体改革实验”“小主人教育实验”等等。每个时期的教育改革实验，基本都走在当时教育改革的最前沿，起到了非常好的引领、示范与辐射作用，被誉为“吉林省基础教育的一面旗帜”。2014年，于伟校长成为东师附小第14任校长，带领团队，立足学校办学传统和经验，从中国文教传统中汲取养分，创造性地提出了“率性教育”办学理念，致力于创办一所率性学校，让学校成为儿童喜欢的“慢步调自由空间”、儿童兴趣发展的“沃土”、儿童体验探究的“智慧之家”、儿童想象力和创造力发展的“梦工厂”。

率性教育源于《中庸》“天命之谓性，率性之谓道，修道之谓教”。倡导顺其童年之美、应其童年之美所固有而给予儿童真正的童年。如儿童面临过度束缚，则要“解放儿童”。率性教育倡导儿童教育“保护天性”“尊重个性”“培养社会性”。保护天性，即遵循儿童“性之自然趋势”，保护儿童好奇好问、愿意探究、愿意想象、好动、爱学习、喜创造的天性。“尊重个性”倡导教育应尊重人的个性化的差异存在，要因其固有、循序渐进、因材施教、量体裁衣地帮助每一个学生找到自己的位置，要在保护儿童共同天性的基础上，充分让儿童的差别性显现出来。“培养社会性”主要在于利用知识技能习得、行为规范养成以及价值观念形成等途径，培养学生自主精神、合作态度、规则意识和责任观念，为学生未来成为合格公民奠定价值基础。

2. 率性教育的基本做法

在率性教育理念的引领下，学校研究确立了“率性教育”的行动路径，即以率性教学为主线，统领学校教育教学活动，全面开展“率性教育”实践探索，使其在东师附小这片沃土上生根发芽。

东师附小认为当前教育教学中的一个最突出的问题是缺乏“过程”，具有极强的“结果导向”。这种结果导向一方面导致“速成的教育”，即忽视儿童发展的过程性和阶段性，用知识习得的结果评价儿童；另一个方面导致“功利的教育”，即忽视儿童长远的、可持续性的发展，用短期目标预测发展。事实上，无论是“速成的教育”还是“功利的教育”，其间也必然是有过程的，但是这个过程高度压缩，不仅无视儿童的成长规律，更是对儿童天性的戕害。因此，东师附小立足于课堂教学的本质、儿童发展的需要，立足于学校已有的实践成果、改革创新的生长点，提出了“率性教学”，倡导“有根源”“有过程”“有个性”的教学。[①]

（1）“有根源”的教学。包括三个方面：一是“知识线索之根”，教学内容要挖掘知识发生、发展的本源，让教学有深度、有广度、有据可依、有智慧深蕴；二是“教学对象之根”，要求教师要在各学科层面把握儿童的学力基础、学习起点，要依循儿童学习的规律和特点展开教学；三是“教学方法之根”，教师要了解不同教学方法、教学模式、教学组织形式的本质和特征，把握“教”的规律，为教学目的选择合适的方法，为教学寻找本源依据，不盲目而教。

（2）“有过程”的教学。包括五个方面：一是“归纳过程的智慧”，引导学生经历知识从个别到一般的过程，重视归纳，从个别出发，从经验出发；二是“知识产生过程的智慧”，引导学生对知识产生的环境、原初状态进行还原，经历人类知识再发现的过程；三是“探究推理的智慧”，引导学生经历探究、发现及合情合理推测建构的过程，而不单纯是获取知识的结果；四是“沉思自省的智慧”，让学生经历对知识的习得、问题的解决、价值与意义等问题进行沉思、沉淀的过程，深入自省；五是“真正学习产生的智慧”，强调学生学习发展的“真”过程，促进由“教”向“学”的转变。“过程”必须姓“学”，而非教师主观预设的过程，这就要求教师一方面关注学生是如何“学”的，同时也要想办法“暴露”出学生学的过程、思的过程。

(3)“有个性”的教学。“有个性”的教学要尊重学生差异，基于学生差异展开，

---

① 于伟．从“书斋”到“田野”：课堂教学改革实践逻辑探寻——基于东北师范大学附属小学“率性教学”实践的思考 [J]. 中小学管理，2021（7）：5-9.

避免“一刀切”，不追求完美，体现因材施教的智慧。学生的学习差异主要表现在社会文化、民族、性别、家庭以及学习的兴趣、速度、适应性、起点、认知风格等方面。为此，学校在不同学科上集中探索了集体补充模式、学习进度模式、课题选择模式、学习起点模式、学习顺序模式等不同教学模式，以适应不同的学习差异，满足学生不同的学习需求。

率性教学的实施还需要一定的条件保障。一是要求空间环境开放，给予儿童更多的自由空间。学校所拥有的国内一流的现代化的教育环境和教育建筑，尤其是一体化、开放化的走廊空间与普通教室，专业教室内包括移动桌椅、小组合作学习桌椅在内的便捷式学习环境布置，图书馆、各学科的专业教室、移动数字教室、养殖区、展览区域等可移动的、数字化的、多样化的教学资源环境，为率性教育实施提供了便利条件。二是课程时间弹性，例如，各学科课程安排等依据具体课程内容设置长课时，给予学生充分的学习时间，让其经历完整的学习过程，让学生能够在探究、体验、操作之中使学习真实发生，为率性教学的实施提供时间保障。三是师资保障。理想的“率性教师”应有情怀，有功夫，有传承。教师应明确自己的站位和立场，不是单纯的教书匠，为了教书而教书。教是为了不教，教师要有教育家的理想和情怀，应在自身过硬的专业技能基础上发挥自身独特的人格魅力，立足实际走出具有个人风格的道路。

3. 东师附小率性教育的影响与评价

率性教育理念创新提出，率性教学办法落地生根，衍生有过程的归纳教学，至今已有十年时光。十年来，东师附小取得了一些标志性的成果，率性教育理论实践探索在2018年获得了国家级教学成果奖；国家对教育创新成果进行推介的博览会等，都有东师附小的身影和主题报告；东师附小的探索从初期的语文、数学学科，现在扩大到所有学科；关于率性教育和率性教学的书籍，也撰写和出版了十几本，东师附小及时把一线老师的探索进行总结，便于交流，便于保存，便于传播。十年来，学校的教学理念和教学方式受到了孩子们的欢迎，同时也得到了众多家长的理解、支持和支撑；每年更有1万余人次来东师附小交流、学习率性教育和率性教学，这个数量目前还在不断攀升。

(二) 成志教育：清华附属小学的教改实验

1. 成志教育的由来及内涵

清华大学附属小学（简称清华附小）的前身是成立于1915年的成志学校，其创办的初衷是让每个孩子通过教育从小立志，发展兴趣，形成志趣。因此，可以说，成志学校的创办者李广城、汪铁英先生虽然没有正式提出“成志教育”，但实际上就是想做“成志教育”。在长期的办学实践中，清华附小始终不变、始终坚守、始终传承的，就是“成志”。“成志”，是附小人一直传承的清华育人的精神文脉。2002年清华附小提出“立人为本，成志于学”的校训，确定了“为聪慧与高尚的人生奠基”的办学理念。在这一理念的引领之下，全国著名特级教师、时任学校副校长的窦桂梅在语文教学改革中提出“三个超越”[①]，希望通过语文课堂，为学生打好语言学习、精神成长的两个底子，实现“语文立人”。2003年，学校又提出并践行“主题教学”思想，尝试建立一种以主题为核心，整合教材、课程资源、学生已有学习经验、学生生活等多方面因素，共同服务育人的教学模式。2010年底，窦桂梅就任清华附小校长后，开始思考学校的转型问题。学校在承接主题教学“语文立人”“整合思维”“儿童立场”等关键理念的基础上，对于学校课程、德育、管理、保障等进行系统改造，在此过程中逐步形成了清华附小以课程为核心的现代化办学机制，并出台了《清华大学附属小学办学行动纲领》，逐渐使主题教学成为清华附小课程整体构建的重要途径，从一种创新的教学模式发展为学校的教学主导思想，从而带动学校整体育人的新探索。在这一过程中，窦桂梅又进一步推进基于学生核心素养发展的“1+X课程”整合的构建与实施，逐步尝试探索主题教学向其他学科拓展的可行路径，最终构建并践行了“成志教育”立德树人育人模式。

成志教育，“志”即理想与抱负、意志与品质、实践与行动。“成”是儿童实现“志”的过程，也是学校育人的全过程，包括三层含义：一是“构成”，学生内心对“志”的三种含义实现互通、交融及转化之后，心中之志最终形成；二是“养成”，学生经历小学阶段承志、立志及弘志旅程后所获得的品格与能力养成；三是“达成”，小学六年奠基人生价值的达成。这三层含义体现出方向性、动态

① “三个超越”即学好教材、超越教材，立足课堂、超越课堂，尊重教师、超越教师。

性及教育性，学校遵循儿童小学六年身心发展规律，促进儿童完整发展。成志，聚焦立德立志和树人成才，培养祖国未来需要的时代新人。成志教育，明确成志内涵，紧扣成志主线，传承文明、立足时代、面向未来，始终“让儿童站立学校正中央”，尊重儿童天资与性情，指向理想与抱负，砥砺意志与行动，使其“从小学习做人、从小学习立志、从小学习创造”，实现从“立志”到“立人”。[①]

2. 成志教育的基本做法

从成志学校建立到成志教育提出，清华附小百年来始终不变的是着眼于完整的终身发展，让儿童具备适应未来社会的必备品格、关键能力，为儿童“聪慧与高尚的人生”奠定坚实的基础。为了实现“成志”目标，清华附小探索出三条可行路径。[②]

第一，搭建符合儿童身心规律的“启程—知行—修远”年段三进阶。围绕儿童生命成长周期，将小学六年学习期按两年一个阶段分为低（一二年级，启程学段）、中（三四年级，知行学段）、高（五六年级，修远学段）三个学段，形成《成志学段三进阶方案》《成志学段进阶实用手册》，实现“启程—知行—修远”学段三进阶的贯通实施，以成志为价值引领，通过融合学科、打通空间、段长负责制等举措，整合育人要素，实现生命成长周期性递进。启程学段，呵护兴趣。以多方位的兴趣培养启动学习与成长内驱，注重言行得体和协商互让品格的养成。知行学段，培养乐趣。注重丰富学习方式，加强实践体验，使学生从中获得乐趣并能坚持。修远学段，激励志趣。基于学生身心处于第二发展期特点，激励更为自主、自觉的发展，引导面向中学的学习与生活，培育学生的理想与抱负。

第二，高效落实学科育人的“1+X 课程”及主题课程群。高效落实国家基础课程“1”，并由“1”生长出儿童个性课程“X”（含学校、学段、个体的个性课程），两者互动，增强学科内知识的有机联系，“1+X 课程”使学科与生活、科技联通，既充分发挥各学科育人的独特价值，又实现了合力育人的效果。为实现完整人核心素养的发展，清华附小找到的重要思想就是主题整合。根据儿童的身心发展特

---

① 窦桂梅．清华大学附属小学：成志教育——儿童成长的指南针[J]. 人民教育，2019（Z1）：44.

② 窦桂梅．清华大学附属小学：成志教育——儿童成长的指南针[J]. 人民教育，2019（Z1）：45-48.

点、学习发展需求以及学科教育的基本规律，将核心素养分解为若干核心主题。核心主题是以学科的重要知识、关键能力、核心方法为基底，指向儿童生命成长的精神价值。课程群以某主题，将内容相似或目标相近的不同样态的课程统整在一起，整体设置课时，进行系统、深度学习。以这些核心主题整合，优化各学科学习内容、方法及路径，学生在整体的、深度的课程群的学习中，提升核心素养。在主题整合的实践中，归纳出三种核心素养导向的整合途径：学科内整合、学科间整合、超学科整合。三种整合方式，以主题统整，形成持续的、发展的课程群，从而深度提升学生的必备品格、关键能力。

第三，建立儿童内生机制及教师激励机制。清华附小教师努力用敬业、博爱、儒雅成就每一位学生，把每一位学生的成长当作最高荣誉，成为精神上气象万千的成志教师，把清华附小人单纯又强烈的激情化作儿童全面发展、学有所长的内生动力。首先，建立儿童内生机制，包括仪式教育、自选自创课程、自主管理项目活动等形式。其次，建立教师激励机制。以成为“四有”好老师为目标，造就一支党和人民满意的高素质、专业化、创新型成志教师队伍。

践行成志教育，还需要建立一套客观、全面、系统的评价机制。清华附小将学生完整发展纳入科学化、规范化评价轨道，形成立体式评价体系，包括学业过程数据的分析与建议、学生关键事件的自主记录、自我激励的榜样评选与学习。跟踪个体成长的过程数据分析。建立每个学生品格、学业、体质阶段性发展的过程数据分析系统，形成横向、纵向的数据关联分析，描述学生的个体成长轨迹，定期提供发展报告，指导家长、教师共同促进学生全面发展。自主记录成长的关键事件。通过学生行为养成 App，由教师引导学生进行文字、图片、视频的自主记录，自主选择成长中的关键事件进行客观描述，可以包括课堂上自己的表现、运动场的坚持、活动中的策划参与、自主管理中的付出与收获等。记录会最终形成电子档案，由同伴、家长、教师共同见证，勾画学生成长的“图谱”，促进实现自我发现与自我超越。发挥成志榜样引领作用。通过健康、阳光、乐学金银铜奖的评选，校长奖的自主申报，“我是成志荣誉升旗手”的申请，三张名片之星的评选等，引导学生在经典阅读中仰望榜样，在现实生活中对标榜样，在生命成长中做成志的自己。

3. 清华附小成志教育的影响与评价

清华附小从1915年的成志学校历百年而成今天的成志教育，率先提出兼具理论性与实践性的成志教育系统育人模式。以成志为纲，厘清立德树人的小学价值追求；丰富“成志”时代内涵，明确“有理想、有本领、有担当”的成志使命；确立“让儿童站立学校正中央”教育哲学，形成指向理想与抱负、意志与品质、实践与行动的成志方略。在理论与实践的双向建构中，学校明确成志教育的内涵与时代价值，挖掘成志与立德树人的内在联系，使之成为逻辑主线和核心机制，揭示了立德树人的基本规律。

成志教育取得了丰硕的成果。学生呈现出体魄健康、心态积极、志向高远、学业优秀、习惯优良等特点；教师自觉成志，呈现敬业、博爱、儒雅的职业样态；学校形成育人共同体，获得国内外教育界的认可和实践推广；探索形成了一套系统的可操作的物化成果，为基础教育提供了立德树人的实践样本。顾明远认为：“成志教育是小学阶段践行立德树人要求的可贵探索，是学校办学文化的百年传承，是中国小学教育发展史上的实践创新和办学思想创新。”[①]

(三) 幸福教育：深圳学府中学的教改实验

1. 幸福教育教改实验的由来与内涵

深圳市南山区第二外国语学校（集团）学府中学（简称学府中学）的幸福教育教改实验是由校长陈铁成发起并践行的。陈校长在长期的基础教育教学与管理工作中，发现当前中小学普遍存在着学生厌学、沦为知识附庸、个性泯灭、生命尊严缺失、人际关系异化等现象。陈校长认为上述现象折射出一个严肃的问题：现在的学生幸福吗？是谁剥夺了他们本该拥有的幸福的童年和无忧无虑的少年时光？为什么原本对学校充满了向往、对知识充满了渴望的学生，经过教师的精心培养，却对学习失去了兴趣，对学校充满了厌恶呢？带着以上困惑，陈校长于2006年开始攻读教育学博士学位。在学习的过程中，他对教育的本质有了更为深刻的理解，对学校的价值、对教师职业的内涵渐渐清晰，逐渐形成了自己的教育观：教育的

---

① 清华大学附属小学．成志教育：小学立德树人的模式构建与实践探索[J]. 人民教育，2018（8）：59.

本质就是培养人，人活着就是为了追求幸福，所以，能使学生幸福的教育就是好的教育，以幸福教育为理念的学校也一定是好的学校。为此，他立志建一所幸福的学校，成为幸福教育的积极推动者。

陈校长认为，幸福教育的最终目标是学生的“全人生幸福”，即人一生的全部过程的幸福，尤其是当下的幸福，要给学生提供能够让学生体验到幸福的知识以及培养学生建立正确幸福的观念。幸福教育首先要启发孩童，给孩子们树立正确的人生观，因为一个人有什么样的人生观就决定了他走什么样的道路；幸福教育要发扬“扬长教育”即“天赋教育”，让学生轻松地走向成功；幸福教育中教师要成为学生的生涯规划师；幸福教育要改变学校的学习模式和氛围，营造“学习场”，使学校成为充满诗意和幸福感的象牙塔，让孩子在这里得到人文的滋养、幸福感的浸润，同时学校也是教师诗意的栖息地；幸福教育不仅停留在学校，还要流淌到家庭和社区，实现学生幸福、教师幸福和家庭幸福。因此，幸福的教育也应该是家长满意、社会认可、学生乐学、教师乐业的教育。

2. 幸福教育的基本做法

幸福教育以学生的“全人生幸福”为方向，以“家长满意、社会认可、学生乐学、教师乐业”为目标，从“幸福的课程设计、幸福的教学方法、幸福的师生关系、幸福的评价体系”四条途径构建幸福学校。

第一，幸福课程——基于学生需求的课程设计。课程是学校教学的基础构件，构建学校的幸福课程体系是幸福教育的关键。幸福课程体系设计的观念和逻辑为：课程知识更新随着时代的进步而变化；校本课程开发围绕核心素养而设计；重视人文知识，滋养学生的心灵；尊重个人原生知识，顺势而为；课堂学习减负，构建幸福知识价值观；去精英化教育，关注每个孩子的成长；推行天赋教育，成就每个孩子各不相同的精彩人生。在这一逻辑基础上，学府中学设计了多样化的课程体系，包括幸福社团课程、幸福电影课程、幸福情商课程、幸福体育课程等等。幸福的课程设计为学生的个性发展提供了更广阔的空间，满足了不同学生的不同需求，真正做到“成就每一个孩子各不相同的精彩人生”。

第二，幸福学习——泛在学习环境下的高效学习。幸福教育推行“互联网+教育”，将信息技术深度融合于教育教学中。由减负增质走向深度变革，通过信息技术提升教学质效，构建幸福学校，已经成为老师的共识和常态行为。作业通、畅言教学系统、智学网、淘题吧等新型学习工具已经在学府中学的各年级逐步使用，这些新技术的应用，既使课堂焕发出新的活力，也对教、学、研、作业、测评等方面产生深远影响。

第三，幸福师生——全媒体时代下的“互师”关系。在自媒体和全媒体时代，学生学习知识不再依赖于学校、教师和书本，学生通过互联网，几乎可以学到任何想学习的知识。因此，传统意义上教师的“传道、授业、解惑”职业特点也发生了变化，教师除了本专业知识外，其他学科知识或许需要向学生学习，这是全媒体时代知识学习的基本特征，因此，应该构建“互师”的新型师生关系。在实践中，可以采取师生同场知识比拼、学生做班主任助理和学科知识助理、聘请学生为教师的导师、设立课堂学生讲师、学生出考卷等等形式来践行“互师”关系。

第四，幸福评价——学生自主发展下的“天赋教育”。幸福教育的评价秉承自我认同、他人肯定、众人欣赏的原则。幸福教育认为一个人的成功决定于其最擅长的地方，也就是个人天赋，所以，幸福的评价体系第一步是让学生在舞蹈类、器乐类、声乐类、体育类、传媒类、科技类、特异天赋类中自主选择申报“天赋”，这是自我认同；第二步由教师、同学、家长等对学生的“天赋”进行非正式表扬，即通过教师拇指卡、家长拇指卡、班主任拇指卡、校外拇指卡等，让学生在他人认同的氛围下，促进“天赋”成长，提升幸福指数；第三步是通过“学府天赋节”和“学府达人秀”活动，借助于教师、家长、同学、专家等的正式评价，检查和提升“天赋教育”的有效性，颁发“天赋异禀”荣誉卡，让学生在众人欣赏中体验成就感和幸福感。

3. 学府中学幸福教育的影响与评价

近年来，在构建幸福学校的理念引领下，学府中学的办学满意度和家长、社会认可度逐步攀升，学生学业成绩迅速提升，在南山区公办集团化学校中名列前茅，中考取得历史性突破。2016年底，全校师生幸福感问卷测量结果表明，学府学子的幸福指数得到了大幅提升，远远高于我国基础教育学生幸福指数平均值。[①] 幸福教育是教育的核心，也是人性的核心。学府中学以实现学生“全人生幸福”为方向，以有共同价值追求的学校为依托，筹备成立了“幸福学校联

① 陈铁成．幸福教育实践论 [M]. 长春：东北师范大学出版社，2017：191.

盟”，让幸福在更多的校园诗意而长久地栖居，真正实现“让每一个学生都幸福”的教育目标。

综观中华人民共和国成立以来的教改实验，可以看出，无论教改针对的具体问题是什么，其最终指向都是促进人的发展，其具体实施均落在课程与教学，离不开对学生的研究与教师的推动，其最终结果都在一定程度上提升了教育质量。因此，中华人民共和国成立以来尤其是21世纪以来所进行的教改实验，为新时代教育高质量发展提供了宝贵的现实经验，是新时代教育高质量发展不可忽视的实践优势。

第五章

新时代中国教育高质量发展指标体系的国际视野与本土构建

党的二十大报告明确提出“加快建设高质量教育体系”，谋划新时代中国教育高质量发展的顶层设计和战略规划的前提是要明确中国教育发展究竟达到了什么水平，对于这一基本问题的回答，始终离不开科学指标体系的建立以及基于标准的对于发展水平的衡量。指标体系是对教育高质量发展目标的细化和拓展，既可以揭示教育系统的深层机理，也能前瞻研判发展态势，只有抓住指标体系这一质量提升的“牛鼻子”，探索构建具有中国立场和国际视野的教育高质量发展指标体系，才能更好地发挥指标体系在推动教育高质量发展中的基础性、战略性和先导性作用，加快推进教育现代化、建设教育强国、办好人民满意的教育。然而，建立一套具有中国立场、扎根中国大地、服务政策需要并能推动教育实践改革、对接国际交流的高水准的教育高质量发展指标体系是一项相当艰巨而又长期的工作，离不开对指标体系背后的理论支撑和价值导向的理性分析。因此，本章侧重于对国内外教育质量指标体系进行理论考察，审视与反思国内外教育质量指标体系背后的理论支撑和价值导向，探索新时代中国教育高质量发展指标体系的定位和原则，以理性分析为教育高质量发展指标体系的建设提供理论框架思考和价值指引。

一、教育高质量发展的时代转换呼唤教育指标体系的新建构

新时代中国教育领域的主要矛盾已转化为人民日益增长的优质教育需求和不平衡不充分的教育发展之间的矛盾，教育发展从外延扩张、高速度发展阶段转向内涵提升、高质量发展阶段，处在转变发展方式、优化教育结构、提升质量效益的攻关期。中国基础教育发展已达到历史高位，整体发展水平已跃居世界中高收入国家行列。因应于建设创新型国家提出的创新人才培养的教育新要求，我国教

育需要实现从有质量到高质量的发展转型。[①] 推动教育高质量发展是“十四五”乃至今后较长一段时期内教育改革发展的基本主题，是加快推进教育现代化、建设教育强国、办好人民满意的教育的必然要求。然而，一个前提性的问题就是：什么是教育高质量发展？如何体现和确定教育是否是高质量发展？教育高质量发展需要达到怎样的水平或满足怎样的标准？无论是质量的形成，还是质量评价、质量比较、质量保证、质量监督，都离不开质量指标体系这个参照基准。这些问题的回答，实际上与如何确立和建构教育高质量发展的指标体系息息相关。指标体系是对教育高质量发展目标的细化和拓展，可以反映教育系统的发展特征、健康态势与变迁趋势，是可量化、可监督、可比较的一种基础性工具，具有支撑和引领作用。如果缺乏相应的指标体系与标准，教育的高质量发展就缺少有力抓手，就难以推进和真正落实。

（一）理念动因：新建构有助于教育高质量发展目标具体化

党的十八大以来，党和国家深刻把握世界发展大势，立足党和国家工作全局，就事关中国教育改革发展的方向性根本性战略性问题，提出了一系列新理念新思想新观点。党的十九大报告、十九届五中全会公报、《中共中央关于制定国民经济和社会发展第十四个五年规划和二〇三五年远景目标的建议》和党的二十大报告为全面建设社会主义现代化教育开好局、起好步提供了方向指引和总体规划，明确提出加快建设高质量教育体系。那么，什么是教育的高质量发展？高质量发展是对教育发展状态的一种事实与价值判断，意味着教育在“质”与“量”两个维度上达到优质状态，表现为教育享用价值与质量合意性的提升，具有教育供给及产出质量高、效率高、稳定性高等特点。[②]

如何使意涵丰富和解释性强的教育高质量发展落到实处呢？这需要指标体系将总体目标具体化和更加明确化，持续支持和指导不同层次教育质量指标体系构建，促进各级各类教育质量指标体系的不断完善。为此，建构新的教育发展指标

---

① 柳海民，邹红军．高质量：中国基础教育发展路向的时代转换 [J]. 教育研究，2021，42（4）：11-24.

② 柳海民，邹红军．高质量：中国基础教育发展路向的时代转换 [J]. 教育研究，2021，42（4）：11-24.

无疑十分必要。例如，不同层次的教育质量的具体划分，什么是好的学前教育？现阶段好的学前教育的基本要求与标准是什么？这自然是办好学前教育需要明确的地方。为此，需要对既往学前教育发展中的问题进行反思，从而建构新的指向好的学前教育的发展指标。再比如高等教育，建设世界一流大学和一流学科，自然内含着什么是“一流”和“一流”标准的界定与确立。其中有一些关键环节，例如什么是学生发展的高质量，如何衡量学生德智体美劳状况以及学生学业负担状况等。再比如，什么是影响教育质量提升的关键因素，它涉及多种多样的因素，需要考虑方方面面，需要从个体、家庭、学校、区域等各个层面立体化解读与分析影响学生发展结果的相关因素等。面对影响教育发展的诸多复杂因素，认识主要矛盾，抓住主干和关键，建构起具有明确性、合理性并具有内在关联性的教育发展指标体系，[①]有助于引导准确地把握教育高质量发展的方向和要求，深入分析制约教育高质量发展的关键性因素和薄弱环节，找准切入点、着力点和发力点，精准服务高质量发展。

(二) 价值动因：新建构有助于反映新时代教育发展的价值取向

推动教育高质量发展，不仅是适应社会主要矛盾变化、满足人民日益增长的美好生活需要的迫切要求，也是破解教育发展难题、提升教育发展质量、培养创新型人才、实现教育科学发展的迫切要求，更是加快推进教育现代化、建设教育强国、实现国家现代化战略目标的必然要求。教育高质量发展是解决教育发展不平衡不充分问题、更好满足人民日益增长的高质量教育需求的发展，是以人民为中心、促进人的全面发展的教育发展，是创新成为第一动力、协调成为内生特点、绿色成为普遍形态、开放成为必由之路、共享成为根本目的的教育发展，是追求更公平、更均衡、更协调、更全面、更创新、更优质、更可持续及更安全的发展。新时代中国教育高质量发展有其内在逻辑，发展基础是提高人才培养质量，发展核心是教育创新，最高层次是可持续性发展，终极关怀是实现人的全面发展。

用什么样的标准体系来判断教育发展的具体举措和成果，是教育发展中面临

① 张乐天．新时代我国教育发展与教育指标的新建构——兼谈 OECD 教育指标的借鉴意义[J]. 南京师大学报（社会科学版），2019（4）：13-19.

的一种重大理论问题和现实问题，更是一个深层次的价值取向问题。教育指标体系作为判断社会在教育领域准则、价值和目标等方面的表现依据，如果没有科学的判断指标，改革就可能走偏，甚至出现方向性错误。教育指标体系的新建构，是对于教育应当“培养什么人”“如何培养人”的持续正面宣传，有助于引导社会树立正确的教育质量观和育人观，扭转“唯分数”“唯升学”等不科学的教育评价倾向，有助于及时把握教育高质量发展的内在价值取向和旨归，紧紧围绕解决教育发展不平衡不充分问题，更好满足人民日益增长的高质量教育需求，是以人民为中心、促进人全面发展的教育发展的价值核心，体现新时代教育发展的基本价值取向，是教育发展“向何处去”的正确解答，是改革“改得怎么样”的衡量尺子，让以人民为中心和促进人的全面发展理念落到实处。

（三）实践动因：新建构有助于规划和改善教育发展行动路线

如何准确把握从“有没有”到“好不好”、从“大不大”到“强不强”两大教育发展路径；如何深刻实现中国教育高质量发展的发展方式转变、教育结构优化、发展动力转换；如何在纵向维度上摸索出学前教育、义务教育、高中阶段教育、高等教育、职业教育、特殊教育、继续教育等各级各类教育高质量发展的不同路线；如何在横向维度上对教育高质量发展应关注的重点领域给予有效回应，找到解决实质问题、难点问题、棘手问题的有效方式、途径、长效机制；如何把这种路径、对策、长效机制转化成为新时代中国教育高质量发展的中国经验、中国模式、中国道路。这些都是新时代中国教育高质量发展的研究难点。

只有有了明确的指标与标准，才能更清晰地找准问题，规划和完善行动路线。教育指标体系的新建构有助于监测教育发展的态势和预测未来趋势，为解释教育系统状态和变化提供数据支撑，有助于规划教育高质量发展的最优行动路线，找准实现教育高质量发展的关键问题、突破口和切入点，提供中国教育高质量发展的具体布局与行动路线的决策咨询，提示教育高质量发展的最优实践路径，为相关教育决策的制定和管理提供支撑。与此同时，教育指标的新建构，也有助于结合高质量发展的理念，对教育发展全过程进行质量监控，通过教育督导，强化责任主体履行各自责任。全过程的质量监控，将过程性监控或阶段性监控与结果评估有机结合，避免教育发展计划与落实出现“两张皮”现象，杜绝为监测而监测的流于形式问题。既要将各级政府的监督管理与院校的实时自查相结合，及时发现问题，迅速解决问题，又要将教育内部监督与外部监督结合起来，使监管过程更加公开透明，为推动和促进教育高质量健康持续发展提供保障。

二、国际教育质量指标体系的理论考察

自20世纪60年代起，随着人力资本理论的提出与发展，世界各国和地区日益重视教育在促进经济增长、推动社会发展和增强国家竞争力中的重要作用，特别是发达国家和地区普遍高度关注教育投入和产出的关系以及教育内外效应。因而，作为汇集教育数据、监测区域教育发展、评估教育投入与产出、支持教育决策变革以及了解教育发展现状和趋势的教育发展指标体系研究和设计逐渐成为教育理论与实践的重要领域。目前已有多个国际组织、国家以及地区在其公布的教育统计报告中都设计了教育统计指标体系，便于比较不同国家和地区的教育发展质量和水平，这些指标体系对于世界各国和地区的教育发展和教育政策引导具有广泛而深入的影响力。其中较为有代表性的包括经济合作与发展组织、联合国教科文组织的教育发展指标体系。

（一）理论框架——CIPP评价模型

CIPP评价模式最初由美国学者斯塔弗尔比姆（DL Stufflebeam）于20世纪60年代提出，由背景评价（context evaluation）、输入评价（input evaluation）、过程评价（process evaluation）与成果评价（product evaluation）4个要素构成。CIPP评价模式的创立初衷，不在于证明教育目标是否达成，而在于通过评价不断改进教育方案和提升教育质量，由于基于CIPP评价模型建构的教育指标体系具有较强的适用性与可比性，因而受到广泛认可。

21世纪初，斯塔夫比姆对CIPP模式进行了补充和完善，把成果评价分解为四个阶段，具体包括影响（impact）、成效（effectiveness）、可持续性（sustainability）和可推广性（transportability）。其中，影响评价是对方案、影响目标受众的程度做出评价；成效评价，主要是对方案实施效果的效用性进行评价，与影响评价相

比，更加强调方案对受益者长久利益的影响；可持续性评价，主要是对某一方案是否可以制度化地循环使用做出评价；可推广性评价，主要是对方案在可持续实施的前提下，在何种程度上可以被应用于其他地方做出评价。[①]

表5-1 CIPP 评价模型[②]

评价要素	背景评价（context evaluation）	输入评价（input evaluation）	过程评价（process evaluation）	成果评价（product evaluation）
含义	背景评价是对方案出台的背景以及方案目标确定依据的评价	输入评价是在背景评价的基础上，对达到目标所需要的条件、资源以及各备选方案的相对优点所做的评价，其实质是对方案的可行性和效用性进行判断	过程评价是对所确定的方案的实施过程的评价	成果评价是对一个方案的成就所进行的测量、解释与判断
评价的主要内容	特定情境存在哪些需求，这些需求是否普遍且重要，满足这些需求存在哪些困难，满足这些需求的可能方式有哪些，方案的目标反映这些需求的程度如何，怎样调整方案目标以真正满足特定需求	哪种包括人员、实施程序及经费预算的方案设计更符合目标要求；除此方案，还有哪些替代性方案；为什么选择目前这一方案；怎样设计这一方案的实施策略；此方案的经费预算及其实施进度如何	方案的进度如何，是否按原计划实施，是否有效利用了可用资源，方案的执行程度如何，为何需要修正，基于什么理由，方案参与人员接受并实践其角色的程度如何，实施的方案与原计划有哪些差异，方案实施中的经费支出情况如何，评价者与方案参与者对方案质量的整体判断如何	方案是否满足了预定目标与需求；方案的实施产生了哪些预期效果和非预期效果，正面效果与负面效果；与方案有关的各种人员对结果的价值与优点有何判断；实施方案者的受益程度如何；方案的结果信息与方案的背景、输入、过程信息有何联系

① DL STUFFLEBEAM，GF MADAUS，T KELLAGHAN.Evaluation models：viewpoints on educational and human services evaluation[M].2nd ed.Boston：Kluwer Academic Publishers，2000：287.

② 张立昌 . 课程设计与评价 [M]. 长春：东北师范大学出版社，2010：111-113.

(续表)

评价要素	背景评价(context evaluation)	输入评价(input evaluation)	过程评价(process evaluation)	成果评价(product evaluation)
主要方法	系统分析、调查、文件探讨、听证会、访谈、诊断性测验等	将现有的人力、物力、解决策略及程序设计列出清单,并分析其适切性、有效性及经济性;考察几种可供选择的有关文献;考察获得成功的类似方案;采用"建议小组技术",对不同方案做出审慎判断;采用小型实验室的方法选出最佳实施策略	追踪活动中可能出现、存在的障碍,并对出乎意料的障碍保持警觉;描述方案实施的真实过程;与方案工作人员不断交往并观察他们的活动	对结果的标准下一个操作性定义,并对之进行测量;收集与方案有关的各种人员对结果的判断;对结果进行质与量的分析
主要功能	提供用以调整或建立目标与方针的基础,决定方案实施的场所	考察各种可能的方案策略,并发展一种适用的计划,从而避免把时间、金钱浪费在一个注定会失败或者浪费资源的方案上	实施并改善方案的设计及程序,提供一份方案实施的真实记录以便日后解释结果	决定是否继续、中止、修订某项课程变革活动或调整其重点

近年,一些代表性的国际组织和国家基于CIPP模型,将诊断性、形成性和总结性评价有机结合,构建了既具共性而又兼备特色的教育指标体系,指引世界各国和地区前瞻教育发展方向,合理定位教育发展目标、水平、规模、结构和速度等,为世界各国和各地区的教育决策提供了方向引领、价值遵循、数据支撑和评价工具。比较具有代表性的如:经济合作与发展组织参考CIPP评价模型建构了自己的评价维度和指标体系《教育概览:OECD指标》,通过系列指标体系追踪、测评和分析成员国教育发展状态;联合国教科文组织发布的《世界教育报告》(*World Education Report*)中的世界教育指标系统同样遵循了CIPP模式的四个基本指标维度。二者较为成熟和具有代表性,为全球各个国家和地区的教育改革和发展方向提供了强有力的指标引导、数据支撑,服务政策决策。

（二）内容与特点——OECD、UNESCO 教育指标体系

1.OECD 教育发展指标体系

经济合作与发展组织（OECD）的宗旨就是通过在经济增长、金融稳定、贸易和投资、技术创新、企业管理等方面的合作来帮助成员国实现可持续性经济增长和就业，同时保持金融稳定，为世界经济发展做出贡献。目前 OECD 已经成为世界上最大和最可靠的全球性经济和社会统计数据的来源之一。

（1）OECD 教育发展指标体系发展历程

OECD 教育发展指标体系主要经历了以下几个发展阶段：

第一阶段：教育指标框架的确立（1991 年以前）。OECD 早在 20 世纪 70 年代就开始了教育发展指标体系的研究，并构建了初步的教育发展指标体系。1988 年，OECD 正式启动国际教育体系指标项目，在项目初始阶段，选用何种概念框架来组织指标体系成为讨论的焦点。后来提出教育组织、教育决策等过程指标，并确立了“情景—过程—结果”框架。OECD 前三版《教育概览：OECD 指标》的指标体系基本上是按照“输入—过程—结果”的框架组织的。不过，虽然指标体系的概念框架相通，但具体的指标设置有所区别。

第二阶段：教育指标框架的早期尝试（1991—1995 年）。1991 年 OECD 提出了包含资源与过程、情景和结果三个领域 36 个指标的指标体系。其中，资源与过程包括了财政经费、参与、人力资源和决策内容在内的 21 个指标；情景领域包括了教育的人口和经济背景 5 个指标；结果领域包括了学生输出、教育系统输出和劳动力市场输出情况等内容在内的 10 个指标。OECD 教育发展指标体系以经济学的输入—输出模式为基础，逐渐形成了背景—投入—过程—产出的分析模式，也就是说，OECD 教育发展指标体系是从教育背景、教育投入、教育过程、教育产出四个维度展开统计和描述的。

第三阶段：教育指标框架的调整（1996—2001 年）。OECD 在 1996 年对概念框架进行了调整，不再严格执行三部分结构的组织方式，43 个指标被分到“人口、社会和经济背景”“教育费用与财政及人力资源”“获得教育、参与与进步”“学校环境与学校和课堂过程”“教育机构的毕业生输出”“学生成就与成人识字”和“教育的劳动力市场输出”等领域中。

第四阶段：启用新的教育指标框架（2002 年以后）。自 2002 年开始，OECD

又对指标体系概念框架进行了修改，改进后的框架区分了个体学习者、教学情境、学习环境、教育服务提供者和整体教育系统几个教育系统中的能动因素，并提出了包括“教育机构的输出和学习影响”“教育投入的财政资源”“获得教育、参与与进步”和“学习环境与学校组织”四个领域的框架模式。

第五阶段：调试新的教育指标框架（2010年以后）。经过近20年的发展，OECD的教育指标研究不断深入，指标体系更为系统，分为四类领域（即“教育机构的产出及学习的影响”“教育机会、参与与过渡”“教育经济资源投入”“教师、学习环境与学校组织”）。以2020年指标体系为例，在4个维度基础上，细分为25个指标（详见表5-2）。在25个指标中，每一个指标又划分为若干指标并进行了详尽的分析，系统说明了每一个指标的具体内涵以及指标所要阐释的核心问题。新的指标框架具有较强的动态性和发展性，每年的指标内容都在不断更新，反映了不同时期各成员国教育关注点的动态变化，也反映了不同时期社会政治、经济、文化的变化以及这种变化对教育的影响。这种变动和发展既与指标开发理论研究的深化有关，也与政策焦点的转移有关，还与统计技术和数据基础的改善有关。

表5-2 《教育概览2020：OECD指标》教育指标体系[①]

维度	指标	主要内容	核心问题
教育机构的产出及学习的影响	指标1： 成人学习水平	25—34岁群体受教育程度、变化态势、职业资格情况、性别情况等	成人学习达到了什么水平
	指标2： 劳动力受教育情况	劳动力市场状况分列的18—24岁受教育情况、啃老族情况	从教育过渡到工作：今天的年轻人在哪里
	指标3： 学历影响就业关系	受教育程度、职业技能情况与就业关系情况	教育程度如何影响劳动参与

① OECD.Education at a Glance 2020：OECD Indicators[R/OL].（2020-09-08）[2021-11-15]. https：//read.oecd-ilibrary.org/education/education-at-a-glance-2020_69096873-en.

（续表）

维度	指标	主要内容	核心问题
	指标4： 教育的经济效益	不同学历劳动者的相对收入	教育对于收入的影响
	指标5： 教育投资的动机	受教育程度与经济回报情况	教育投资的经济激励是什么
	指标6： 教育的社会效益	学历和社会生活状况之间的关系，侧重于父母受教育程度与欺凌行为影响、教育程度与政治认同、政治兴趣等影响	教育能带来什么社会效益
	指标7： 非正规教育情况	成年人参与非正规教育和培训情况、不同类型企业支持情况	成年人平等参与非正规教育的程度
教育机会、参与与过渡	指标1： 教育机会	教育机会及其变化情况	哪些人接受教育
	指标2： 幼教体系情况	3岁以下幼儿入园率、3—5岁入园率变化、幼儿与保育员比率、教育支出、人员教育培训程度等	世界各地的幼儿教育体系有何不同
	指标3： 高中毕业情况	高中毕业率、侧重入学课程方向和性别差异等	谁有望完成高中学业
	指标4： 高等教育升学情况	首次进入高等教育的入学率以及学士、硕士和博士新生入学率等	谁有望进入高等教育
	指标5： 高等教育毕业情况	首届大学毕业生毕业率以及不同专业领域毕业情况	谁有望完成高等教育
	指标6： 国际交流情况	高等教育中留学生情况，按国籍、目的地国家和专业领域分布情况	国际留学生情况
	指标7： 职教体系情况	不同阶段职业教育学生情况、课程、年龄和性别分布、职业教育与非职业教育衔接情况	世界各地职教体系有何不同

（续表）

维度	指标	主要内容	核心问题
教育经济资源投入	指标1： 生均教育支出	全日制学生在教育机构的总支出、年度变化等情况	平均每个学生花在教育机构的投入是多少
	指标2： 教育支出占比	教育支出占GDP比重	一个国家教育支出占GDP的比重是多少
	指标3： 教育公共支出与个人支出比例	按最终来源分列的公共、私人和国际教育机构支出情况	公共与私人教育投入情况
	指标4： 教育公共总支出	教育公共支出总额占政府支出总额的比重、按政府层级划分的教育公共资金总来源分布情况等	教育方面的公共开支总额是多少
	指标5： 高等教育学生学费与教育资助	由高等教育机构收取的年度学费、政府直接和间接投入教育机构的经费以及政府提供给家庭的学生生活费用补贴	高等教育学生的学费是多少，他们得到了哪些公众支持
	指标6： 教育经费使用范围	经常项目和资本项目支出的划分以及经常项目支出的分布	教育经费用于哪些资源和服务
教师、学习环境与学校组织	指标1： 学生学习时间	义务教育时间、教学时间、不同学科授课时间分配	学生平均每年花多长时间在教室里
	指标2： 生师比与班额	生师比和班级规模	生师比和班级规模是多少
	指标3： 教师和校长工资	教师和校长的实际平均工资	教师和学校领导的薪酬是多少
	指标4： 教师和校长工作时间	教师课时情况、教学活动和非教学活动工作时长	教师和校长花多少时间在教学和工作上
	指标5： 教师结构	教师性别、年龄、学历结构	谁是教师

（2）OECD教育发展指标体系的主要特点

OECD对国际教育指标的研究成果主要集中体现在历年发表的《教育概览：OECD指标》中，其所呈现的教育指标体系有四个特点：

一是信息范围广泛，具有较强的政策导向性。将教育与经济发展和劳动力市场联系起来，关注劳动力受教育水平及其对收入的影响，关注终身学习。指标体系的选取具有政策相关性，更好地服务于教育政策决策。

二是理论基础坚实，具有较强的系统性。依托人力资本理论，将市场经济中的供需模型，即“背景、输入、过程和结果”（简称 CIPP）模式运用于教育指标体系构建，具体包括背景、投入、资源、学校教育过程、教育产出等内容，指标体系更加系统、合理和科学。

三是强化过程评价，具有较强的过程性。指标体系全面系统，重视对教育过程的监测和评价，涵盖早期教育、基础教育、高等教育、职业教育等所有教育阶段和类型，关注教育质量、教学环境、学生成绩、教学组织等过程性信息。

四是回应社会关切，具有较强的动态性。虽然教育指标体系核心指标基本保持不变，但是一些具体指标和关注重点会随着社会发展变化，灵活调整。如《教育概览 2020：OECD 指标》及时反映新冠疫情对 OECD 及其伙伴国的教育影响，这场疫情危机对全球职业教育与培训打击最为严重，尤其是在封锁期间，构成经济与社会生活支柱的许多职业都依赖于职业教育与培训，因而，《教育概览 2020：OECD 指标》将关注重点放在了职业教育与培训上，及时反映社会发展趋势，不同时期关注的侧重点不同。[①]

2.UNESCO 教育发展指标体系

联合国教科文组织（以下简称 UNESCO），是国际上教育统计数据的主要发布者。全球教育统计数据是联合国教科文统计研究所（UNESCO Institute for Statistics，UIS）公布的官方数据。其数据不仅用于编制联合国的重要报告，例如《人类发展报告》《世界发展报告》《世界儿童状况》等，还用于诸多全球指数的计算，如人类发展指数和世界竞争力指数。作为教科文组织的官方统计数据，全球教育统计数据通过开发、生产和分析教科文组织主管领域内的跨国可比数据，为各国实现其发展目标的进展设定基准；此外还为各国提供一系列技术服务和工具，便于各国使用者通过使用高质量数据进行有效的决策。

---

① OECD.Education at a Glance 2020：OECD Indicators[R/OL].（2020-09-08）[2021-11-15]. https：//read.oecd-ilibrary.org/education/education-at-a-glance-2020_69096873-en.

(1) UNESCO 教育发展指标体系发展历程

2000年以前，联合国教科文组织每两年发布一期《世界教育报告》，共计5期，用以提供各国教育发展的可供比较的数据和资料，服务各国教育发展决策。该指标体系按照CIPP模式建构，以2000年的指标体系为例，共包括11个一级指标，具体为人口与国民生产总值，识字，文化传播，学前及初等教育入学机会，初等教育状况，初等教育内部效率，中等教育状况、师资，高等教育状况，高等教育学生分布，私立学校教育与政府教育支出，公共教育经费，下设47个二级指标。

自2002年开始，联合国教科文统计研究所每年发布《全球教育统计摘要》，对全球全面教育6方面目标的进展情况进行分析，并附有全球教育发展状况的统计表，以供各国发展教育指标及拟定政策时参考。为了监测全民教育6大目标的实现程度，联合国教科文组织确定了18项核心指标并进行重点监测，由各参与国定期向该组织提供年度统计数据。18个统计指标有学前教育毛入学率、一年级学生中接受过学前教育的比例、小学新生毛入学率、小学新生净入学率、小学公共经费占GDP的比例及小学生均经费占人均GDP比例、小学公共经费占教育总经费比例、小学教师合格率、小学教师资格合格率、师生比、分年级重读率、五年级保留率、绩效系数、四年级合格率、15—24岁人口识字率、成人识字率和识字率的性别差异系数等。[①]

此外，联合国教科文组织自2002年开始发布《全球教育监测报告》(2016年以前名为《全民教育全球监测报告》，是一份独立的年度报告)，通过在世界教育指标体系的基础上开发的全民教育发展指数监测和评估各个国家履行《达喀尔行动纲领》"2015年前向所有儿童、青年和成年提供基本教育"诺言的情况。在世界教育指标体系的基础上，结合世界发展形势和突出问题，每年确定一个核心主题(历年全球教育监测报告主题详见表5-3)，例如：2003/2004年报告关注性别与全民教育，尤其是女童接受教育情况；2010年报告关注边缘群体等。

---

① UNESCO.Global Education Digest 2011：Comparing Education Statistics Across the World[M].Montreal：UNESCO Institute for Statistics，2011：304-306.

表5-3 全球教育监测报告主题（EFA global education monitoring report）

年份	英文主题	中文主题
2002	Education for all：is the world on track?	全民教育——世界走上正轨了吗?
2003/2004	Gender and education for all：the leap to equality	性别与全民教育——向平等跃进
2005	Education for all：the quality imperative	全民教育——提高质量势在必行
2006	Literacy for life	终身扫盲
2007	Strong foundations	扫盲至关重要
2008	Education for all by 2015：will we make it?	在2015年之前实现全民教育——我们能做到吗?
2009	Overcoming inequality：why governance matters	消除不平等：治理缘何重要
2010	Reaching the marginalized	普及到边缘化群体
2011	The hidden crisis：armed conflict and education	潜在危机：武装冲突和教育
2012	Youth and skills：putting education to work	青年与技能：拉近就业和教育的距离
2013/2014	Teaching and learning：achieving quality for all	教与学：实现高质量全面教育
2015	Education for all 2000—2015：achievements and challenges	2000—2015年全民教育：成就与挑战
2016	Education for people and planet：creating sustainable futures for all	教育造福人类与地球：为全民创造可持续的未来
2017/2018	Accountability in education：meeting our commitments	教育问责：履行我们的承诺
2019	Migration，displacement and education：building bridges, not walls	移徙、流离失所与教育：搭建桥梁而不是筑起围墙
2020	Inclusion and education：all means all	包容与教育：覆盖全面，缺一不可

2015年，世界教育论坛在韩国仁川举办，会议通过了《仁川宣言》，鼓励各个国家提供“全纳、公平、有质量的教育以及全民终身学习机会”，实现可持续发展目标4，为今后15年各国教育发展提出了新的教育愿景。2016年，《全民教育全球监测报告》更名为《全球教育监测报告》，用于监测和报告可持续目标4以及其他可持续发展目标中的教育事宜，为政策制定者提供重要参考。《全球教育监测报告》具有高度的敏锐性，抓住核心议题的突出问题和关键环节，例如2016年的《全球教育监测报告》将主题聚焦在“教育造福人类与地球：为全民创造可

持续的未来”，这是因为2015年9月在联合国大会第七十届会议上，会员国通过了一项新的全球发展议程，即《变革我们的世界：2030年可持续发展议程》，该议程的核心议题就是17个可持续发展目标，因而2016年的报告重点探索教育和可持续发展之间的复杂关系。再如2020年，报告敏锐观照到新冠疫情流行期间，排斥现象加剧，扩大了不平等现象，特别是因性别、贫穷、残疾、族裔、宗教、移民等处境不利儿童，将年度主题放在包容与教育，强调关注处境不利儿童，构建更具弹性和平等的社会。除了一些基础指标，年度报告所采用的指标内容更加具有针对性，如在细化指标中纳入具有少数民族族裔背景教师占比，入学率在语言、财富、地区和种族间差异，设有单性厕所的小学比例等，主题更加聚焦。①

（2）UNESCO 教育发展指标体系主要特点

UNESCO 教育指标体系的主要特点：

一是具有先导性，理念先行。历年《全球教育监测报告》，产生了较大且深远的影响，对全民教育、教育可持续发展、教育公平等一系列教育理念进行了正面宣传，对引导世界各国树立正确的教育质量观和发展观起到了重要作用。

二是具有内在逻辑性，目的明确。评价体系就是用于监测教育目标的实现程度，针对性较强，因此选择能反映这些目标的相关指标。

三是具有灵活性，可操作性强。综合指数的构建常常会受到数据可得性的限制。在数据不可得时，或者牺牲指数的反映能力，如放弃反映学前教育和成人教育目标的实现；或者使用不很理想的替代指标，如用小学5年级学生的保留率反映教育质量。

四是具有政策导向性，主题聚焦。在指标体系的开发过程中，依据对政策目标的充分解读，将指标与政策密切结合，而且不同时期突出不同的主题，靶向定位政策目标的焦点问题和亟待加强的环节，增强指标体系与政策调整的联动。

① Global Education Monitoring (GEM) Report 2020[EB/OL].（2020-06-23）[2021-03-05].https://www.unesco.org/en/articles/global-education-monitoring-gem-report-2020.

三、我国教育质量指标体系的检视与省思

教育指标体系，就是通过一系列标准化、系统化的量化指标，以其直观性、度量化和可比性等特点，被用于评价教育发展水平，引导教育发展，以及提供教育发展策略。无论是教育行政部门还是学界研究者，已经研制出针对不同主题、不同层次和不同类别的教育指标体系，较具有代表性的如中国地区教育发展水平指标体系①、中国教育综合发展水平指标体系②、区域义务教育均衡发展监测指标体系③等。对既往教育指标进行检视，可以为教育高质量指标体系新建构提供省思。

（一）发展历程回顾

教育指标体系作为全面地衡量和评价教育发展水平和教学质量的一种方法和手段，改革开放以来，其建设逐步受到重视，并处在不断建构的过程中。这主要反映在20世纪80年代以来，在改革开放方针的指引下，我国教育事业经过拨乱反正，走上了健康发展的轨道，同时也进入大力发展的新阶段。与此同时，国家对教育统计和教育监测与评估工作也开始重视，并不断加强。教育统计和教育监测评估必然涉及教育统计指标和教育监测与评估指标，因此，对教育统计和监测评估的重视也意味着对建构教育指标体系的重视。这种重视，突出反映在国家设计制定了教育管理信息系统指标的法定单位。按照统计法的规定，国家事业统计报表的审批单位是国家统计局，教育部负责设计、制定中国教育管理信息系统指标体系。正因为有了法定单位，教育指标的建构便有了组织保障。

从20世纪80年代以来，我国已经建立起来的国家级教育指标体系主要有教育统计调查指标体系和教育评价与监测指标体系。“前者是教育部根据《中华人民共和国统计法》和国务院有关规定，从20世纪80年代以来逐步完善的年度统

① 王善迈，袁连生，田志磊，等．我国各省份教育发展水平比较分析 [J]. 教育研究，2013，34（6）：29-41.

② 中国教育科学研究院中国教育发展报告课题组，方晓东，高丙成．中国教育综合发展水平研究 [J]. 教育研究，2013，34（12）：32-39.

③ 朱家存，阮成武，刘宝根．区域义务教育均衡发展监测指标体系研究——基于安徽省义务教育政策实践 [J]. 教育研究，2010，31（11）：12-17.

计指标体系，共7类90项，侧重于教育现状的数量性描述，基本上属于原生性和基础性指标；而后者由原国家教委于1991年4月正式颁布试行，共4类77项，侧重于对整个国民教育水平、结构及其支持条件的评价与监测，全部为再生性或结构比例性指标。”[①]除了教育部统一设计制定教育指标以外，教育部有关职能部门为了改进宏观管理，也要求各省、自治区、直辖市填报某些年度和临时报表，这些也是构成教育指标体系的一个内容。我国教育指标的建构，还表现在国家针对不同类别的教育发展，制定了专项监测与评估指标。例如，20世纪90年代初期，国家为了检查和评估九年制义务教育普及状况和全国扫盲教育状况，制定了《普及义务教育评估验收暂行办法》《县级扫除青壮年文盲单位检查评估办法（试行）》。这些检查评估和验收办法，内含着评估指标的设置。这种专项评估指标，也成为我国教育指标体系的组成部分。

进入21世纪，我国教育指标在进一步充实与完善中。这主要表现在，为适应深化教育改革发展的需要，教育部开始对原有的教育统计指标体系进行了修订。例如：“教育部经国家统计局审批，分别于2001年和2002年修订了《基础教育统计报表》和《高等教育统计报表》。新修订的两套指标分类更为清楚直观，信息量更为丰富，指标统计口径更趋一致，特别是新增了有关民办教育指标。”[②]教育指标体系的修订，还突出地表现在教育部组织专家于2015年对1991年国家发布的《中国教育监测与评价统计指标体系（试行）》进行了修订和完善。修订后的监测评价指标体系分为综合教育程度、国民接受学校教育状况、学校办学条件、教育经费、科学研究5类102项指标，涉及各级各类教育。在修订教育指标体系的同时，我国也制定了一些新的专项评价指标。例如，2017年4月19日，教育部发布了《县域义务教育优质均衡发展督导评估办法》，其中对评估内容与标准有着新的规定。

2020年教育部再次组织专家对2015年修订的《中国教育监测与评价统计指标体系》进行了修订完善，依旧保留了5大类别，但是总指标达到120项。与修订前的指标体系相比，保留原指标36项，修订整合原指标50项，新增指标34项。修订后的指标体系中，有18项为国际组织的常用教育指标，有18项借鉴了联合

① 张力．教育政策的信息基础[M]. 北京：高等教育出版社，2004：42-43.

② 张力．教育政策的信息基础[M]. 北京：高等教育出版社，2004：45.

国2030年可持续发展议程教育监测评价指标，并结合我国教育事业发展情况进行了适当调整。新增思想政治教育、劳动教育、体育美育、家庭教育、终身教育等相关指标（具体指标详见表5-4）。

表5-4　中国教育监测与评价统计指标体系（2020年版）[①]

<table>
<tr><th>类别</th><th colspan="2">指标</th></tr>
<tr><td>综合教育程度</td><td colspan="2">国家财政性教育经费占国内生产总值比例、人口平均受教育年限、人口受教育程度分布比例、中小学教育完成率、每十万人口各级教育平均在校生数、各级各类学校（机构）举办的培训规模、从业人员继续教育参与率、经常性参与教育活动的老年人占比</td></tr>
<tr><td>国民接受学校教育状况</td><td colspan="2">学前教育毛入园率、普惠性幼儿园覆盖率、小学招生中接受过学前教育的比例、净入学率、毛入学率、义务教育巩固率、幼儿园和中（小）学平均班额、中（小）学小班额班比例、中（小）学大班额班比例、义务教育阶段农村学校在校生中寄宿生所占比例、义务教育阶段农村学校在校生中留守儿童所占比例、义务教育阶段在校生中随迁子女所占比例、义务教育阶段随迁子女在公办学校就读的比例、残疾儿童少年义务教育阶段入学率、义务教育阶段随班就读和在普通学校附设特教班学习的残疾人比例、除少数民族语文外其他学科均采用国家通用语言文字授课的少数民族学生比例、普通高中与中等职业教育招生比、普通高中与中等职业教育在校生比、成立家长委员会的学校比例、义务教育阶段学生学业水平达到Ⅱ级及以上的比例、学生信息素养达标率、学生体质健康达标率、学生肥胖率、学生视力不良率、年生均校外实训基地实习时间、毕业生职业资格或职业技能等级证书获取率、毕业生就业率、民办教育在校生所占比例、民办普通本专科招生所占比例、中（小）学与外方缔结“友好学校”的学校比例、普通高校开展短期出国校际交流的在校生所占比例、普通高校学历教育留学生与在校生总数比、普通高校外国留学生中接受学历教育的比例</td></tr>
<tr><td>学校办学条件</td><td>教职工</td><td>生师比、中（小）学班师比、学历合格专任教师比例、高于规定学历专任教师比例、高级专业技术职务专任教师比例、专任教师接受培训的比例、专任教师普通话水平达到二级乙等及以上的比例、幼儿园学前教育专业毕业专任教师比例、公办幼儿园在编专任教师比例、义务教育阶段教师交流轮岗比例、中（小）学县级及以上骨干教师比例、中（小）学生与专职心理健康教育教师比、每百名学生拥有思想政治理论课专任教师数、每百名学生拥有体育专任教师数、每百名学生拥有美育专任教师数、每百名学生拥有劳动与综合实践活动课</td></tr>
</table>

① 中华人民共和国教育部．教育部关于印发《中国教育监测与评价统计指标体系（2020年版）》的通知[EB/OL].（2020-12-30）[2021-05-04].http：//www.moe.gov.cn/srcsite/A03/s182/202101/t20210113_509619.html.

（续表）

类别	指标	
		程专任教师数、特殊教育学校受过特教专业培训的专任教师比例、“双师型”教师比例、普通高校具有硕士及以上学位的专任教师比例、普通高校为本科生上课的教授比例、普通高校学生与专职辅导员总数比、普通高校学生与心理健康教育专职教师比、普通高校聘请教师与校本部专任教师比、普通高校聘请外籍教师与专任教师比、专任教师退出率、教师平均工资收入水平与当地公务员平均工资收入水平比
	学校校舍、占地	义务教育阶段标准化学校覆盖率、生均校舍建筑面积、生均教学及辅助用房面积、生均实验室面积、寄（住）宿生生均宿舍面积、普通高校生均宿舍面积、生均学校占地面积、学校绿化用地面积所占比例、生均体育馆面积、生均运动场地面积、中（小）学体育运动场（馆）面积达标率
	学校图书、教学仪器配备	生均图书、幼儿园玩教具配备达标率、生均教学仪器设备值、中（小）学体育器械配备达标率、中（小）学音乐器材配备达标率、中（小）学美术器材配备达标率、小学数学科学实验仪器达标率、中学理科实验仪器达标率
	学校信息化建设	每百名学生拥有教学用终端数、建立校园网的学校比例、接入互联网的学校比例、出口带宽达到100Mbps以上的学校比例、网络多媒体教室占教室总数比例、开通网络学习空间的学生比例、开通网络学习空间的教师比例、每百名专任教师接受信息技术相关培训数、校均网络课程数
	学校医疗、卫生、安全情况	中（小）学有校医院（卫生室）的学校比例、中（小）学有专职校医的学校比例、有专职保健人员的学校比例、有安全保卫人员的学校比例、有网管供水的学校比例、有基本洗手设施的学校比例、有卫生厕所的学校比例、在校生死亡人数所占比例、在校生死亡人数中校内所占比例
教育经费	一般公共预算教育经费占一般公共预算支出比例、一般公共预算教育经费增长与财政经常性收入增长比较情况、生均一般公共预算教育事业费、生均一般公共预算公用经费、生均教育经费指数、捐赠收入及民办学校中举办者投入占教育总经费的比例、普通高校获得的社会捐赠金额	
科学研究	普通高校出版著作数、普通高校发表论文数、普通高校知识产权授权数、普通高校获省部级以上奖励的成果数、普通高校技术转让收入、普通高校 R&D 折合全时人员数、普通高校参与项目（课题）的研究生人数、普通高校科技或人文社科经费拨入总额、普通高校人文与社会科学研究与咨询报告被采纳数	

2021年3月，教育部等六部门印发《义务教育质量评价指南》，对构建新时期高质量的教育评价监测体系进行了部署和安排，更有力地推动教育高质量发展。指标体系包括15个重点内容，36个关键指标和84个考察要点，呈现出新的特点：（1）指标体系紧密围绕落实立德树人根本任务，将党和国家有关义务教育高质量发展的方针融入监测内容和指标。突出“五育并举”，促进培养德智体美劳全面发展的社会主义建设者和接班人，在关键指标上，补齐了劳动教育。（2）引导树立了科学全面的教育质量观，促使形成良好的教育生态。指标体系内容丰富，呈现了我国学生全面发展质量状况，对影响学生发展的关键因素进行了分析，尤其是在指标体系上突出了对关键能力的考察，体现了五育并举、素质教育的要求，扭转“唯数”“唯升学”等不科学的教育评价倾向。（3）指标体系聚焦影响学生发展结果的教育环境性和过程性因素。特别是从个体、家庭、学校、区域等各个层面立体化解读与分析影响学生发展结果的相关因素，为教育政策制定和调整、教育教学改进提供了精准的决策依据和证据支持。

表5-5　义务教育质量评价指标①

分类	重点内容	关键指标
县域义务教育质量评价	价值导向、组织领导、教学条件、教师队伍、均衡发展	全面贯彻党的教育方针、创建良好教育生态、健全领导机制、强化考核督导、保障足够学位、保障教学设施、保障教学经费、保障教师编制配备、提高教师队伍素质、落实教师地位待遇、保障教育机会均等、学校办学质量状况
学校办学质量评价	办学方向、课程教学、教师发展、学校管理、学生发展	加强党建工作、坚持立德树人、落实课程方案、规范教学实施、优化教学方式、加强师德师风建设、重视教师专业成长、健全教师激励机制、完善学校内部治理、保障学生平等权益、加强校园文化建设、学生发展质量状况
学生发展质量评价	品德发展、学业发展、身心发展、审美素养、劳动与社会实践	理想信念、社会责任、行为习惯、学习习惯、创新精神、学业水平、健康生活、身心素质、美育实践、感受表达、劳动习惯、社会体验

① 中华人民共和国教育部．教育部等六部门关于印发《义务教育质量评价指南》的通知 [EB/OL].（2021-03-04）[2021-10-12].http：//www.moe.gov.cn/srcsite/A06/s3321/202103/t20210317_520238.html.

（二）典型教育标准体系

除教育部主导的教育统计指标以外，学界研究者已经研制出针对不同主题、不同层次和不同类别的教育指标体系。

1. 区域教育发展评价

近年来区域教育发展情况越来越受到研究者的关注和重视，有些研究者使用指数方法对其进行了探索和分析，其中较为有代表性的有中国地区教育发展评价、中国教育综合发展水平研究和长江教育研究院发布的中国教育指数。为了准确地认识地区教育发展差距，为制定缩小地区教育发展差距的政策提供有价值的计量工具和比较数据，王善迈等在参考国内外教育发展指标的基础上，在数据可得的情况下对我国各省份2009年的教育发展总体水平及教育机会水平、教育投入水平、教育公平水平进行了统计测算和比较分析。①

为了全面客观准确地描述和比较我国各个地区教育的发展水平，客观反映我国教育事业发展取得的成就以及存在的不足，中国教育科学研究院中国教育发展报告课题组构建了由教育机会、教育条件、教育质量和教育公平4个一级指标、12个二级指标、46个项目指标组成的教育综合发展水平指数体系，并对各地区教育综合发展水平进行了测算评价。② 为科学认识我国整体及省级行政区的教育发展情况，提供阶段性追踪及检测的方法、手段及模型，刘复兴、薛二勇研究团队根据我国的教育政策评估需求与现实状况，参照国际组织有关国家的教育发展指标体系，建构了中国教育发展指数。针对国家和省级行政教育发展的规模、质量、效益、公平、创新情况，以“十一五”时期教育发展的宏观数据为基础进行评估，分别形成规模指数、质量指数、效益指数、公平指数、创新指数，最后加权形成教育发展的指数。③ 中国教育指数是长江教育研究院的年度研究成果，力求通过指数化研究，反映国家教育治理和教育改革的现代化进程，为进一步完善

① 王善迈，袁连生，田志磊，等．我国各省份教育发展水平比较分析 [J]. 教育研究，2013，34（6）：29-41.

② 中国教育科学研究院中国教育发展报告课题组，方晓东，高丙成．中国教育综合发展水平研究 [J]. 教育研究，2013，34（12）：32-39.

③ 刘复兴，薛二勇，等．中国教育发展指数 [M]. 北京：北京师范大学出版社，2014.

教育治理体系、提升教育治理能力提供标准化评价支持，构建了发展指数、创新指数、绿色指数3个一级指标，下设规模、投入、质量、信息、公平、贡献、创新、创业、创造、健康、生态、法治等12个维度的二级指标，二级指标下又衍生出34个观测指标，构成了以三级指标作为评价基准的教育评价体系。

2. 各级各类教育指标

各级各类教育具有不同的特点，研究者使用教育发展指数对学前教育、义务教育、普通高中教育、高等教育、继续教育综合发展水平进行了探索和分析。

针对学前教育，高丙成建构了涵盖我国学前教育普及、师资队伍建设、办学条件、财政投入、学前教育公平等方面的学前教育发展的评价指标体系，根据现有可得的数据对全国和各省份的学前教育发展指数进行了测算评价，横向上比较了我国31个省份和东中西部地区学前教育发展的区域差距，纵向上分析了2008至2012年我国学前教育事业的发展历程与进展。①

针对义务教育，均衡发展是其战略性任务，目前对于义务教育综合发展水平的研究集中在义务教育均衡发展状况。第一，从区域均衡视角出发，直观反映地区内的教育均衡发展程度。国家教育督导团根据《中华人民共和国教育法》《中华人民共和国义务教育法》等法律法规及国家有关政策，从教育投入、办学条件和师资队伍三个方面，对小学和初中的生均预算内教育事业费、生均预算内公共经费、生均校舍建筑面积、生均教学仪器设备值、教师学历合格率、中级及以上职称教师比例等6个主要指标，以2000年到2004年全国2800多个县的年度教育统计资料为基础，根据东、中、西部地区不同状况，同时结合国家督导团近年来专项督导检查情况，对全国及省域内城乡间、县域间义务教育公共资源配置状况进行分析。②第二，从县域均衡视角出发，重点考察县域内的教育均衡发展程度。有学者指出以县作为一个基本单位，找准切入点，构建县域内义务教育均衡发展的标准框架和指标体系。县域义务教育均衡发展的标准建构首先应明确优先超前原则、协调统筹原则、政府为主原则、资源均享原则、重在普及原则、质量第一

① 高丙成．中国学前教育发展指数报告[M].北京：北京师范大学出版社，2015：14.

② 国家教育督导团．国家教育督导报告2005——义务教育均衡发展：公共教育资源配置状况[J].教育发展研究，2006（9）：1-8.

原则，然后可以从环境均衡度、城乡均衡度和结果均衡度三个维度考虑，整合三个指标的总体均衡情况为综合均衡度。[①] 第三，从校级视角出发，重点考察学校之间教育均衡发展程度。还有学者指出目前已有的义务教育均衡研究大多集中在地区间和城乡间，对于关系居民义务教育资源分配的校级均衡关注较少，遵循资源配置均等原则、财政中立原则、弱势补偿原则、数据可得性原则，构建了由入学机会均衡指标、资源配置均衡指标和学校教育产出均衡指标三类指标构成的校级均衡评价指标体系，并借鉴联合国开发计划署从1995年起对人类发展指数的计算方法来计算义务教育均衡指数，以此分析校际义务教育均衡发展的差距，更好地推动义务教育的均衡发展。[②]

针对我国普通高中教育综合发展水平，高丙成、陈如平构建了由4项一级指标和10项二级指标构成的普通高中教育综合发展水平指标体系，根据该指标体系对我国各地区普通高中教育发展指数进行统计计算，结果显示：近年来，我国普通高中教育综合发展水平呈现逐步提高的趋势，但东、中、西部地区普通高中教育综合发展水平具有明显的差异和不同的特点。东部地区的综合发展水平明显高于全国平均水平，省份之间差异较小；而西部地区的综合发展水平略低于全国平均水平，省份之间的差异较大。[③]

针对高等教育综合发展水平，陈斌在借鉴已有关于教育发展指数研究的基础上，结合我国高等教育发展现状，专门对2010年我国高等教育机会指数、高等教育投入指数和高等教育质量指数进行统计。[④] 张男星、王纾、孙继红在参考国内外相关研究基础上构建了包含7个维度的我国高等教育综合发展水平指标体系，并采用PLS结构方程模型对2010年我国各省份的高等教育综合发展水平进行了测量。[⑤] 两者研究结果基本一致，我国高等教育发展水平总体上呈现东部高于中

---

① 于发友，赵慧玲，赵承福．县域义务教育均衡发展的指标体系和标准建构[J]. 教育研究，2011，32(4)：50-54.

② 王善迈，董俊燕，赵佳音．义务教育县域内校际均衡发展评价指标体系[J]. 教育研究，2013，34(2)：65-69.

③ 高丙成，陈如平．我国普通高中教育综合发展水平研究[J]. 教育研究，2013，34(9)：58-66.

④ 陈斌．中国高等教育发展水平省际差异透视——基于高等教育发展指数的证据[J]. 复旦教育论坛，2016，14(4)：76-82.

⑤ 张男星，王纾，孙继红．我国高等教育综合发展水平评价及区域差异研究[J]. 教育研究，2014，35(5)：28-36.

西部的态势。具体而言，高等教育机会指数东部显著高于中西部，中西部之间差异不大；高等教育投入指数省际差异显著；北京、上海两市高等教育质量指数明显高于其他省份。高等教育发展水平受经济发展水平和人口规模影响显著，国家政策和地理环境也对其产生一定影响。

3. 不同主题教育发展指数

教育公平、教育质量、教育机会是教育发展的重要主题，诸多研究者使用教育发展指数对教育均衡、教育绩效等内容评价进行了深入探索。

对于教育均衡评价研究，翟博在国内建立了公认度较高的教育均衡发展指标体系，其教育均衡发展指数体系在体系一的子领域中考虑到了教育机会均衡指数、教育资源配置均衡指数、教育质量均衡指数、教育成就均衡指数；在指标体系二的子领域考虑了区域教育均衡指数、城乡教育均衡指数、学校教育均衡指数。[①] 而且，这一指标体系是针对整个基础教育设计的，包括小学、高中教育均衡发展的测度，并非专门针对义务教育。翟博、孙百才运用教育发展宏观数据和调查数据测度基础教育均衡的现状和动态变化。一方面，使用官方公布的宏观数据建立基础教育均衡指数，测度1995—2010年的基础教育均衡状况，数据资料主要通过各类统计年鉴获得。另一方面，微观调查数据通过抽样调查获得，2010年项目组在山东、河南、陕西、甘肃四省份对47所学校和9966名学生及其家庭进行了抽样调查。从地区差异、城乡差异、校际差异、受教育学生群体差异分析基础教育均衡的现状和问题。体系一的测算结果表明，我国基础教育的教育机会均衡指数、教育资源配置均衡指数、教育质量均衡指数、教育成就均衡指数和教育均衡总指数均呈现逐年均衡的发展趋势，尤其在基础教育机会均衡方面取得了很大的进步。体系二的测算结果表明，我国基础教育的城乡教育均衡指数、学校教育均衡指数、群体教育均衡指数和教育均衡总指数依然呈现趋于均衡的态势，但区域教育均衡指数的变化波动较大。另一方面，通过来自河南省、山东省、陕西省和甘肃省的微观调研数据也得出了相似的判断，表明我国基础教育逐步走向均衡，但城乡之间的生均经费差距较大，不同类别学校之间发展不够均衡，不同群

① 翟博．树立科学的教育均衡发展观 [J]. 教育研究，2008（1）：3-9.

体的入学方式存在差异。①

教育绩效评价研究，绩效评价是高等教育从数量发展向质量提升转变的时代要求，是高校提高公共经费使用效率的现实需要，是世界高等教育评估的普遍趋势。袁振国、张男星、孙继红选取教育部直属高校作为高校绩效评估对象，以每年的《教育部直属高校基本情况统计资料汇编》以及教育部等官方网站数据为数据来源，对72所直属高校进行绩效评估。结果显示，2012年各直属高校之间绩效差异明显。其中“绩效偏高”为28所，“绩效相当”为16所，“绩效偏低”为28所。②胡卫、唐晓杰从中国教育实际出发，紧紧围绕2020年基本实现教育现代化的指标，在国际比较和历史比较的视野中探索中国教育现代化的进行及中国教育现代问题，构建了由背景模式、投入模块、过程模块和质量模块组成的包括8个一级指标、32个二级指标的教育现代化指标体系，并分析了2003—2007年的教育现代化实现程度，总结了我国教育现代化推进的主要特点和基本经验，提出了提高我国教育现代化的基本策略。③褚宏启从教育现代化的内涵出发，指出设计教育现代化指标体系应注意指标的重点与非重点、指标的多与少以及指标的软与硬三大问题。④

（三）回顾检视与省思

1. 主要成就与经验

改革开放以来，我国教育指标体系的初步建构对于教育事业的发展已在发挥积极的功能与作用。

（1）展现教育发展状况，为质量提升奠定坚实基础

我国教育发展的指标主要侧重于对教育现状的描述，对整个国民教育水平、结构及其支持条件的评价和监测，多为基础性、结构比例性指标。作为一般意义

---

① 翟博，孙百才．中国基础教育均衡发展实证研究报告 [J]. 教育研究，2012，33（5）：22-30.

② 袁振国，张男星，孙继红．2012年高校绩效评价研究报告 [J]. 教育研究，2013，34（10）：55-64.

③ 胡卫，唐晓杰，刘耀明，等．中国教育现代化进程研究 [M]. 北京：教育科学出版社，2010.

④ 褚宏启．构建教育现代化指标体系的思考 [J]. 中国高等教育，2013（11）：14-16.

上的国家教育统计与评价指标体系，该套指标体系在全面客观地反映、描述教育发展状况方面是比较成功的，为我国教育发展发挥了较大的监控与参考作用。教育统计指标的确立，使得一年一度的教育统计年鉴的形成有了可能。而教育统计年鉴的公开出版，便于社会公众较清晰地了解教育发展的状况，既可以通过量化的指标了解教育的进步与成就，也可以通过量化的指标认识教育的差距与问题。教育统计数据的适时公布，显现出教育信息的公开性与透明性，有利于教育事业更好地接受公众的监督与支持，从而使教育事业更好地成为一项社会事业。

（2）直击教育现实问题，为政策制定提供证据支持

从教育政策制定的角度看，通过运用教育统计指标而得出的统计数据，可以成为教育政策制定的基本参照和依据。20世纪80年代中期以来，我国教育指标体系的逐步建立，本身是教育政策制定科学化、规范化的一种体现。而多种多样同时又有综合化的教育统计指标，为国家和地方政府研究制定教育发展的宏观政策和具体政策提供了有效的服务。从教育政策执行的角度看，教育统计指标和教育监测评价指标客观上具有导向、监测和评价功能，对促进教育政策执行发挥着重要的推进作用。比如，我国制定的九年义务教育监测评估指标，对促进义务教育的健康发展实际上产生了十分积极的影响，甚至也发挥了一定的保障作用。新时期《义务教育质量评价指南》指标体系的设计，把学生发展质量作为义务教育质量评价的核心，更是强化突出对关键能力的测查，补齐劳动教育监测指标，重点加强育人理念、育人行为、协同育人等方面监测，为教育政策制定和调整、教育教学改进提供了精准的决策依据和证据支持。

（3）分析教育影响因素，为教育科研建立有效支撑

为教育科研工作提供了丰富的信息，促进了教育科研的科学化。20世纪80年代至今的教育统计数据和教育监测评价数据，从个体、家庭、学校、区域等各个层面立体化解读与分析影响学生发展结果的相关因素，已成为教育科研机构和科研工作者宝贵的信息资源，也影响了教育科研方法的变革。同时更为重要的是，应用有效数据进行教育科学研究，有利于促进教育科研的科学化。另外，对教育指标体系的研究也成为教育研究的重要内容，甚至也开始成为研究的热点与前沿，这本身也起到了推进和深化教育科学研究的作用。

（4）引导教育观念更新，构建良好教育发展生态

我国教育发展的指标体系事关教育发展方向，发挥着引领性作用，有什么样的教育发展指标体系，就会形成什么样的办学导向。教育发展指标体系回答了为谁培养人、培养什么人、怎样培养人的科学质量观，这是方向性问题。指标体系的确立，有助于扭转社会各界育人观念的转变，营造良好的教育生态。如《义务教育质量评价指南》在县域义务教育质量评价指标体系中，针对唯分数、唯升学的倾向，提出“不给学校下达升学指标，不单纯以升学率评价学校、校长和教师”的考查要点；在学校办学质量评价指标体系中，针对学生学业负担过重问题，提出“健全作业管理办法，统筹调控作业量和作业时间；严控考试次数，不公布考试成绩和排名”的考查要点，体现了五育并举、素质教育的要求；在义务教育应当“培养什么人”和“如何培养人”方面持续进行了正面宣传，对引导社会树立正确的教育质量观和育人观、扭转“唯分数”“唯升学”等不科学的教育评价倾向起到了重要作用。

2. 检视与反思

近年来国内实践界与学术界比较注重采用教育发展指数等指标来对地区教育发展水平进行测度和比较，建构了一系列本土化的教育指标体系，而非采用单一指标对地区教育水平进行评价，得到了许多富有价值的成果。在肯定我国教育指标体系已在发挥积极的功能时，我们也应认识所存在的问题。从教育指标制定的主体、教育指标内容的完整性与科学性、应用教育指标检测和评估教育实践的效果等方面看，其所存在的问题和不足还是较为明显的。

（1）制定主体单一，利益诉求多元和渠道单一矛盾突出

长期以来，我国教育指标体系主要是以政府为主导、专家学者领衔，教育指标的制定结构主要是以组织结构为中心，是一种带有浓重行政色彩的指标体系，而学校、学生、家长、社会等利益相关主体并未充分参与教育指标体系的制定，群众利益诉求多元化与诉求渠道单一之间的矛盾凸显。“办好人民满意的教育”是中国特色社会主义教育的本质要求，因此，教育指标的建构必须考虑包括教师、家长和学生的多方利益者诉求，并且赋予他们参与的权利。多方参与能够提高利益相关者的归属感和认同感，更好地了解不同群体对教育质量的认识和期望，有助于实现“人民满意的教育”。在构建指标体系的过程中，应重视不同层面教育评价的需求，开发适用于省市、区县等不同层级的指标。

（2）价值取向偏离，过程指标不足与高质量内涵难以适配

我国教育发展的指标体系主要侧重于教育现状的描述，对整个国民教育水平、结构及其支持条件的评价和监测，多为基础性、结构比例性指标。对质量（结果）均衡指标的选取比较狭窄，对过程均衡指标也关注不够。目前的一些指标体系中，关于教育机会、教育资源配置的指标最为完善，这与相关数据易于获取、相关指标易于测量有密切关系。而对于教育质量（教育结果）即学生发展水平的测量，由于难度较大，研究者和实际工作者往往只选择巩固率、完成率、升学率等作为衡量教育质量的指标，这样做并不全面，甚至会产生负面作用，如导致片面追求升学率。另外，对于教育质量的强调要求关注教育过程指标，因为没有教育过程的优化与深度改革，就不会有教育的内涵发展，就不会有高质量的教育。

（3）效度证据不足，理论构建与指标体系可操作性存在张力

一方面，学者们在提出自己的指标体系时，通常都希望尽可能全面地把涉及教育发展水平的各个方面的指标都纳入进来，但是又囿于数据的可得性，往往只能选取自身便于获得的那些指标；另一方面，学者们对于教育发展水平到底包含哪些维度尚无明确一致的共识，对于指数如何计算的看法不尽相同，从而导致各自的指标体系差别较大，内容和方法迥异。国内学者构建的指标体系一般都比较复杂，试图“大而全”地囊括教育发展水平的方方面面，但是因为数据的可获得性太差而难以重复。因此，这些指标体系的推广价值比较有限，不仅一线的实践者难以把握和应用，其他学者也无从着手，陷入“自说自话”的尴尬境地。

（4）应用效果欠佳，指标体系选取与政策实践相互脱节

这主要反映在教育监测评估者对教育指标体系本身的认识不足，评估本身的科学性存有缺陷，评估的结果往往存在皆大欢喜的现象。设计指标体系首先要明确用途，围绕用途来选择指标。特别是在目前我国教育统计基础薄弱、缺乏相关数据、人口流动剧烈的情况下，应当选取意义明显、内容明确的指标作为刻画工具。此外，目前开展的教育发展指标体系运用的实证研究，主要聚焦于区域教育发展水平的横向比较和纵向年度发展变化分析，而缺少对区域教育发展中各评价指标内在的协调性进行分析，对区域教育发展的影响因素的探讨也相对较少。

四、教育高质量发展指标体系的定位与可能路径

建立一套具有中国立场、扎根中国大地、服务政策需要并能推动教育实践改革、对接国际交流的高水准的教育高质量发展指标体系是一项相当艰巨而又长期的工作，由于教育高质量发展内涵的丰富性和复杂性，科学地构建指标体系和指数需要多个方面的教育实证研究提供理论和技术支撑。因而，本部分在镜鉴国际指标体系的理论考察的基础上，探索建构中国教育高质量发展指标体系的价值定位和可能路径。

（一）价值定位

1. 以公平和质量为主基调

新时代教育高质量发展指标体系的确立取决于我们对教育高质量发展内涵的认识。进入新时代，中国基础教育高质量发展需实现价值转换，也就是要着力解决历史遗留问题，在巩固教育公平成果的基础上追求更公平的发展，同时，要将高质量发展理念及其发展成果从部分推及整体，实现更全面的高质量发展。中国基础教育发展的核心关切是人人共享高质量教育发展成果，党的十九大报告明确提出，“努力让每个孩子都能享有公平而有质量的教育”。

“更加公平更有质量的教育”至少包括以下几方面内涵。其一，必须以教育公平为基础，在此基础上实现教育质量的进一步提升。“公平—质量”既是一个语法结构，也是一个发展逻辑，也即基于教育公平底座实现质量追赶，逐步实现基础教育高质量发展从短期到长期、从初级到高级、从物质到精神的结构、内涵升级。其二，此处的教育公平依然需要从宏观与微观两个层面理解，也即从社会与个人的结构性关系去理解。社会意义上的教育公平指区域、城乡、学校之间的教育不公平现象基本消除，特别是我国西部地区与东部地区，这首先意味着教育资源配置的基本均衡，其次要增强教育制度供给的充分性与平衡性，建立健全基础教育高质量发展的“兜底”机制、保障机制，优化改进其分享机制和动力机制。个人意义上的教育公平首先指以人的发展为核心评估域的教育公平，即以实现人的全面发展为核心视点与内在关切。其三，要适当打破教育结构惰性对受教育者发展的制约，促进受教育者的合理有序流动，提升教育获得感。更公平发展的实

践体现的是，通过全面提高基础教育教学质量，进而更好地实现：受教育者接受教育起点的更公平，力争让每一所学校都优质，每一个孩子都能“上好学”；教育过程的更公平，力争让每一个教师都优秀，每一个孩子都能“学得好”；教育结果的更公平，力争让每一个学生都出彩，每一个孩子都能优异发展。

2. 发展取向与持续改进

树立可持续发展理念，以理念转变引领方式变革。“改革开放40多年来，我国基础教育已基本解决‘有没有’的问题，但是我们依然面临教育投入粗放、教育要素边际效益尚未充分发挥、对学生个体的全面发展关注不够、在某种程度上付出了以牺牲教育的未来发展换取教育的当下发展的代价等问题。未来教育高质量发展首先应实现理念转换，也即需要改变旧有的规模扩张思维，树立增效提质的发展理念，关注个体全面发展，拒绝以牺牲教育的未来发展换取教育的当下优质，也就是在确立基础教育更优质发展理念的同时牢牢树立可持续发展理念。”[①]

坚持动态调整，指标体系与教育政策的共生共振。安德森（Anderson）认为选择“好指标”的标准就包括：必须是代表可测量的事物，指标应有共通的“操作型定义”；指标所测量的应是重要的与有意义的事物；指标在测量提出时与真实事物本身的时间差距应力求最小，才能显现出真实的状况。[②] 教育指标可以用来定义、描述、分析、合法化和检测教育系统自身，是分析教育问题和形成教育决策的有用工具。教育指标的选取，应确保所选指标具有政策相关性，可以为制定教育政策提供帮助。政策相关性是教育指标具有良好功能的根本缘由所在，也是这一教育指标广泛受到关注并具有持久生命力的缘由所在。要考虑到教育、社会和经济发展过程中出现的具体的现实问题，构建符合我国现实情况的指标体系。设计指数首先要明确指数的用途，应围绕用途来选择指标。特别是在目前我国教育统计基础薄弱、缺乏相关数据、人口流动剧烈的情况下，应当选取意义明显、内容明确的指标作为刻画工具，充分发挥教育指标体系提示相关决策的制定和管理、聚焦问题、服务政策决策的功能。

---

① 柳海民，邹红军．高质量：中国基础教育发展路向的时代转换 [J]. 教育研究，2021，42（4）：11-24.

② 朱庆芳，吴寒光．社会指标体系 [M]. 北京：中国社会科学出版社，2001：17.

3. 复杂取向与系统理念

关注人的全面发展，突出育人导向。为了全面地评价教育的质量并据此推动教育高质量发展，应建立起系统的教育质量观，考虑教育质量的多个要素和多个层面，体现更全面的发展，以高质量的德智体美劳全面发展教育培养全面发展的人，将体育、美育、劳动教育指标纳入，考查学生的体育素养、美育素养和劳动素养，突出育人导向。

增加过程性和软性指标，转变评价方式。《深化新时代教育评价改革总体方案》提出的“改进结果评价，强化过程评价，探索增值评价，健全综合评价”，也体现了系统的、以学生全面发展为核心的、并重过程和结果的教育质量观。学生的全面发展是教育的目标，因此体现发展结果的指标理应成为教育质量概念的核心内容，因为不强调结果可能导致人才培养的弱化。但仅仅评价教育结果还不足以描绘教育质量的全貌，并且难以根据结果的评价去提升教育质量，因此对结果质量的评价应该结合教育投入和教育过程两个方面。其中，教育投入的指标已经被纳入大多数指标体系中，但教育过程的指标较为少见，需要加强。对教育过程的评价体现了反馈性的评价思维，突出评价的诊断功能。为提升基础教育质量，其评价应并重过程与结果，既评价结果的质量，也评价形成过程的质量。坚持定量为主、定性为辅的原则，做到定量监测评价指标可采集、可运算、可校验、可追溯，定性监测评价指标可转化、可评价。

(二) 可能路径

1. 加强理论研究，借鉴 CIPP 模式构建我国教育高质量发展指标框架

指标体系的建构应遵循有限但有效的原则，即完美地反映教育质量的各个方面是不现实的，但指标体系应涵盖教育质量的重要元素以及重要影响因素。是否存在一个普遍意义上的教育质量定义仍然存在争议。教育质量的内涵难以界定，在某种程度上也阻碍了对教育质量的评价实践。一个可行的途径是加强理论设计，借鉴 CIPP 模式结构框架的设计理念和思路。20世纪80年代末至今，OECD 教育指标处在不断更新发展的过程中，但其基本分析模式没有显著变化，这使得指标体系具有连续性、一致性和相对的稳定性。尽管 CIPP 模式具有值得商榷与讨论之处，但 OECD 教育指标的建立对理论基础的重视和对建构科学模式的探讨

具有十分积极的价值和意义，值得我们借鉴。借鉴CIPP模式结合我国国情，从总体上确立教育高质量发展的设计理念。关注背景、输入、过程和成果的教育指标体系，增强了教育产出指标的科学性、逻辑性和合理性。这个理论体系和框架思路应该立足于新时代教育高质量发展新定位，以“五大发展理念”为核心，以“三大动力变革”为手段，以人民群众对高质量教育需求的满足为导向，实现教育更公平、更均衡、更协调、更全面、更创新、更优质、更可持续及更安全的发展，[①]应确立具有全球视野，扎根中国大地的教育指标设计理念，构建起中国特色的教育高质量发展指标框架体系。

2. 为不同层次的教育指标体系提供效度证据

效度验证与教育质量指标系统的预期用途以及可能的解释密不可分。教育指标选择应该考虑以下一般原则：第一，指标的差异性，具体表现为一些地区或子群体应该在该指标上存在改进的空间。第二，指标的可操作性，指的是该指标可以通过措施或政策制定得到改变，并且提高该指标对改进教育系统具有重要的意义。第三，指标数据可获得性。现实情况下，一些指标由于数据难以获得无法入选指标系统，但对于一些关键的指标，可以通过整合多个数据来源或缺失数据填补的方法进行补救。当仅存在少数缺失时，还可以考虑缺失数据填补，如选择邻近年份的数据或所属区域的均值进行填补。构建我国教育高质量发展指标体系也存在类似的挑战，我国的基础教育质量监测结果可为各省的指标提供数据，但由于国家监测的抽样设计没有覆盖全国所有区县，因而在区县层次缺乏类似基于标准测验的教育结果指标。未来研究需要探索在区县水平上将多个测验数据来源链接到国家监测量尺上的可能性以及不同的缺失数据填补方法的表现。此外，指标之间的关系，尤其是各个层次的过程指标与结果指标之间、投入指标与结果指标可能存在的线性或非线性关系，以及各种关系在不同群体中是否存在差异等都是有待研究的问题。

① 柳海民，邹红军．高质量：中国基础教育发展路向的时代转换[J]. 教育研究，2021，42（4）：11-24.

3. 建立多方主体参与的教育指标体系

以促进学生全面发展为目标，应实现多元主体参与。长期以来，教育评价主要以政府为主导，而学校、学生、家长、社会等利益相关主体并未充分参与教育评价，这样的模式造成了评价的片面化。而协商评估，即鼓励由政府、学校、家长及社会各方面参与的教育评价是我国教育评价改革的一项重要内容。“办好人民满意的教育”是中国特色社会主义教育的本质要求。因此，对基础教育质量的评价必须考虑包括教师、家长和学生的多方利益者诉求，并且赋予他们参与的权利。多方参与的教育评价能够提高利益相关者的归属感和认同感，更好地了解不同群体对教育质量的认识和期望，有助于实现“人民满意的教育”。构建我国教育高质量发展指标体系的过程中，应重视不同层面教育评价的需求，开发适用于省市、区县等不同层级的指标。教育指标体系要为不同层级的教育行政部门、学校、家长和教师提供资源配置和学校管理、人才培养等方面的诊断信息，指明教育质量的薄弱环节并提出适切有效的质量提升方案。

当前，我国教育已经从外延扩张、高速度发展阶段转向内涵提升、高质量发展阶段，处在转变发展方式、优化教育结构、提升质量效益的攻关期。教育高质量发展的理念更新、价值重塑和实践转向对教育指标体系的构建提出了新的要求。本章在回顾国内外教育指标体系发展的基础上，进一步提出了教育高质量发展指标体系新构建的价值定位和可能路径，但为了构建科学的、符合时代要求的教育指标体系，对于如何对已有指标数据链接和填补、质量指标的本土化效度验证以及“互联网 +”时代的新型教育指标体系的建设，如何将指数法与互联网、大数据挖掘、人工智能等技术融合，如何开展计算机网络测试、人机交互测试，如何开展多领域综合评价和跨年度增值评价等问题还需进一步思考和破解。

第六章

新时代中国教育高质量发展政策体系建构

党的十九届六中全会，在建党百年的关键历史节点，在第二个百年奋斗目标新征程开启的特殊历史时刻，回顾了百年奋斗历程，总结了重大历史经验，树起了一座永恒的历史丰碑，具有重大而深远的意义。习近平总书记在六中全会上的重要讲话，思想深邃、内涵丰富，饱含深情、激荡人心，具有很强的政治性、理论性、战略性、指导性，为全党在新的重大历史关头埋头苦干、勇毅前行指明了方向。党的二十大报告提出，坚持以人民为中心发展教育，加快建设高质量教育体系。教育政策体系是其中重要的组成部分。教育部部长怀进鹏撰文《深入学习贯彻党的十九届六中全会精神 加快建设教育强国》，认为要做到从政治上看教育、从民生上抓教育、从规律上办教育，不断开创新时代教育工作新局面。教育是国之大计、党之大计。在实现第二个百年奋斗目标、全面建设社会主义现代化国家的新征程中，教育的先导性、基础性、全局性地位和作用更加凸显，肩负的使命更为重大。

一、政策体系建构的现实背景与要解决的矛盾

教育质量的提升是中国教育事业发展追求的基本目标之一，走高质量发展之路是教育事业转型到内涵发展的必然选择。中国教育经历了较长时间的高速度发展，已经建立了完备的教育政策体系，完成了外延式的规模发展任务，现在必须走高质量发展的内涵发展路径，建立服务高质量发展的教育政策体系。

（一）高质量教育政策体系构建的现实背景

中国是世界人口大国，经过多年发展，已经成为世界上教育体系最健全、

教育规模最庞大、受教育人口最多的国家。从横向角度看，中国的普通教育、职业教育、特殊教育、继续教育等结构非常健全，教育事业为国家培养了两亿七千万接受过高等教育和职业教育的各类人才。从纵向角度看，从0—3岁早教，一直到老年大学，教育机构涵盖了所有年龄段的人口，人生的任何一个阶段都有机会进入教育体系中。不仅如此，中国有世界上最明确的教育发展规划，坚定不移地推动教育发展。可以说，高质量政策体系的建立有着与既往不同的现实背景。

1. 国家发展战略需求推动教育高质量发展

国家战略的引领是推动教育高质量发展最直接的力量，为我国教育改革与发展明确了目标与方向。在实现世界大同之前，世界发展的单元是国家，竞争的单元与利益的单元也是国家，在现代社会里，国家的发展、国家的利益对教育的需求成为教育发展的重要动力。改革开放以来，我国提出科教兴国和人才强国战略，坚持教育优先发展。党的十六大报告指出“教育是发展科学技术和培养人才的基础，在现代化建设中具有先导性、全局性作用，必须摆在优先发展的战略地位”，明确了教育在我国社会发展中的地位，强调大力发展教育。《国家中长期教育改革和发展规划纲要（2010—2020年）》提出，我国教育改革和发展的战略目标是“到2020年，基本实现教育现代化，基本形成学习型社会，进入人力资源强国行列”。2019年2月印发的《中国教育现代化2035》，提出2035年总体实现教育现代化，迈入教育强国行列，推动我国成为学习大国、人力资源强国和人才强国的总体目标。中国若想屹立于世界民族之林，对教育的需求主要有二：

第一，必须坚持通过教育培养自己的人才。新时代新征程，要始终坚持为党育人、为国育才，持续完善德智体美劳全面培养的育人体系，按照“六个下功夫”的要求，谋划实施好时代新人培育工程。加强“大思政课”建设，持续推进习近平新时代中国特色社会主义思想进学术、进学科、进课程、进培训、进读本，用好习近平新时代中国特色社会主义思想大中小学5册读本，建好以习近平新时代中国特色社会主义思想为核心内容的课程群，坚定不移用党的创新理论铸魂育人。为谁培养人这个方向性问题从来也没有过时，培养社会主义的建设者和接班人只能通过国家教育来实现，贺拉斯·曼说过“公共学校是人类最大的发现，其他社会机关是医疗的和补救的，这个机关是预防的和解毒的”[①]，其预防和解毒就体现在培养的是对国家忠诚、关心国家、认同国家的人，才能为社会的安定繁荣发展提供基本的保障。全球化使得爱国忠诚更加重要，在这个越来越令人困惑、越来越充满冲突的世界里，也许我们需要爱国主义获得更多的“我们感”，为了获得认同感更需要扎根于我们的本国，每一个受教育的个体思考判断中、情绪情感中都嵌入了认同感。这种认同感与我们感成为教育发展的重要力量。

第二，必须通过自己的人才创造和“智造”自己的先进科技。因此教育不可或缺、无法替代，必须满足国家的发展需求。在以国家为单元的竞争背景下，必须坚持自力更生才能赢得更大的发展空间，才能在国际事务与国际交流、国际竞争中获得更多的话语权，才能维护住独立自主。因此教育培养出来的人必须能够满足国家的战略需求，教育必须承担起为国家战略发展进行人才储备的任务。国家需要各行各业的理论工作者对世界的各种问题提出中国的解释与诊断，需要各行各业的人才实现国家利益需求与完成发展任务。可以说，没有强大的人力资源储备，就没有国家的战略发展，也不会有国家利益的实现。

2. 人的发展需求增加推动教育高质量发展

我国拥有世界上最庞大的受教育人口，前一阶段的规模发展已经促使我国建立了完备的现代教育体系。教育是培养人的活动，人的发展需求是教育发展的动力。目前人的发展需求主要体现在两个方面：

第一，人均受教育年限增加，继续教育需求增加，进而能推动教育的高质量发展。根据国务院印发的《国家人口发展规划（2016—2030年）》，预计到2030年，中国劳动年龄人口平均受教育年限达到11.8年，这一数字比2015年的10.23年提高了1.57年。[②]越来越多的青少年在完成义务教育之后，继续进入高中学习，高中教育普及化已经启动，青少年在学校这个机构里的全日制生活将继续延长。同时，学习化社会已经来临，继续教育年限不断增加。从就业角度讲，许多行业的学历门槛在提高，就业的初始学历从专科、本科一直升到硕士研究生和博士研

---

① 约翰·杜威．人的问题 [M]. 傅统先，邱椿，译．上海：上海人民出版社，1965：34.

② 国务院．国务院关于印发国家人口发展规划（2016—2030年）的通知 [J]. 中华人民共和国国务院公报，2017（6）：24-35.

究生，越来越多的人在接受完更高水平的学历教育才会走进劳动力市场。同时成人高等学历继续教育需求也在增加，2022年，成人本专科招生440.02万人，比2016年的211.23万增长一倍多，研究生招生124.25万人，比2016年的66.71万增长了近一倍。①

第二，人们对优质、个性化教育的需求促使教育发展更加注重质量。随着我国教育规模的扩大，越来越多的人能满足“有学上”的基本需求，满足了这一需求后，又产生了更高层次的教育需求。随着家庭可支配收入和生活水平的普遍提高，人口平均寿命的延长，民众的教育需求呈现出多样化、多层次、多方面的特点。近年来民办学校数量持续增加，以满足更多学生多样化的教育需求。2022年全国共有各级各类民办学校17.83万所，占全国各级各类学校总数的比重为34.37%。② 同时，各种教育培训机构和国际学校也如雨后春笋般迅速发展，2017年全国中小学阶段学生的校外培训总体参与率为48.3%。2018年，中国内陆（大陆）国际学校总数为821所，新增国际学校87所，增幅高达12%。③ 各种教育形式迅猛发展，人民群众对教育的需求愈加趋向多样化，且对优质、个性化的教育需求日益高涨。这些个性化教育需求是推动着教育由高速增长转向高质量发展的动力。2021年，中共中央办公厅、国务院办公厅发布《关于进一步减轻义务教育阶段学生作业负担和校外培训负担的意见》，促使学校教育高质量地因材施教，满足广大人民群众个性化的教育需求。

3. 教育自身的变革驱动教育高质量发展

教育变革是教育高质量发展的内生动力。外部环境是推动教育发展的重要因素，但只有将外部力量转化为教育自身发展需求，才能真正推动教育发展。基于教育自身发展水平与外在环境的变化，我国一直稳步推进教育变革，逐步提升教育质量。教育的内部推动力量主要有二：

第一，规模发展推动质量提升。当前我国教育数量与规模的发展已达历史高

① 数据来源：2016年和2022年的《全国教育事业发展统计公报》。

② 中华人民共和国教育部.2022年全国教育事业发展统计公报[EB/OL].（2023-07-05）[2023-08-30].http://www.moe.gov.cn/jyb_sjzl/sjzl_fztjgb/202307/t20230705_1067278.html.

③ 人民教师网.《教育蓝皮书：中国教育发展报告（2019）》发布[EB/OL].（2019-04-29）[2020-07-30].http://www.cepnp.com.cn/newsinfo/1115307.html?templateId=1133604.

位。2022年，全国共有幼儿园28.92万所，在园幼儿4627.55万人。全国共有义务教育阶段学校20.16万所，招生3432.77万人，在校生1.59亿人。全国共有普通高中1.50万所，招生947.54万人，在校生2713.87万人，高中阶段毛入学率91.6%。全国各种形式的高等教育在学总规模4655万人，高等教育毛入学率59.6%。[①]我国教育数量和规模迅速增长，远远大于质的提升。教育的量的发展已达到一定程度，为教育质的变化做好了充足准备，教育矛盾转变，促生教育变革，推动教育进入高质量发展阶段。

第二，教育规模总体扩大，但教育空间拓展与萎缩并存，要求均衡发展。随着城镇化的深入，我国所有地区的生产、生活都发生了变化，城市受教育人口与资源聚集，教育密度增加；农村地区人口流失，教育密度降低。根据国务院印发的《国家人口发展规划（2016—2030年）》，常住人口城镇化率从2010年的49.95%提升至2015年的56.1%，流动人口从2.21亿人增加到2.47亿人，到了2030年，中国常住人口城镇化率要达到70%。[②]因此，主要城市群聚集人口的能力增强，教育作为基本公共服务在空间上急剧扩大。农村剩余劳动力涌入就业机会更大的城市，并带走了学龄人口，因此农村教育出现空心化、生源减少、教师流失、校舍闲置等问题。学龄人口涌入使城镇地区教育显现“拥挤效应”，学龄人口流失使农村地区教育“空心化”。城市教育密度上升，乡村教育密度降低，但都是刚性教育需求，这些刚性教育需求将促进教育的变革。

教育发展动力产生和循环的核心是教育需求。教育需求得不到满足，教育不得不进一步发展和提升；需求满足之后，在原有基础上又会产生更高层次的需求。我国的教育事业在教育需求的推动之下，不间断地向前发展。

（二）高质量政策体系需要解决的问题与矛盾

社会主要矛盾变化是高质量发展的逻辑起点[③]，教育主要矛盾的变化是教育高

---

① 中华人民共和国教育部.2022年全国教育事业发展统计公报[EB/OL].（2023-07-05）[2023-08-30].http：//www.moe.gov.cn/jyb_sjzl/sjzl_fztjgb/202307/t20230705_1067278.html.

② 国务院.国务院关于印发国家人口发展规划（2016—2030年）的通知[J].中华人民共和国国务院公报，2017（6）：24-35.

③ 高培勇.理解、把握和推动经济高质量发展[J].经济学动态，2019（8）：3-9.

质量发展的逻辑起点，只有明确教育发展的问题与矛盾，才能启动高质量发展的动力机制。可以说，对发展问题的精准把握和诊断就是中国教育高质量发展的基本出发点。因此，必须对新时代中国教育发展中的基本矛盾进行精准表达，才能找准高质量教育政策体系建立的切入点。

1. 国家的需求与现实教育事业发展水平之间的矛盾

国家的需求与现实教育事业发展水平之间的矛盾是高质量发展动力机制的切入点。自从20世纪80年代以来，世界一些发达国家的教育改革表面上看受到新自由主义的影响，走了教育市场化、私营化的自由主义发展路线，但实际上无论哪一方面，其国家本位倾向都日益明显，在课程改革、教育管理体制改革等方面都强化了国家本位的倾向。可以说，国家的发展需求一直都是教育发展的动力，教育的国家本位倾向背后有着国家利益的浓厚诉求，教育从来都是实现国家利益的重要和必要工具。20世纪的历史表明，国家越来越自觉地将教育作为实现富国强兵的工具，教育越来越成为实现国家目的的手段。在“世界大同”的目标实现以前，不管教育家的理想如何，也不管人们的“理想教育”怎么样，这是一个难以改变的事实。[①] 就我国实际情况看，科教兴国战略与人才强国战略的实施，显然最需要的是以培养人为核心的教育。在激烈的国际竞争中，人才培养不能单纯依靠引进，真正的可持续的人才供给只能是自己培养，需要厚积薄发，才能在激烈的全球竞争中立于不败之地。目前存在的主要矛盾与问题有：

第一，我国的教育事业发展与国家的战略需求之间需要更契合的匹配，人才储备与人才培养还不足以支撑国家战略的实施。当前，国家正处在“两个一百年”奋斗目标的历史交汇期，把中国建设成为社会主义现代化国家，让中华民族屹立于世界民族之林需要现代化的教育体系给予保障。就我国目前的发展来看，虽然已经建立了完备的现代化教育体系，但依然存在着结构不均衡、效率不高等问题，例如学前教育的质量提升问题、义务教育的优质均衡问题、高中教育的普及问题、职业教育的服务能力提升问题、高等教育的竞争力问题等，都需要与国家的战略发展更精准、更系统、更协调地匹配。人才培养与经济发展阶段和产业结构不协调的程度显著，有研究发现，超过35% 的高校毕业生工作与专业不对口，

① 陆有铨．教育是合作的艺术 [M]. 北京：北京大学出版社，2012：78.

21.6% 的高校毕业生存在过度教育情况；同时高校对学生能力的培养与市场需求有错位，外语能力、对复杂系统的了解、计算机能力、国际视野、创新能力在学生个人能力增值评价中得分最低。[①]我们的人才链、产业链、资源链尚未实现深度融合，还需要整合和优化配置。未来社会是高度全球化、数字化的社会，以信息技术为核心的第四次工业革命将人类社会带入数字化社会，技术变革引领社会变革，更加需要通过教育培养创造型人才。党的二十大报告提出要建成教育强国、科技强国、人才强国、文化强国、体育强国、健康中国，国家文化软实力显著增强，这一切都离不开人才培养。

第二，中国面临着人才培养的国家认同问题。在开放的时代里，在中华民族百年的命运颠簸过程中，国家的认同必须通过教育才能实现。在全球化的今天，国家发展面临着超主权组织的挑战和“去中心化”的威胁，一些群体由于归属感和认同感的匮乏产生对国家的疏离意识甚至具有分离倾向。党的十八大以来，习近平总书记多次强调培养学生理想信念的重要性，在全国教育大会上，他强调指出，教育要引导学生树立共产主义远大理想和中国特色社会主义共同理想，增强学生的中国特色社会主义道路自信、理论自信、制度自信、文化自信，立志肩负起民族复兴的时代重任。[②]一个国家本质上是存在于国民的内心和思想中的；如果国民在内心不承认国家的存在，那么任何逻辑上的推导都不可能使国家存在。[③]如果培养出来的人才不能认同自己的国家，不能献身和服务于自己的国家发展，显然后果十分糟糕。在实现大同世界之前，所谓社会责任感，应该主要指作为国家公民的社会责任感。[④]党的二十大报告也提出，培养什么人、怎样培养人、为谁培养人是教育的根本问题。一个国家完备的教育体系的作用主要体现在对内的稳定人心的作用和培养属于自己的人才，这样才能在危机面前处在有利的竞争位置。

---

① 岳昌君．高等教育结构与产业结构的关系研究 [J]. 中国高教研究，2017（7）：31-36.

② 习近平在全国教育大会上强调 坚持中国特色社会主义教育发展道路培养德智体美劳全面发展的社会主义建设者和接班人 [N]. 人民日报，2018-09-11（1）.

③ 斯特雷耶．现代国家的起源 [M]. 华佳，王夏，宗福常，译．上海：上海人民出版社，2011：2.

④ 陆有铨．教育是合作的艺术 [M]. 北京：北京大学出版社，2012：100.

2. 人的个性化发展需求与现实教育活动水平之间的矛盾

在相对封闭的社会里，接受教育的终点和目标都非常明确，然而在开放的社会里，不确定性十分明显，而教育是可以帮助人应对未来社会的不确定的风险的，因此，现代社会人均受教育年限增加，是应对风险社会的体现。受教育年限的增加并不只是时间的增加、知识学习总量的增加问题，更多的是要通过更长时间的准备或者通过学习才能应对不确定性的挑战。在我们所处的市场经济、信息化时代，没有一个人能准确预测未来发展。教育的规模发展已经走到尽头，必须促使教育多样化发展走向高质量才能解决不确定性的问题，因此中国教育高质量的规模首先是满足足够的个性化发展的规模。目前存在的矛盾与问题主要有：

第一，教育目的的伦理性与现实教育手段的功利性存在着矛盾。从事培养人的教育活动，是一个短期内看不到收益的活动，十年树木，百年树人，做教育工作具有周期性长的特点。自然似乎没有把他铸成就将其放入世界中；自然没有做出关于他的最后决定，而是在某种程度上让他成为不确定的东西。① 自然给人留下了自我成长的空间，教育就要在人的成长过程中实现这种不确定性，促进人的自我发展和超越。然而现实生活总是需要教育把每一个孩子都看成国家未来潜在的各行各业的从业人员，潜在的管理者、产业工人、农民、服务者等，其任务就是把能力的鸿沟填满，通过各种现实的教育手段把"还没有"变成"必须是"。而这样的教育最大的问题在于培养出来的乃是器物，无法应对来自未来的挑战。未来的数字化、智能化时代，许多工作将被机器所替代，朝向固定方向培养固定职业的人的教育无法应对挑战。因此，必须解决人成长的个性化需求与教育现实水平之间的矛盾。

第二，现有的教育体系总是在为未来培养人才，然而我们并不知道未来的确切样态。1972年联合国教科文组织发布的报告书《学会生存——教育世界的今天和明天》就指出：教育"在历史上第一次为一个尚未存在的社会培养新人"，"替一个未知的世界培养未知的儿童"。② 未来是尚未存在的社会，谁也无法预设未来的样态。如果教育是为了未来做准备，当教育做好了准备，未来已经变成了过

---

① 米夏埃尔·兰德曼．哲学人类学[M].张乐天，译．上海：上海译文出版社，1988：202.

② 联合国教科文组织国际教育发展委员会．学会生存——教育世界的今天和明天[M].上海师范大学外国教育研究室，译．上海：上海译文出版社，1979：38.

去，这就是教育面临的挑战，这就是教育要回答的问题，教育不能以过去的答案回答现在的问题，因此也就不能应对来自未来的挑战。因此，教育就不仅仅是知识的教育，更多地体现为能够在快速变革的社会里适应、迎接并应对挑战的思维方式与践行勇气。所以，经济社会的快速发展，技术的飞速变革，学习化社会的发展，谁也不是万能的能够预测未来发展，恰恰需要教育与人的发展之间展开良性互动。

3. 教育体系内部的不均衡与不充分问题明显

从教育体系的布局来看，教育满足国家、人和国际交流的整体布局中的要素是全面的，但整体布局的结构化水平不高，尤其体现为结构不够优化，不均衡不充分的问题表现明显。主要表现在：

第一，从横向的空间角度看，城乡教育差异问题明显。我国存在着城乡二元的经济结构，城乡居民收入差距在增大，2014年我国城镇居民和农村居民人均可支配收入的差距为18355元，到2022年这个差距增至29150元。[①] 经济发展的不平衡带来了城市和农村教育空间的急剧不平衡，二者之间的差距越来越大，人们普遍认识到了城乡教育的不均衡发展带来了诸多教育不公平问题。人口从农村到城市之间的迁移产生了世界上规模最大的留守儿童和流动儿童群体，早在2014年中国流动儿童和留守儿童总数已占到中国义务教育阶段在校生人数的四分之一。[②] 随迁子女存在身份区隔问题，乡村少年存在文化迷失问题，他们的生存质量与教育质量将影响中国的未来发展，第一代留守儿童已经长大，出现的社会问题引起人们广泛关注。城乡之间的流动问题也呈现出两面性，一方面，农村人口流动到城市寻求更多的生存机会，另一方面也在恐惧无法在城市立足，加上户籍等制度问题，许多家庭并不能在城市扎根，还存在着身份认同问题。即使是在一定的区域与空间范围内，教育质量与水平的差异也非常明显，教育的生态总体上呈现出不平衡的状态，引发了激烈的甚至是不正常的教育竞争，教育的多样性与生态性受损。

---

① 数据来源：国家统计局发布的《2014年国民经济和社会发展统计公报》《2022年居民收入和消费支出情况》。

② 李涛，邬志辉．中国城镇化与教育发展 [J]. 教育发展研究，2019，39(21)：5.

第二，从纵向教育结构来看，各阶段教育发展水平不均。入学率是在校学龄人口数占各级各类教育国家规定年龄组人口总数的百分比，是教育规模的有效体现。《全国教育事业发展统计公报》显示，2010—2022年，小学阶段和初中阶段的毛入学率在100%左右，高中阶段毛入学率在82.5%到91.6%之间，我国基本实现义务教育阶段全覆盖，高中教育逐渐普及。而学前教育和高等教育是教育体系中的短板和弱项。随着"三孩"政策的实施，学前教育也将迎来入园高峰，教育压力突然增加。高等教育是提升未来劳动力素养和建设人力资源强国的关键基础，但我国具有高等教育学历的劳动人口比例不高。2022年，16—59岁劳动年龄人口、新增劳动力分别平均受到10.93年、14年正规教育，劳动力素质结构发生重大变化，全民人口素质稳步提高。同年，全国受过高等教育人口累计达2.4亿人，占总人口17.0%。[①] 但是早在2017年，英美等发达国家受过高等教育的就业人员比例就达到了40%。[②] 此外，高等学校学生就业存在困难，高校为求"发展"盲目扩大规模，教育内容和方式却与经济发展不契合，未就业高校毕业生逐年积累，产生了"高学历"失业与就业难问题。从教育纵向结构来看，各级各类教育间发展差异明显，学制的各种通道还没有全面打开，教育的结构化水平还有待进一步优化。

二、教育高质量发展政策体系建构的指导理念

高质量教育政策体系构建应以习近平总书记的教育思想为指导，必须立足社会主义初级阶段基本国情，把握教育发展阶段性特征，坚持以人为本，遵循教育规律，面向社会需求，优化结构布局，提高教育现代化水平。基于此，高质量教育政策体系构建必须以"创新、协调、绿色、开放、共享"为指导思想。坚持创新发展、协调发展、绿色发展、开放发展、共享发展，是关系我国发展全局的一场深刻变革。我们要充分认识这场变革的重大现实意义和深远历史意义，统一思

① 杨菊华.新形势下人口高量发展的路径探究[J].行政管理改革，2023（9）：52-61.

② 数据来源：国际劳工组织ILO，https：//www.ilo.org/ilostat/faces/oracle/webcenter/portalapp/pagehierarchy.

想，协调行动，深化改革，开拓前进，推动我国教育发展迈上新台阶。

（一）创新发展

创新是引领发展的第一动力。我们必须把创新摆在国家发展全局的核心位置，不断推进理论创新、制度创新、科技创新、文化创新等各方面创新，让创新贯穿党和国家一切工作，让创新在全社会蔚然成风。教育要发展，根本靠改革。要以体制机制改革为重点，鼓励地方和学校大胆探索和试验，加快重要领域和关键环节改革步伐。创新人才培养体制、办学体制、教育管理体制，改革质量评价和考试招生制度，改革教学内容、方法、手段，建设现代学校制度。加快解决经济社会发展对高质量多样化人才需要与教育培养能力不足的矛盾、人民群众期盼良好教育与资源相对短缺的矛盾、增强教育活力与体制机制约束的矛盾，为教育事业持续健康发展提供强大动力。唯有创新，教育高质量发展才有不竭的动力。

（二）协调发展

协调是持续健康发展的内在要求。我们必须牢牢把握中国特色社会主义事业总体布局，正确处理发展中的重大关系，重点促进城乡区域协调发展，促进经济社会协调发展，促进新型工业化、信息化、城镇化、农业现代化同步发展，在增强国家硬实力的同时注重提升国家软实力，不断增强发展整体性。在人的发展上，协调发展意味着必须全面加强和改进德育、智育、体育、美育和劳动教育，坚持文化知识学习与思想品德修养的统一、理论学习与社会实践的统一、全面发展与个性发展的统一。加强体育，牢固树立健康第一的思想，确保学生体育课程和课余活动时间，提高体育教学质量，加强心理健康教育，促进学生身心健康、体魄强健、意志坚强；加强美育，培养学生良好的审美情趣和人文素养；加强劳动教育，培养学生热爱劳动、热爱劳动人民的情感。重视安全教育、生命教育、国防教育、可持续发展教育。促进德育、智育、体育、美育有机融合，提高学生综合素质，使学生成为德智体美劳全面发展的社会主义建设者和接班人。协调发展意味着必须兼顾人的发展和社会的发展，不能简单地以牺牲个人的发展而谋求社会的发展，也不能打着社会发展的旗号牺牲人的可持续发展，归根到底，教育是培养人的事业。

（三）绿色发展

绿色是永续发展的必要条件和人民对美好生活追求的重要体现。必须坚持节约资源和保护环境的基本国策，坚持可持续发展，坚定走生产发展、生活富裕、生态良好的文明发展道路，加快建设资源节约型、环境友好型社会，形成人与自然和谐发展现代化建设新格局，推进美丽中国建设，为全球生态安全做出新贡献。绿色发展理应成为中国教育发展的时代命题。绿色教育关注的是人的可持续发展，旨在焕发师生及家长的生命活力。绿色教育追求教育物质环境与人文环境的和谐，物质资源和人力资源投入的高效益，学生、教师以及家长的可持续发展，关注良好的教育生态。改变大班额，落实“双减”政策是维护良好的教育生态、促进可持续发展的重要举措，是绿色发展理念的体现。

（四）开放发展

开放是国家繁荣发展的必由之路。我们必须顺应我国经济深度融入世界经济的趋势，奉行互利共赢的开放战略。必须看到，改革开放是新时代条件下全国各族人民进行的新的伟大革命，是当代中国最鲜明的特色。实践发展永无止境，解放思想永无止境，改革开放永无止境。面对新形势新任务，要想建成富强民主文明和谐美丽的社会主义现代化强国、实现中华民族伟大复兴的中国梦，必须在新的历史起点上全面深化改革，不断增强中国特色社会主义道路自信、理论自信、制度自信、文化自信。中国教育改革与发展也必须遵循开放的路径不断前进。教育发展也不能故步自封、止步不前，必须吸收全人类的优秀教育成果。

（五）共享发展

共享是中国特色社会主义的本质要求。我们必须坚持发展为了人民、发展依靠人民、发展成果由人民共享，做出更有效的制度安排，使全体人民在共建共享发展中有更多获得感，增强发展动力，增进人民团结，朝着共同富裕方向稳步前进。共享理念意味着必须提高教育质量，全面贯彻党的教育方针，落实立德树人根本任务，加强社会主义核心价值观教育，培养德智体美劳全面发展的社会主义建设者和接班人，实现《中国教育现代化2035》目标，提升每一个社会主义建设者和接班人的幸福感与获得感。

三、目标与内容取向的高质量发展教育政策体系的构成

教育是国之大计、党之大计。在实现第二个百年奋斗目标、全面建设社会主义现代化国家的新征程中，教育的先导性、基础性、全局性地位和作用更加凸显，肩负的使命更为重大。要把立德树人融入思想道德教育、文化知识教育、社会实践教育各环节，贯穿基础教育、职业教育、高等教育各领域，体现到学科体系、教学体系、教材体系、管理体系建设各方面，培根铸魂，启智润心。因此，在目标与内容取向上高质量教育政策体系可以包含四方面内容。

(一) 基本公共教育服务政策体系

习近平总书记强调，对群众反映强烈的突出问题，对打着教育旗号侵害群众利益的行为，要紧盯不放，坚决改到位、改彻底。其中就包括基本公共教育服务体系。基本公共教育服务是指在教育领域提供的基础性公共服务，具有公共性、普惠性、基础性、发展性四个主要特征，是主要由政府提供，与全体人民群众最关心、最直接、最现实的切身利益密切相关的公共教育服务，是实现人的终身发展的基本前提和基础。[①]

1. 当前基本公共教育服务存在的问题

第一，城乡教育基本公共服务质量存在差异。一直以来，我国地域广阔，各区域差异明显，在基本公共服务提供方面亦然，因此多年来政策目标都致力于实

① 周光礼. 改革体制机制 推进基本公共教育服务体系现代化 [J]. 人民教育，2017 (19)：48-50.

现基本公共服务的均等化。有研究者在2017年提出，教育投入水平和教育成效水平与经济发展水平之间存在比较明显的正相关关系，而教育均衡水平与经济发展水平则没有明显的相关关系。[①]目前，城乡生均教育资源占有量的差异已经不大，甚至部分省份还出现了农村部分指标大幅反超城市的情况，说明教育资源数量上的差异已经不再是农村义务教育水平落后城区的主要原因，下一步工作的重点应转向努力提升农村教育、薄弱学校、偏远地区等的教育资源的质量。

第二，区域的教育基本公共服务质量存在差异。教育扶贫作为我国扶贫开发总战略的核心要件，是促进区域协调发展的重要举措。但从国家政策话语中主要的扶贫地区来看，教育精准扶贫工作主要关注西部民族地区、农村地区和特定的薄弱区县，对中部贫困地区、城市边缘地带的关注程度相对较弱，长此以往势必导致“中部塌陷”和“城市分化”现象；从教育贫困群体来看，国家政策更加关注适龄受教育人群中的贫困群体，如贫困家庭子女、留守儿童、随迁子女、特殊儿童等，潜在受教育人群中的贫困群体基本处于政策话语的边缘地带，不利于教育精准扶贫政策执行效益的整体性提升。[②]因此，在区域范围内，距离覆盖更广阔人口的稳定性的政策供给、造血能力形成的目标尚有距离。

第三，校际教育基本公共服务质量存在差异。多年来，各类型的择校热一直存在，由此带来的学区房高价增加了人民群众的教育投入，产生教育内卷。经过多年建设，学校与学校之间硬件设施的差距日益缩小，主要是在人员与师资质量上的差异。一些学校的师资卓越，而另外一些学校师资质量不高，部分学校即使拥有了中小学信息化的一体机也由于缺少维护和会使用的人而闲置。在教育信息化方面，还存在着中小学与高校之间的差异，中小学教学设施的现代化水平远远超越了部分高等学校，高等学校的教育信息化落后于时代。人民群众对义务教育阶段的基本公共服务意见最大，尤其是各种校外辅导机构，当前“双减”政策的落实和教师轮岗、一个房子对应多个学区等政策已经初见成效。

---

① 王维.我国各省份基本公共教育服务水平评价研究[J].教育科学，2017，33(2)：1-10.

② 马立超.教育精准扶贫政策体系建设的成效、困境与突破——基于政策设计的分析视角[J].当代教育科学，2020(6)：94.

2. 基本公共教育服务政策体系要点

建立以义务教育为核心、涵盖学前教育和高中阶段教育的基本公共教育服务政策体系是对受教育权的基本保障。根据《世界人权宣言》，受教育权是公民的基本权利，政策保障是平等受教育权利实现的必要条件。要全面贯彻党的教育方针，坚持社会主义办学方向，坚持教育公益性原则，着力构建优质均衡的基本公共教育服务政策体系是建设高质量教育体系的必经之路。

第一，实现义务教育学校建设标准化，推动义务教育均衡发展。义务教育学校标准化是指学校办学、经费保障、教育资源、课程准备、师资配置与素质等的标准化，既是解决教育均衡发展的适切途径与突破口，也是学校优质特色发展的政策手段。首先应实现底线达标，对各地义务教育学校标准化建设提出底线要求，保障标准化建设内容指标的一致性、相容性。其次应建立学校标准化建设的长效机制，关注标准化建设要素达标，以课程教学、优质师资和有效管理等为重点，以内涵式发展引领标准化建设。最后应健全教师校长交流机制，健全评价督导机制，推进学校建设的标准化，通过流动解决师资分化。

第二，办好乡村学校，实行精准教育扶贫。完善教育经费投入制度，保障教育经费充足，加大政府统筹力度，财政拨款实施“均等+补偿”政策，在统一城乡学校财政拨款标准的基础上，对乡村学校尤其是薄弱学校与乡村小规模学校等实施额外的拨款制度，进行补偿性投入，优化财政支出结构，提升经费使用效益，促进乡村教育从基本均衡走向优质均衡。教育在阻断贫困代际传递中具有治本地位、重要功能和根本作用。实现困难群体帮扶精准化，让贫困家庭的孩子得到接受公平、有质量教育的机会，阻断贫困代际传递。加强各主体间的交流对话与协作，加强教育脱贫与其他脱贫战略，以及教育公共服务均等制度化的衔接与融合，避免政策的冲突导致教育脱贫资源的分散和重复。

第三，落实随迁子女教育、流动人口子女考试和融合教育等基本公共服务。建立健全居住证所依附的公共服务提供机制，减少随迁子女入学审批环节和办事程序，简化入学手续，尽可能地缩小随迁子女与本地户籍子女教育资源之间的差异。完善流动人口子女异地升学考试制度，健全符合条件的随迁子女在流入地参加中、高考政策。推进适龄残疾儿童少年教育的全覆盖。积极探索适宜残疾儿童发展的学前教育模式，努力提高残疾儿童少年义务教育普及水平，发展残疾儿童少年的中等与高等教育，加快推进残疾人高等教育建设，逐步提升非义务教育阶段残疾人接受教育的比例。

(二) 服务全民终身学习的教育政策体系

党的十九届二中、三中、四中、五中和六中全会都提出要建立服务全民终身学习的教育体系，如何从政策上给予保障是高质量发展的重要议题。

1. 当前全民终身学习存在的问题

第一，全民终身学习的供给侧与需求侧不匹配。仍有较大比例的人民群众存在对学校和教育的认识偏差，存在着学习需求盲目、学习计划不合理、学习能力弱等问题，已经建立起来的终身教育体系的供给侧和需求侧不匹配，因而未能形成全民终身学习的良好局面。一方面存在着供给侧过分供应、无效供应、虚假供应的问题，另一方面存在着需求侧的个性化需求无法满足，各种虚假需求、盲目需求充斥的问题。

第二，全民终身学习的教育体系的责任主体单一。从目前发展看，作为教育主体的各级各类学校中电大、夜大、培训学校、社区教育机构对终身学习体系的建立与运行有着充分的积极性，而从幼儿园一直到高等学校的学历教育系统重点服务自己所属学段的人口，并未把服务全民终身学习的教育政策体系建立作为自己的责任，未把服务全民终身学习视为共同利益，二者之间缺少对话、沟通与合作，导致全民终身学习体系条块分割，没有形成体系内外的融通。学制内部各学段之间的衔接合作不多，正规教育、非正规教育、非正式教育之间存在脱节与割裂，缺少合作，缺少互相承认，整合与融通尚未实现。

第三，全民终身学习的支持系统不均衡。全民终身学习的文化不足，终身学习的软环境建设不健全。全民终身学习的教育服务投入不足，一方面缺少足够资金投入，另一方面也缺少专业化的机构统筹推进，专职管理人员、兼职师资队伍严重匮乏，学校教育体制内的教师在服务全民终身学习方面积极性不高。全民终身学习的社区配套设施建设不齐全，社区建设缺少顶层学习与文化机构的统筹设计，难以做到面向每一个人与适合每一个人。

第四，全民终身学习的制度化不足。各省推进力度大小不一。全国各地发展不均衡，东部与中西部的差异较大，经济发达地区建立学分银行，欠发达地区尚未建立。各省市规章制度健全度不高，地方政府重视程度不同。

2. 服务全民终身学习的教育政策体系要点

第一，建章立制，做好服务全民终身学习的教育政策体系构建的政策支持与资金投入。建立省—市—区三级服务全民终身学习的教育政策体系协调办公室，协调政府各部门负责服务全民终身学习的教育政策体系的统筹管理，鼓励各高校设立服务全民终身学习的教育政策体系的研究中心，从终身学习的视角开展产学研一体化。设立终身学习指导教师专业岗位，进行专项经费投入，为广大人民群众提供专业的终身学习指导服务。经费专项可以结合地方特点，打造地方特色。在原有教师资格证制度下设立终身教育教师资格制度，既鼓励学校系统教师参与终身教育事业，也规范其他机构师资建设，实现持证注册上岗。同时，建立终身学习体系社区试点，把服务全民终身学习的教育政策体系建立作为地方政府和集体的责任，在经验反思中发展和进步。

第二，瞄准目标人口需求，以满足就业人口的终身学习需求为抓手，带动终身学习体系的整体发展。把全民终身学习的社区硬件规划与建设纳入市政建设中去，根据目标人口需求，确定全民终身学习的社区硬件设施，如科技馆、图书馆、文化馆、博物馆、纪念馆、青少年活动中心、工人文化宫、老年人活动中心等文化机构，根据人口密度确定布局，根据人口数量确定容量。根据区域行业特点与地方特色，开展终身学习的系列活动，形成地方终身学习名片，带动地方整个终身教育体系的发展。

第三，打破各级各类学校与当地社区的嵌入性状态，建立各级各类校内外整合与融通的终身学习机制。通过评估与奖励机制，调动学历教育学习参与构建服务全民终身学习的教育政策体系的积极性与主动性。充分发挥现有学制系统的终身教育服务能量，促进校外各种机构合作，积极探索学制系统内外融通的实践模式。打破学校教育的封闭性，改变学校的嵌入性，利用学校的设备与师资通过激励机制的实施打造全民终身学习的主题活动。

第四，建设全民终身学习的文化软环境，打通各种全民终身学习网络通道。利用学习强国、微信、支付宝等各种手机 App 建立终身学习线上资源库，打破信息的不对称，形成立体化的、四通八达的全民终身学习网络；利用各种机构官方微信号，建立全民终身学习网络体系，发放全民终身学习券，激励与激发全民参与终身学习。建立健全学分银行，全面推广学分银行制度。

(三) 符合中国建设需要的职业教育政策体系

现代职业教育能培养数以亿计的工程师、高级技工和高素质职业人才，能为广大年轻人打开通向成功成才的大门，满足人民群众生产生活多样化的需求，满足国家发展需求。

1. 当前职业教育存在的问题

第一，社会认同度低。儒家“劳心者治人、劳力者治于人”的思想一直被社会广泛接受，以至于千百年来职业教育一直在夹缝中求生存和发展。普通民众对职业教育存在一定的歧视和偏见，认为职业学校教育质量和社会认可度低，其毕业生的经济地位和社会地位不高，是“学困生”的无奈选择。

第二，结构规模不合理。职业教育为国家发展输送了大批有素质的职业技术人才，但一直面临着经费投入不足、生源吸引力低、供不应求和供大于求两种截然相反的结果同时存在的困难。职业技术教育还存在着法律少明细、政府少作为、办学少特色、就业少出路的问题，在管理上存在着多头管理、条块分割、封闭办学、力量分散、专业设置缺乏针对性、课程建设缺乏系统性、就业服务缺乏趋向性等诸多问题和弊端。

第三，院校布局和专业设置尚未适应经济社会需求。职业教育发展的规模与地方经济发展不相适应，政府、企业和社区对高等职业教育的投入不足，高职的规模快速扩张，缺乏具有资质的高职教师，同时也存在着专业设置不合理、课程的实践性不强等问题。职业学校定位不清、发展方向不明朗、教育特色不突出，高职教育与区域经济深度融合的动力机制缺失等困境明显。

2. 职业教育发展对策

职业教育应该“长入”经济、“汇入”生活、“融入”文化、“渗入”人心、“进入”议程，这样才能消解职业教育国家需求与企业需求、个体需求之间因为错位带来的发展困境。

第一，增强职业教育吸引力。多途径打破人们对职业教育的低期望，打破普通教育和职业教育的二元对立，学习德国等发达国家的做法，通过各种宣传促使人们认同职业教育的价值，通过各种职业证书、打通学制通道、大国良师、职称晋升通道等提高职业教育的地位，促使更多的人明白通过职业教育依然可以实现社会阶层的跃迁，打破职业技术教育禁锢阶层流动的固化思维。

第二，深度对接国家现代化建设需求。职业教育发展必须面向中国国情和国家发展战略规划，对接产业结构转型升级需要和劳动力市场需求，开展供给侧结构性改革，办出符合中国国情、具有中国特色的现代职业教育，以更有效、更有力地支撑国家现代化进程。职业教育要根据市场需求不断优化专业结构，淘汰落后专业，孵化新兴专业，培育复合型专业，打造优势专业，提升专业与产业的对接度，增强职业教育与区域产业联动发展的耦合度，缓解劳动力结构性失业。职业教育要根据具体的职业标准相应调整教育内容和教育标准，以增强精准化的服务能力。总的来说就是要处理好“普职关系定类型、产教关系定供求、校企关系定模式、师徒关系定方法、中外关系定特色”这五对关系。

第三，推动职业教育内涵发展。我国要建立职业院校、政府、行业企业、社会组织合作的职业教育治理网状结构，推动职业教育治理主体从单一集权向多元分权转型，对职业教育治理系统实现民主化重构。推进国家治理能力现代化的核心在于建立多元参与的社会治理模式，充分发挥市场和社会组织在资源配置中的重要作用，形成政府与市场相互协调、相互促进的治理格局，推动行业企业等相关利益主体的深度参与。企业要加强与职业院校的深度合作，共建共享优质职业教育资源，实现双主体协同育人，促进职业教育质量的跨越式提升。

（四）高等教育普及化发展的政策体系

习近平总书记在考察清华大学时指出，“一个国家的高等教育体系需要有一流大学群体的有力支撑，一流大学群体的水平和质量决定了高等教育体系的水平和质量”。人力资源是构建新发展格局的重要依托，高等教育要准确把握新发展格局对人才的新要求，深度融入社会发展进程，高质量培养各类人才。

第一，人才培养体系相对封闭，创新不足。人民群众日益增长的对良好高等教育的社会需求与优质高等教育资源严重不足的矛盾是高等教育发展面临的基本矛盾。具体看，存在着社会需求的多样性与现实教育单一性的导向、偏好之间的矛盾，人才全面发展的要求与分数第一的升学制度之间的矛盾，学校的社会角色定位与学校具备的能力之间的矛盾，社会不良风气与学校学术本位之间的矛盾，这些都是高等教育体制变革不顺畅的表现。实践中对高等教育体制改革似乎总是说得多，做得少；浅层变革多，深层变革少。由于“体制”本身的重要性被忽视，高质量的现代大学制度一直未能建立起来，每当触及根本的体制问题，改革方案均会因这样或那样的缺点而遭搁浅。

第二，学科专业体系布局与资源配置不均衡。大学扩张，带来了学科数量和规模扩张、基础学科建设力量不足、交叉学科力量薄弱、特色学科缺乏等显著性问题。我国已建成世界上规模最大的高等教育体系，但我国真正迈入世界一流行列的高校和学科还不多。在中西部各省区中，高等教育特别是优质高等教育的分布也较为失衡，发达地区高等教育发展势头较好、实力较强，而欠发达地区高等教育资源则相对不足，例如总人口超过2亿的河南、河北、山西三省没有一所985大学，以至于有网友提出建立“山河大学”的建议。尽管高等教育资源的非均衡投入和办学绩效的竞争机制促使我国优秀研究型大学脱颖而出，但是非均衡化的问题日益凸显。有研究提出，一般高等教育资源配置的区域差异在一定程度上是有所弱化或减小的，但优质高等教育资源配置的区域差异愈加突出。① 从东西部高校学科专业资源供给来看，区域之间学科发展不平衡，西部高校的高水平学科带头人稀缺，一级学科博士点和国家重点实验室等学科平台较少，科研力量相对薄弱，同一学科在不同地区、不同高校之间的发展水平有较大差距。② 资源配置的不均衡促使地方高校和部属高校、中西部高校和经济发达地区高校间实际办学水平的差距越来越大。

第三，高等教育内涵发展不足，资源匮乏。在高等教育发展上，放权口径不统一，造成了各部门、各地方放权步调和幅度的差异，影响了简政放权的整体效果。同时对权力的监管不到位，导致出现了许多混乱现象，如地方政府对高校办学自主权的假放、虚放、乱放，高校招生考试中腐败滋生，学校债台高筑，教师学术造假和教职工权益得不到保障等。在教学管理上，面临课程教学存在薄弱

① 王婧妍，赵群，冒荣．高等教育的帕累托优化与区域均衡发展 [J]. 江苏高教，2022（9）：15.

② 祁占勇，桑晓鑫．新时代西部高校学科布局的国家方略、现实困境与制度供给 [J]. 中国高教研究，2023（6）：75.

环节、导师指导环节亟待加强、基本制度执行力略显不足等问题。在具体技术层面，缺乏科学的成本管控模型和有效的控制方法。

高等教育作为最主要的人力资源供给阵地、科学研究和社会服务的重要阵地，要不断优化适应新发展格局需求的教育结构、学科专业结构、人才培养结构，以教育高质量发展服务国家经济社会发展。

第一，稳步发展高等教育规模，满足人民群众对优质高等教育的需求，适应高等教育的普及化发展。在中国的现代化建设进程中，高等教育发展必须为推进大国崛起、实现中华民族伟大复兴发挥前所未有的人才与文化支撑作用，努力在世界高等教育舞台中具有更大的发言权、影响力和贡献率，需要稳步提升规模，差异化竞争，实现内涵发展。

第二，再造高等教育功能，增强高等教育促进人的发展及服务社会的功能。在促进人的发展方面，要突出以学生发展为核心的教育理念，改变知识本位，尤其是专业知识本位的狭窄单一教育观，注重终身学习和泛在学习，提供多样化的学习机会和多元学习空间。在增强社会功能方面，要树立经济与文化、政治、科技等多元功能协调发展的观念，既要重视高等教育服务经济发展的作用，也要强调高等教育促进政治文明、社会发展、文化传承创新等功能。高校要提升基础设施建设的人文关怀，以校园精神文化为软环境建设的核心，营造良好的校风、学风和教风，倡导丰富健康的社团文化，努力打造自由、平等、安全和友好的学习环境和学生成长空间。

第三，推进高等教育法治化。根据社会发展、科技创新、人才培养的客观需求，科学调整与优化区域、层次、专业、类型等高等教育结构，促进办学水平多位升级。在高校治理体系重构中，鼓励高校在遵守国家法律法规的前提下，根据大学章程自主办学；激励高校在规模适度扩张的基础上，在人才培养、科学研究、社会服务、文化创新、管理机制等方面追求卓越。

四、手段与保障取向的高质量发展教育政策体系的构成

教育作为培养人的活动，其基本功能是促使人的发展。在分工社会里，我们同样需要诸多的手段和保障才能实现教育促人成长的功能。因此，在教育政策体

系上，除了直接促进高质量发展的政策体系，还包括教师队伍建设、教育评价、教育法治等政策体系。

（一）高素质教师队伍建设政策

教育大计，教师为本。有好的教师，才有好的教育。建设高素质专业化教师队伍，关键是提升教师素质能力，落实习近平总书记对广大教师提出的具体要求——坚持“四个相统一”，争做“四有”好老师，当好四个“引路人”，成为“大先生”。我国有世界上最庞大的教师队伍，1880万名教师支撑起了世界上最大规模的教育事业，为新中国教育的发展做出了历史性贡献。面向未来，教育改革发展的任务更重，教师队伍建设的责任更大，教育强国目标需要我们精准施策、锐意改革、补短扶弱，打造一支党和人民满意的高素质专业化创新型教师队伍。①

1. 教师队伍建设的问题

第一，教师待遇保障、政治地位、社会地位与专业地位有待提高。一直都有研究者建议提升教师工资水平，就目前而言，我国教师平均工资水平在国民经济各行业中位居中等偏下，中小学教师工资水平低于学历相当的行业工资水平。②就工资结构而言，教师绩效工资制度不完善，拉大了不同职级教师之间的待遇差异；教龄津贴所占比重过低，有的地方仅相当于教师工资总额的1/300，未发挥其在鼓励教师终身从教中的作用。一些偏远乡村地区，教师职业吸引力不足。“师道尊严”的教师专业声望下跌，受到大众苛求。媒体行业缺乏专业道德自律，往往从负面角度来“污名化”教师队伍，引发公众对于教师的偏见。

第二，教师队伍建设的结构性、阶段性、区域性、配置科学性滞后。人口的变化为教师队伍建设带来明显挑战。基础教育阶段学龄人口总规模在2021—2023年呈增加趋势，从2.16亿增加至2.20亿，之后持续减少至1.62亿，小学、初中、高中阶段的学龄人口分别在2023、2026、2029年达到峰值，之后呈现快速减少

---

① 任友群．赓续百年初心 打造高质量教师队伍[N]. 中国教育报，2021-08-23（1）.

② 杜屏，谢瑶．农村中小学教师工资与流失意愿关系探究[J]. 华东师范大学学报（教育科学版），2019，37（1）：103-115.

趋势。[①] 这将对我国教师队伍的整体结构、各学段教师数量配备、城乡教师数量分布等产生重要影响，如果不提前谋划，将带来教师队伍建设的严重问题。例如，学前教育在2020年之前还处在师资短缺状态，如今随着新生儿减少和幼儿园关停现象的出现，出现了幼儿园教师安置与转岗等问题。此外，2023年7月，教育部印发《关于实施国家优秀中小学教师培养计划的意见》，提出支持以“双一流”建设高校为代表的高水平院校选拔专业成绩优异且乐教适教的学生作为“国优计划”研究生，通过“国优生”培养吸引优秀人才从教，最终为中小学输送一批教育情怀深厚、专业素养卓越、教学基本功扎实的优秀教师。这表明，我国教师队伍建设已经从“增量”转向“提质”，我国教师队伍的结构来源将更为优化。教师队伍建设政策变化之快必将为教师队伍建设提出不可回避的挑战。

第三，教师队伍学历水平不高。2015年，全国普通院校师范类毕业生总计70万人，其中本科51万人，专科19万人。[②] 高学历师资供给短缺，与发达国家相比，我国研究生学历以上教师比例严重偏低。2018年的PISA测试分析显示，芬兰90%以上教师拥有研究生学历；而在我国，2022年的统计数据显示，我国高中阶段有2133159名教师，其中具有研究生学历的只有278939人，占比约13.08%。[③] 2022年我国高等教育专任教师1315839人，其中博士566787人，硕士505711人，仍有大量仅有本科学历的大学老师。[④] 教师队伍的整体学历水平与科教兴国战略是不匹配的。

2. 教师队伍政策体系要点

习近平总书记在全国教育大会上指出，“教师是人类灵魂的工程师，是人类

---

① 卢晓中．教育强国建设：教师教育当何为——兼论“国优计划”对师范院校的影响[J].华南师范大学学报(社会科学版)，2023(5)：114-115.

② 中华人民共和国教育部．全国教师队伍基本情况[EB/OL].(2016-08-31)[2021-10-20].http：//www.moe.gov.cn/jyb_xwfb/xw_fbh/moe_2069/xwfbh_2016n/xwfb_160831/160831_sfcl/201608/t20160831_277168.html.

③ 中华人民共和国教育部．普通高中教育专任教师分课程、分学历情况[EB/OL].(2023-12-29)[2024-01-20].http：//www.moe.gov.cn/jyb_sjzl/moe_560/2022/quanguo/202401/t20240112_1099932.html.

④ 中华人民共和国教育部．高等教育专任教师分学历(位)、分专业技术职务情况(普通高校)[EB/OL].(2023-12-29)[2024-01-20].http：//www.moe.gov.cn/jyb_sjzl/moe_560/2022/quanguo/202401/t20240110_1099472.html.

文明的传承者，承载着传播知识、传播思想、传播真理，塑造灵魂、塑造生命、塑造新人的时代重任”，要“坚持把教师队伍建设作为基础工作”。在学校思想政治理论课教师座谈会上，习近平总书记强调，“办好思想政治理论课关键在教师，关键在发挥教师的积极性、主动性、创造性”。这些重要论述，为新时代加强教师队伍建设指明了努力方向，为做好新时代立德树人工作提供了重要遵循。

第一，建立健全师德师风建设工作机制。习近平总书记强调：“评价教师队伍素质的第一标准应该是师德师风。师德师风建设应该是每一所学校常抓不懈的工作，既要有严格制度规定，也要有日常教育督导。”首先，认真落实好“教师职业行为十项准则”，注重加强思想政治教育，突出师德养成，推动师德师风建设常态化。其次，强化教师育人能力提升，引导教师把培养德智体美劳全面发展的社会主义建设者和接班人作为自己的内心责任。最后，强化教师职业认同与终身发展意识，促使教师在终身学习社会中不断钻研，能够与时俱进地提升自身专业能力。

第二，以地位待遇提升为根本，不断增强教师职业吸引力。贯彻落实习近平总书记提出的“让教师成为让人羡慕的职业”重要举措，大力提升教师的政治地位、社会地位、职业地位，吸引和稳定优秀人才从教。健全中小学教师工资长效联动机制，压实地方经费保障责任，确保义务教育教师平均工资收入水平不低于当地公务员平均工资收入水平。全面落实乡村教师生活补助政策，对扎根边疆、扎根乡村的教师给予更多关爱和培养，让他们真正下得去、留得住、教得好。

第三，改革教师教育体系，逐步提升教师学历水平。实行本科和研究生两层级教师学历体系，加大教师行业中的专业学位硕士和博士培养比例，通过职前培养和在职攻读的方式实现学历提升，补齐急需的学前教育和特殊教育教师，逐步缩小专科和中等教育层次师范生培养规模，引导有条件的院校开设本科层次和研究生层次的学前教育专业和特殊教育专业。同时在农村实行“在地化”培养和“定向化”培养，稳定农村师资队伍，实施好《乡村教师支持计划（2021—2025年）》，促进乡村教育持续健康发展，解决学科教师短缺、结构不均等问题。构建“大学—政府—区域教研机构—学校”四位一体的发展共同体，为教师终身发展提供支持与帮助。

(二) 中国特色世界水平的教育评价政策

教育评价作为教育事业发展的“指挥棒”，教育改革必须紧抓教育评价改革的“牛鼻子”，这也是构建高质量教育体系要解决的关键问题。2020年10月13日，中共中央、国务院正式印发《深化新时代教育评价改革总体方案》，开启了中国教育评价改革的大幕。2021年11月，党的十九届六中全会为构建高质量教育体系夯基垒台。

1. 当前教育评价存在的问题

第一，教育评价目标的错位。在教育实践中，在对学校的评价上难以摆脱的排名情结，导致片面追求升学率现象；在对学生的评价上过分关注学生的学业成绩，忽视学生的全面发展；对于教师的评价重教书轻育人，重科研轻教学。同时功利化使用评价结果，评价结果好的学校能够较好地得到资源支持，为了短期利益，导致评价过程滋生腐败现象和人情关系、权钱交易等不正当的竞争手段。

第二，多元评价主体的参与程度不均衡。2015年5月教育部出台的《关于深入推进教育管办评分离 促进政府职能转变的若干意见》正式将各类专业协会、专业组织和机构纳入教育评价的主体范围，但相关作用发挥尚不明显，一方面，社会评价主体对教育评价过程的参与仍然受到诸多限制；另一方面，各社会评价主体的信誉与声望尚未建立起来。

第三，教育评价的实质性内容少，形式化内容多。教育评价中，真正能反映发展质量的内容难以呈现，许多评价只停留在形式上、文本上，只是在进行数量上的描述与总结，片面追求量化指标，存在唯分数、唯升学、唯文凭、唯论文、唯帽子的顽瘴痼疾。在评价结果使用上较少发挥诊断性和形成性作用。

2. 教育评价政策体系构成

教育评价事关教育发展方向，有什么样的评价指挥棒，就有什么样的办学导向。《深化新时代教育评价改革总体方案》提出，到2035年，基本形成富有时代特征、彰显中国特色、体现世界水平的教育评价体系。

第一，形成多元化的评价主体。以往的教育评价主要由政府教育职能部门担当，它本身属于被评价者的上级部门，与被评价者构成了自上而下的关系。正是这种利益上的矛盾对等性使评价者很难做出真正客观、科学的评价。因此引入作为利益无关者的第三方——教育评价中介机构，不仅有助于解决利益冲突的问题，而且有利于教育评价专门化、专业化发展。

第二，使用多样化的评价方法。出于对科学化、客观化的追求，教育评价模式在创始之初便非常重视定量方法的运用，但是这种单纯的事实判断放弃了很多无法量化的有用信息，无助于做出真正科学、客观、有效的教育评价。今后的教育评价将呈现定性方法和定量方法相结合的格局，在实证研究的基础上引入更多的人文因素；在学校教育中强化体育评价，改进美育评价，加强劳动教育评价。

第三，重视评价结果的全面解释和慎重处理。现代教育评价注重信息收集的全面性，这有利于对其结果解释的全面性目标的达成。但在对待评价中所出现的问题上应该更加注重从多个角度、多个层面寻找根源，对待评价结果的使用应注意采取审慎的态度，注意发挥评价的改进功能，发挥评价对教育生态的引导与维护功能，防止评价对教育生态产生破坏。

（三）教育法治体系

教育法是由国家制定或认可，并由国家强制力保证其实施的，调整教育活动中各种社会关系的法律规范的总和。中华人民共和国成立以来，我国教育法治建设发展迅速。经过了中华人民共和国前三十年社会主义教育法治建设的曲折和艰辛探索，改革开放以来，我们逐步走出了一条有中国特色的社会主义教育法治建设道路。

1. 我国当前教育法治体系的基本情况与基本问题

1980年，第五届全国人民代表大会常务委员会第十三次会议审议通过了新中国第一部教育法律《中华人民共和国学位条例》。随后，国家又陆续制定和颁布《中华人民共和国义务教育法》《中华人民共和国教师法》《中华人民共和国教育法》《中华人民共和国职业教育法》《中华人民共和国高等教育法》《中华人民共和国国家通用语言文字法》《中华人民共和国民办教育促进法》等法律。党的十八大以来，教育立法稳步推进，《中华人民共和国教育法》《中华人民共和国高等教育法》《中华人民共和国民办教育促进法》一揽子法律修订完成。截至目前，我国已经形成了以8部教育法律为统领，包括16部教育法规和一批部门规章、地方性教育法规规章在内的比较完备的教育法律体系，基本实现了教育事业各个领域有法可依，使得教育优先发展的战略地位进一步落实，教育的基本方针政策和若干重要制度更加明确，广大人民群众的受教育权得到更好的保障，有力引领、推动和保障了教育事业改革发展。

当前，教育法治建设存在的主要问题有：

第一，教育法治内容主要体现在宏观方面，对微观关注不够。部分教育法律对宏观目的、原则等规定得比较具体，但微观层面对学校管理、政府治理、政校关系、教育投入等方面规定得较为粗糙，对于教育行政人员专业化、学校考试、学生管理等方面也没有专门性的法律法规。

第二，教育法律体系依然不够健全，亟待完善。教育法律体系的完善是实现教育法治化的重要步骤和评价标准。到目前为止，我国教育法律体系的基本框架是清晰的，但涉及具体问题时，依然缺少明确的法律依据，在学校法、考试法、学前教育法、教育行政法、教育投入法、终身教育法等建设方面还需要加强。

第三，教育立法与执法需要进一步规范。我国当前立法的思想观念已经获得广泛共识，但可操作性的步骤仍有所欠缺，多见原则性规定，在遇到具体教育法律纠纷、进行教育执法时还存在着原则定位模糊等问题，一些教育法律法规条文用词规范性也有待提高。

2. 教育法治体系建设要点

依法治教，就是依据法律来管理教育，规范教育行为。健全的教育法律体系为国家各项教育事业的有效运转提供了良好依据，有力促进了教育事业的改革与发展。

第一，建立基本完备的教育法律体系。任何一部法令都具有特定的时效性，过了一定时限就难以对国家的经济建设和社会变革发挥积极作用。加强教育立法工作，并且进行及时修订，不断地调整教育法律体系，确保教育法律体系与时俱进，能真正地指导国家教育法治进程。就目前来说，需要加快推进《中华人民共和国学位条例》修订等，积极推动教育行政法规建设，完成《中华人民共和国残疾人教育条例》修订以及国家教育考试条例、学校安全条例等法规的起草工作。

第二，推进教育部门依法行政，实现依法治教。各级教育部门要依法进一步明确职能权限与责任，制定并公布权力清单、责任清单。切实按照法定职责必须为、法无授权不可为的原则，依法清理、精简行政权力，重点梳理在行政许可、行政处罚、学校管理等方面的职责。在重大决策中，全面落实公众参与、专家论证、风险评估、合法性审查和集体讨论决定的程序要求，确保决策制度科学、程序正当、过程公开、责任明确。事关教育发展全局和涉及群众切身利益的重大决策事项，应当广泛听取意见，建立重大教育决策事项的民意调查制度。提高专家论证和风险评估质量，建立教育决策咨询论证专家库，鼓励专家、专业机构长期跟踪研究重大教育问题。

第三，深化教育行政执法体制机制改革。对学校违规办学、违规招生、不执行国家课程标准、侵犯学生权益以及违背师德规范、违规有偿补课等行为开展综合执法、常态化执法。探索建立联合执法机制，积极会同财政、公安、工商、民政等部门，针对教育经费法定增长不到位、非法办学办班、义务教育学生辍学、教育辅导（服务）市场混乱等现象，按照属地管理原则，开展联合执法。对校园欺凌、性侵犯学生等违法犯罪行为建立“零容忍”机制，加强部门合作，会同政法部门依法严肃查处。积极探索建立在法治框架内的多元化矛盾纠纷解决机制，引导公民、法人和其他社会组织通过法治途径，合法合理表达诉求，妥善处理各类教育纠纷。

第七章

新时代中国教育高质量发展的体制机制改革

当前，无论从国家战略需要层面，还是从人民群众的关切和期盼角度，建设高质量教育体系已经成为新的历史时期的关键目标。党的十九届五中全会通过的《中共中央关于制定国民经济和社会发展第十四个五年规划和二〇三五年远景目标的建议》，明确了“建成教育强国”的远景目标和“建设高质量教育体系”的重大任务，为今后一个时期教育改革发展描绘了清晰蓝图，提供了根本遵循。教育高质量发展是教育发展不平衡不充分问题得到根本解决、人民日益增长的优质教育需求得到更好满足的发展，是以学生为中心、人的全面发展得到更好实现的发展，是创新是第一动力、协调是内生特点、绿色是普遍形态、开放是必由之路、共享是根本目的的发展，是实现更高质量、更有效率、更加公平、更可持续的发展。作为教育适应新挑战、破解突出问题和实现科学发展的基础与保障，教育体制机制的改革对于新时代高质量教育发展体系的构建具有至关重要的意义。

一、体制机制改革是推动教育高质量发展的强大动力

教育体制是教育制度的总称，是教育规范和教育机构的统一，包括办学体制、教育管理体制、招生制度等部分，从根本上反映着一个国家制度化教育的状况。而教育机制，则是指影响教育发展诸事物的相互关系及其运行方式。教育体制的落实需要机制来配合实施、保障运行。影响事物内在关系和运行方式的机制可以用制度的形式加以表达或规定，因此教育机制的改革通常都是通过制度创新来实现。2017年9月24日中共中央办公厅、国务院办公厅印发的《关于深化教育体制机制改革的意见》聚焦体制机制，回应了我国教育领域的一系列重点难点和热点问题，针对性地提出了改革举措，致力于支撑和保障教育的高质量建设与发展。

（一）高质量是“十四五”时期我国教育发展的主题

教育走向高质量发展源自两股推动力。从国家发展战略层面来看，党的十九届五中全会提出我国已进入高质量发展阶段，各领域都要体现高质量发展要求。在以高质量发展为主题的新时代，国家对科学知识和卓越人才的渴求就越发强烈，人民对更加公平、更高质量教育的期待就越发迫切，教育的基础性、先导性、全局性地位和作用就更加凸显[①]，因此高质量发展战略目标的提出为当前和今后一段时期的教育改革发展提供了根本遵循。从教育自身发展趋势来看，2022年，全国共有各级各类学校51.85万所，在校生2.93亿人，专任教师1880.36万人，学前教育毛入学率达到89.7%，九年义务教育巩固率高达95.5%，高等教育也由改革开放之初的精英教育（2.7%）发展到今天的普及化教育（59.6%）。[②]可以说，我国已完成以高速增长扩大教育机会的任务，人民群众“有学上”的矛盾已经解决。当人们“有学上”的需求得到满足之后，只有有质量的教育、高质量的教育才会成为有效教育服务供给，只有有质量的教育、高质量的教育才是人民群众愿意接受的教育，因此发展优质、高质量的教育已成为教育事业的头等大事。

（二）体制机制改革是教育改革发展的核心

实现教育高质量发展是办人民满意教育的关键所在，是国家建设与发展的迫切需要，是应对科技革命及其引发的产业变革的必然选择。[③]当前，在我国教育事业发展中，仍存在着如教育理念有待矫正、教育发展不平衡不充分、学校治理模式不完善、教师队伍建设亟待加强、家庭与学生课业负担较重等一系列困扰、阻碍教育高质量发展的突出问题，亟须进一步深化教育改革发展与创新。回顾我国教育事业蓬勃发展的光辉历程，我们探索走出了一条由单点尝试到线性突破再到全面推开的改革创新道路，取得了令人振奋的成绩，积累了丰富的实践经

① 本书编写组．习近平总书记教育重要论述讲义[M]．北京：高等教育出版社，2020.

② 中华人民共和国教育部.2022年全国教育事业发展统计公报[EB/OL].（2023-07-05）[2023-10-20].http：//www.moe.gov.cn/jyb_sjzl/sjzl_fztjgb/202307/t20230705_1067278.html.

③ 赵继，谢寅波．中国高等教育高质量发展的若干问题[J]．中国高教研究，2019（11）：9-12.

验，充分证明深化教育改革创新是教育事业跨越式发展的重要法宝。教育体制机制改革是教育适应新挑战、破解突出问题和实现科学发展的基础与保障。在众多教育改革的手段与路径选择中，体制机制改革位居首位，可以说教育体制机制是制约一国教育水平跨越式发展的核心因素，因此，教育要实现高质量发展的战略目标，关键就在于消除体制机制障碍，深化体制机制改革。体制机制改革既是实现教育高质量发展的支撑，也是推进教育发展从高速度转向高质量的重要制度保障，积极构建与教育高质量发展要求相适应的体制机制，将有力推动教育观念、教育内容、教学方法、教育手段、教学设施、教师素质等各方面的改革与创新，有助于为教育高质量发展营造良好氛围，能够进一步满足人民群众日益增长的优质教育需求与服务国家人才强国的战略需求，加快推动教育高质量发展由政策导向走向成果落地。

二、教育高质量发展对体制机制改革的新要求

教育高质量发展回应了我国社会主要矛盾的转变，突出了新时代的新发展理念，是一种完全不同于以往的发展范式的转型，这意味着实现教育高质量发展的战略目标也需要与此相匹配的教育体制机制提供制度支撑与保障。具体而言，教育高质量发展要求教育体制机制改革更加具有全局性、系统性、包容性、实效性与开放性，要求在改革的力度、广度、深度上有新的突破，力争加快构建充满活力、富有效率、更加开放、有利于高质量发展的体制机制。

（一）教育体制机制改革要更具全局性

当前，我国正处于百年未有之大变局，经济社会发展中呈现出来的矛盾错综复杂，与之相关联的外部环境也瞬息万变。教育是党的事业发展的重要保证，是国家兴旺发达的根本基石，是民族振兴的奠基工程。[①] 面对中华民族伟大复兴战略全局和世界百年未有之大变局，面对我国社会主要矛盾变化带来的新特征新要

① 教育部课题组．深入学习习近平关于教育的重要论述 [M]. 北京：人民出版社，2019.

求，面对错综复杂的国际环境带来的新矛盾新挑战，教育要实现高质量发展势必要牢固树立全局思想，心怀“国之大者”，自觉从大局看问题，从全局上把握事物发展的总体态势、基本规律，并能用普遍联系的观点去观察和解决问题；要更好突出全局性谋划，把立足新发展阶段、贯彻新发展理念、构建新发展格局作为“十四五”乃至更长时期教育发展的现实基础，全面认识教育在经济社会发展全局中的系统特征、要素特征、结构特征，准确把握教育改革发展的外部环境和宏观政策环境的动态变化，让教育真正成为现代化建设中重要的内生变量和优先要素，最终实现发展质量、结构、规模、速度、效益和安全的统一①，持续为国民素质提高、经济社会发展、创新能力增强、综合国力提升做出贡献。

具体到教育体制机制改革中，教育高质量发展要求其从国家经济社会发展大局的高度，来审视和推动具体的改革措施。要在改革中充分考虑时代背景、国家需求、人民期待，从顶层合理规划改革方案，真正发挥改革的促进作用，实现改革目标。教育高质量发展需要体制机制改革着眼统筹处理好教育发展结构、布局和质量方面的关系，着眼促进区域、城乡和各级各类教育均衡发展，着眼统筹不同层次、不同类型人才培养，着眼让人才培养链同产业链、创新链等有机衔接，更好满足经济社会发展需求，发展公平而有质量的教育。具体而言，就是要突出“两个把握”：一是把握教育在党和国家发展全局中的功能定位和特殊使命，更加注重加强教育和提升人力资源素质，把教育同党和国家各项事业发展一同谋划、一同部署，在教育与经济社会的关联互促中，推动教育体系与其他经济社会要素实现系统再造、联动共生、高效协同，真正以教育现代化支撑国家现代化；二是把握教育系统自身的发展特征和运行特点，努力把学前教育、义务教育、高中阶段教育、职业教育、高等教育、继续教育等更好地贯通起来，把德育、智育、体育、美育和劳动教育更好地结合起来，把城市和乡村、招生和就业、线上和线下、政府主导和社会参与更好地统筹起来，无论是制定教育政策、强化教育保障，还是深化教育改革、补齐教育短板，都要解决好教育发展不平衡不充分的问题，扎根中国大地办教育，推动新时代教育事业向更高水平、更高质量迈进。

① 中共中央关于制定国民经济和社会发展第十四个五年规划和二〇三五年远景目标的建议[EB/OL].（2020-11-03）[2021-01-15].https：//www.gov.cn/zhengce/2020-11/03/content_5556991.htm.

(二) 教育体制机制改革要更具系统性

系统观念是具有基础性的思想和工作方法，是马克思主义科学方法的具体体现，习近平总书记指出，"'十四五'时期经济社会发展必须遵循坚持系统观念的原则"。教育是经济社会发展的重要组成部分，同样也是一个全社会高度关注、内部要素结构复杂的系统，因此坚持系统观念是推动"十四五"教育发展的强大思想武器和有效法宝，既能够让教育更加凸显在"十四五"经济社会发展中的特殊功能和作用，也能够为未来一个时期教育现代化建设提供重要的思想和方法引领。"十四五"时期是全面建设社会主义现代化国家的开局起步阶段，教育发展面临的整体性、协调性、结构性、动态性矛盾比较突出，教育领域系统设计、整体谋划、推动落实的任务比较繁重，特别是联通教育系统内和系统外、处理好改革创新和注重安全的关系、统筹好补短板和强弱项的任务等。我们必须清醒地认识到，我国教育发展仍然不平衡不充分，还未完全适应社会主义现代化国家建设的要求。特别是在教育理念更新、教师队伍建设、区域和城乡教育发展、终身学习体系构建，以及在后疫情时代的教育国际交流合作等方面，很多问题需要破解。可以说，建设高质量教育体系所面对的难点、堵点和薄弱点依然不少，教育改革发展中的重大问题和群众关心的热点问题也在不断呈现着新的变化，因此运用系统化思维解决教育发展中的各类问题和困难，是确保"十四五"教育发展目标任务如期完成的重中之重，必须遵循坚持系统观念的原则做好工作。① 在教育发展领域坚持系统观念，要求我们立足国家长远利益和整体利益，运用系统思维分析事物本质和内在联系，注重局部服从整体、短期服从长期，促进教育发展同经济社会发展保持动态平衡，围绕统筹推进"五位一体"总体布局、协调推进"四个全面"战略布局，推动教育高质量发展，提升教育服务经济社会发展的能力。

就教育体制机制而言，教育高质量发展目标的实现同样离不开系统化推进教育体制机制改革，例如，要为落实立德树人根本任务、发展素质教育、大力提高国民素质提供强有力的制度支撑，需要点面结合，从内到外系统审视当前的教育模式、教育方法、教育内容，不仅要有各级各类教育的精准定位和周详谋划，还

① 王嘉毅，封清云 . 坚持系统观念："十四五"教育发展的重要实践遵循 [J]. 国家教育行政学院学报，2021（2）：3-9.

应有教育发展体系和教育治理体系的贯通协作，完善涵盖且贯通各级各类教育的终身学习体系，健全政、产、学、研、用协同创新的人才培养和职业发展体系，优化政府依法宏观管理、学校依法自主办学、社会有序参与、各方合力推进的教育治理格局。再如，教育管理体制机制中如何进一步理顺政府、学校、社会之间的关系，学校办学的积极性和社会参与的积极性如何进一步激发，不同层级政府之间的教育权责如何进一步明确等类似问题的解决，需要从完善和发展中国特色社会主义教育制度、推进教育治理体系和治理能力现代化的高度来系统考虑。又如，教育评价指挥棒问题涉及育人方式、办学模式、管理体制、保障机制等多个方面，是一项综合性、系统性很强的工作，也必须运用系统观念去审视和把握。

（三）教育体制机制改革要更具包容性

教育事业关系千家万户，教育高质量发展不仅惠及人民，同样也需要依靠人民才有望实现。作为一项社会整体行动，教育实现高质量发展有赖于教育网络中全体成员的积极卷入，社会公众成员的探索与实践在很大程度上能够为教育活动提供创新与智慧，因此在教育迈入高质量发展的进程中，需要尊重人民群众的主体地位和首创精神，努力汇聚社会多方的智慧与力量，进一步做到在思想上使每一个社会人真正认识到高质量发展与自我息息相关，在行动上使每一个社会人真正走向积极参与的内在自觉。可以说，教育高质量发展打造的是共建共治的可持续发展格局，因此教育高质量发展必然要求教育体制机制改革具备更高的“包容性”，以便家庭、学校、市场和社会共同参与教育改革和治理，构建多元主体共治的教育新生态。从该层面来看，教育高质量发展背景下的教育体制机制改革的重心在于政府管理和学校内部管理两个层面上的社会广泛参与、“赋予社会更多的治理权限，以制度化的方式征询民意和集中民智”①，更好地发挥全社会作用，即进一步实现教育治理体系现代化。教育治理体系现代化是指逐步摆脱单一的政府一元管理模式，转而赋予社会更多的自治空间与自治权力，进而以法治为保障、以共治为路径，最终实现善的治理（善治）。②进言之，教育治理体系现代

① 陈慧荣．国家治理与国家建设 [J]. 学术月刊，2014，46（7）：9-12.

② 褚宏启，贾继娥．教育治理中的多元主体及其作用互补[J]. 教育发展研究，2014，34(19)：1-7.

化是一种从“教育管理”的传统形态向“教育治理”现代形态不断变迁的过程。[①]这种变迁过程具体包括四个方面的转变：一是教育管理主体的单一性向教育治理主体的多元化转变；二是教育管理运行模式的强制性向教育治理运行互动性转变；三是教育管理过程的权力集中性向教育治理过程民主性转变；四是教育管理实施方式的控制性向教育治理实施方式的合作化转变。就教育高质量发展而言，教育治理体系现代化就是要适应变化了的社会经济以及教育发展的基本主题，通过教育体制机制的改革、教育法律法规的完善，推动制度体系的科学化，实现教育治理的法治化、规范化。[②]

就教育体制机制而言，单纯的市场手段和单纯的政府干预都不能最有效地达到教育高质量发展的战略目标，教育要实现高质量发展必然需要新的调节机制，这个新的调节机制就是教育治理机制，就是多元主体对于教育公共事务的民主参与。具体而言，在政府层面推进多元共治，意味着政府要给学校与社会分权，推进学校自治；意味着政府决策中要让学校、教师甚至家长和学生有更多的参与，同时还要发挥专业组织或人员尤其是专家们的作用，充分听取他们的意见和建议，不能一意孤行。学校层面的多元共治，要求推进教师、学生、家长、社区以及专业组织的民主参与，要求学校校长用好分权与授权，既要明确各个部门、机构（如家委会、学生会）、岗位的职责权限，又要建立健全各项事务的议事流程与配套制度，建立权力边界清晰、权责一致、运行顺畅、充满活力的多元共治工作体系。[③]班级层面的多元共治，要求推进学生、家长、科任教师等各方的民主参与。民主参与，能给各个层级带来决策的科学化与理性化，能带来生机与活力，能有效挤压官僚主义和形式主义的生存空间，让大大小小的教育管理活动更加合理，让学校中的学生、教师和管理人员心情更加舒畅。[④]多元共治的基本思路是用社会的力量、基层的力量，去遏制政府权力的滥用，去对冲市场的商业化倾向，

---

① 刘冬冬，张新平．教育治理现代化：科学内涵、价值维度、实践路径 [J]. 现代教育管理，2017（7）：1-6.

② 余雅风．以制度为关键和重点，让教育治理更有水平——推进教育治理体系和治理能力现代化 [J]. 中国电化教育，2020（1）：2-6.

③ 赵德成，曹宗清，张颖怡．现代学校治理新思考：一个五维度综合分析框架 [J]. 中小学管理，2021（4）：9-13.

④ 褚宏启．抓住教育治理的本质 [J]. 中小学管理，2021（4）：60-61.

形成政府宏观管理、学校自主办学、社会广泛参与的格局，以更好地调动中央和地方政府的积极性，更好地激发每个学校的活力，更好地发挥全社会的作用，最后达到保护教育公益性、保护学生教育权益的目的。

（四）教育体制机制改革要更具实效性

教育高质量发展的根本评价尺度，在于是否真正满足和服务于人民的高质量教育需求，是否持续提升人民群众的教育获得感、教育满足感和教育幸福感。教育高质量发展目标的实现离不开教育领域的改革创新。长期以来，教育领域的很多改革措施得不到落实，改革成效不甚明显，教育高质量发展作为一种发展范式的转型，其要求各项改革举措均落到实处，体现出改革应有的真切效果，因此，当下教育实现高质量发展的关键驱动力就是要提高教育改革的效能。习近平总书记深刻阐明了提升改革的效能对推进中国现代化改革，包括教育现代化改革的重大意义，多次明确指出要在深化各项改革的同时，提升改革的效能。习近平总书记高度重视效能建设，曾多次提出并强调要“提高政府效率和效能”“释放积极效能”“提升国家创新体系整体效能”“推进以效能为核心的军事管理革命”等重要思想。在新时代深化教育改革中，要深入学习并深刻领会习近平总书记关于提升改革效能的重要思想，以这一思想为指导，完成建设高质量教育体系这一新时代赋予教育改革的重大历史任务。①

就教育体制机制改革而言，教育高质量发展需要从教育发展的内外部环境与改革所需资源的角度出发进一步提升改革效能。一是教育体制机制改革要与教育的内外环境相适应。在教育的外部环境上，要适应中国全面建成小康社会后，全面建成社会主义现代化强国的需要。为此，要增强教育的总体实力和显著提升教育的国际影响力，增强劳动年龄人口平均受教育年限明显增加、教育现代化取得重要进展等方面的改革效能。到2035年，要增强总体实现教育现代化，迈入教育强国行列，推动我国成为学习大国、人力资源强国和人才强国等方面的改革效能。在教育内部环境上，要适应把教育办成人民满意的教育需要。为此，要提升

① 孙绵涛，李莎．提升教育改革效能，完成建设高质量教育体系的重大历史任务[J]. 教育与教学研究，2021，35（1）：62-72.

教育在普及有质量的学前教育、实现优质均衡的义务教育、全面普及高中阶段教育、显著提升职业教育服务能力、明显增强高等教育竞争力、使残疾儿童少年享有适合的教育，以及为人民提供更优质平等的各级各类教育等方面的改革效能。二是教育体制机制改革需要有改革的资源，这是提升教育体制机制改革效能的基础性条件，具体包括了财力资源、人力资源、信息技术资源等，每类资源的背后都需要一整套科学与规范的制度设计与安排以提升资源获取与利用效益。如人力资源中的教师队伍建设，需要进一步深化教师管理综合改革，包括切实理顺管理体制，创新和规范中小学教师编制，配备和优化义务教育教师资源配置，完善中小学教师准入和招聘制度，深化中小学教师职称和考核评价制度改革，健全职业院校教师管理制度，深化高等学校教师人事制度改革等。①

（五）教育体制机制改革要更具开放性

人类社会正进入全球化4.0时代，其核心特征是国家间数字和虚拟系统的互联互通以及相关理念、资源和服务的流通加剧，传统边界逐渐消失。在这种背景下，教育发展的国际性、流动性、多样性、跨文化性特征日趋显著，跨境教育的扩展，本土教育与全球教育的相互建构比以往任何时代都更加深入，已成为教育高质量发展不可回避的重要现象。近年来，美国、加拿大、英国等均在国家层面制定了相关政策，将教育产业整体输出、海外教育市场开发、教育品牌建设、留学环境优化、双边与多边教育援助、科学技术国际合作等议题确立为“教育走出去”战略的重要目标。在本土和域外的界限被全球化逐渐打破的时代背景下，主动型与外向型教育发展战略成为教育高质量发展的重要特征与衡量标准，这意味着教育高质量发展必须具有世界眼光，务必要掌握各种新的东西，必须融入全球教育发展浪潮，必须尊重全球化的客观事实，推动全世界多元教育共同体的建设。②

为了实现“教育走出去”的教育高质量发展目标，教育体制机制势必对其做

① 李静．新师范背景下教师培养的路径探究[J]．教育与教学研究，2020，34（10）：60-70.

② 孙志远．构建“中国教育走出去”战略的四个基本问题[J]．复旦教育论坛，2021，19（1）：24-30.

出必要的回应，其应该具备更强的“开放性”，以着眼中国的全球发展战略，培养能够对外发出中国声音、讲好中国故事、传播中国文化的人才。为了实现这一目标，教育体制机制改革要加大教育对外开放的力度，着力建立各类风险防范机制，具体而言，要积极推进相关领域法律制度更加成熟定型，坚持用改革的办法解决教育对外开放面临的体制机制障碍，为开放办学、规范办学、高水平办学提供制度保障；要完善部门间协作联动机制，进一步打破固有边界，在教育的宏观管理体制机制管办评分离、放管服结合方面既做到权责分明，又做到合作无间，达到纵横协同和深度融通的效果；要广泛调动社会力量参与监督，形成高效可靠的综合监管体系和监督合力；要加强教育对外开放队伍建设，加强智力支撑与行为规范，不断提高涉外管理服务水平；要强化质量监控意识，建立健全教育对外开放风险防控机制，探索建立国际学校评估认证体系，切实提高教育对外开放质量；要探索建立教育对外开放风险识别和预警机制，加强教育对外开放的风险研判，提高解决争端和维护自身权益的能力，维护教育主权和安全。

三、新时代教育体制机制改革的难点与问题

改革开放以来，我国不断深化教育体制机制改革，逐步调整政府、学校和社会的关系，加速推动了传统的教育管理体制向新的公共教育治理体系的变革。随着中国特色社会主义进入新的发展阶段，我国社会主要矛盾亦发生变化，国家治理的时空境遇发生了重大的结构性变革。对于教育领域而言，由于人民群众对于高质量多样化教育需求的不断增长，现有的教育供给机制以及与之相适应的教育管理体制等难以迅速适应这一社会变革的要求，可以说，新时代我国教育体制机制在支撑教育高质量发展目标达成上尚存在一些难点与问题。

（一）教育行政的指令性角色未根本转变

在教育规模扩张阶段，教育领域遵循着典型的政府主导行政化管理模式，其以框架式、结构化的教育行政秩序为主要特征，通过明确政府、学校与社会之间，各级各类教育之间，教师、学生、家长之间的关系，并建立相应的行为规则和惯

例，以此确保高速增长不会带来破坏性冲击。这种行政化主导的管理模式以控制为主要抓手，单向而粗放。教育行政部门的履职方式及其成效对各级各类学校的管理方式有直接影响，也间接影响着教师的教学方式和学生的学习方式。随着我国进入新发展阶段，教育高质量发展使得内涵发展与质量提升成为教育领域的主要矛盾，这也使得教与学、学与学、学与管、管与教等一系列教育微观问题开始显露出来。[①] 在教育以高质量发展为基本主题的新时代，教育最需要的是协同互动、及时反馈、多元参与的管理体制机制，但目前政府及其职能部门在主体角色意识、行为方式、合作能力方面，仍然表现出管制型政府模式下的角色身份、思想观念和行政文化[②]，教育领域政府既当运动员又做裁判员的问题依然突出。在"强政府、弱社会"的格局下，教育行政的指令性角色未根本转变，社会主体的自主性较差。这导致包括自主办学的学校、专业的社会组织、公民等其他治理主体的认知、态度和行为方式依然停留在政府一元管制模式下，主体之间的互动、合作精神尚未真正形成，集体行动依然缺失。[③] 此外，从府际关系视角来看，在政府教育管理体制内部，除主管教育事务的教育行政部门以外，发展和改革委员会、组织、财政、人力资源和社会保障、编制、自然资源、住房和城乡建设、科技、国有资产监督、经济信息化、税务等部门，均有自身的治理逻辑并负有相应的教育管理职责。但是，长期以来存在的部门间各自为政、多头行政局面，教育行政部门与其他政府职能部门之间屡屡发生的沟通不畅、相互扯皮推诿现象，对学校办学秩序造成严重影响。[④]

（二）多元主体互动协作机制尚未建立

教育高质量发展的实现离不开对政府治理角色的合理定位，为了给教育高质量发展营造良好的行政生态环境，为其提供坚实的制度安排与支撑，政府不但需

① 刘云生．经济转向高质量发展阶段：教育怎么办[J]．教育发展研究，2018，38(11)：1-10.

② 刘训华．突破传统思维 推进教育治理现代化[J]．群言，2017(12)：4-7.

③ 余雅风．以制度为关键和重点，让教育治理更有水平——推进教育治理体系和治理能力现代化[J]．中国电化教育，2020(1)：2-6.

④ 范国睿，孙闻泽．改革开放40年教育体制机制改革的历史与逻辑分析[J]．教育研究，2018，39(7)：15-23.

要承担为其他主体参与公共教育治理提供良好的参与环境、平台的重要任务，还要尊重、支持其他主体充分发挥作用，真正为多元主体积极、平等参与教育治理提供空间和机会。

多元主体参与是教育治理模式的突出特征，其既以制度化的方式征询了“民意”，也以制度化的方式集中了“民智”，因此其不仅体现了民主精神，也反映了科学和理性精神。可以说，多元主体参与是教育管理民主化与科学化的内在统一，体现了教育管理现代化的本质要求。[①]从治理的角度来看，教育要实现高质量发展，势必需要将教育的政府管理模式转变为多元参与的教育治理模式。

我国教育实现高质量发展面临的首要难题就是如何促进教育公平，缩小城乡、区域、学校之间的教育质量差距和教育投入差距。而在城乡、区域、学校之间的教育差距背后，存在着话语权和决策权的巨大差距。农村地区、落后地区、薄弱学校、弱势群体的话语权明显不够甚至缺失，是教育不公现象持久存在的重要原因之一。教育不公背后隐藏着社会不公，这就使教育中弱势群体的声音容易被遮蔽、被掩盖、被忽视，因此需要建立健全弱势群体有效参与、深度参与教育治理的体制机制。[②]此外，与发达国家相比，我国与教育有关的社会组织的发育还比较稚弱，社会组织在教育治理中的专业性、独立性还不够凸显。在与政府的关系上，政府仍处于强势地位，教育社会组织则处于从属地位，其组织的社会运行主要依靠行政控制，上传下达，上令下行，与科层制的政府组织并无区别。因此，教育社会组织成为教育行政部门的传声筒和代言人，依附于政府行政机关，过滤了公众的声音，抑制了不同意见的提出，缺乏作为合作治理主体的独立性和自主性[③]，从而制约了公众决策参与的范围和质量，甚至使决策参与流于形式。[④]由此可以看出，无论从弱势群体利益相关者的多元参与来看，还是从社会组织的理性发声来看，我国政府及其职能部门尚未完成作为教育治理者的角色转换，教育领域内多元主体之间的互动、协作机制也尚未建立。

---

① 褚宏启，贾继娥.教育治理中的多元主体及其作用互补[J].教育发展研究，2014，34(19)：1-7.

② 褚宏启，贾继娥.教育治理中的多元主体及其作用互补[J].教育发展研究，2014，34(19)：1-7.

③ 鲁篱.行业协会经济自治权研究[M].北京：法律出版社，2003：233.

④ 杨朝聚.我国非营利组织的行政化及其影响[J].华北水利水电学院学报（社科版），2007（6）：22-24.

(三) 学校办学活力亟待进一步释放

我国各级各类学校制度的创新与变迁，同中国社会长期在计划经济体制和中央集权化教育管理模式下运行有着密不可分的联系。长期以来，由于受计划经济体制的影响，我国学校长期依附于政府，尽管其间经历过数次改革，也经历过多次下放权力与回收权力的博弈，然而，“一统就死，一放就乱”的矛盾现象依然存在，严重阻碍了学校办学自主权的有效落实，最终压制了学校的办学活力，使得学校对政府过度依赖。虽然从某种程度上看，教育行政化手段能够依靠其特殊的权力和方式进行集中管理，发挥有效的资源配置作用，但同时也混淆了学校与教育行政管理部门之间的职权范围，忽视了教育发展的特有规律和学校自身的特点，分割了学校与社会、市场之间的密切联系。如此，学校逐渐沦为政府的附庸机构，其办学自主权也随之丧失。

教育高质量发展的基本特征之一即各级各类学校的多样化发展，但由于我国各级各类学校缺乏真正的独立办学资格，学校从一开始就依附在政府这棵大树之下，成为其附庸机构。这样的体制最终将逐渐导致所有的公办学校变得高度趋同。除了专业设置、课程设置、教学计划等方面雷同之外，学校的管理模式也出现“同质化”现象[①]，而这与教育高质量发展所追求的多样化发展目标相悖，不利于形成各类学校百花齐放的良好教育生态。为了实现教育高质量发展的多样化目标，学校需要办学特色、办出优势，而这依赖于学校结合自身条件与所处环境独立探索出一条因地制宜的办学之路，真正承担起自我管理和自我发展的任务。而这一独立特色办学之路与模式的建立离不开学校手握办学自主权，真正实现学校自治。所谓学校自治，即指构建新型政校关系，推进政校分开、管办分离，政府简政放权，改变直接管理学校的单一方式，减少不必要的行政干预，切实落实学校的办学自主权，使学校真正成为独立办学的主体，能够自主管理、自主办学。[②]

办学活力不足已成为制约教育质量提升的关键因素，国家正在逐步创新体制

① 侯佳，刘月琴 . 关于落实学校办学自主权的理性思考 [J]. 教育理论与实践，2018，38(7)：31-34.

② 褚宏启 . 教育治理：以共治求善治 [J]. 教育研究，2014，35(10)：4-11.

机制，通过提高学校办学活力来实现办学质量的提升。2020年，围绕基层反映的对学校“管得太多、激励不够、保障不够、管理机制不健全”等影响和制约中小学办学活力的突出问题，中央八部门联合出台《关于进一步激发中小学办学活力的若干意见》，重点提出了保障学校办学自主权、增强学校办学内生动力、提升办学支撑保障能力以及健全办学管理机制等四项重大政策措施，为当下推进教育高质量发展的体制机制改革提供了有益参照。释放学校办学活力、提高学校自治程度是教育高质量发展背景下教育体制机制改革的关注重点，基于此，当下我们需要继续探索破解限制办学活力问题的基本路径与创新性举措，通过激活学校教育细胞推动教育质量全面提升。

(四) 教育法治建设尚不完善

法治既是教育治理现代化的基本目标之一，也是教育治理现代化的重要路径和推进教育高质量发展的重要方式。教育法治在确立教育发展的权责框架、规范教育教学的活动开展、保障各方主体的合法权益、推动教育事业的可持续发展等方面发挥着重要作用，而科学立法则是实现教育法治的重要基础。

教育要实现高质量发展必然需要依法治教所营造的良好发展氛围。坚持依法治教，要以习近平法治思想为指导，整体推进教育立法工作，把党对教育的主张、决策部署和实践经验转化为国家意志，上升为法律规范，促进各项教育制度更加成熟，更好发挥法治固根本的作用，开创教育强国的新局面。但从我国依法治教的历史进程来看，我国教育法治建设尚存在如下的问题：一是教育政策向法律转化的限度尚待进一步厘清。曾经长期经历法律虚无主义的教育领域，在实现依法治教、依法治校的过程中难免会出现泛法治主义的倾向，即将教育方针、政策或实践经验盲目地上升到法律的高度，这种做法固然有让法律与时俱进的益处，但也导致许多法律的政策化色彩过于浓厚，不仅压缩了教育政策的存在空间，而且削弱了教育立法的规范性、严肃性和权威性。二是部分领域还存在法律规范缺位的现象。我国教育法律规范体系不健全，传统立法的慢节奏与低效率难以适应教育高质量发展对教育法治的迫切需求，比较突出地体现在学前教育、考试、学校、终身教育和家庭教育等方面。此外，即使是在已经出台法律予以调整的领域内，由于客观形势的变化以及原有立法技术或立法模式的局限性，现行法律所呈现出的缺陷、漏洞与问题也日趋明显，尤其是许多法律条款过于原则化、简单、抽象，不具有可操作性乃至可诉性。三是教育法律规范体系内部的协调性较弱。所谓的“教育法律体系”，不仅要在形式上具备不同效力层级法律文本的完备性，而且要在实质内容上实现协调互动和有机衔接，要在增加教育法律数量的同时更加关注法律的质量和有效性。随着教育法律的数量越来越多，一般规定与特殊规定、上位法与下位法、基础性立法与配套性立法的角色日渐分明，加之我国在教育领域采取分散立法的模式，不同时期出台的法律、法规、规章并存，许多规定之间存在“冲突打架不一致”“交叉重复不协调”“权责脱节不衔接”等问题，难以有效维护教育法律规范体系的协调统一，严重制约着制度合力的形成。① 四是权力缺乏制约而体现社会整体利益的法律缺失，未体现以社会为本位。目前我国对教育公共治理主体的权利、职责和义务进行明确规定的法律还存在较多的问题，如教育治理中各主体法治观念不强、权责不清，多元主体的民主、平等、合作关系难以构建与维系，制度的支持、协同作用难以发挥。②

（五）科学有效的教育评价机制亟须建立

教育改革的目的是否实现，教育改革形成的制度优势是否更好地转化为教育治理的效能，是否能够促进教育实现高质量发展，需要进行教育评价。评价是教育活动的关键环节，对各级各类学校提高办学水平和人才培养质量发挥着重要的引导作用。教育评价既是风向标，也是指挥棒，教育评价机制具有指挥、激励等作用，是教育体制改革的突破口，教育评价标准、评价方式方法的变革能够更好地促进人才培养模式和办学体制机制的改革，有助于推动教育实现高质量发展。近年来，党和国家高度重视教育评价改革。2018年9月10日，习近平总书记在全国教育大会上指出，要深化教育体制改革，健全立德树人落实机制，扭转不科学的教育评价导向，坚决克服唯分数、唯升学、唯文凭、唯论文、唯帽子的顽瘴痼疾，从根本上解决教育评价指挥棒问题，这从本质上回答了教育评价的价值取向

① 湛中乐，靳澜涛.新中国教育立法70年的回顾与展望[J].首都师范大学学报(社会科学版)，2019(5)：1-9.

② 余雅风.以制度为关键和重点，让教育治理更有水平——推进教育治理体系和治理能力现代化[J].中国电化教育，2020(1)：2-6.

问题，为新时代教育评价改革指明了方向。2020年6月30日，中央全面深化改革委员会第十四次会议审议通过的《深化新时代教育评价改革总体方案》，提出教育评价事关教育发展方向，要全面贯彻党的教育方针，坚持社会主义办学方向，落实立德树人根本任务，遵循教育规律，针对不同主体和不同学段、不同类型教育特点，改进结果评价，强化过程评价，探索增值评价，健全综合评价，着力破除唯分数、唯升学、唯文凭、唯论文、唯帽子的顽瘴痼疾，建立科学的、符合时代要求的教育评价制度和机制。

随着教育评价改革的不断推进，教育评价理念、内容和方式方法在不断更新，评价指标体系也在不断完善。但是，在教育高质量发展的背景下，我国教育评价仍然存在一些亟待解决的问题。第一，对于教育评价的甄别与选拔功能的高度强调，助长了对学业成绩的片面追求，加重了学生课业负担，不利于学生全面发展。很多地区以学生考试成绩排名作为“奖优罚劣”的依据，特别是作为教师、校长、学校绩效考核的指标，与切身利益直接挂钩，导致学校狠抓学习成绩，强化课业训练。第二，教育评价指标依然存在重智、轻德、轻能的倾向，单一的评价标准导致教育评价对教育实践的导向功能出现偏差，片面追求升学率、周课时超标、音体美课时遭挤占、课外辅导等乱象都是其直接后果。第三，单一的书面考试方式难以考查学生的多方面能力。多年来，书面考试一直是大多数学校评价学生发展的最主要的方式。学生发展过程的记录、解决实际问题能力的观测、参与社会实践活动的记录等反映学生发展过程和多方面素质发展水平的评价方式尚未得到广泛应用。第四，对教育与经济社会发展需求的匹配度缺乏全面评估。对于靠近“出口”的职业教育、高等教育，其人才培养的数量、质量和结构必须与经济社会发展的需求相匹配，才能满足各行各业的人才需求。如何判断这种匹配水平，这就需要从人才的使用者角度开展测量和评估。目前，这方面的工作有了一些局部的探索，但是还缺乏整体的、全面的判断。①

① 马延伟.完善教育评价机制 推进教育评价改革[J].中国民族教育，2013（3）：15-18.

四、新时代教育体制机制改革的双重逻辑

一般而言，教育组织变革存在两种模式：一种是改革模式，另一种是发展模式。所谓改革，准确地说是“以改革促发展”，主要是破除教育事业发展中制约高质量发展的体制机制障碍。正如党的十九大指出的那样，“坚决破除一切不合时宜的思想观念和体制机制弊端，突破利益固化的藩篱”。所谓发展，准确地说是“因发展谋改革”，主要是实现直接面向、支持和满足人民群众高质量教育的正向需求，探索增值的、突破性的、创新的、系统的教育体制机制改革举措，强化有利于提高教育资源配置效率、有利于激发师生积极性的适切方案，持续增强办学治校活力。“改革模式”所对应的是发现缺失、应对缺陷、消除障碍的“缺陷改进型思维”，是要避免、去除人们不想要的方面；而“发展模式”，特别是拥有积极趋向的、高质量意义上的发展模式，更彰显了一种挖掘优势、发现美好、提升幸福的“提升探究型思维”，是要精准聚焦和高效满足人民群众的获得感、幸福感、安全感。

（一）以改革促发展的“缺陷改进”逻辑

发现缺失、应对缺陷、消除障碍是“缺陷改进”逻辑下教育体制机制改革的重要任务。基于此，有效推进新时代教育体制机制改革需要对我国当前教育事业的发展不足与尚存问题进行正确的审思。总体来看，虽然我国教育规模已位列世界之首，成为名副其实的教育大国，但教育优先发展地位须进一步巩固，教育发展还存在不平衡、不充分的问题，距离我国实现教育强国的目标还有一定的差距。比如：人才培养质量还不够高，国际竞争力还不够强，优质教育资源短缺，还不能很好地满足人民群众的需求和经济社会发展的需要，特别是培养创新人才乏力，技能型人才短缺，教育面对经济转型升级和全面建设社会主义现代化国家应当发挥的人力支持和智力支撑作用还没有充分地发挥出来；教育观念仍然比较落后，对于教育外部环境发生的变化不够敏感，不少学校仍一味地延续传统的课堂教学模式，教育方式和管理模式还不能很好地适应知识数字化和互联网技术发展的新要求；教育资源配置仍然不够均衡，区域、城乡、学校之间的差距仍然较大，在中西部农村仍有不少学校难以保障基本的校舍安全，教学仪器设备严重短

缺；办学体制仍然比较僵化，虽然实现了财政性教育经费支出占GDP比例4%的目标，但是非财政性教育经费所占比例下降，在我国主动调节经济增长速度的背景下鼓励社会力量参与举办教育的环境亟待完善；教育行政管理体制仍然存在着许多不适应的方面，中央与地方教育事权、财权的关系还没有理顺，学校作为办学主体的地位还没有落实到位，在一些地区和学校违背教育规律的现象时有发生，如何建立一整套行之有效的监督和制约机制尚需不断探索完善；在教育质量保障方面，基础教育学生培养质量标准不明确、高等教育人才培养标准层次体系不完整、人才培养分级通用标准缺位等问题亟待解决。以改革促发展的“缺陷改进”就是要有效破除制约上述问题根本解决的教育体制机制障碍，其寻求的是为当下教育发展进程中的难点、痛点提供支持与保障。

(二) 因发展谋改革的“提升探究”逻辑

教育高质量发展是一个长期过程，相关发展改革创新既要立足当前，也要谋划长远，既要解决当前的棘手问题，也要解决未来发展的战略问题。因此，教育体制机制改革不能仅从眼前问题着眼以“缺陷改进”为根本任务，更要从可持续发展的角度进行体制机制改革进行创新，更多着眼于改革发展成效的持久性和辐射带动功能，切实提高改革发展成果的持续效能和在更大范围的广泛影响，以为21世纪中叶实现国家教育质量水平整体提升的目标奠定坚实的基础。

面向未来，处于世界教育改革发展、国家宏观政策战略和教育改革发展自身逻辑的牵引之中的现代教育体系，应当是一个可持续的、以人为本的、开放的教育生态系统，可在以下三方面实现对现有教育体制机制的延伸和超越：一是建立与智慧社会相配套的智慧教育生态系统。智慧社会需要的智慧教育系统应具备多样性、便利性、人性化和自我生发的特点。二是以优化教育文化生态统筹教育体系结构和关系的完善。智慧社会的教育文化生态以全纳、有序、自新为核心特质，即教育主体各司其职，全方位、全过程参与教育系统全链条，各教育子系统共生协调，并拥有自我更新和进化的可持续发展能力。这就需要在大中小幼一体化德育体系的基础上，建立大中小幼一体化的职业发展和终身成长体系与政、产、学、研、用协同创新的教育发展生态。三是同步提升教育治理体系和教育发展体系的可持续性。不仅要关注教育可持续发展的体制机制，还要优化教育治理系统本身的体制机制，进行结构调整和资源内部整合，强化智库建设、督导体系和第三方评价主体的内部挖潜，更好地发挥教育科研服务机构的能动性，将其纳入教育治理系统优化的框架中来。

五、新时代教育体制机制改革的目标指向

在准确把握全面建设社会主义现代化国家的新形势对教育高质量发展提出的新使命，准确把握经济社会发展迈入新阶段对优质教育资源供给提出的新需求，准确把握新发展理念对加快教育发展方式提出的新任务，准确把握新发展格局对增强教育服务能力提出的新要求的基础上[①]，坚持扎根中国与融通中外相结合，坚持目标导向与问题导向相结合，坚持集中管理与放管服相结合，坚持顶层设计与基层探索相结合，从世界教育改革发展、国家高质量发展宏观政策战略和教育改革发展自身逻辑出发，系统推进构建加强党的领导的、释放办学活力的、促进协同整合的以及条件保障扎实的体制机制。

（一）确保方向，构建加强党的领导的体制机制

中国共产党领导是中国特色社会主义最本质的特征，是中国特色社会主义制度的最大优势。党的领导是引领新时代中国特色社会主义教育事业不断前进的最大政治优势。只有加强党对教育事业的全面领导，才能将制度优势转化为发展教育事业的强大动力，才能坚持把教育放在优先发展的战略地位，坚持把优先发展教育事业作为推动党和国家各项事业发展的重要先手棋，突出教育的基础性、先导性地位和作用，推进教育现代化，建设教育强国。实现教育高质量发展是一项复杂的系统工程，需要加强统筹协调，兼顾各级各类教育发展需求，兼顾各方利益诉求；需要正确处理改革发展与稳定的关系，以稳定为前提，把教育发展的力度、教育发展速度和社会可接受的程度结合起来，而这均离不开党的领导。可以说，组织保障是新时代推进教育实现高质量发展的根本保证，加强党对教育工作

① 陈宝生．建设高质量教育体系 加快建成教育强国[J]. 旗帜，2020（12）：8-10.

的全面领导是深化教育体制机制改革的根本要求，新时代教育体制机制改革的首要目标就是切实构建起加强党的领导的教育体制机制，以此确保改革方向正确。

综上，新时代加强党的领导的教育体制机制具体包括以下三个方面的内涵：一是领导内容的全面性。党对教育工作的领导体现在政治、思想、组织等各个方面，是一个系统的整体。具体而言，加强党的政治领导就是要保证学校正确的办学方向，保证党的领导在学校工作中全面发挥作用。教育主管部门和各级各类学校的党组织要增强“四个意识”，坚定“四个自信”，做到“两个维护”，自觉在政治立场、政治方向、政治原则、政治道路上同党中央保持高度一致。加强党的思想领导就是要掌握学校思想政治工作主导权，巩固马克思主义在意识形态上的主导地位，用科学理论培养人，用正确思想引导人。加强党的组织领导就是要建立健全各级各类学校党组织，充分发挥基层党组织的战斗堡垒作用和党员的先锋模范作用。各级各类学校党组织要把抓好学校党建工作作为办学治校的基本功，把党的教育方针全面贯彻到学校工作各个方面。

二是领导范围的全覆盖。党对教育事业的领导作用主要体现在各级各类教育上。我国有着全世界最大规模的教育体系。基础教育在国民教育体系中处于基础性、先导性地位，是提升国民素质的基础工程。职业教育是国民教育体系和人力资源开发的重要组成部分，肩负着培养多样化人才的重要职责。高等教育是培养高素质人才的重要基地，事关国家综合实力提升和民族未来。各类教育职责不同，都承担着立德树人的根本任务，都要坚持党的领导，全面贯彻党的教育方针。此外，民办学校和中外合作办学院校虽然在办学方式、组织结构、运行模式上与公办学校有所差别，但是在坚持正确政治方向、正确育人导向上要保持一致，因此要将其纳入思想政治工作整体布局，确保党的领导、党建和思想政治工作全覆盖。

三是领导体系的全方位。要将党对教育事业的全面领导融入教育体制机制的全方位运行体系，将党对教育事业的全面领导体现在办学治校各领域、教育教学各环节、人才培养各方面。在学校治理体系建设上，要不断健全各级各类学校坚持和加强党的全面领导的组织体系、制度体系、工作机制。在教育教学方面，立德树人是教育的根本任务，党的领导要通过落实立德树人根本任务体现出来，要把立德树人融入思想道德教育、文化知识教育、社会实践教育各环节，学科体系、教学体系、教材体系的设计和运行都要服从于这一根本任务的完成，把立德树人的成效作为检验学校一切工作的根本标准。在人才培养方面，要遵循思想政治工作规律，遵循教书育人规律，遵循学生成长规律，引导学生做社会主义核心价值观的坚定信仰者、积极传播者和模范践行者，培养德智体美劳全面发展的社会主义建设者和接班人。[①]

（二）聚焦短板，构建释放办学活力的体制机制

办学活力是新时代学校创新发展的需要，是学校主动发展、积极发展和创新发展的源泉，因此，“充满活力”是教育体制机制改革的重要目标，新时代要构建充分释放学校办学活力的体制机制。

释放办学活力的体制机制，第一，意味着落实学校办学自主权，这需要政府转变职能，注重深化简政放权、放管结合、优化服务改革，把该放的权力坚决放下去，把该管的事项切实管住管好，加强事中事后监管，构建政府、学校、社会之间的新型关系，进一步成为教育体系的建构者、教育条件的保障者、教育规则的制定者、教育公平的维护者、教育标准的制定者和教育质量的监控者。第二，意味着完善学校内部治理，要完善决策机制，学校发展规划、重要改革、安全稳定等重大事项和涉及师生员工切身利益的重要问题，由学校党政领导班子集体研究决定；要强化党组织政治功能，加强对重大事项、重要问题的政治把关；要落实教职工代表大会或教职工全体会议制度，对学校重要工作进行审议、听取意见；要建立家长委员会，完善家校协同育人机制；要加快推进学校章程建设，增强自主管理、自我约束能力。第三，意味着健全办学管理机制，要完善宏观管理，一方面要依法依规明确管理事项，重点对学校落实国家课程、规范使用教材、遵循教学基本要求、重大决策制度、师德师风建设、规范办学行为等方面进行监督管理；另一方面要创新管理方式，更多采取事中事后监管，区别不同学校的实际情况，依据学校办学水平和管理能力，注重加强分类管理，实施精准定向赋权，构建差异化的监管方式。第四，意味着要完善社会监督，要建立健全学校办学信息公开制度，重点公开课程设置、教学安排、招生入学、收费项目及标准等信息，

---

① 王炳林．加强党对教育事业的全面领导是办好教育的根本保证 [J]. 中国高等教育，2020（18）：4-6.

保证学生家长及社会公众对学校重要事项的知情权；要建立学校与社区沟通联系制度，及时听取社区和人大代表、政协委员等方面人士对学校工作的意见和建议。

（三）打破边界，构建促进协同整合的体制机制

由于教育利益相关者的立场、诉求，以及参与教育治理的程度与方式各不相同，而很多制度变革经常“牵一发而动全身”，为避免出现权力真空、职能死角和责任盲区，新时代教育体制机制的改革必须从整体上看待和理解教育发展问题，善于从教育系统内各单元的关联性、各要素的协同性出发实现好“整体大于部分之和”的目的。具体而言，就是要进一步将促进政府、学校及社会之间的融合共享、协同整合作为改革的重要目标之一，努力提升改革的整体性、系统性与协同性。

首先需要做到政府、学校、社会三类主体的目标汇合。政府、学校与社会各安其位、各尽其责，共同为了实现促进教育高质量发展的教育体制机制改革目标而努力。具体而言，政府要依法对学校实行宏观管理，提供优质高效服务；学校要依法自主办学，逐步形成“自主管理、自主发展、自我约束、社会监督”的办学机制；社会要积极培育中介组织，鼓励基层与社会力量主动参与教育改革全过程。

其次需要构建一整套行之有效的融合机制予以支撑。第一，建立共同参与的公共教育决策机制。通过联合调研、集体讨论、多方咨询等途径，共同解决教育高质量发展过程中的系列难题。同时继续完善重大教育决策的审议制度和听证制度，提高公共教育决策回应公众和社会需求的水平。第二，建立相互协调的教育信息反馈机制。通过建立政府、学校与社会专业组织之间良好的关系和沟通渠道，进一步形成教育信息反馈机制，使各方在有效沟通的基础上改进管理行为、提高服务水平。

最后需要整合资源，实现资源利用效率最大化。在融合共享与协同整合的过程中，为节约多方参与主体成本，维持和强化协作效果，需要进一步加大各方资源的整合力度。第一，要重视信息资源整合。要推进政务、校务、教务等信息公开，加强教育网络系统建设，共享包括法律法规、政策条例、行政预算、教育开支、监测评估报告等资料，使各方包括公众能及时获得相关信息，实行精细化管

理。第二，要重视人力资源整合。充分发挥政府、学校和社会专业组织各自的优势，整合政府管理者的宏观把控、高校专家学者的理论与实践研究、社会组织专业工作者的市场分析等优势，取长补短，互为补充。第三，要重视组织网络资源整合。在共享协作过程中鼓励和支持多方参与，利用政府的行政网络、学校的学术圈层、社会组织的专业群落，进一步实现政府主导作用、学校主体作用、社会主推作用的协同联动，推进教育实现高质量发展。①

(四) 夯实基础，构建条件保障扎实的体制机制

教育高质量发展的有效实现需要良好的保障条件，其中完善的制度建设、高素质的人力资源以及充足的物质资金缺一不可。就教育体制机制而言，就是要构建具有扎实条件保障的体制机制，如健全的制度体系、充满活力的用人机制以及充足的教育经费投入机制等。

首先，要以制度为立足点建设高质量的教育制度体系。制度建设既是一个破除滞后体制机制的过程，也是一个建立和完善与新时代教育高质量发展要求相适应的体制机制的过程，既包括建立健全相关法律体系，也涵盖教育政策的制定与执行，其中，建立健全保障教育高质量发展的法律体系尤为重要。教育领域综合改革事关全局，必然涉及利益和权力的重大调整，只能用法治方式去化解教育改革的风险。依法治教是推进教育治理现代化的保障，也是教育事业科学发展的稳定持久的保障。习近平总书记指出，“在整个改革过程中，都要高度重视运用法治思维和法治方式，发挥法治的引领和推动作用”。因此，教育的法治化在教育体制机制改革进程中发挥着引领性、基础性、规范性、保障性的重要作用。教育体制机制改革，需要用法治来引领，以法治为保障，靠法治来奠基。②只有全面推行教育法治，才能从根本上实现治理方式的变革，才能真正实现教育体制机制的改革和创新。因此构建条件保障扎实的体制机制，势必要进一步完善我国教育法律，构建完备的教育法律制度体系，通过运用法治方式调节教育关系、维护教

① 王璐，王世赟．厘清“管、办、评”职责，构建政府、学校、社会新型教育治理关系 [J]. 教育测量与评价，2018(5)：11-19.

② 陈宝生．全面推进依法治教 为加快教育现代化、建设教育强国提供坚实保障 [N]. 中国教育报，2018-11-29(3).

育秩序、协调教育冲突，形成政府依法治教、学校依法办学、社会主体依法多元参与的法治文化和协同治理机制，从而为教育高质量发展提供法治支持。具体而言，在宏观教育行政上，就是要建立健全立法制度、执法制度、司法制度、监督制度，并严格按这一套法律制度体系办事。在微观学校管理上，就是要建立健全以学校章程为中心的学校内部机构的制度、工作的制度和人的制度，并严格按这些制度执行。

其次，要深化教师工作体制改革，为教育高质量发展提供人员保障。从根本上说，教育的水平和质量是由教师决定的。教师队伍建设的成效、教师的社会地位和影响、教师的归属感和对教育教学的投入等，与教师工作体制是高度关联的。政府部门在教师工作的政策要求、编制指标计划、职务职称晋升、考核评价标准、培养培训、福利待遇以及聘用和流动管理等方面发挥着关键作用，因此构建充满活力的用人机制需要政府加强对教师工作的宏观政策调控，并适当将具体教师工作的权力下放给各级各类学校，进一步建立起适应学校办学要求的教师工作制度。此外，还要进一步加大师资培养力度，提升教师教学能力，真正从教学输入端把控好质量。

最后，要进一步加大教育经费投入力度，推进教育硬件设施建设，为教育高质量发展提供物质保障。加大投入是我国教育事业持续健康发展的重要保障。要提高各级各类学校办学水平和人才培养质量，必须进一步加大投入，大力改善办学条件，更新教学硬件设施设备。为此，政府要着力完善各级各类教育投入保障体制，建立以公共财政投入为主的多渠道投入体制，提高投入水平，增加社会资源供给，保障不断增长的教育办学需要。公共财政投入涉及中央和地方政府的责任，因此要建立谁举办、谁投入的责任机制，依法明确和落实投入主体责任。此外，为鼓励社会力量加大投入力度，政府要制定优惠政策和措施，如进一步放宽办学准入条件、简化审批程序等。

六、新时代推进教育体制机制改革的实践进路

新时代教育体制机制改革的主要任务是，形成充满活力、富有效率、更加开放、有利于科学发展的教育体制机制，完善政府依法宏观管理、学校依法自主办

学、社会有序参与、各方合力推进的格局，为教育高质量发展提供制度支撑。有效推进教育体制机制更加符合教育发展规律、更加符合人才成长规律、更能促进人的全面发展和经济社会创新发展，必须理顺教育系统诸要素之间的关系，激发各教育要素的活力，从而激发整个教育系统的活力。具体而言，就是要理顺政府、学校、社会三类主体内部及三者之间的关系，使其各行其道、各负其责，同时又都配合默契、相互协同。

(一) 聚焦政府之“力”，落实政府责任担当

推进教育体制机制改革，实现教育高质量发展是政府的职责和义务，政府在此过程中需要起到主导作用。政府在教育体制机制改革中的主导作用表现在以下四个方面：一是协调和整合多元主体的利益分歧，维护公共利益，保证教育领域公共利益的最大化；二是确定教育发展的方向、目标、标准，解决多元主体的目标分化问题，产出公共政策和制度，为多方主体参与管理提供共同的行动目标和行为准则；三是进行宏观规划、统筹和调控，解决教育改革分散化的问题，以及教育改革活动的碎片化和不可持续等问题；四是对教育体制机制改革的效果进行问责，通过实体性和程序性规则，对各相关改革主体进行问责，也对自身进行问责。①

为了充分发挥政府的上述主导作用，深入推进教育体制机制改革，政府需要进一步从以下几点进行实践：首先，政府要不断转变自身职能，重新定位自身角色。政府要不断分割其在教育层面的管理权，通过实行教育多级管理机制，进一步促使政府职能从对教育事业进行“管理”转变为为教育事业“服务”，相应地，政府在教育领域扮演的角色也要进一步从举办者、管理者转变为服务者、监督者。其次，政府对教育的管理方式应进一步实现从微观管理、直接管理、集权式管理向宏观管理、间接管理和分权管理转变。政府要综合运用法律、法规、政策以及提供经费支持等一系列措施来管理和服务教育事业发展，打破过去单一依靠行政手段解决教育发展难题、回应教育发展诉求的惯性。再次，政府要健全完

① 褚宏启，贾继娥. 教育治理中的多元主体及其作用互补[J]. 教育发展研究，2014，34(19)：1-7.

善教育制度体系。制度具有固根本、稳预期、利长远的作用，既是国家治理的有效方式，又是实现国家治理现代化的有力保障。基于此，政府要聚焦解决教育体制性障碍、机制性梗阻、政策性创新方面的问题，不断健全各方面制度，使其更加成熟、更加定型，进而构建起系统完备、科学规范、运行有效的制度体系。另外，政府要继续加强教育法治建设，积极构建完备的教育法律法规体系。一方面，政府要进一步加快教育立法速度，提高教育立法质量，满足教育高质量发展的法治需求。另一方面，也要进一步规范教育执法方式，完善教育执法机制，适应支撑教育高质量发展的治理体系转型。同时，政府还要规范教育权力配置与运行方式，使不同类型的教育权力与责任在各个治理主体中得以明确。① 最后，政府要加大简政放权力度，进一步推进单一主体的政府管理走向多元主体的共同治理。这不仅意味着政府要向社会（包括诸多利益相关者、社会组织等）和学校放权、分权、授权，同时为保证放权质量，还需要政府在多元主体的能力培养培训中特别关注教师、学生、家长等传统管理体制没有给予足够重视的治理主体，政府可以通过多样化的培训、研讨与实践，增强这类主体的民主参与意识和民主管理能力。

需要指出的是，尽管共同治理释放了社会的活力、限制了政府的不当干预，但这并不意味着政府作用的削弱和退出。在多方参与的共同治理中，政府依然发挥着主导作用，只不过在社会广泛参与的治理框架下，政府发挥主导作用的范围、方式发生了重要变化。② 在推进教育体制机制改革过程中，政府的主导作用之所以必要，在于“如果过度强调分权放权或自愿合作，忽视硬性的制度规定和强制性监督机构，很可能导致多元主体间责任边界不明确，诱发相互推诿扯皮、争功避责，削弱其共识与合力。在当前中国制度体系需进一步健全和完善、社会规则意识和责任意识尚未完全建立、认识还没有完全统一的情形下，过度强调自愿合作、自我约束、自主创新，显然可能会加剧责任体系的混乱，不利于理想效

① 余雅风．以制度为关键和重点，让教育治理更有水平——推进教育治理体系和治理能力现代化 [J]. 中国电化教育，2020（1）：2-6.

② 褚宏启，贾继娥．教育治理中的多元主体及其作用互补 [J]. 教育发展研究，2014，34(19)：1-7.

果的达成”[1]。多元参与不等于共同负责，因为公私机构共同负责往往意味着都不负责，最终会破坏公众对于教育体制机制改革的信心。作为公共利益的代言人，政府应该勇于担当，责无旁贷地担任教育体制机制改革的责任主体。

（二）强化学校之“力”，提升学校内部治理

落实政府在教育体制机制改革中的责任担当为保障和扩大学校办学自主权提供了重要依据，但学校有了办学自主权只是办好学校的前提，能不能科学有效地用好办学自主权则与学校自身的治理能力有着密切关系，因此，推进教育体制机制改革，还需要不断提升学校内部治理能力，充分发挥学校在教育体制机制改革过程中的主体作用。

一是要改革和完善学校内部治理结构。从管理学角度来说，组织结构决定着组织功能，也决定着组织的效力和生命力。同样，学校内部治理结构是决定学校办学质量和持续发展的关键，是学校内各个利益主体的权责关系及其相互协作和制约机制，其完善的目的是通过权力共享和民主参与，激发学校内部各主体参与学校事务的主动性和积极性，最终实现共治和善治。具体而言，首先要在学校管理中树立正确的权力观。学校是一个专业性强、涉及面广的开放性组织，不能简单地把学校管理权力等同于行政权力，其中，教师的专业权力、以家长为主体的社会权力、学生自主管理的权力，以及以专家学者为代表的学术权力都是权力的重要组成部分，他们作为学校发展的重要力量理应纳入学校内部治理体系，并在学校内部治理结构上体现出来。其次，要突破原有的管理组织架构，重新进行合理规划和设计，使管理权力的划分既符合各个利益主体的特点和需求，又能够在各个主体之间实现权责对等和平衡。权力共享和责任分担不是简单地把权力和责任进行拆解和分包，要在充分调研各主体特点、优势和需要的基础上，结合学校管理情境进行合理赋权和分责。[2]对于基础教育学段而言，当前的首要任务是强化教代会在学校管理中的功能定位，以及保障以家长为代表的社会权力的行使，

---

① 郑言，李猛．推进国家治理体系与国家治理能力现代化 [J]. 吉林大学社会科学学报，2014，54（2）：5-12.

② 鲍传友．提升学校治理能力需要进一步完善学校内部治理结构 [J]. 教育发展研究，2017，37（20）：3.

使教代会和家委会真正发挥在相关主体利益协调、学校重大决策制定、沟通和监督等方面的功能。这需要建立健全师生、家长参与学校治理的制度，健全校内的集体决策规则，进一步推进决策的科学化、民主化、法治化，还需要扩大教职工对学校领导和管理部门的评议权、考核权。① 对于高等教育而言，则要从学校实际需要出发，兼顾精简效能的原则，对高校的教学、科研、行政部门等组织机构和人员进行重新配置，同时还要充分发挥高校学术委员会的作用，使得大学的行政权力和学术权力既能够彼此分离又能合理结合，进一步在高校实现去行政化。

二是要建立比较完善的现代学校制度。基础教育学段的学校，一方面要不断加强建立和完善中小学校长负责制，进一步对校长的权力和职责进行明确和规范，充分利用校长的管理者和教育者的双重身份。另一方面，也要积极建立教职工代表大会制度和家长委员会制度，真正让教师和家长参与学校管理，从而实现学校管理的民主化。对于高等教育学校而言，要加快完善中国特色现代大学制度，具体而言，就是要完善高等教育管理方式，完善高校依法自主办学机制，依法落实高校办学自主权。坚持和完善党委领导下的校长负责制，完善决策机制和议事规则，加强党委的领导核心作用。引入治理机制，建立现代化的治理体系。积极落实高校章程，加强学术委员会组织机制和运行规程建设，充分发挥学术委员会的作用。落实师生员工参与学校治理的权利，健全师生员工参与治理的规范和程序，完善教职工代表大会制度和学生代表大会制度。积极推进高校理事会建设，构建广泛参与、职责明确、程序规范、作用显著的理事会制度，充分发挥理事会对高校办学的咨询、协商、审议与监督功能。

（三）借助社会之“力”，发挥多元共治合力

教育是整个经济社会发展的重要组成部分，同时教育需要全社会关心和支持。习近平总书记指出，办好教育事业，家庭、学校、政府、社会都有责任。社会作为教育利益主体之一参与教育治理，有助于提高教育行政的回应性、保障公

① 褚宏启，贾继娥. 教育治理中的多元主体及其作用互补[J]. 教育发展研究，2014，34(19)：1-7.

共教育服务公平、推进教育治理体系与治理能力现代化建设。[①]因此，推进教育体制机制改革，需要形成更加广泛的社会参与，充分发挥社会多元主体的协同合力，其实质是将社会权力引进到教育领域的权力场域，形成基于政府权力、学校自主权、市场权力、社会权力四维空间的教育权力新秩序。[②]

首先要提升社会参与质量。为此，其一，应进一步提高基层和外部力量参与教育体制机制改革的积极性。教育体制机制改革的推进和深化需要充分调动基层单位和部门的主动性和积极性，将自上而下推进改革的要求内化为基层微观主体的自觉行动，形成自上而下的顶层设计和自下而上的基层创新相结合的良性发展路径。其二，支持和发展社会中介组织。近些年，我国教育领域的社会中介组织发展较快，相继出现了一批行业协会、专业学会、基金会等社会组织。但与西方国家相比，我国参与教育改革的社会组织不管是数量还是质量都有待提升。其三，提升社会参与客体和参与手段的量和质。目前我国教育改革中社会参与的具体事务和各种渠道还是较少的，因此要不断增加社会参与事务的数量，同时需要赋予社会主体更多实质的决策权，提升社会参与的质量。此外，要创建多种渠道和方式，以促进社会主体能合法和理性参与教育改革。

其次要健全社会参与制度。完善的制度体系在保障社会参与的落实中发挥了重要作用，因此应不断健全社会参与的制度体系。一方面，加强社会参与的立法工作，确立社会主体法律地位。社会参与教育改革，需要解决“能不能参与”“谁来参与”“参与什么”以及“如何参与”的问题。这些问题的解答，依赖于制定并完善社会参与的相关法律法规制度。具体而言，要通过制定与修订社会参与专项法律法规，对家长、社区组织、非营利组织、营利组织及其他公民个人参与教育事务的权利和责任、参与范围、参与任务、参与方式、参与途径和方法以及社会参与中的多元主体之间的关系等方面进行明确而具体的规定。[③]另一方面，加大社会参与制度的供给。为了提升社会参与的效力和执行力，需要制定系统、完整的参与制度，主要包括社会参与的运行机制、监督机制、评

① 蒲蕊．论教育治理中的社会参与[J]. 中国教育学刊，2015（7）：26-31.

② 林靖云，刘亚敏．我国教育治理中的社会参与：困境与出路[J]. 现代教育管理，2020（11）：44-50.

③ 蒲蕊．论教育治理中的社会参与[J]. 中国教育学刊，2015（7）：26-31.

价机制等相关制度，进一步对社会主体参与教育事业发展进行有效且规范的全方位管理，严格保证社会参与质量。[①]以社会力量参与决策制度为例，在参与国家和地方教育决策层面，可以在党的领导下成立决策型教育委员会，负责教育重大方针政策及重大教育事项的制定和议决。在学校教育决策层面，可以在党委领导下的校长负责制基础上，建立学校的理事会制度或董事会制度，吸纳校外杰出人物参与学校内部的最高决策，深入参与学校发展的各项事务，使学校办学更好地满足社会各界的需要。

最后要完善社会监督机制。由于教育信息公开存在选择性公开和公开质量不高等问题，加之我国尚未建立完善的教育问责机制，因此，社会力量对教育决策、管理和办学活动的监督缺乏有效途径和方法。社会监督是教育治理体系和治理能力现代化的重要组成部分，完善社会监督机制有助于充分发挥社会主体在教育改革中的作用，使我们的教育更加关注社会需求，切实维护利益相关者的权益。为此，一是要推进制度化的组织监督。制度化监督组织一般包括专门性的教育评估组织、由社会相关人士和组织组成的协会等。制度化组织不再作为政府的职能部门，对于教育事业运行规律、教育质量衡量标准及评估标准等具有深入研究，并且掌握着丰富的教育信息，因此其对于教育机构的办学活动与质量的监督效果较为显著。二是要推进参与性的内部监督。具体包括对教育管理部门的监督和对各级各类教育机构的监督两个方面。参与对教育管理部门的监督，需要从重大事件决策形成、政策制定过程以及纲领性文件的制定等方面开展。对各级各类教育机构的监督则多涉及学生代表与家长代表，其作为教育质量管理的直接体验者将提出最为直接和针对性的意见。三是要推进舆论式的公众监督。确保社会公众及时、便捷、有效地获取各类教育信息是该类社会监督形式不可或缺的基础环节，因此要建立面向社会和市场的教育信息公开制度，同时也要进一步畅通公众意见反馈机制，明确社会力量问责的主体地位。[②]

① 姚宇华．教育改革中的社会缺位和再定位审思：社会参与的视角 [J]. 广州大学学报（社会科学版），2016，15（12）：74-80.

② 任林洋．高等教育质量管理中的社会监督机制探析 [J]. 扬州大学学报（高教研究版），2011，15（5）：59-62.

第八章

新时代中国教育高质量发展的评价与保障机制

党的十九届五中全会审议通过的《中共中央关于制定国民经济和社会发展第十四个五年规划和二〇三五年远景目标的建议》针对教育提出“建设高质量教育体系”。“高质量发展”是对发展状态的一种事实与价值判断，意味着教育在“质”与“量”两个维度上达到优质状态，表现为教育享用价值与质量合意性的提升。质量概念已从符合性质量、适用性质量上升到满意性质量。这标志着教育发展进入以提高质量和优化结构为核心的内涵式发展新阶段。其目标是解决教育发展中存在的不平衡、不充分发展的问题，建立更加公平、更加均衡、更加协调、更加全面、更加创新、更加优质、更加可持续以及更加安全的新时代教育体系。①

教育高质量发展的内涵可以分为三个层面：在宏观层面体现为助力经济社会高质量发展，为社会发展提供动力和引擎；在中观层面体现为实现各级各类教育内涵式发展，建成高质量教育体系；在微观层面体现为学习者个体全面而自由的发展。由于一切教育活动的顺利开展都建立在一定的思想基础与物质基础之上，因此教育高质量发展的过程既涉及教育目标理念的更新、教育体制改革，也涉及教育资源利用的优化和机制转换。②在理念的指引下，基于相应的人力、财力、物力的参与和支持，以必要的制度保障来纠正活动过程中可能出现的这样和那样的偏差、失误，一切要素在优良的环境中不断地与其进行能力、信息的交换和反馈，从而为教育活动的开展提供一个长久的、稳定的引导机制。健全新时代中国教育高质量发展的评价与保障机制，是确保教育质量稳步、持续提升的应有之义。

从政治、经济、技术等多种执行资源角度分析，教育高质量发展本质上涉及公共领域各方主体的利益协调。从外部看，教育高质量发展需要学校、社会和政

① 柳海民，邹红军．高质量：中国基础教育发展路向的时代转换 [J]. 教育研究，2021，42（4）：11-24.

② 柳海民，郑星媛．新时代中国教育改革发展新路向 [N]. 中国教育报，2021-04-01（7）.

府等不同主体在政策制定、资源分配、监督保障等方面进行调整和优化。从内部看，教育高质量发展依赖重塑权力关系和角色定位背景下各内生要素的协同发力和有序整合。充分协调教育系统内外的“纵横向关系”，实现“外推与内生”力量的和谐互动，是增强我国教育发展制度顶层设计与自我修正能力、探寻教育高质量发展内涵建设与实践研究的有效路径。进入新时代，我国教育已经迈入全面提高质量阶段，迫切需要完善教育质量评价与保障机制，以新发展理念为指引，引导全社会树立科学的教育质量观与发展观，并通过制度化、系统化的管理措施贯彻《中共中央关于制定国民经济和社会发展第十四个五年规划和二〇三五年远景目标的建议》精神，坚持党的教育方针，落实立德树人的根本任务，为学生德智体美劳全面发展保驾护航。

一、教育高质量发展评价与保障机制的本质内涵

（一）机制、评价机制与保障机制的内涵

“机制”在《现代汉语词典》中的解释是：“①机器的构造和工作原理，如计算机的机制；②机体的构造、功能和相互关系，如动脉硬化的机制；③指某些自然现象的物理、化学规律，如优选法中优化对象的机制，也叫机理；④泛指一个工作系统的组织或部分之间相互作用的过程和方式。”[①]因此，“机制”即机体所包含的各个部分的组成规则及其运行方式。

评价是根据评价目标和相应的内容要求，运用评价理论和技术对评价对象质量及价值主体需要满足的程度开展价值判断的活动。评价机制指在评价活动中评价主客体间组成规则及其运行方式等各种关系的总和。保障意指提供保护（生命、财产、权利等），使不受侵犯破坏。保障机制则是为保障目标达成、机体运行的各个部分的组成规则及其运行方式。评价机制为教育质量提供了可量化、可监督、可比较的规范，是撬动教育综合改革的重要杠杆，是衡量教育质量和发展

① 中国社会科学院语言研究所词典编辑室．现代汉语词典：第7版[M]．北京：商务印书馆，2016：600.

水平的关键尺度，也是教育管理和改革的重要指挥棒。[①]保障机制通过资源投入、过程运行与结果产出三个阶段，推进教育活动持续、纵深发展，及时纠正教育活动过程中的偏差和失误。[②]

(二) 教育高质量发展评价与保障机制的要素

新时代中国教育高质量发展的评价与保障机制即为保障新时代中国教育高质量发展的规则体系及其运行方式，具体而言，是为达成更加公平、更加均衡、更加协调、更加全面、更加创新、更加优质、更加可持续以及更加安全的新时代教育体系目标而建立起来的规则体系及运行方式。评价与保障机制的要素是新时代教育高质量发展评价与保障机制建设的基本点。由机制的定义可以看出，机构（主体）与制度（规则）是形成机制的核心要素。要确立教育高质量发展评价与保障机制，就必须明确教育高质量发展的机构（主体）与制度（规则）。

1. 评价机制要素构成

评价具有诊断、导向、发展与调节功能，是目的活动的保障和反馈，建立起科学、合理、可行的评价机制有利于实现活动的预期和目标。教育评价就是评价主体依据教育目标及其教育价值观念，对评价对象的教育行为及其效果达成目标的评定和价值判断。一般而言，评价机制主要围绕“评什么”“谁来评”“怎么评”“怎么用”四个基本点展开，包含评价目标、评价主客体、评价内容、评价标准、评价方法、评价结果的运用等。

其一，评价目标。目标是行为所需达到的目的，是根据客体发展规律与主体需要而设计的对行为活动结果的超前反映形式，是人的需要的体现，本质上是主体的价值追求。[③]教育评价体系是人为建构实施的具有主体性的活动，具有明确的目的性。目标性一以贯之体现在评价体系中，如果没有目标、方向与功能的设

① 张楠，宋乃庆，申仁洪．新时代教育评价改革的价值意蕴与实践路径[J]．中国考试，2020（8）：6-10.

② 苏娜．区域义务教育均衡发展保障机制研究[M]．广州：广东高等教育出版社，2015：46.

③ 李德顺．价值学大词典[M]．北京：中国人民大学出版社，1995：482.

定，评价体系便会简化为简单叠加而非特定功能与特征的有序集合，也就不成为体系。

其二，评价内容。评价内容是评价的客体，是评价目标的支撑点，指评价主体对评价对象开展评价活动的维度。评价活动的开展，离不开具体的评价内容，在评价活动开展过程中，首先要明确评价客体，其次围绕评价目标通过评价内容获得依据维度划分得到的信息，从评价客体中寻找表征目标达成情况的特质与证据。

其三，评价方法。教育评价活动是一个由手段与目的构成的体系。在科学技术支撑下，以工业化与信息化为主体内容的现代化，凸显了工具理性的统治地位。理性中凸显的工具效率维度和经济物质取向，在一定程度上忽视了人存在的精神意义和精神价值，也带来了数字化与量化的沉迷，造成了手段与目的的倒置。教育评价方法的选择从根本上应当服从于教育目的的需要，不论是定量方法还是定性方法，都应该根据评价目的进行选择与设计，并通过不断与时俱进更新方法提升评价活动的科学性与效率。

其四，评价主体。评价主体是评价活动的实施者，是指通过组织或参与评价活动，按照一定的评价内容与标准对评价客体做出价值判断的个体或团体。按照参与程度，可以将评价主体分为内部评价主体与外部评价主体。内部评价主体是与教育活动直接相关的主体，如教师与学生；外部评价主体是间接相关的主体，如教育行政部门、第三方机构与家长等。内部评价主体与外部评价主体在评价活动中都占有重要的地位与价值，内部评价主体作为教育的直接利益相关者，在充分了解和掌握评价对象信息的基础上做出评价，其必要性与重要性无可厚非。但值得注意的是，内部评价者常常由于“当局者迷”，其评价在一定程度上具有自我倾向性。此时，就需要外部评价者的介入，以保证评价的公正与客观。①

2. 保障机制要素构成

教育高质量发展是一项复杂的系统工程。为确保各项工作顺利开展，需要从制度、条件、组织、技术、安全等方面提供有力保障。总的来说，教育质量保障机制涵盖的要素与内容如下：

① 陈玉琨. 教育评价学 [M]. 北京：人民教育出版社，2014：10-17.

一是思想保障。思想是行动的先导。发展上的差距、工作上的差距，归根到底是思想上的差距。要推进改革，就必须在思想深处来一场深刻的自我革命，以思想破冰引领行动突围，以思想领先引领发展率先。对于教育质量评价与保障机制而言，要在观念上破立并举，破除不科学的评价与保障导向，以高质量发展新理念引领教育改革。

二是组织保障。组织保障是指为某一特定目的服务的组织机构、相关人员的组成及其运行。[①] 教育事业的发展需要组织保证，这并非指设立一个主管责任部门，或者成立一个责任管理委员会，重要的是管理部门、教育实施组织、社会机构以及家庭之间必须存在合理运转的机制和流程，否则就有可能为工作的实施留下种种影响可持续发展的问题、障碍甚至隐患。政府、学校、社会构成了我国教育事业运行的三方基本主体。其中，政府构成了教育发展政策投入的主体，是资源投入的主要保障主体；学校是教育发展的主体，担负着政策过程运行的责任，因而也就成为教育发展过程中的重要保障主体；而政策运行的结果与产出是，在接受教育影响后学生身心等各方面的改进以及培养社会发展所需要的人才，这既是作为教育服务供给方的学校主体的责任，又是作为公共教育提供者与维护者的政府的责任，同时还是学生自身、学生家庭及社区、社会中介组织等其他社会主体不可推卸的责任。因此，教育高质量发展需要政府、学校、社会等多方主体的协作保障。

三是制度保障。制度保障指为实现某一特定目的而在组织范围内执行的规章制度体系。制度建设是教育改革与发展的前提，制度的明确性和稳定性是教育秩序的重要保证。制度不够完善，制度落实不够有力，比如接受入学范围的随意改变，接受入学条件的任意增删，招生方式的违规考试，以及招生过程的不够透明等，往往会导致无序办学现象的出现，从而引起社会民众的不满。如若通过文件规定合理划定招生范围、有序确定入学对象、规范办理入学手续、全面实行阳光招生，便可将解决种种乱象的办法制度化。所以，需要从实际出发制定各项评价与保障的具体规范，为依法管理、依规办学提供依据。[②]

---

① 教育部人事司．为教育事业科学发展提供组织保障和人才支持[N]. 中国教育报，2011-08-03（2）.

② 李浩民．新时代高质量发展框架再探讨：理论内涵、制度保障与实践路径[J]. 现代管理科学，2019（2）：3-5.

四是条件保障。条件保障指为评价与保障活动提供人财物方面的条件支持。涉及办学经费、办学硬件、师资队伍、生源条件等各项资源，既包括校长、教师等人力资源，又包括经费、教育教学设备、设施等物力资源；既包括经费、办学硬件等硬性资源，也包括政策、管理等软性资源。条件保障为相关学校机构提供发展的平台与机会，为每个学生提供所需的教育条件。

五是安全保障。安全是指没有受到威胁，没有危险、危害、损失。教育安全事关政治安全、文化安全、社会安全，甚至科技安全、经济安全。国家需要安全发展，学校需要安全育人。必须绷紧安全发展这根弦，全力做好教育安全保障，健全教育安全制度规范，完善安全防控体系，全面推进教育安全综合治理，打赢打好防范化解重大风险主动仗，坚决确保教育系统阵地稳固、人员稳控、校园稳定。①

六是技术保障。技术保障是指基于教育与人发展的需要，保证现代教育技术在教育中发挥出应有的作用，实现技术与教育的整合，利用信息技术支撑教育决策，转变教育管理理念，创新教育管理方式，提高教育管理效率，推进教育治理现代化的进程。

七是法律保障。法律保障是指通过法律制裁各种侵权行为，保障公民的权利。日益复杂的教育关系和教育纠纷越来越需要法律加以调整解决，各类教育相关法律法规的颁布标志着我国的教育事业进一步走上依法治教的轨道，为受教育者的权利和义务、政府对于教育事业的管理的落实、教育机构的教育教学责任和方法、教师和教育工作者的条件和职责、教育经费及教育设施设备等方面提供法律依据。与此同时，要注重法治与德治的结合。既要有制度刚性的约束，又要有内心对法律规章制度的尊崇。②

八是评价保障。评价是教育质量管理的基本手段。教育事业的发展需要评价，没有评价会使教育的发展如“无源之水，无本之木”，缺乏方向与动力。通过建立明确的质量标准形成发展准则，依靠对教育这一人才培养活动的输入、过程与输出进行评估，实现对各主体行为的管理，是保障教育质量的重要措施。

---

① 赵庆寺．新时代高校国家安全教育的理念、逻辑与路径 [J]. 思想理论教育，2019（7）：99-105.

② 钟秉林．深化综合改革坚持依法治教提高教育质量 [J]. 教育研究，2016，37（2）：30-36.

3. 评价与保障机制的内在关系

1949年，泰勒（Taylor）的著作《课程与教学的基本原理》深刻影响了教育评价的基本范式，也使教育评价这一专业活动受到社会各界的广泛关注。伴随着社会的发展，教育的社会作用日益扩大，个人对教育投资收益的认知不断加深，教育的社会作用引起了政府、社会、公众对于教育的期望与热情，也引发了人们对提高教育质量的重视。在这样一种对教育质量提升的普遍期望下，教育评价的研究与应用如火如荼，逐渐成为一种保障教育质量的重要手段。评价与保障两者相辅相成，共同促进教育质量的稳步提升和不断发展。一方面，教育评价事关教育发展方向，有什么样的评价指挥棒，就有什么样的办学导向；另一方面，无论是整个国家宏观的教育质量方面的问题，如现代职业教育体系如何适应我国当前经济结构调整的各种变化，还是某一所学校内部教育运行过程中出现的一些问题，都需要经由评价去衡量、发现。此时保障体系就要发挥作用，去解决问题或者将问题导致的不良影响降到最低。同时，在各级各类教育正常运作的时候，教育质量保障仍然发挥着重要作用，离开了质量保障的各个要素和环节，教育就难以正常运行。因此，教育质量评价与保障机制对教育质量的提升具有重要意义。

（三）教育高质量发展评价与保障机制的内容及类型

1. 外部教育质量评价与保障、内部教育质量评价与保障

根据主体的不同，可以将教育质量评价与保障机制分为外部评价与保障体系和内部评价与保障体系。[①] 内部教育质量评价与保障主要指向学校、教师与学生，外部教育质量评价与保障主要指政府和第三方机构的参与，内外部教育质量评价与保障体系共同发挥作用。

教育内部质量评价与保障系统指各级各类学校为提升教育质量在学校内部实施的一系列制度规范及措施等，包括人才培养目标的确定、人才培养计划的调整、教育教学质量监测的实施以及质量方案改进等活动。学校开展内部质量评价与监测活动，旨在及时发现自身存在的问题和不足，提出改进和完善教育质量的措施。该项活动涉及学校管理人员、教学人员、与学校密切联系的行业企业、学

① 张耀嵩 . 高等职业教育质量评价与保障体系研究 [M]. 上海：复旦大学出版社，2014：26.

生及其家长等，应周密策划，详细部署。在具体工作中，需要考量机制的完善性、涵盖元素的健全性、机制运行的有效性等，根据质量自评价（或自评估）报告提出改进方案，对人才培养目标、教育资源配置、管理制度设计、质量保障方案等进行整体设计。各学校应根据质量自评价（或自评估）结果，及时制订改进计划并全面落实，保证学校内部质量保障系统维持“目标设定—制订切实可行的改进方案—合理配备教育教学资源—实施与运行—再监测（评估）—反馈与改进”的运行轨迹，并形成闭合循环，确保教育质量评价与保障机制能够持续运行。[①]

外部质量评价与保障系统指由学校外部各利益相关主体（包括政府教育行政部门、相关部门和行业企业以及其他社会组织等）为保障教育质量而制定的一系列政策制度和实施措施，包括法律法规、政策制度、资源投入、激励与退出等，目的在于通过外部相关主体的合作、参与，激励学校积极行动。政府教育行政部门、相关部门和行业企业以及其他社会组织通过定时监督评估教育质量状况，可在一定程度上增加各级各类学校的紧迫感与危机感，进而采取有效措施，不断提升教育质量。

2. 资源投入、过程运行与结果产出教育质量保障

基于保障机制内在包含的资源投入、过程运行与结果产出三个阶段。资源投入方面的规则体系及运行方式，关乎以政府等为代表的政策制定主体对于我国教育高质量发展所需资源的投入与配置；过程运行方面的规则体系及运行方式关注政策执行主体对相关政策、规章制度的实施与运行，以学校为代表的主体如何分配教育资源、设置课程，从而为受教育者提供高质量的教育服务；而结果产出方面的规则体系及运行方式是政策制度和实施措施对政策的结果与产生的影响进行评估、调节与控制，使结果符合预期目标，如为社会培养新时代人才以及学生德智体美劳全面发展。简言之，教育高质量发展的实现是政府推动、学校落实、社会参与保障的过程，有赖于政府、学校、社会间主体关系及其行动规则的确立来实现。[②]

---

① 贾莉莉．一流本科教学内部质量保障的长效机制探析——以卡耐基·梅隆大学为例 [J]. 现代教育管理，2017（8）：77-82.

② 熊丙奇．落实《新时代高教40条》，强化质量评价保障机制 [J]. 上海教育评估研究，2018，7（6）：26-28.

二、构建教育高质量发展评价与保障机制的价值意蕴

高质量教育的核心是人才培养。担当民族复兴大任的时代新人的培养离不开评价与保障机制的支持与保障。教育评价机制发挥着指挥棒作用，引导确立科学的育人目标，确保教育正确发展方向，为各类教育工作提供反馈信息。保障机制为教育发展创造有利的环境和条件，夯实教育发展的基础。

(一) 落实立德树人根本任务的关键路径

评价是人才培养的指挥棒，发挥着重要的导向作用。有什么样的评价标准，教育就会朝着什么样的方向发展。评价指标将抽象的目标具象化，为健全立德树人落实机制、培养德智体美劳全面发展的社会主义建设者和接班人提供了科学的指南。2017年10月，党的十九大提出："要全面贯彻党的教育方针，落实立德树人根本任务，发展素质教育，推进教育公平，培养德智体美全面发展的社会主义建设者和接班人。"[①] 2018年9月，习近平总书记在全国教育大会上指出"要把立德树人融入思想道德教育、文化知识教育、社会实践教育各环节，贯穿基础教育、职业教育、高等教育各领域，学科体系、教学体系、教材体系、管理体系要围绕这个目标来设计，教师要围绕这个目标来教，学生要围绕这个目标来学"[②]。这表明，新时代教育要将立德树人贯穿教育全过程，必须按照立德树人根本任务的要求把握好建设方向，分层有序地推进教育教学改革。[③]

国无德不兴，人无德不立。立育人之德，树有德之人。"立德"规定了人才的前提与基础，凸显了德性对人的全面发展的正面导向作用，体现了党和国家对人的身心发展规律的深刻认识。十年树木，百年树人。"树人"表明教育工作的长期性与复杂性，育人为本是教育的本质要求与价值诉求，教育的功利化与短视只能培养出片面发展的人。评价与保障机制与立德树人是手段与目的的关系，立

① 本书编写组.党的十九大报告辅导读本[M].北京：人民出版社，2017.

② 坚持中国特色社会主义教育发展道路 培养德智体美劳全面发展的社会主义建设者和接班人[N].人民日报，2018-09-11（1）.

③ 刘学智，王馨若.基于立德树人的大中小学教材一体化建设[J].课程·教材·教法，2019，39（8）：12-19.

德树人是新时代教育评价与保障机制建设的出发点和归宿，而推进教育评价与保障机制建设则是落实立德树人的关键之举，二者相辅相成，共同体现人才培养的新要求。因此，要把教育评价与保障机制建设作为重要抓手，为各级各类学校落实立德树人提供标准遵循。

自2002年以来，政府相继出台了一系列文件，不断明晰教育评价改革的要求与任务。2002年发布《教育部关于积极推进中小学评价与考试制度改革的通知》，2010年发布《国家中长期教育改革和发展规划纲要（2010—2020年）》，2013年出台《教育部关于推进中小学教育质量综合评价改革的意见》及《中共中央关于全面深化改革若干重大问题的决定》，2014年颁布《国务院关于深化考试招生制度改革的实施意见》，2020年颁布《深化新时代教育评价改革总体方案》。系列政策文件使我国教育评价体系初具雏形，与国家对于各级各类人才培养的目标要求基本吻合。作为新时代教育发展的导向与支撑，评价与保障机制必须体现国家意志，承载国家教育改革所倡导的基本理念，必须以立德树人为统领。

（二）实现人的全面发展的重要手段

马克思关于人的全面发展的学说是我国教育目的的理论基础。马克思认为“人的本质不是单个人固有的抽象物，在其现实性上，人是一切社会关系的总和”。一个人的社会关系一定程度上决定着他能够发展的程度，教育要为人的发展提供动力，帮助人发展好处理各类社会关系所需的品格和能力，使个体可能的发展变为现实的发展，以实现个体生命的和谐丰盈。这些品格和能力凝聚了个体的道德精神、智力、体力、审美情趣和实践能力，发展这些品格和能力需要实现个体这些方面的和谐统一。新修订的《中华人民共和国教育法》对教育方针的表述是：“教育必须为社会主义现代化建设服务、为人民服务，必须与生产劳动和社会实践相结合，培养德智体美劳全面发展的社会主义建设者和接班人。”2018年9月，全国教育大会提出“培养德智体美劳全面发展的社会主义建设者和接班人”。这表明，我国教育坚持社会主义性质与方向，坚持教育与生产劳动与社会实践相结合，旨在促进受教育者德智体美劳全面发展，这为我国新时代教育工作指明了方向。

如何评价新时代教育是否切实培养了德智体美劳全面发展的社会主义建设者

与接班人？如何判断教育质量是否满足人民群众对优质教育的期盼和对优质教育的需求以及适应学生多样化发展的需要？进入新时代，我国教育已经迈入全面提高质量的新阶段，迫切需要完善教育质量评价与保障机制，引导全社会树立科学的教育质量观，全面贯彻党的教育方针，为培养德智体美劳全面发展的人提供有力支撑。教育高质量发展的评价与保障机制的构建，能引导与促进德育、智育、体育、美育和劳动教育在教学实践中落地，及时发现制约教育发展的疑难问题，为教育高质量发展提供坚实的保障体系。因此，教育高质量发展的评价与保障机制是实现人的全面发展的重要手段。

(三) 深化体制机制改革的时代诉求

教育改革“知易行难”，是一个牵一发而动全身的过程。体制机制具有固根本、稳预期、利长远的作用，既是国家治理的有效方式，又是实现国家治理现代化的有力保障。只有聚焦解决体制性障碍、机制性梗阻、政策性创新方面的问题，构建系统完备、科学规范、运行有效的体制机制，才能充分激发教育事业发展生机活力。我国教育发展不平衡、不协调、不可持续的问题依然突出，改革进入攻坚期和深水区，存在着思想观念束缚、体制机制障碍、利益固化藩篱的现实困境。新时代建设高质量的教育体系，势必要坚持教育领域综合改革，不仅要着力破除制约自身科学发展的体制机制障碍，而且还要与其他社会领域改革相互配合形成合力。①

当前，科学的教育评价观念尚未普遍建立，评价指标体系的科学性有待提升，评价方式方法的多元化发展成效不足，基础教育阶段“唯升学率”“唯分数”、高等教育“唯帽子”“唯论文”、社会用人“唯文凭”的倾向未得到根本扭转，建立健全教育质量的评价与保障机制，促进教育治理能力与治理体系现代化势在必行。2020年10月，《深化新时代教育评价改革总体方案》指出，教育评价事关教育发展方向，要全面贯彻党的教育方针，坚持社会主义办学方向，落实立德树人根本任务，遵循教育规律，针对不同主体和不同学段、不同类型教育特点，改进

① 范国睿，孙闻泽.改革开放40年教育体制机制改革的历史与逻辑分析[J].教育研究，2018，39(7)：15-23.

结果评价，强化过程评价，探索增值评价，健全综合评价，建立科学的、符合时代要求的教育评价制度和机制。[①] 教育评价与保障机制是教育事业发展的关键一环。有什么样的评价指挥棒，就有什么样的办学导向；有什么样的保障机制，就能为管理活动的开展提供什么样的物质条件与精神条件的保障。建设高质量教育体系，需要以教育评价改革为牵引，统筹推进育人方式、办学模式、管理体制、保障机制改革。

三、教育高质量发展对评价与保障机制提出的新要求

新发展理念对加快转变教育发展方式提出了新任务，新发展格局对增强教育服务能力提出了新要求。新时代教育质量评价与保障机制建设要从新时代国家发展战略的高度来定位各级各类教育质量标准，将新时代宏观抽象的教育建设愿景转化为具体现实的教育建设行为，细化到评价与保障机制中，保证国家人才培养目标能够系统充分地落实到各级各类学校、所有学段中，充分体现国家与社会的时代需求。在新时代背景下，教育高质量发展评价与保障机制建设就是要牢牢把握社会主义办学方向，紧紧围绕培养德智体美劳全面发展的社会主义建设者和接班人的根本任务，建设以人民为中心的教育质量评价与保障机制，办好人民满意的教育。

（一）明确评价与保障机制建设的指导思想

教育高质量发展观是经济社会发展新模式、新理念在教育领域的渗透与延伸。推进教育高质量发展，建设高质量教育体系，构建教育高质量发展评价与保障机制就要明确指导思想与基本原则。作为一种创新的政策概念谱系，教育高质量发展即高质量发展的时代精神在教育系统的创新概念表征；作为一组积极的教

① 中华人民共和国教育部.中共中央 国务院印发《深化新时代教育评价改革总体方案》[EB/OL].（2020-10-13）[2021-07-17].http：//www.moe.gov.cn/jyb_xxgk/moe_1777/moe_1778/202010/t20201013_494381.html.

育变革方略，教育高质量发展话语在组织变革意义上，更加彰显了发展是人的基本权利。教育高质量发展作为“更加面向人人”的发展模式，肯定了发展作为人的“在世方式”，满足于人的内在需求；作为一套落实“人民中心”的务实举措，教育高质量发展这种新发展模式坚持以人民为中心的发展思想，不断促进人的全面发展。首先，教育高质量发展为了人民。其次，教育高质量发展依靠人民。再次，教育高质量发展成果由人民共享。

教育高质量发展具有深刻内涵特质：一是超越性，作为一种转型或升级的发展模式，它极大超越了数量补差与规模扩张的外延式发展模式，体现了贯彻创新、协调、绿色、开放、共享的新发展理念的内涵式新教育发展观；二是系统性，它在走向优质均衡的基础教育发展基础上，向全学段、全领域、全系统循序拓展，是一个厚积薄发、逐步拓展、不断深化的系统过程；三是包容性，教育高质量发展所指向的质量意涵不同于传统意义上指向数量、规模的单数质量概念，而是构成复数意义的大质量观；四是现代性，在迈向教育现代化的征程中，教育高质量发展是新时代教育现代化发展的阶段性落地表征，教育高质量发展为推进教育现代化提供了坚实的路径保障。[①] 基于此，要将新发展观贯穿于新时代教育质量评价与保障机制建设的全方位、全过程、全员之中，以创新为动力，以推进更高质量的教育公平、均衡发展为基本取向，以立足五育融合培养全面发展的人为目标，以促进不同层次、不同类别教育之间协调发展为关键。

(二) 把牢方向，构建全面发展的机制

教育的根本任务是立德树人，只有从促进学生全面发展这一战略高度上来看待评价与保障机制，才能真正认识到建立新时代教育评价与保障机制的重要性与迫切性，把握正确的教育教学改革方向。

从社会发展角度看，培养什么样的人，是教育的质的规定。[②] 教育方针是国家最高权力机关根据社会政治经济发展要求，在一定历史阶段提出的关于教育事业总的方向与指导原则，包含对一个国家的教育性质、教育目的与教育道路等的

① 刘尧．开创提升质量的教育评价新时代 [J]. 教育测量与评价，2018（6）：1.

② 王道俊，王汉澜．教育学：新编本 [M]. 北京：人民教育出版社，1999：28.

规定。从个人发展的角度看，全面发展是学生的内在需要，包括学生体力和智力、道德、审美与劳动能力的全面、和谐、充分的发展。长期以来，对学生的评价普遍存在“重智、轻德、弱体、抑美、缺劳”的问题，造成了学生片面、畸形发展。

新时代教育要打通制约学生全面发展的“堵点”，基于发展评价观与质量保障观，构建引导学生德智体美劳全面发展的评价与保障机制。在教育评价与保障工作中，要坚决杜绝“五唯”倾向，注重全面发展与个性化相结合，重点把握教育质量评价与保障机制改革的“三个导向”：一是品质导向，教育评价与保障机制要满足群众多样化、品质化需求，以高质量为标准。二是发展导向，评价与保障工作的根本目的在于促进被评价者不断地发展，是注重过程的评价与保障，而不在于检查和评比。要关注评价对象发展的全面性，倡导评价方法的多元化，关注个体差异。三是育人导向，突出立德树人根本任务，教育评价与保障也应着眼于“育人”本身，将党和国家对不同阶段的学生成长与发展的各方面要求、人的成长发展的多方面需求纳入评价与保障体系，构建促进不同年龄、不同阶段学生发展的科学的评价与保障体系，引导学生塑造优秀的品质，积淀广博的知识，养成良好的行为习惯，培养健康的审美情趣以及卓越的创新能力、想象能力与实践能力。

(三) 追求公平，健全“兜底”机制

教育是改善民生之基，教育公平是社会公平的重要基础。科学合理的制度建设是实现教育公平的根本保障，通过制度建设和保障体系建设，使教育公平制度化，把促进教育公平落在实处。健全“兜底”保障机制，阻断贫困代际传递，是防止社会性流动弱化的底线，也是政府政策的重要发力点。近年来，党和国家坚持教育优先发展，各级各类教育普及水平大幅度提高，人民群众受教育程度得到显著提升，学生资助政策体系进一步健全，教育公平迈出了重大步伐。“十四五”期间，教育公平依然是我国社会生活和教育领域备受关注的热点问题之一，与此

同时，社会公众对于教育公平的诉求已经升级换代为“有质量的教育公平”。[①] 因此，要从全体人民的根本利益出发，注重输入、过程、输出都更加公平的教育，力争让每一个孩子从“有学上”到“上好学”，为他们创造丰富多样的机会，助其成就更加精彩的人生。

追求公平，健全“兜底”机制，首先要加大教育投入，统筹规划兜底保障体制机制。加大教育投入一直以来都是教育发展最坚实的基础和保障。目前，我国学生资助政策体系已实现了“三个全覆盖”，即学前教育、义务教育、高中阶段教育、本专科教育和研究生教育所有学段全覆盖，公办民办学校全覆盖，家庭经济困难学生全覆盖，从制度上保障了“不让一个学生因家庭经济困难而失学”。按学籍属地原则，落实家庭经济困难幼儿入园补助金政策；落实义务教育阶段实施“两免一补”和营养改善计划；普通高中推行以国家助学金、建档立卡等家庭经济困难学生免学杂费为主，地方政府资助和学校、社会资助为补充的政策；中职学校推行以国家奖学金、国家助学金和免学费为主，地方政府资助、学校和社会资助等为补充的资助政策；对本专科学生、研究生推行“奖贷助勤补免＋绿色通道”等多元混合资助政策。其次，要建强帮扶机制，把推进教育公平与提高教育质量结合起来，增强脱贫攻坚内生动力。尤其要加强农村教师队伍建设，加大培训力度，进一步改善农村教师待遇，落实乡村教师补助政策，营造农村教师安教、乐教的氛围，促进农村教育不断向高质量发展。再次，要强化责任机制，防止返贫返困，落实教育扶贫长效机制，持久保障脱贫攻坚成效。为保障贫困地区教育优先发展，实现长期有效脱贫，防止各种返贫现象出现，除了加强教育经费投入保障外，还应规范岗位职责，建立起责任压实到个人、工作追溯到对象、责任倒追到经办人的机制，全面强化问责，将教育扶贫责任落细、落实。最后，建强评估机制，依据多样化的考核评价指标体系，切实掌握实施成效，是推动“兜底机制”有序高效运行、实现预期目标的重要保障。评估机制对“兜底机制”的落实情况提供反馈信息，深刻影响了政策体系的改进和完善。

以作为“起点公平”重要阶段的学前教育为例，重庆市涪陵区建立民办园与公办优质园结对帮扶机制，采取公办园带民办园、名园带新园、名园带弱园、

① 李政涛．中国教育公平的新阶段：公平与质量的互释互构 [J]. 中国教育学刊，2020（10）：47-52.

中心园带分园教学点的方式，促进区域园区保教质量均衡化发展。同时，为规范收费标准和办园质量，出台了《重庆市涪陵区普惠性民办幼儿园管理办法》，从改善办园条件、稳定教师队伍、提高保教质量等方面提供支持。河北省大名县在国研中心及所属中国发展研究基金会帮扶下开展了“一村一园”项目，通过改善园区环境、丰富课程活动及加强师资培训提升办学质量。[①] 此外，义务教育作为与千万家庭息息相关的公共产品，是实现教育公平的关键环节与重大突破口。为推进义务教育均衡化发展、义务教育学校标准化建设，近年来，政府通过一系列重大工程，聚焦资源向薄弱校倾斜，有力地提升了义务教育阶段薄弱校的办学质量。要走向“有质量的教育公平”，就要平衡好育分、育人与教育公平之间的关系。

（四）注重均衡，构建协调发展机制

均衡、协调的新发展理念要求以系统思维统筹推进教育事业发展，各级教育上下衔接，各类教育左右沟通，学校、家庭、社会协同育人。教育是一项系统工程，具有牵一发而动全身的特性。在教育层次上，学前教育、初等教育、中等教育、高等教育序列环环相扣，逐步递升，前者的发展水平影响着后者发展，最终传导到高等教育，直接影响人才的供给质量。各层次教育相辅相成，需要各自发挥应有的功能，形成前后相继的支撑体系，不断提升教育水平与质量。各种类型的教育培养着社会所需各类人才，推动社会全面协调可持续发展。高质量教育体系应将统筹兼顾作为重要方法，加强顶层设计，以合理配置各级各类教育资源，全面优化教育结构，保证不同类型的教育协调发展、相互转换，将人口红利发展为优质的人力资源，适应社会发展的要求和个体化发展的需要。

注重均衡，构建协调发展机制，一要处理好城乡、区域同类同级内部教育均衡、协调发展的问题。要进一步完善公平导向的教育供给体系，积极推进教育资源供给侧结构性改革，建立优质教育资源城乡统筹机制。如进一步加大对边远地区、贫困地区和民族地区的优质教育资源投入力度，充分发挥优质学校、优秀师

① 常碧罗，肖家鑫，张腾扬，等．形成合力，完善学前教育保障机制 [N]. 人民日报，2021-04-02（19）.

资的辐射引领作用，采取集团化办学、委托管理、学区制管理、名校办分校、结对帮扶等多样化办学机制，为各学校之间共享资源、以强带弱、整体提升管理水平和教育教学水平搭建平台，推进所有学校协同发展。[①]

二要处理好各级各类教育间均衡、协调发展的问题。具体而言，学前教育发展的关键在于普及普惠，确保幼有所育，保证每一个孩子都能接受公平有质量的学前教育。义务教育发展的关键在于优质均衡，逐步缩小城乡、学校差距，达到高水平的均衡发展状态，教好每一个孩子，办好每一所学校。高中阶段教育发展的关键在于全面普及，着力提升中等职业学校、技术学校的办学质量，实现普通高中、职业学校的协调发展。高等教育发展的关键在于提升质量，切实推进一流大学、一流学科的建设，同时创设良好的高等教育质量生态，引领其他类型的高等教育提升质量、办出优势和特色。特殊教育发展的关键在于融合质量，普通学校的融合教育与特殊学校的专门教育相结合，保障特殊儿童的公平入学机会和教育质量。职业教育发展的关键在于形成横向相互连接、纵向融会贯通的职业教育体系，产教深度融合，校企紧密合作，职业教育和区域经济产业协同发展，不断提升职业教育吸引力，培养大批高素养专业化能创新的技能人才。民办教育发展的关键在于规范有序，科学推进民办学校的分类管理，精准治理校外培训机构，形成民办教育和公办教育协同发展的新格局。在线教育发展的关键在于质量标准，制定并完善在线教育发展的标准体系，充分发挥在线教育的优势，推进终身学习的开展。

（五）创新引领，构建改革发展机制

教育领域的改革必须密切关注社会发展的进程，并与之适应配合。主动适应经济发展新常态必须坚持创新引领，构建教育改革发展机制。坚持深化教育改革创新，是对我国教育事业发展成功实践的科学总结，也是马克思主义基本原理同新时代教育事业发展实际相结合的科学指引。坚持将创新作为推进教育事业发展的第一动力，坚持问题导向与系统思维，以创新精神引领教育事业发展，以改革破除制约教育事业发展的体制机制障碍，是对新时代新形势下更高远的历史站

---

① 林存银，褚宏启．城乡教育一体化及其制度保障[J]. 教育科学研究，2011（5）：5-9.

位、更宽广的国际视野、更高位的战略眼光的及时呼应，也是新时代加快实现教育现代化、建设教育强国、办人民满意教育的必由之路。

当前，我国教育改革已进入深水区，必须进行通盘、全面的综合改革，不仅涉及教育理念、人才培养模式、教学内容和方法的改革，而且涉及相应体制机制改革。这就要求以系统思维、全局意识和全球视野与我国特色认知教育改革，用普遍联系的观点设计教育改革，用统筹兼顾的方式推进教育改革。深化教育改革创新，一要全面加强党对教育工作的领导，这是实现教育高质量发展的根本保证。二要坚持鲜明的问题导向，我国教育发展进入了公平问题和质量问题并存、巩固基础与追求优质并重的新阶段，教育事业发展的总体目标呈现复杂化与共时性的阶段性特征，依然面临着“保基础”“优结构”“提质量”“促公平”四大问题。新时期我国教育事业改革发展要直面不平衡不充分的现状，在保证教育资源供给总量、促进基本公共教育服务均等化的同时，不断优化教育供给结构，提供多样化的优质教育资源供给；在保障受教育者基本权益的同时，还要持续提高人民群众对于教育事业发展的获得感、满足感、幸福感，回应区域间、城乡间、群体间对教育事业发展的差异化诉求。[①] 三要以中国特色世界水平的教育评价体系为牵引，把立德树人成效作为检验学校一切工作的根本标准，扭转不科学的教育评价导向，坚决克服唯分数、唯升学、唯文凭、唯论文、唯帽子的顽瘴痼疾，建立一套科学、完整的教育评价体系与保障机制，用评价这一指挥棒带动政府治理、学校办学、考试招生、人才培养等领域改革取得实质性进展。四要全面深化新时代教师队伍建设改革，全面完善师德师风建设、教师管理和发展的政策体系，建设一支有力支撑教育高质量发展的高素质专业化创新型教师队伍。五要推动信息化时代教育创新，依托大数据时代的信息技术发展引领教育理念和教育模式创新，推动信息技术与教育教学深度融合发展，形成更高水平的人才培养体系。推广教育信息化应用，可以以较低的成本扩大优质教育资源覆盖面，积极改善教育资源分配不均、城乡教育资源外教师资不足、地域移动不便等问题，实现优质教育资源开放与共享。积极探索“互联网＋教育”深度融合与创新，以技术赋能创新教育和学习方式，有利于教育信息化带动教育现代化发展，为建设教育强国营造良好的技术环境。

---

① 高杭，余雅风．坚持深化教育改革创新[J]．中国高等教育，2019（7）：13-15.

（六）共建共享，构建社会参与机制

积极鼓励社会力量依法兴办教育，是现代教育治理的重要方面。激活社会力量，让社会组织依法兴办教育、参与教育治理，有助于吸引更多优质教育资源。[①]扩大优质教育资源覆盖面是一项长期的系统性工程，既需要各级政府和各个部门积极作为，也需要社会力量广泛参与。20世纪80年代，人们开始反思“政府一元管理模式”的局限，提出在社会治理中要发挥社会组织的力量。自此，各级各类政策文本开始提及并重视社会组织在社会治理中的作用。政府在规范社会组织的同时，对其支持力度也在逐步提高。社会组织生长的政治环境渐次明晰，社会组织的管理越来越规范。《国家中长期教育改革和发展规划纲要（2010—2020年）》强调，“鼓励社会力量兴办教育，不断扩大社会资源对教育的投入”。[②]这表明政府对社会组织作用的重视程度，以及引导社会组织助力教育治理、助推教育公平实现的坚定决心。

新时代促进共建共享，规范与保障社会组织发展，应加强教育资源配置的顶层设计，积极探索“全社会”路向，推进分工合作，建立健全社会参与的体制机制和政策体系，以期形成健全的教育治理体系和高水平的教育治理能力，使教育现代化发展体现出中国特色和中国气派。当前我国教育事业取得长足进步，但基数大、底子薄、观念旧等特殊性决定了其发展道路必将面临重重挑战。从外部环境来看，各级各类教育协同治理还处于初级探索阶段，协同治理资源匮乏且分散，社会教育力水平不高，教育的社会参与机制不成熟。知识社会学家认为，教育在从封闭走向开放的过程中，是与社会基础结构的变化联系在一起的，也与社会的方方面面联系在一起。[③]社会组织能够从不同领域、不同层面为实现教育公平、提高教育质量做出有效助推，如参与教育政策制定和实施、特定教育问题的治理，宣扬教育理念，推动教育制度创新等。由此可见，全社会每个主体都需要

① 费蔚. 从管理到治理：区域推进义务教育优质均衡发展的体制机制创新 [J]. 教育发展研究，2014，33（Z2）：13-20.

② 中华人民共和国教育部. 国家中长期教育改革和发展规划纲要（2010—2020年）[EB/OL].（2010-07-29）[2021-07-17].http：//www.moe.gov.cn/srcsite/A01/s7048/201007/t20100729_171904.html.

③ 廖婧茜. 基础教育高质量发展的实现机制 [N]. 中国社会科学报，2021-08-13（3）.

承担起教育责任，并把这种责任融合转化为教育力，共同推动教育整体性发展。

（七）强化实施，完善评价督导机制

当前，教育发展已经迈入全面提高质量的新阶段，党和国家对义务教育质量提出了更高的要求，迫切需要完善教育质量的评价与保障体系。已有质量指标体系建设的滞后性，严重制约了新时代教育质量的提升。教育评价与督导改革要以服务高质量发展为自觉。在新的历史起点上建设高质量教育体系，立足于贯彻落实新发展理念，把高质量摆在更加突出的位置，把高质量作为检验标准，加快推进教育现代化，建成教育强国。这要求教育评价改革在认识上提高政治站位，增强思想自觉，牢记为党育人、为国育才使命，确保教育正确的发展方向，驱动教育向高质量发展迈进。

总体而言，新时代教育评价与督导机制改革要以增强牵引功能为着力点。由于深化教育改革是一项系统工程，评价牵引要有宽阔视野、未来眼光、系统思路，既推进学校评价、教师评价、学生评价，又推进党委和政府教育工作评价、用人单位评价，只有这样才能最大程度释放评价改革价值，破除“五唯”顽瘴痼疾，为建设高质量教育体系创造大空间。学校、教师、学生层面评价改革，要着力引导各学段育人方式更加符合教育规律和人才成长规律，引导各级各类学校办学模式创新朝着优质特色多样方向发展，促进学生德智体美劳全面发展。各级党委和政府层面教育督导改革，要着力树立科学的教育发展理念和正确政绩观，切实纠正片面追求升学率倾向，在督导工作中重点关注党的教育方针贯彻、各级各类教育发展的导向与质量、人民群众教育满意度等情况。用人单位层面评价改革，要着力推进社会树立正确用人导向，克服短视行为、功利化倾向，党政机关、事业单位和国有企业要带头扭转“唯名校”“唯学历”用人导向，建立素养为导向、岗位需求为目标的人才使用机制，共同营造良好的教育发展生态环境。打好教育改革“龙头之战”，要系统性完善教育评价与督导标准，创新“五育”并举人才培养质量评价与督导，推进基于大数据分析的评价，健全综合评价，只有这样，才能更好地服务高质量教育体系建设。①

① 何秀超．教育督导推进教育“管办评”分离的思考 [J]. 教育研究，2019，40（2）：124-130.

四、教育高质量发展评价与保障机制建设的基本路向

（一）建立健全思想保障，把握教育评价与保障机制建设方位性

首先，教育高质量发展评价与保障机制建设要坚持马克思主义指导，充分体现马克思主义中国化的要求。马克思主义是科学的理论、人民的理论、实践的理论，要以无产阶级的世界观与方法论为指导，坚持马克思主义的立场、观点与方法，以马克思主义的基本原理指导教育高质量发展评价与保障机制的构建。马克思主义在我国教育改革发展实际中的运用主要体现在以下几点：首先，给予教育工作世界观与方法论的指导，使其正确认识和判断教育事业发展所处阶段，科学确立教育改革发展方向与教育改革发展道路。

其次，新时代教育高质量发展评价与保障机制要充分体现党和国家对教育的基本要求。马克思主义理论认为，教育作为上层建筑的组成部分，由社会经济基础决定，必然承载和凝聚着国家发展和人才培养的知识、思想、观念、价值和行为方式，具有鲜明的意识形态属性。教育评价事关教育发展方向，有什么样的评价指挥棒，就有什么样的办学导向。教育保障机制为教育事业的发展提供人财物方面的支持与保障，夯实教育改革发展的基础。可以说，评价与保障机制是新时代我国教育质量持续提升的重要“助推器”，势必体现国家意志，以习近平新时代中国特色社会主义思想为指导，为落实我国人才培养目标服务。

再次，新时代教育高质量发展评价与保障机制要充分体现中国与中华民族风格、国家和民族基本价值观。在评价目标与评价指标体系上体现社会主义核心价值观、中华优秀传统文化、革命传统文化和社会主义先进文化的内容要求；在评价与保障主体上结合我国社会发展的实际与教育事业发展的需要，进一步探索教育协同治理；在评价方法手段上致力于破除“五唯”顽瘴痼疾，在发挥传统评价优势的基础上吸收借鉴西方先进经验，“以我为主，为我所用”，形成具有中国特色的评价与保障体系。

最后，新时代教育高质量发展评价与保障机制要充分体现人类文化知识积累和创新成果和新发展理念，在思想性引领全面增强的同时，应进一步提升科学性、时代性与先进性，使各级各类教育反映科技文化发展最新成果更加及时。

（二）建立健全组织保障，为高质量发展提供坚实的组织基础

为党育人、为国育才是各级党委政府的重要职责。要完善党对教育工作全面领导的体制机制，完善政府履行教育职责评价，坚决纠正片面追求升学率倾向。

首先，坚持党对教育事业的全面领导，突出党建统领，包括落实意识形态工作责任制，有利于从根本上保障我国教育改革和发展的道路正确。要坚持党管办学方向、党管教育改革，充分发挥党总揽教育全局、协调教育各方的领导核心作用，健全党组织统一领导、党政齐抓共管、部门各负其责的教育领导体制。[①]

其次，要建立主体权责明晰、多方协同、公平公正、富有效率的教育治理体系。[②]针对当前教育实践中存在的种种“割裂性”难题，教育系统需要在治理手段上打破边界壁垒，创设外部推进机制的协同治理空间。实现全员、全过程、全方位育人，全社会都要担负青少年成长成才的责任，营造良好的教育生态，落实立德树人的根本教育任务。一是发挥好以政府为中心的“他组织”空间优势。政府在资金、信息、技术方面具有高度集中的优势，应充分利用各级各部门资源、知识、技术等优势，建立“自上而下”教育治理的战略框架，实施党委领导、政府统筹、教育部门主管、相关部门配合、学校重点实施、社会积极支持、群众广泛参与的协同治理体制和运行机制。二是利用好以市场为主体的协商共治、有限自治的“自组织”空间。知识爆炸性增长、科学技术日新月异、教育需求的多元化为教育市场的蓬勃发展提供了强大的助推力。大量在线教育平台的迅速崛起正悄然改变着我国的教育生态。值得注意的是，教育市场发展遵循市场逻辑，如果放任其自然发展，则容易出现效率至上、价值误导、恶性竞争等问题。为避免陷入这样的困境，政府应加强对资本引入教育领域的监管力度，提高教育市场“自组织”的规范性。

---

① 徐建梅 . 以党建促进学校教育教学高质量发展 [J]. 中国教育学刊，2021（S1）：132-135.

② 田慧生 . 深入学习贯彻党的十九大精神 为推进新时代教育改革发展提供智力支持 [J]. 教育研究，2018，39（1）：11-17.

（三）建立健全资源投入保障，为高质量发展提供良好的前提条件

资源的投入是教育发展的前提，也是政策落实的基础条件。基于何种理念、按照何种原则、采取何种方式分配既有资源，体现了一个国家教育的发展方向与政策的现实指向。资源投入模式实质为资源配置的手段与方式，其本身并无好坏优劣。其性质与内容由政策的性质与需要决定，由政府发展教育的模式决定。一般而言，学校教育发展所需的资源既包括校长、教师等人力资源，又包括经费、教育教学设备、设施等物力资源；既包括经费、办学硬件等硬性资源，也包括政策、管理等软性资源。就教育发展、学校办学所需基本资源来说，办学经费、办学硬件、师资、学生是基本要素，也是政府发展并管理教育的基本手段。教育发展过程中的资源投入活动即政府颁布与教育相关的法律规章以及对办学经费、办学硬件、师资、生源等资源的筹措、分配与安置等活动。政府资源筹措、分配与安置的方式体现了政府发展教育的理念、原则与模式，体现了资源投入评价与保障机制的特征。①

以义务教育资源保障为例，过去在义务教育的非均衡发展模式中，其资源的投入机制体现为：在效率优先、兼顾公平的原则下，将有限的经费、办学硬件、优质师资、优秀生源等教育资源，优先分配到区域内的重点学校，优先保障重点学校的发展。在此基础上，政府设定一系列的资源筹措、拨付、分配规则，保证重点发展的目标达成。而新时代义务教育均衡发展政策要求以公平、均衡为理念，以办好每所学校、教好每个学生为目标。这就要求资源投入的主体必须坚持公平而有质量的教育发展目标，公正地筹措、拨付、分配经费、办学硬件、师资、学生等各项教育资源，为每所学校提供平等发展的平台与机会，为每个学生提供基准统一、水平相当的教育资源条件。② 目前，我国资源投入保障机制依然存在诸如薄弱学校办学经费不足，教师数量、质量与专业发展的机会弱于优势学校，师资交流实效性不足，优质生源向优质、城区学校集中，均衡发展的兜底保障机制有待更新等问题。功利主义取向的非均衡发展模式的“后遗症”依然残存，政策

---

① 成刚．更多的教育投入能带来更好的教育吗？[J]. 北京师范大学学报（社会科学版），2019（2）：38-51.

② 褚宏启．教育公平升级换代：更加关注结果公平与教育质量 [J]. 中小学管理，2019（11）：58-59.

保障主体的积极性与保障措施的有效性不足，政府、学校与社会各主体间偏好不一致、激励不相容，教育民主观念未能很好地深入人心等是影响我国资源投入保障机制健康发展的阻碍。完善教育资源投入保障机制需要从以下几个方面着手：

1. 增加教育资源投入比重

一是统筹兼顾，加大投入。2016年底中央全面深化改革领导小组第三十一次会议审议通过了“一个不低于、两个只增不减”的要求，即保证国家财政性教育经费支出占国内生产总值比例一般不低于4%，确保财政一般公共预算教育支出逐年只增不减，确保按在校学生人数平均的一般公共预算教育支出逐年只增不减。这就要求在经济社会规划、财政资金投入、公共资源配置上优先安排、优先保障、优先满足教育，不断扩展政策渠道、扩大教育投入、扩充教育资源总量。做好“十四五”时期教育投入工作，坚持系统观念，加强统筹推进，建立健全适应现代财税制度和高质量教育体系建设要求的教育财政治理体系。合理划分教育领域政府间财政事权和支出责任，建立健全国家教育标准体系。在生均经费方面，健全国家基础标准，适时提高国家已经出台的义务教育、普通高中、高职、本科高校生均拨款水平，研究出台国家层面的学前教育、中职学校等生均拨款水平基本目标，推动各地逐步提高生均拨款水平，完善动态调整机制。①

二是鼓励扩大社会投入。完善教育经费投入保障机制，优化教育投入结构，重在理顺关系，在继续保持财政教育投入强度的同时，吸引社会投入。支持社会力量兴办教育，逐步提高教育经费总投入中社会投入所占比重。各级人民政府要完善政府补贴、政府购买服务、基金奖励、捐资激励、土地划拨等政策制度，依法落实税费减免政策，引导社会力量加大教育投入。完善社会捐赠收入财政配比政策，按规定落实公益性捐赠税收优惠政策，发挥各级教育基金会作用，吸引社会捐赠。完善非义务教育培养成本分担机制，地方人民政府应按照规定的管理权限和属地化管理原则，综合考虑经济发展状况、培养成本和群众承受能力等因素，合理确定学费、住宿费标准，建立与拨款、资助水平等相适应的收费标准动态调整机制。

---

① 胡咏梅，元静．“十四五”期间完善义务教育经费保障机制研究 [J]. 教育与经济，2021，37(1)：57-66.

2. 优化教育资源投入结构

改革完善教育资源投入体制机制，应在整体加大投入的基础上，以调整优化结构为主线，突出抓重点、补短板、强弱项，着力解决教育发展不平衡不充分问题，切实提高教育资源配置效率和使用效益。

第一，坚持学前教育普及普惠发展，加大对学前教育的扶持力度，不断提高公办园生均公用经费拨款标准，制定企事业单位、集体办园和普惠性民办园补助政策，支持提供普惠性服务，完善学前教育阶段家庭经济困难幼儿资助体系。①

第二，坚持义务教育均衡发展，形成公办学校提供均等化基本公共服务和部分优质民办学校提供选择性教育的格局，一方面要使区域内所有学校达到基本办学条件，加大基础薄弱地区和学校的教育投入和扶持力度；另一方面推进区域内优质教育资源共享、优秀教师流动和优质学校发挥辐射作用。完善集团化办学机制，加大教育集团人、财、物等要素资源统筹力度，帮扶薄弱学校和农村学校提高办学水平。设立集团化办学专项资金，加大教育集团骨干教师走教、优质课程开发、教研科研联动等方面的支持力度。

第三，逐步提高普通高中教育、中职学校和高职院校生均财政拨款水平；建立健全普通高中教育、职业教育等按比例分担的奖补机制，落实地方各级政府责任，完善政府、行业、企业及其他社会力量依法筹集经费的机制，鼓励企业举办职业教育，深化产教融合、校企合作。

第四，完善高校预算拨款制度，统筹推进一流大学和一流学科建设，加强一流本科教育，推动实现高等教育内涵式发展；持续支持部分地方高校转型发展，落实中西部高等教育振兴计划；深化高校科研体制改革，完善科研稳定支持机制，健全人才引进政策和激励机制；改革高校所属企业体制，推动产学研深度融合；统筹出国留学和来华留学经费资助政策，支持推进共建“一带一路”教育行动。

第五，不断加强教师队伍建设。优秀的师资队伍是最重要的优质教育资源，也是实现教育高质量发展的关键。各级人民政府要将教师队伍建设作为教育投入重点予以优先保障，鼓励吸引优秀人才从事教育事业，努力让教师成为全社会尊

① 黄瑾，熊灿灿．我国“有质量”的学前教育发展内涵与实现进路[J]．华东师范大学学报(教育科学版)，2021，39(3)：33-47.

重的职业。深入落实各级各类教师支持计划，财政教育经费要优先保障中小学教职工工资发放，推动落实城乡统一的中小学教职工编制标准；完善中小学教师培训经费保障机制，不断提升教师专业素质能力；健全中小学教师工资长效联动机制，核定绩效工资总量时统筹考虑当地公务员工资收入水平，实现与当地公务员工资收入同步调整，确保中小学教师平均工资收入水平不低于或高于当地公务员平均工资收入水平，使教师能够安心在岗从教；严格按照现行政策规定落实乡村教师生活补助政策，及时足额发放艰苦边远地区津贴，加强教师周转房建设，提高乡村教师工作生活保障水平，努力让长期工作在艰苦地区的农村教师有地位、有尊严、有发展空间。[①] 总体而言，以正面激励机制为主，结合问责制度，努力解决深层次体制机制问题，完善教师补充、培训、交流、待遇落实各项机制，不断缩小校际教师收入差距，激励教师向薄弱学校流动，提高师资整体的任职资格与继续教育质量。

第六，在生源分配方面，在办学条件标准化的基础上，公办学校应落实就近入学政策，同时应促进公办、民办学校相互补充，加强政府、学校与社会合作，为学生提供多样化的教育服务。[②]

第七，持续加大教育教学改革投入。各地要在改善必要办学条件的同时，加大课程改革、教学改革、教材建设等方面的投入力度，促进育人方式转型，着力提升教育教学质量。确保义务教育公用经费、教研活动、教学改革试验等方面投入，推动实现义务教育优质资源均衡。支持普通高中课程改革与高考综合改革协同推进，促进学生全面而有个性地发展。支持开展职业教育实训实习，推动德技并修、工学结合的育人机制建设。支持高校优化学科专业结构，加快急需紧缺专业建设，创新人才培养机制，推进创新创业教育。支持教育信息化平台和资源建设，推进信息技术与教育教学深度融合，实现优质资源共享。

第八，进一步完善我国教育法律政策体系。教育法律政策是教育事业健康方

---

① 刘义兵，付光槐．教师教育一体化发展的体制机制创新 [J]. 教育研究，2014，35（1）：111-116.

② 阙明坤，王华，王慧英．改革开放40年我国民办教育发展历程与展望 [J]. 中国教育学刊，2019（1）：29-36.

向的风向标，代表了教育实践变化发展的未来趋势。[①]构建完善的教育法律政策体系，提高法律制度供给质量，可为教育事业发展提供准绳与保障，调节各种利益冲突关系。事实上，由于部分法律规章的缺失，我国教育事业的健康、有序发展常常陷入困境。例如怎样判断教育惩戒行为？如何处理校外培训机构质量参差不齐、恶意竞争、无相关培训资格问题？怎样将各级各类教育改革落到实处？要使我国教育高质量发展的工作实质性推进，加强教育法律政策顶层设计，构建完善的教育法律政策体系必不可少。

(四) 建立健全过程运行保障，持续关注新时代教育发展进程

在学校作为教育的主要载体的情况下，教育的发展必须依赖于学校的发展，学校提供的教育服务质量决定了教育发展的水平。也就是说，教育的发展就是学校运用教育教学资源为学生提供教育服务的过程。教育政策的运行过程就是学校运用政府配置的教育教学资源，通过合理地组织教师，开设课程，管理学生，为学生提供公平的、优质的、适合学生发展的教育教学服务的过程。过程运行保障机制是关于政策内部转化方面的规则体系及其运行方式，主要关注的是学校内部如何分配教育资源，如何开展课程，从而为受教育者提供平等的、优质的教育服务的目标的问题。因此，学校既是教育发展政策的目标群体、政策的执行主体、校内发展的责任主体，还应是过程运行保障机制的首要主体。

从学校提供教育服务的过程来看，学校的管理活动与教学活动是影响学生发展的直接因素。学校管理者与教师秉持着何种教育理念，采用何种管理、教育方式，抱持何种培养期望，都直接体现在学生的分班、班级资源的分配、班级教师的配备、学科课程的开设、教师教学的过程以及学校的管理方式中。如同政府的资源投入保障机制本身没有优劣之分一样，学校配备校内资源、提供教育服务的方式本身也并无对错之别，关键是看政策目标的需要。

从政策制定的出发点来看，教育高质量发展政策旨在通过学校的发展为学生提供公平的进而是适合的教育服务，促进每一个学生的发展。这就要求学校的管

---

① 祁占勇，刘丹．国际视野下学习成果认定的保障机制及其启示 [J]. 湖南师范大学教育科学学报，2021，20 (4)：83-92.

理者与教师能够秉持公平的理念，采用人性化的管理方式，因材施教，公平地对待每一个学生，促使每一个学生掌握基本的知识与技能，获得合乎其自身特点的发展。① 从政策的实践层面来说，均衡发展政策要求学校不得开设重点班与非重点班，单纯依靠学生成绩而对学生分等，贴上成功或失败的标签；或以成绩为本，将学生划分班级等。因此，教育高质量发展的过程运行保障机制可以进一步理解为：保障学校合理分配校内教育资源，公平对待每一个学生，提供适合学生发展的教育服务的规则及其运行方式。从构成上来讲，它包括学生的分班、班级资源的分配、班级教师的配备、学科课程的开设、教师教学的过程以及学校的管理方式等方面的规则及其运行方式。②

目前，我国学校教育中重点班依旧普遍存在，班级资源、教师资源分配不均衡现象仍旧突出，非考试科目在学校日常教学过程中受重视程度远远低于考试科目，课程开设的不均衡现象依然存在，中高考指挥棒影响下的毕业年级依然深受"成绩本位"的思想禁锢，一些学校在内涵式建设过程中动力不足，将自身发展的不足过多地归结于外部原因，缺乏对学校自身的反思。究其原因：一是原有非均衡发展的制度仍旧深刻地影响着学校发展；二是学校主体对于教育发展的积极性、有效性不高，过度依赖政府扶持；三是由于内外教育环境的冲突，学校办学过多地被社会、家庭左右，未能理顺内外教育环境，形成良好的教育发展合力。完善教育高质量发展的过程运行保障机制需要从以下几个方面着手：

其一，改革教育管理模式，推进管理的扁平化。不断深化教育综合改革，进一步明晰政府、学校的权限范围，持续深化"放管服"改革，推进"管办评"分离，以扩大学校办学自主权为重点，政府、学校、社会精准发力、协同配合，构建党委全面领导、相关部门依法管理、学校自主办学、社会广泛参与、各方共同推进的现代教育治理体系。

其二，改进学校的激励—约束机制，激发学校教育高质量的动能。一方面，综合运用提供经费支持、提供专业发展机会与条件、将促进学校高质量发展的教育行为纳入评价指标体系等手段激励学校成员参与其中；另一方面，健全约束机

① 魏晓宇，苏娜．学校教育可以兼顾公平与质量吗？[J]. 华东师范大学学报（教育科学版），2021，39（8）：116-126.

② 王树涛，毛亚庆．我国义务教育阶段公平有质量学校教育的区域均衡研究 [J]. 现代教育管理，2018（2）：51-55.

制，如通过教育督导机制加强对教育发展过程的监测，通过问责机制将教育发展质量纳入主要负责人（如区长、校长）的业绩考核之中，以此遏制相关人员规避本应当承担的责任。

其三，通过政府、学校、社会、家庭协作形成教育高质量发展的合力，创建良好的内外教育发展环境。作为系统的内部变革，有外部不可能代替的可作为的方面。任何学校的发展最终都依赖于学校主体自身。一方面，学校管理者必须改进学校发展观，在学校管理过程中推进公平而有质量的教育。根据成绩划分班级会进一步加剧处境不利儿童的弱势地位，而同辈群体的影响是学生身心发展的重要影响因素，与不同层次的同学交往，可以有效促进处境不利儿童能力的提高。因此学校管理者应谨慎对待分班，避免陷入“以分数论英雄”的迷途之中，应开展促进全面发展的教育评价工作。同时，学校应依法开足、开齐课程，配齐相关科任教师，特别是提高对学生终身发展具有重大影响的体育、音乐、美术等课程的重视，而不是以短视的发展思维贻害学生的长远发展。[①]已有经验表明，广泛吸引教育相关利益主体参与教育过程，对于激发学校办学动力而言十分重要。在社会主体参与方面，首先要引入第三方组织机构进行非政府性的教育评价，引导学校面向社会办学，从而建立起政府、学校、社会新型合作关系，这样既能保证教育发展的公平、均衡与公益性，又能提升学校发展的活力与动力。一方面，家庭、社区等社会力量对学校办学状况评价的广泛参与可以使社会对教育的需求更为直接地传达给学校，提升学校教育服务的质量。另一方面，社会大众的参与无疑给学校的发展带来更多的关注与支持，从而为增进政府、学校、社会间的沟通与了解、协调提供更多的机会。[②]

其四，重点关注与扶持薄弱学校的发展。薄弱学校的产生同时受内部自身发展基础薄弱、发展动力不强、发展能力不足，外部资源配置不足、政策指导不力、保障机制不配套等因素的影响。一方面，政府应当在资源配置、宏观政策等方面提供支持，开展薄弱学校提升与改进的专项工程；另一方面，发挥优势学校的带动作用，开展校际的帮扶活动以促进优质资源的交流与共享，实现

① 郝文武．提高教育质量的永恒追求与时代特征[J].陕西师范大学学报（哲学社会科学版），2015，44（2）：157-166.

② 叶星．教育质量社会评估机构的构建及保障机制[J].教育评论，2015（10）：72-75.

合作共赢。

(五) 建立健全结果产出保障，为目标达成提供证据与反馈

教育与其他社会实践活动的区别就在于“培养人”。教育是通过施加教育影响，使受教育者的身心发展状况发生所期望的改变的活动。[①] 因此，教育活动的产出与结果就是在接受教育影响后受教育者的身心状况所发生的改变，即达到教育目标的程度。需要注意的是，教育发展被期望达到何种结果，受教育者被期望发生何种改变，如何衡量这些改变，如何对待这些改变，所依据的都是教育目的以及与之相适应的教育发展模式。[②] 在一切为了经济发展服务，教育的发展从属于经济的发展与政治的需要，教育的目标就是通过竞争择优选拔出少数精英分子以承担国家建设责任的情况下，在与之相适应的非均衡发展模式中，教育发展被期望的结果就是筛选并选拔出成绩优秀的“尖子生”，因此，教育发展结果的评价与保障机制就是以择优选拔为目标，以少数成绩优异的“尖子生”为对象，通过政策、投入、管理等方面的倾斜，保障优秀率、升学率。新时代教育应使每一个孩子都有受教育的权利，并能够获得平等的教育对待、掌握基本的知识与技能、养成公民基本素质、获得未来发展的能力与机会，改进教育发展结果的价值定位及结果产出的保障机制便是势在必行。

结果产出保障机制是关于政策产出方面的规则体系及其运行方式，所要解决的是对政策的产出与结果，即学生的身心等各方面的发展状况如何调节与控制，以实现受教育者获得平等的教育成就与未来发展机会的目标的问题。其中，政府是政策执行的首要责任主体与整个政策运行的保障主体；学校是政策落实责任主体、保障主体，也是政策执行的目标群体；家庭、社区、社会中介组织、大众媒体等社会力量构成了政策执行的参与保障主体，也是政策的目标群体。而且，学生素质的养成不仅受校内教育活动的影响，更受到来自家庭、社会的广泛而持久的影响。具体到政策的结果产出阶段，保障每一个儿童都能获得基本的教育成就

① 杨兆山，张海波. 教育学：第2版 [M]. 长春：东北师范大学出版社，2017：36.

② 刘尧. 新时代教育高质量发展的背景、内涵与策略 [J]. 河南教育（基教版），2019（1）：12-14.

与未来发展的机会，促进每一个儿童都能获得最适合的发展不仅是学校的责任，也是政府、学生、家庭及其他社会力量的责任。

目前，肥胖率、近视率偏高等现象突出，学生身心发展情况不容乐观，区域、城乡、学校学生学业水平不均衡状况严重，分数这一教育评价指标依旧为学生评价的核心指标，缺乏多元化成长与发展的路径，究其原因，主要在于相应资源投入保障机制、过程运行保障机制不甚完善，结果产出保障机制滞后，弱势学校、学生自我发展能力不足，以及政府、学校、社会间对教育发展结果偏好存在出入等。

2021年3月，教育部等六部印发《义务教育质量评价指南》，强调要以发展素质教育为导向，遵循学生成长规律与教育规律，以育人为本。在评价指标体系方面，分为县域、学校、学生三个层面。具体而言，县域义务教育质量评价包括价值导向、组织领导、教学条件、教师队伍、均衡发展等内容，旨在加强对地方义务教育工作的领导，推动地方政府履行职责，促进县域义务教育均衡优质发展；学校办学质量的评价由办学方向、课程教学、教师发展、学校管理、学生发展等内容组成，旨在以评价引导学校在党的领导下坚持立德树人，树立科学的质量观，通过正确的办学方向、高质量的课程教学、专业的教师团队与完善的学校内部治理保障学校的办学水平与育人质量；学生发展质量的评价由学生品德发展、学业发展、身心发展、审美素养、劳动与社会实践五方面构成，旨在落实学生德智体美劳全面发展的培养目标。在评价方式上，《义务教育质量评价指南》提出了“四个结合”。其一，结果评价与增值评价相结合，在考察结果的基础上，关注评价客体的进步程度及相关主体的努力程度，将不公平的影响因素分离开来，助推教育公平；其二，综合评价与特色评价相结合，尊重差异性与多样化，关注学校整体育人成效与每一位学生的成长；其三，自我评价与外部评价相结合，构建主体多元、高效运转、统整优化的评价工作体系，提升评价工作的科学性、规范性与客观性；其四，线上评价与线下评价相结合，通过信息化技术拓展与优化评价信息收集渠道，促进评价更加公平、真实有效。[①] 这为新时代教育

① 中华人民共和国教育部.教育部等六部门关于印发《义务教育质量评价指南》的通知 [EB/OL].（2021-03-04）[2021-07-17].http：//www.moe.gov.cn/srcsite/A06/s3321/202103/t20210317_520238.html.

结果产出保障机制的构建提供了指引。完善教育高质量发展的结果运行保障机制需要从以下几个方面着手：

其一，树立新时代教育高质量发展观。教育高质量发展的评价与保障机制是一个完整的规则体系，资源投入、过程运行与结果产出的保障机制环环相扣，相辅相成。要完善教育高质量发展的各个组成部分的评价与保障机制，着眼于让每一个学生都能得到适合的教育，获得全面的发展。正确的认识是高效行动的前提，只有先促使政府、学校、社会等各主体对教育高质量发展的理念产生认同，树立科学的教育发展观，教育高质量发展理念才能在落实过程中不背道而驰。

其二，完善现行教育高质量发展的评价与督导机制，为教育结果产出指引方向、提供反馈信息。教育评价与督导机制具有诊断教育情况，区分优良和分等鉴定，激励、引导教育改进以及监督管理等多项功能。同时，教育评价又是一把双刃剑，科学、合理的评价方式能够促进教育与人的发展，而标准本身有缺陷或过程有失公平、公正的评价则可能对教育与人造成极大的损伤。因此，首先必须基于当前影响制约教育高质量发展的阻碍与问题，及时更新教育评价标准，不断完善质量评价内容，改善评价过程，形成更加公平、更加全面、更加优质、更加安全、更加可持续、更加开放的教育评价与督导机制。一是改进教育督导部门工作思路，建立增值性的学校评估模式。发挥教育外部各主体对质量保障的作用，需要将各主体责任和效能落实到教育评价与保障机制总体框架之中。二是要通过完善相关法律程序，明确政府教育行政主管部门、行业企业、第三方评估机构等质量保障主体的权责，使其均有机会、有责任参与教育质量评价与保障活动，并充分发挥其应有作用。三是在对各级各类教育质量进行评价时，应做到分类指导、有的放矢。四是按照“减负高效”的原则设计教育外部质量保障机制。若评价监督活动过多，会导致学校疲于应付，影响学校日常教学活动的开展；若评价监督过少，则难以及时发现与反馈教育工作中的问题。因此，在设计外部质量评价与保障机制时，应努力寻求到两者的最佳平衡点。[①] 其次，要改进学校管理者的管理方式，建立以学生发展增值为依据的教师发展性工作评价机制，同时结合学科组评价、自我评价、学生评价对教师工作进行综合评价，并建立由教师、家长、

---

① 唐小艳．管办评分离视域下职业教育第三方评价的运行模式 [J]. 现代教育管理，2020(6)：96-101.

学生参与的校务委员会，赋予其监督、评议、反馈的权力，保障学校运行管理过程的公开、公正与透明。最后，要改变教师工作思维，使教师做好每一个学生发展的指导者。教师能否以开放的心态、包容的态度、公正的原则对待每一个学生，对学生的身心发展具有重大的影响。作为学生发展的指导者，教师的责任不是仅仅关注部分学习成绩优异的学生，而是帮助每一个孩子发现其优势智能的所在，并帮助其发挥优势、弥补不足，获得全方位、最大化的发展。在教育教学的过程中，应以增值性评价为主，以发展性评价与终结性评价相结合、绝对性评价与相对性评价相结合的方式，对每一个学生的发展都给予关怀，营造一个公平、良好的环境，使其在这个环境中得到生动、活泼、主动的发展。①

其三，完善处境不利学生的助学帮扶制度，提升学生及其家庭通过教育获得发展的能力。根据“木桶理论”，一个国家教育的质量与国民的整体素质不是由最好的学校、最优秀的人决定的，而是由最差的学校、最普通的学生决定的。而无论是基于国家未来公民素质的考虑，还是出于公平正义的考量，地方政府与学校都应该为处境不利儿童开展有针对性的补偿教育，帮助所有儿童掌握最基本的知识与技能，在向上流动的过程中，不因先天条件的不足而被过早地“淘汰出局”。第一，要改进学校教学模式，在教学进度、内容掌握、课业要求等方面对不同水平的学生做不同的要求，照顾到各个层次学生的需要。积极创造条件，推进小班化教学，增加教师与学生交流、互动，增加教师指导学生、答疑解惑的机会，保证教师了解班级内的每一个孩子，让每一个孩子都受到关爱与重视。第二，通过改革校内课程设置情况，选配经验丰富的教师，开展针对处境不利学生的补偿教育，并通过与家庭、社区积极开展合作，关注处境不利学生的校外状况，为教育效果的持续提供条件。第三，地方政府通过划拨专项经费，资助处境不利学生集中的地区或学校开展补偿教育。第四，建设更加开放型的社会，完善各项保障制度，保障社会流动渠道的畅通，营造一个公平的社会环境。②

其四，采用多种途径协调各方主体间利益偏好，激发主体保障教育高质量发展结果产出的动力。尽管中央政府、地方政府、学校、家庭、其他社会力量

① 胡咏梅，施世珊．相对评价、增值评价与课堂观察评价的融合——美国教师评价的新趋势 [J]. 比较教育研究，2014，36（8）：44-50.

② 秦玉友．从高速增长迈向高质量发展——新时代教育内涵发展战略转型 [J]. 南京师大学报（社会科学版），2019（6）：15-24.

对义务教育存在着不同的利益诉求，偏好也不尽一致，但各方主体间的利益诉求依旧存在共同的基础，那就是让每一个孩子都能获得适合的教育并通过教育获得全面、长远的发展。在此前提下，通过增加优质教育的供给提高教育服务的质量，拓宽社会流动的渠道，激发主体主动落实政策的愿望与动力尤为重要。首先，改进现有课程设置模式，丰富课程内容，给予学生多样化的选择。其次，不断完善改进中、高考考试录取办法，结合《深化新时代教育评价改革总体方案》的精神改进结果评价，强化过程评价，探索增值评价，健全综合评价，[①]并增加处境不利学生获得优质教育资源的机会。再次，完善结果产出的激励机制，通过改革生均拨款制度，完善转移支付制度，设立奖励基金，对推进教育高质量发展成绩突出的区域与学校、相关人员进行表彰并树立典型等方式激发主体保障结果产出的动力。最后，完善结果产出保障的约束机制。通过各级各类教育相关的法律规章机制与道德规约，明确各方主体推进教育高质量发展的责任，落实教育结果产出的问责机制，并进一步完善学生发展的监测机制，以提高政策保障主体的执行力。

① 中华人民共和国教育部. 中共中央 国务院印发《深化新时代教育评价改革总体方案》[EB/OL].（2020-10-13）[2021-07-17].http：//www.moe.gov.cn/jyb_xxgk/moe_1777/moe_1778/202010/t20201013_494381.html.

第九章

优质公平：新时代学前教育高质量发展的理念与策略

党的十九大报告提出了我国发展新的历史方位——中国特色社会主义进入了新时代，十九届五中全会明确了建设高质量教育体系的战略部署。走高质量发展之路是新时代教育的责任担当和历史使命。学前教育作为我国国民教育体系的重要组成部分，是高质量教育体系中最基础的和起始的环节，应把“高质量发展”贯穿于学前教育改革与发展的全过程。党的十九大报告明确提出，“努力让每个孩子都能享有公平而有质量的教育”。党的二十大报告指出，“强化学前教育、特殊教育普惠发展”。更加公平、更有质量的学前教育是新时代学前教育高质量发展的价值追寻与路向选择。立足我国学前教育走向高质量发展的时代背景和现实需求，探析学前教育优质公平发展的时代路向，对明晰新时期学前教育发展方向具有重要意义。

一、新时代学前教育高质量发展是时代发展的必然

我国学前教育的高质量发展是新时代中国经济社会高质量发展的必然结果，是教育的人民性的重要体现，更是学前教育自身发展的必然选择。

(一) 学前教育高质量发展是对国家发展战略转型的回应

党的十九大报告提出我国经济社会已由高速增长阶段转向高质量发展阶段，并明确了新阶段的七大发展战略：创新驱动发展战略、科教兴国战略、人才强国战略、可持续发展战略、区域协调发展战略、乡村振兴战略、军民融合发展战略。科教兴国、人才强国、创新驱动发展等战略目标的实现，归根到底都需要教育的基础性支撑，关键在于人才的培养。2021年，十三届全国人大四次会议通过《中

华人民共和国国民经济和社会发展第十四个五年规划和2035年远景目标纲要》(以下称《远景目标纲要》),提出高质量发展背景下要"建设高质量教育体系"。建成高质量的教育体系,才会有高质量发展的人才,才能高质量地贯彻各项国家发展战略,继而形成世界竞争力。

作为国民教育体系中的基础环节和终身教育体系的奠基阶段,学前教育高质量发展关乎人才培养的基础,关乎国家发展战略的实现。《中共中央 国务院关于学前教育深化改革规范发展的若干意见》指出,学前教育是终身学习的开端,是国民教育体系的重要组成部分,是重要的社会公益事业。办好学前教育、实现幼有所育,是党的十九大做出的重大决策部署,是党和政府为老百姓办实事的重大民生工程,关系亿万儿童健康成长,关系社会和谐稳定,关系党和国家事业未来。

学前教育高质量发展,对于提升社会经济效益、实现社会公平、维护社会秩序、提高人口素质、优化人口结构具有重要意义。近年来我国少子化和老龄化加快,根据国家统计局的数据,2023年出生人口降至902万,65岁及以上人口占比达15.4%,总人口突破14亿。住房、教育、医疗等直接成本以及养老负担等机会成本高抑制生育行为,"生得起、养不起"成为社会主要矛盾。《"十四五"学前教育发展提升行动计划》指出,发展普及普惠安全优质的学前教育是为了"积极服务国家人口发展战略",也就是通过办好学前教育优化人口发展态势,促进社会的高质量发展。

在国际上,学前教育对国家发展的价值被普遍认同,学前教育"筑建国家财富"成为当前世界各国共同的追求。美国国家研究院脑科学与儿童发展研究委员会主席杰克·肖可夫指出,儿童早期发展情况会影响到一个国家未来劳动者的素质和效率,投资早期教育就是投资国家的未来。① 2010年联合国教科文组织世界幼儿保育和教育大会明确提出,"幼儿保育和教育是一项基本人权,对个人和国家的发展与繁荣具有重要意义"。幼儿保育和教育具有极为重要的社会价值,能降低社会的不平等,为国家积累财富。为此,《仁川宣言》提出"我们也鼓励提供至少1年高质量的免费和义务的学前教育,让所有孩子都有获得高质量儿童早期发展、看护和教育的机会"。联合国教科文组织发布的《2030年教育行动框架》

① 冯晓霞,周兢.构筑国家财富——联合国教科文组织首届世界幼儿保育和教育大会简介[J].学前教育研究,2011(1):20-28.

中将提供高质量的学前教育作为联合国可持续发展目标当中的一个子目标，将其纳入容纳性、公平性与高质量的全民终身教育体系中。

学前教育作为终身学习的开端，对学前儿童的终身全面发展具有重要意义。学前教育高质量发展能为人生发展第一阶段的学前儿童提供最有利的发展条件，能更好地促进学前儿童生理的发展与成熟，促进儿童智力及各种心理能力的发展，不仅提高义务教育阶段的效益，还为儿童终身可持续发展奠定基础。

（二）学前教育高质量发展是学前教育人民属性的必然要求

在庆祝中国共产党成立100周年大会上，习近平总书记铿锵有力地宣示："江山就是人民、人民就是江山，打江山、守江山，守的是人民的心。中国共产党根基在人民、血脉在人民、力量在人民。"人民是历史的创造者，是党和国家事业永续发展的坚实基础。教育是党的事业的重要组成部分，为人民服务、让人民满意是社会主义教育的根本宗旨。办好人民满意的教育，就是要贯彻党的教育方针，落实立德树人根本任务，真正把教育与人的全面发展结合起来，用教育凝聚人心、培育人才、造福人民。

教育的人民属性是马克思主义群众史观的鲜明体现，是社会主义教育的本质要求，是党和国家发展教育事业的根本价值导向。教育要为人民服务，就要坚持和发展教育公平，让教育事业发展成果更多更公平地惠及全体人民，最大限度地满足广大人民群众的需求。人民属性是教育高质量发展的灵魂，满足人民日益增长的需求是教育事业的出发点与落脚点，更是教育高质量发展的根本遵循。

学前教育作为"一老一小"的重要民生工程，其高质量发展与人民生活密切相关。党的十九大报告强调要"办好学前教育"，并把实现"幼有所育"作为"七有"重大民生问题之首。学前教育的数量与质量对家庭生活和社会秩序的稳定具有越来越不可忽视的作用。学前教育发展不仅有利于进一步解放妇女，使其参与社会生活、经济独立，实现社会性别平等，还有利于促进家庭幸福，促进家庭成员形成积极和谐的家庭关系。

如今，学前儿童身心健康快乐成长成为影响家庭生活质量的一个关键性因素。我国学前教育一直围绕着人民的美好期盼而不断向前发展。为了满足人民群众对"幼有所育"的需要，国家连续实施三期学前教育行动计划，推动学前教育快速发展。教育部发布的《2020年全国教育事业发展统计公报》显示，2020年全国学前教育毛入园率已达到85.2%，普惠性幼儿园占全国幼儿园的比例达到80.24%。这意味着我国学前教育已经基本满足人民对于“幼有所育”的要求，鲜明体现出了我国学前教育的人民属性，彰显出党和国家以人民为中心，为最大限度满足广大人民群众对于学前教育发展的需求而做出的巨大努力。

进入新时代，人民群众对于学前教育仍有需求，不仅关心是否“有园上”，还关注能否“上好园”，对优质的学前教育产生了更多的需求与期盼。随着我国人口结构发生变化，国家逐步实行三孩政策，广大家庭尤其是育龄妇女对价格合理、接送方便、保证质量的0—3岁婴幼儿托育教育资源与配套制度有着迫切需求。大力发展0—6岁学前儿童的公益普惠教育是学前教育高质量发展的应有之义。

学前教育高质量发展是政府关心国民幸福的重要窗口。人民的需求是学前教育事业发展的基本方向，人民需求的标准提高了，学前教育也必须以高标准、高质量的发展做出回应。能否满足人民对于学前教育的新需要是衡量学前教育是否高质量发展最重要的标杆。尤其是在我国教育人口格局、区域格局、城乡格局等发生深刻变化的时代背景下，努力促进学前教育形成优质公平的高质量发展样态，是我国学前教育未来发展所面临的新课题。

（三）学前教育自身发展的新阶段：从高速度到高质量

近年来，党和国家高度重视学前教育事业快速发展。2010年《国家中长期教育改革和发展规划纲要（2010—2020年）》明确提出“基本普及学前教育”这一发展目标；2010年《国务院关于当前发展学前教育的若干意见》中提出“努力构建覆盖城乡、布局合理的学前教育公共服务体系，保障适龄儿童接受基本的、有质量的学前教育”。党的十八大之后国家连续实施三期学前教育行动计划，持续加大经济投入，积极挖潜扩大学前教育增量。一系列举措成功实现了我国学前教育事业的快速发展，学前教育普及普惠水平迅速提高，有效缓解了“入园难、入园贵”问题。但是学前教育仍然是我国教育体系中的短板，对于依赖政策红利迅速发展起来的学前教育急需反思现实，补齐短板，走高质量发展之路。

1. 学前教育的高速度发展

我国学前教育的规模快速扩大。教育部《2020年全国教育事业发展统计公报》数据显示，2020年全国共有幼儿园29.17万所，比2010年的15.04万所增加了约94%，可见，近年来我国幼儿园数量高速发展。（图9-1）

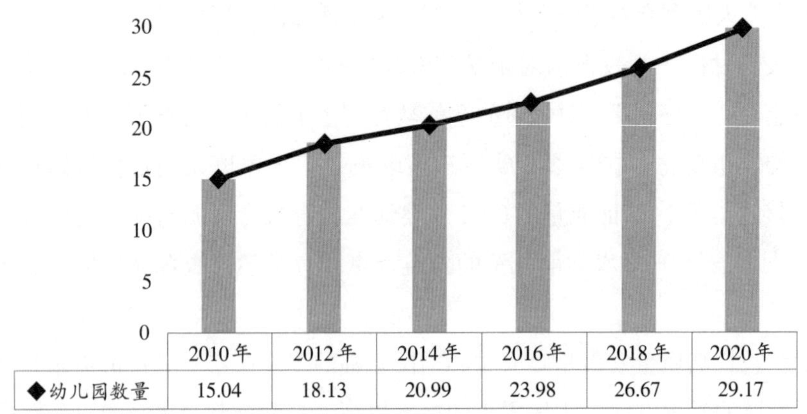

图9-1　2010—2020年我国幼儿园数量（万所）

根据教育部的教育统计数据，我国幼儿园园长和教师数量快速增加。2020年为322.18万人，比2010年的130.53万人增加了约146.8%。（图9-2）

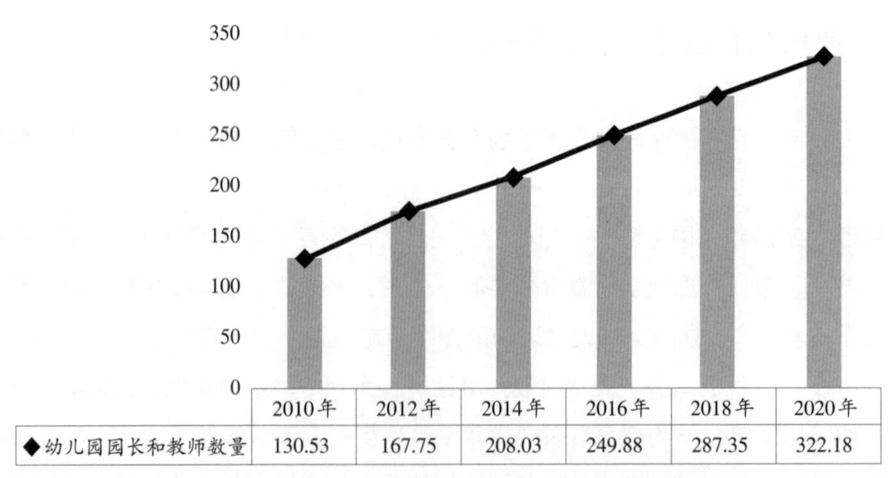

图9-2　2010—2020年我国幼儿园园长和教师数量（万人）

2020年在园幼儿数量为4818.26万人，比2010年的2976.67万人增加了约61.9%。我国幼儿园在园幼儿数量快速增加。（图9-3）学前教育规模的迅速扩大，意味着学前教育资源得到了快速的扩充，也意味着更多的家庭和幼儿有条件享受更加公平优质的学前教育。

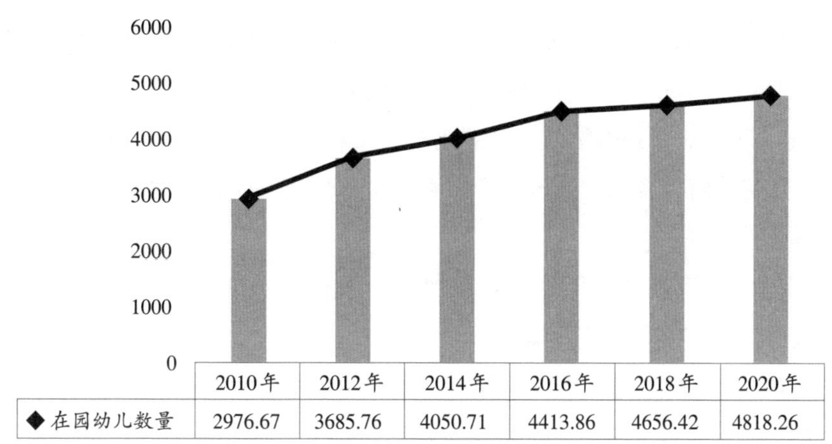

	2010年	2012年	2014年	2016年	2018年	2020年
◆在园幼儿数量	2976.67	3685.76	4050.71	4413.86	4656.42	4818.26

图9-3 2010—2020年我国在园幼儿数量（万人）

我国学前教育普及水平高速提升。《2020年全国教育事业发展统计公报》数据显示，2020年学前教育毛入园率为85.2%，比2010年提高28.6个百分点，实现了学前教育毛入园率的快速提升，顺利完成了中共中央、国务院制定的“到2020年，全国学前三年毛入园率达到85%”的目标。（图9-4）入园率的快速提升，表

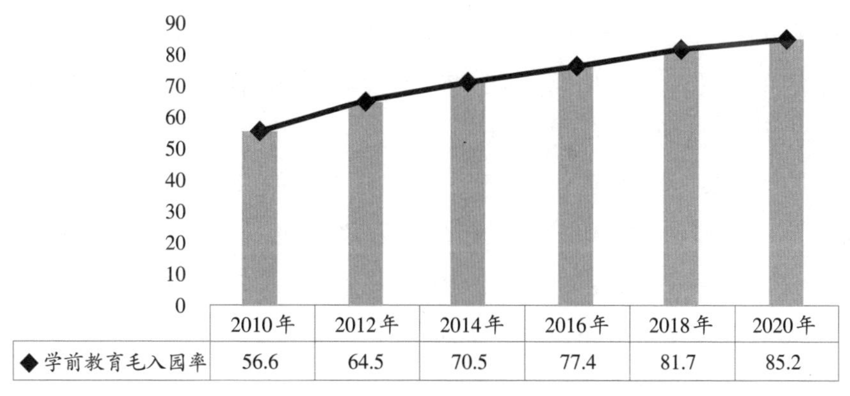

	2010年	2012年	2014年	2016年	2018年	2020年
◆学前教育毛入园率	56.6	64.5	70.5	77.4	81.7	85.2

图9-4 2010—2020年我国学前教育毛入园率（%）

明我国学前教育普及水平得到快速发展，意味着越来越多幼儿的受教育权利能够得到有效保障。

2. 我国学前教育发展的现实反思

2022年我国学前教育事业取得了长足的发展。《2022年全国教育事业发展统计公报》显示，2022年全国共有幼儿园28.92万所，其中，普惠性幼儿园24.57万所，比上年增加1033所，增长0.42%。学前教育毛入园率89.7%，比上年提高1.6个百分点。近年来，我国学前教育事业发展成效显著，但由于起点低、底子薄、欠账多，目前学前教育仍是我国整个教育体系的短板。学前教育发展不平衡不充分的问题依然存在。

我国学前教育教师队伍建设亟待加强。教育部2021年教育统计数据显示：2021年全国学前教育专任教师总数超过300万人，生师比约为15:1，总体上基本达到了“两教一保”的教师配备标准；但具体来看，学前教育专任教师数量仍存在城乡的结构性失衡，乡村幼儿园生师比约为18:1，城区的生师比约为14:1。乡村幼儿园生师比远低于城区，城乡学前教育专任教师配备数量结构有待优化，乡村学前教育专任教师亟待补足。除了学前教育教师配备数量的结构性失衡问题，教师队伍的整体素质也有待提升，具体表现在学前教育教师学历整体水平偏低、学历结构有待优化、高级职称教师比例偏低等方面。学前教育教师学历整体水平偏低，根据教育部2021年教育统计数据，2021年高中及以下学历的学前教师占比约为12.4%。学前教育专任教师整体学历结构也有待优化。专科学历的学前教育专任教师占比最大（约58.52%），本科学历的学前教育专任教师（约28.84%）和研究生学历的学前教育专任教师（约0.23%）占比较小。学前教育教师专业队伍中具备高级职称的教师比例偏低。2021年全国具有高级职称的学前专任教师数量占学前专任教师总量的比例仅约为1.16%。

幼儿园保教质量有待进一步提升。受我国“学而优则仕”的传统社会人才观念以及“不让孩子输在起跑线上”的传统家庭教育观念影响，目前幼儿园教育“小学化”问题仍然存在，成为制约幼儿园保教质量提升的难点问题。在教育内容上，片面重视知识教育，让儿童提前学习小学知识，对能力、情感态度等方面的教育重视程度不够；部分幼儿园将小学数学、语文、英语等课程内容超前安排在幼儿园课程中，盲目增加知识量和难度。在教育方法上，重视教师的课堂教授，很难保证学前儿童游戏的时间和空间。有研究者对我国农村学前一年班级教育环境质量进行调查，结果显示，38.3% 的班级除了户外活动以外，几乎不安排任何室内游戏，44.7% 的教师不关注也不鼓励幼儿的自由游戏，很少组织游戏活动。[①]

学前教育发展中的相关问题的解决涉及学前教育发展理念与发展目标的深层次问题，要求学前教育发展理念与发展模式进行转变。在社会经济高质量发展的时代背景下，在建设高质量发展的教育体系的发展进程中，学前教育要乘势借力，以学前教育的公平发展和优质发展为学前教育的价值追求与发展目标。只有追求学前教育的高质量发展，才能有效突破学前教育自身发展瓶颈，满足广大人民群众对学前教育发展的需求，有效助力经济社会高质量发展。

二、公平发展：学前教育高质量发展的价值追求

在知识经济时代，教育公平对推动社会公平具有基础性作用。《中共中央 国务院关于学前教育深化改革规范发展的若干意见》明确指出：学前教育是终身学习的开端，是国民教育体系的重要组成部分，是重要的社会公益事业。办好学前教育、实现幼有所育，是党的十九大做出的重大决策部署，是党和政府为老百姓办实事的重大民生工程，关系亿万儿童健康成长，关系社会和谐稳定，关系党和国家事业未来。办更加公平、更有质量的学前教育，已然成为新时代构建高质量学前教育体系的价值追求。

在现代社会，学前教育促进社会公平的功能体现得越来越突出。公平而有质量的学前教育能够有效减弱或消除社会不平等现象。研究表明，学前教育投入是回报率最大的社会公共投资。美国经济发展委员会资助的研究项目“普及学前教育与投资传统经济方案的比较研究”表明：持续普及学前教育到2080年可提高将近2% 的国家就业率和国内生产总值。对学前教育的投入可以帮助国家减少接受特殊教育的人数，减少违法犯罪的司法成本，降低社会救助人数，为国家节约庞大的公共福利开支等。

① 刘焱，涂玥，史瑾．我国农村学前一年班级教育环境质量研究 [J]. 教育发展研究，2015，35（12）：16-22.

党的十九大报告明确提出“努力让每个孩子都能享有公平而有质量的教育”。学前教育的高质量发展必然是在公平基础上的质量提升，学前教育的起点公平、过程公平和结果公平是其高质量发展的集中展现与重要旨归。当前学前教育快速发展，“入园难”的问题基本得到解决。然而学前教育发展底子薄、欠账多，高质量的学前教育资源在城乡、区域、园所之间还存在较大差异，教育公平的水平依然有待提升。学前教育公平是对数量型扩张增长的超越和升华，侧重学前教育发展整体结构性优化与内涵式的变革。学前教育发展要以公平作为高质量发展的底色，补齐发展短板，推进学前教育更加公平发展。学前教育公平发展体现为：实现学前儿童教育起点更加公平，保证每位儿童都能拥有接受适宜的学前教育的机会；实现学前教育过程更加公平，保证儿童享有优质均衡的教育资源。

（一）确保学前儿童平等享有受教育权

确保受教育权是实现教育起点公平的基点。受教育权是指公民依法享有的要求国家积极提供平等的受教育条件和机会，以及通过学习来发展个性、才智和身心能力，以获得平等的生存和发展机会的基本权利。《中华人民共和国教育法》第九条规定：“中华人民共和国公民有受教育的权利和义务。公民不分民族、种族、性别、职业、财产状况、宗教信仰等，依法享有平等的受教育机会。”学前儿童的受教育权具有平等性和差异性的双重属性。受教育权的平等性体现在法律层面上，国家赋予每位公民权利的平等性，在法律面前人人平等；差异性指的是学前儿童有权享有适宜自身个性发展的教育，学前儿童家庭享有学前教育的自主选择权。

面向3—6岁学龄前儿童的幼儿园教育是基础教育的重要组成部分，是学校教育制度的基础阶段。3—6岁幼儿处于身心发展的关键时期，这一时期的教育影响为儿童一生的发展奠定重要基础。美国佩里学前教育研究计划（Perry Preschool Program Study，1962—2010）对123名美国非裔幼儿进行了近四十年的长期追踪研究，从学业成就、经济状况、犯罪率、家庭关系和健康等方面均发现学前教育干预的显著效果。研究发现，政府在学前教育中每投入1美元，当被试40岁以上时，可获得12.9美元以上的回报率，投入学前教育的年回报率在7%—10%。经济学家詹姆斯·赫克曼（James J. Heckman）研究显示，越早对困境儿童进行人力资本投资，产生的经济回报越大。学前教育给予儿童价值获得技能，发展儿童认知及非认知的社会情感能力，促使学前儿童逐渐增强学习动力和后续的学习能力，会使学前儿童未来更容易获得成功，同时减少社会补救性支出。①

学前儿童受教育权的核心旨归指向儿童利益的最大化。权利包含权能和利益两个方面，利益是权能的现实化。法律上对儿童受教育权的肯定只是为儿童享有受教育权提供了机会保证，而从自然权利、天赋人权角度认识学前儿童的受教育权，背后应建立起的基本理念是：学前儿童是发展中的人，天赋其享有满足其发展最大利益的教育的权利。由于遗传及环境的差异，每个学前儿童的发展优势、发展速度和水平千差万别，只有最大限度为学前儿童提供最优质适切的教育生活，才能满足学前儿童的发展需求，才能让学前儿童的受教育权真正得以保障，让教育回归人本内核。

困境儿童教育权的保障是确保教育起点公平的重中之重。1994年《萨拉曼卡宣言》提出全纳教育理念，强调每个人都有受教育的基本权利，学校要容纳全体儿童并满足他们的特殊教育需要。扶贫必先扶智，确保困境学前儿童平等的受教育权是防止贫困代际传递、实现教育扶贫和精准扶贫的重要选择。对困境学前儿童受教育权的保证已成为世界各国教育政策关注的重点，优先性与公益性是重要的价值遵循。法国明确规定困境学前儿童具有优先受教育权利，优先照顾那些处于不利文化、社会地位的儿童，其教育可自2岁起。英国将帮助困境的2岁儿童每周接受15小时的免费学前教育列为学前教育发展战略重要内容。② 我国偏远山区和农村地区学前儿童入园问题、流动学前儿童异地入园等问题均需要得到进一步关注。为学前儿童提供平等的教育机会和条件，就是在努力让学前儿童获得平等的人生后续发展的机会，让人人都有公平的人生起点。

学前儿童受教育权在法律上的平等性，不等同于教育的均等化。2021年全国人大常委会通过的《中华人民共和国家庭教育促进法》规定：父母或者其他监护人应当树立家庭是第一个课堂、家长是第一任老师的责任意识，承担对未成年人实施家庭教育的主体责任，用正确思想、方法和行为教育未成年人养成良好思

① JJ HECKMAN，SH MOON，R PINTO，et al.The rate of return to the highscope perry preschool program[J].Journal of public economics，2010，94（1/2）.

② 庞丽娟，夏婧.国际学前教育发展战略：普及、公平与高质量[J].教育学报，2013，9(3)：49-55.

想、品行和习惯。学前儿童的父母对孩子在家庭外的公共教育有选择权。提供多样的、满足学前儿童及其家庭需要的学前教育机会与条件是学前教育高质量发展的应有之义。尤其是在国家提出三孩政策之后，提供优质的针对0—3岁婴幼儿的托育服务成为学前教育高质量发展要关注的重要领域和环节。

（二）实现学前教育资源优质均衡配置

教育公平离不开优质教育资源的均衡配置。教育资源是展开教育活动的基础，是能创造出一定教育价值的各类支持性条件的总称，包含人力资源、物力资源、财力资源等。《中国教育现代化2035》明确将实现“基本公共教育服务均等化”纳入下一阶段的发展目标，并强调“在实现县域内义务教育基本均衡基础上，进一步推进优质均衡”。

学前教育资源配置既涉及学前教育在教育资源总体中的分配占比问题，也涉及学前教育资源在城乡、不同地区、不同性质级别的园所之间的分配问题，最终在学前儿童对教育资源的充分占有和使用上实现效益最大化。均衡配置学前教育资源使得学前儿童能分配到应得的公共学前教育资源以满足教育需求，是实现学前教育过程公平的基础性保证。近年来，学前教育在教育资源总体中分配不断增长。国家对学前教育的经费投入不断增加，全国幼儿园生均一般公共预算教育经费年均增长12.3%①，2020年达到9410.76元②，学前教育经费投入增长在各级各类教育中增长率最高。然而，受城乡、地区间经济发展水平差异等因素的影响，城乡、区域、园所学前教育资源的不均衡状态依然存在。学前教育资源的优质均衡配置，是未来一段时间内追求学前教育高质量发展新阶段需要关注的重点。

新时代学前教育资源的均衡配置追求的是优质均衡。优质均衡是一种“保优式”均衡，是能“体验到”的内涵式均衡。首先，学前教育资源优质均衡配置，

---

① 中华人民共和国教育部.2020年全国教育经费执行情况统计公告发布[EB/OL].（2021-11-30）[2023-10-20].http：//www.moe.gov.cn/jyb_xwfb/gzdt_gzdt/s5987/202111/t20211130_583350.html.

② 中华人民共和国教育部.教育部 国家统计局 财政部关于2020年全国教育经费执行情况统计公告[EB/OL].（2021-11-22）[2023-10-20].http：//www.moe.gov.cn/srcsite/A05/s3040/202111/t20211130_583343.html.

强调对优质教育资源的配置。随着政府对学前教育经费投入的增加和学前教育事业近年来的迅速发展，城乡、区域和园所之间的资源差异，已经不是“有没有”，而是“优不优”。以优质幼教师资为代表的优质教育资源分配的不均衡，是阻碍社会学前教育公平实现的藩篱与桎梏。农村、中西部地区、民办幼儿园自身对优质学前教育资源天然的吸引力不足，需要着重加强资源的引进与投入，并在政策层面进行宏观调控，建立和完善可动型优质学前教育资源的流动与共享机制。其次，学前教育资源优质均衡配置，要锚定供需矛盾。资源配置是否合理关键不在于“同不同”，而在于“需不需”。优质均衡不是整齐划一的同质化配置，不要求城乡、区域、园所间一定要分配到同样的资源。同质化的简单粗放的资源配置方式看似实现了公平，却未必能真正解决园所发展的瓶颈性问题。要充分考虑人口变化和城镇化发展趋势，制订应对学前教育需求高峰的方案。以县为单位制订幼儿园布局规划，切实把普惠性幼儿园建设纳入公共服务设施统一规划。高质量发展的学前教育要求根据当地幼儿园具体发展规划、发展需求与发展特色，针对性供给人力财力物力资源，实现学前教育资源配置整体上的“帕累托最优”，即整体资源效益的最大化。

三、优质发展：学前教育高质量发展的核心目标

优质发展是教育高质量发展的最佳状态与终极旨归。优质发展作为基础教育高质量发展的首要内核，反映着当下惠及长远的教育理念的转换，强调教育投入产出效益最大化，教育要素边际效用最优化，教育发展动力、发展过程、发展方式最优化。[①]学前教育优质发展是新时代学前教育的重要发展方向，彰显了党中央、国务院对促进学前教育高质量发展、实现幼有优育的坚定决心。实现优质发展要求学前教育自内而外诸要素的深层次变革，科学地调配现有学前教育资源的要素，全面促进学前教育内涵式发展。教育结果公平是教育公平的最后归宿和集中体现。学前教育公平发展的最终旨归体现在每个儿童身心全面和谐发展。优质

① 柳海民，邹红军．高质量：中国基础教育发展路向的时代转换[J]．教育研究，2021，42（4）：11-24.

发展的学前教育是一个相对性的概念，体现的是在现有基础上持续改进与追求卓越的价值导向。其内涵包括促进学前儿童身心全面健康发展、实现幼儿园以游戏为基本活动、幼儿教师持续专业化发展，以及幼儿园治理效能不断提高。

（一）优质导向，促进学前儿童身心全面健康发展

学前教育是培育时代新人的基础性工程，优质的幼儿园教育教学必须将立德树人作为教育的根本任务，着力培养德智体美劳全面发展的社会主义事业建设者和接班人。学前教育应建构起以立德树人为核心，形成符合学前儿童身心发展规律的情感态度、知识与能力协调发展的目标体系，促进幼儿全面发展。《幼儿园工作规程》规定幼儿园的任务是：贯彻国家的教育方针，按照保育与教育相结合的原则，遵循幼儿身心发展特点和规律，实施德、智、体、美等方面全面发展的教育，促进幼儿身心和谐发展。

学前期是身心发展最迅速的时期，也是人的可塑性最大和潜能不断被激发的时期。儿童潜能的挖掘与发展可能性的保护是学前教育启蒙性的重要体现。英国《早期基础阶段实施纲要》强调学前教育要“为所有儿童提供适宜的成长环境，以最大程度促进其潜力的发挥”。学前教育为儿童一生的发展奠定基础。一方面，学前教育阶段应立足于激发儿童的发展潜能，为儿童将来拥有美好生活提供更多的可能性。《反思教育：向“全球共同利益”的理念转变？》一书中明确提出，维护和增强个人在他人和自然面前的尊严、能力和福祉，应是21世纪教育的根本宗旨，在教育和学习方面需要为所有人提供发挥自身潜能的机会，以实现可持续的未来，过上有尊严的生活。[①]学前儿童具有有吸引力的心灵，孕育着有待发展的内在力量，学前教育要顺应儿童发展规律和特点，让儿童的潜能不断萌发，为未来美好生活做全面的准备。

学前教育应超越功利主义和经济主义教育方式，追求儿童身心全面和谐发展，避免追求短期显性发展结果。学前教育小学化会在短期内产生诸如多识几个字、多背几个单词的显性教育结果，然而违背学前儿童身心发展规律的机械重复

① UNESCO.Rethinking Education：Towards a Global Common Good？ [M].Paris：UNESCO，2015：10-36.

式学习，浪费了儿童童年宝贵的发展时间和内在天性资源，甚至会以伤害儿童学习兴趣为代价，损伤儿童未来发展的更丰富可能。主动性、坚持性、专注力、好奇心等学习品质的培养对儿童未来长远生活会产生重要影响。国外研究证明，学习品质培养在学前期最有效。学前教育阶段培养儿童核心的、根本的、基础的品格和能力，对其终身学习与发展具有重要的奠基作用。

学前教育强调每位学前儿童的全面和谐发展，这种发展是富有个性的发展，是每位学前儿童在其自然禀赋的基础上实现的最充分的发展。依据加德纳多元智能理论，学前儿童的智能以及其倾向性是不同的，对教育结果的审视绝对不可以用标尺性的、强制性的考核指标。学前教育应做的和能做的是敏锐地观察到学前儿童在不同领域的智能优势的差异、发展速度的差别，做到精准因材施教。转换标尺化的补短思维，更要顺应学前儿童智能优势，提供更加丰富的教育支持，促进儿童“扬长”，实现个性化充分发展。此外，对学前超常儿童和特殊儿童都应给予更多关注。学前期是特殊儿童筛查的关键期，由于儿童先天素质和后天家庭教育的差异，要求幼儿园更加精准识别、有针对性地施教，才能促进每位幼儿在原有水平上充分发展。

（二）健康发展，确保以优质游戏为基本活动

游戏是学前儿童自身生存与生命蓬勃发展的需要，是其与世界互动、认知世界的基本方式。游戏是儿童天性成长和社会情感发展的最佳途径，幼儿在游戏中通过自主活动及社会互动不断促进身心健康成长。福禄培尔指出：儿童早期的各种游戏，是一切未来生活的胚芽。[①] 学前教育的优质发展必然要求幼儿园以优质的游戏为基本活动。

幼儿园优质的游戏活动具有自主性、文化性与创造性。其一，学前儿童在游戏中的自主性，体现在游戏主题确定、游戏推进走向、同伴选择与互动形式、材料的选择与使用方式等各个环节。联合国教科文组织推动研发的幼儿园教育质量评价工具《早期学习环境评量表》，将游戏维度直接界定为幼儿自由游戏的机会，

① 福禄培尔．人的教育 [M]. 孙祖复，译．北京：人民教育出版社，2001：112.

认为高质量的游戏是幼儿自主探索与自主选择的。[①] 安吉的“真游戏”提供了幼儿自主性游戏的良好范例。其二，幼儿园优质的游戏应具有文化性，体现为游戏是一定国家地区社会文化、历史传统和民间经验的反映，幼儿园优质的游戏活动应传承文化谱系，适当引入当地民间游戏，并在游戏活动中渗透文化内涵。在引进、借鉴境外游戏理论时，要注意到两者文化背景的不同和发展趋势的差异。其三，优质的游戏活动离不开创造性，具有创造性的游戏是学前儿童游戏的高级阶段。优质的游戏是个体学习如何创造自己的过程，以从预设到留白的转变促使儿童想象力尽情驰骋，达到心智的高度活跃和情感的高度自我肯定。

以游戏为基本活动更表现为游戏精神渗透于幼儿园的一日生活中。教育中游戏思想发展有两条线索：游戏的外在形式和游戏的内在精神。在自然经济社会的萌芽阶段，教育游戏思想主要侧重于游戏的外在形式；时间经济社会的融合阶段，教育游戏思想主要强调游戏对于儿童潜在兴趣的激发，以游戏精神的饱满态度寻求生命成长的美好意义。杜威强调，游戏的态度比游戏本身更重要，前者是心智的态度，后者是这一态度的现时的外部表现。[②] 游戏的形式并不是幼儿园基本活动的唯一表现，尤其如果单纯关注外在形式容易使得游戏沦为教师一厢情愿的活动，儿童在游戏中机械重复游戏安排并不能获得身心的愉悦和生命的成长。游戏精神是人在进入游戏状态后呈现出的心理体验与心灵属性。柏拉图将“游戏”概念从开始就提升到最高的精神领域，人在游戏时离神性最近，由于神性意味着永恒理念世界之完美，游戏则成为人最贴近真、善、美理念的部分。游戏的内在精神至少包含自主、愉悦、投入、创造的精神属性。幼儿园一日生活各类活动中都应渗透游戏精神，将游戏与幼儿园教育深度融合，实现寓教于乐的至高境界，唤醒学前儿童内部产生的自觉力量主动参与、沉浸体验，让他们在游戏精神的浸润中实现从自然人向理性人的跨越。安吉县幼儿园将“反思、投入、喜悦、冒险、爱”的游戏精神注入了幼儿园的一日生活，转变教师的儿童观、教育观、课程观，改变课程模式，转换环境创设方式，实现了“真游戏”教育的探索，唤起了儿童内在的生命潜能，推动了儿童在游戏精神滋养下的健康成长。

① 刘海丹，梁入文，周兢. 让每位幼儿都享有优质教育——《早期学习环境评量表》的背景、结构和启示 [J]. 外国教育研究，2020，47（11）：103-116.

② 杜威. 我们怎样思维·经验与教育 [M]. 姜文闵，译. 北京：人民教育出版社，2004：173.

(三) 团队卓越，培养高素质专业化的幼儿教师

教师是教育发展的第一资源，教师队伍专业性是教育优质发展的根本保障。《中共中央 国务院关于全面深化新时代教师队伍建设改革的意见》强调，教师承担着传播知识、传播思想、传播真理的历史使命，肩负着塑造灵魂、塑造生命、塑造人的时代重任，是国家富强、民族振兴、人民幸福的重要基石。只有造就一支师德高尚、业务精湛的新时代高素质专业化教师队伍，才能支撑起教育的优质发展。《关于实施卓越教师培养计划2.0的意见》强调，要着力培养幼儿为本、擅长保教的卓越幼儿园教师。学前教育优质发展离不开一批教育情怀深厚、专业基础扎实、勇于创新、善于综合育人和具有终身学习发展能力的高素质专业化的卓越幼儿园教师。

卓越的幼儿教师队伍集中体现为幼儿教师的专业性不断彰显。专业性体现为教师在开展教育活动过程中持有的专业态度、专业理念、专业精神，运用的专业知识、专业技能，面对教育情境与个体差异所持有的专业理性，形成的教育智慧及构建的独特专业风格。幼儿教师的专业性体现在专业理念、专业知识和专业能力各个方面上。

首先，坚定的教育信念是幼儿教师专业立身之本。教育信念是幼儿教师自己认可和确信的教育观念或理念，宏观上涉及教师的教育观、儿童观、教育活动观等，具体来说是幼儿教师关于教的信念、自我在教育中作用的信念等。卓越的幼儿教师，一是能始终立于儿童立场，对学前儿童有无我之爱。这既是幼儿教师德性的彰显、仁爱精神的体现，也是幼儿教师儿童立场的点睛。要实现具有人文伦理精神的对学前儿童的无我之爱，前提是儿童观的澄明，对学前儿童的内在成长力量的认可，对学前儿童发展规律的尊重和对童年独特价值的守护。二是具有坚定的职业认同与理想。卓越的幼儿教师，能认识到自己作为幼儿教师对学前儿童一生乃至家庭与社会的重要价值，所以即使面对工作压力，也会有更强的心理韧性，不断追求属于自己的职业理想。三是对自身教育教学具有坚定的专业自信。卓越的幼儿教师在复杂多变的教育情境中认同并坚持自己的专业性，激发专业自觉。当前，家长立于消费者视角，对幼儿园提出超前教授小学化知识等不合理诉求的情况时有发生，如何更加坚定自己的专业性立场，不被外界非专业的要求吓倒是幼儿教师提升专业性的必修课。

其次，扎实的专业知识是幼儿教师专业发展之基。幼儿教师应具备关于幼儿的知识、关于教育教学的知识、广博的通识性知识和基于个体经验的实践性知识。扎实的专业知识是教师为学前儿童传道、授业、解惑的专业功底，同时知识的积累是智慧形成的基础和前提。生成性的教育智慧是成为卓越幼儿园教师的关键一环，而专业知识是促成幼儿教师逐渐“转识成智”并形成教育智慧的重要知识基础。[①] 其中，幼儿教师工作特点具有强实践导向性，幼儿教师的实践性知识生成，应成为幼儿教师专业发展过程中关注的重点。以独特的方式拥有的实践性知识是幼儿教师对情境反应的一个函数，是幼儿教师以其个人的价值、信念统整其所有的专业理论知识，并且依据实际情境为导向的知识。幼儿教师实践性知识的生成，强调回归幼儿教师的日常教育实践，通过在实践中的感悟、体验和反思，弥合理论与实践之间的鸿沟。

最后，专业能力是幼儿教师胜任教育工作的专业实践之能。幼儿教师的专业性不仅体现在知识的多寡上，更体现在“杂多”和不确定性的教育现场中，如何通过判断、对话、体悟、反思做出解释，并根据专业判断采取适合特定情境行为的能力。[②] 幼儿教师应具备环境创设与利用，组织一日生活、游戏、教育活动，儿童行为的观察与分析、沟通与合作、反思与发展等专业能力。卓越的幼儿教师，不是简单地应用理论、机械地使用方法完成教学任务，而是能在复杂多变的幼儿教育实践现场，机智、敏锐地洞察和判断教育情境，进行专业判断并科学有效地解决教育问题，胜任教育教学实践。

卓越的幼儿教师队伍还应具备完整的台阶式的专业梯队，健全专业性发展通路。《中共中央 国务院关于全面深化新时代教师队伍建设改革的意见》指出，到2035年，要培养造就数以百万计的骨干教师、数以十万计的卓越教师、数以万计的教育家型教师。要在幼儿教师队伍中塑造先进典型，形成“骨干教师、卓越教师、教育家型教师”完整的专业成长路径。完整的教师专业成长梯队为幼儿教师的专业发展提供了方向，畅通了专业晋升路径，满足幼儿教师专业发展需要，可以增加幼儿教师队伍的稳定性和发展活力。

---

① 张娜，蔡迎旗. 卓越幼儿园教师的教学行为特征 [J]. 学前教育研究，2019（9）：24-36.

② 姜勇，郑楚楚. 汇聚与变革：改革开放40年幼儿园教师专业发展历程解析 [J]. 学前教育研究，2019（3）：31-40.

(四) 治理协同，实现高效能多元共治

学前教育治理现代化是其治理体系、治理能力的全面现代化，要求治理主体的多元化、治理过程的协同性和高效性。教育治理现代化需要政府与社会的合作，让所有利益相关者共同参与、共管共治，以提升公共博弈与选择的有效性。[①] 高效能多元共治学前教育治理体系，既需要政府、市场、社会力量在学前教育行政体系中权责清晰、保持整体协同，又需要以幼儿园为中心的“家—园—社”育人协同。

学前教育高效能多元共治，表现为学前教育行政治理体系中的政府、市场、社会权责清晰、整体协同。学前教育作为准公共服务事业，既不能走全能型政府单一管控的道路，也不能推行市场化主导管理。政府、市场与社会转变主体角色，构建权责清晰、整体协同的学前教育治理体系是推动学前教育健康发展的必然选择。[②] 政府承担起实现“幼有所育”的主体责任，保障优质普惠的学前教育资源供给，发挥学前教育治理过程中协调各方和权威督导的作用，同时适当放权，给予市场和社会各主体参与学前教育治理的各项权利。政府各部门之间在学前教育治理方面也要高效协同。从我国现实国情来看，学前教育治理涉及诸多部门，如教育部门、发展改革部门、卫生健康部门、财政部门、妇联、工会等，建立多部门的合作治理机制，实现各部门的有机协调才能提高学前教育治理水平。市场应积极补充多元化学前资源供给，改变0—3岁这一阶段早期教育资源供给不足的情况。要承担起学前教育治理社会责任，积极建立市场行业标准，严格学前教育质量的行业自律，积极参与教育治理。社会组织也是学前教育治理的重要主体。我国当前学前教育各类社会组织不断发展，专业性的学前教育研究会及以各大高校为依托建立的学前教育专业性组织承担起了越来越多的专业责任。但总的来说，包括专业协会、基金会、非企业组织等在内的各类社会组织，还有很大的发展空间。在各自明确职责的基础上，政府与市场、社会进行协同合作，提高学前教育服务供给的整体效率。

---

① 燕继荣．善治理论3.0版[J]．人民论坛，2012（24）：4.

② 生兆欣．政府·市场·社会：学前教育治理的历史变迁及当代审视[J]．南京师大学报（社会科学版），2021（4）：40-51.

学前教育高效能协同，还体现在学前教育育人体系中以幼儿园为中心的“家—园—社”协同。美国约翰·霍普金斯大学全美合作伙伴学校联盟（NNPS）研究中心主任爱普斯坦（Joyce L.Epstein）强调：如果不能引导家庭和社区与之建立持久的伙伴关系，势必会剥夺孩子受完整教育的权利。在三者之间建立伙伴关系不仅有利于改善学校教学，形成良好氛围，而且能够为家庭提供服务和支持，提高家长的技能和领导能力，将家庭与学校、社区的其他人联系起来和帮助教师工作，更重要的是良好的合作关系能够帮助儿童在学校与未来生活中取得成功。《中共中央关于制定国民经济和社会发展第十四个五年规划和二〇三五年远景目标的建议》明确提出要“健全学校家庭社会协同育人机制”。《中华人民共和国家庭教育促进法》从法律层面上强调了“家庭教育、学校教育、社会教育紧密结合、协调一致”的原则。学前教育是一个复杂的教育生态系统，单靠家庭、幼儿园或社会任何一方都不能实现教育效用的最优化。推动学前教育的优质发展，必然要从幼儿园单边主导转向家、园、社区的协同。

四、学前教育优质公平发展面临的问题与挑战

优质公平是新时代学前教育高质量发展的价值追寻与基本路向。反观当前学前教育发展样态，实现更加公平、更有质量的学前教育面临着一系列的问题与挑战。

（一）学前教育资源分布结构性失衡

我国学前教育事业历经高速发展取得了令人瞩目的成果，学前教育资源的数量与质量都有了大幅的提升。但是发展不均衡、不充分仍然是今后学前教育改革发展所面临的重大难题。

教育经费的均衡配置是学前教育高质量发展的基本条件，我国不同地区之间生均财政性经费分配存在失衡现象。在我国现行的学前教育经费投入体制下，基本上由地方政府承担学前教育公共投资的责任，政府财政对教育的投入受制于经济发展水平，经济发展水平越好的地区生均财政性教育经费投入就会越多，致使

经济不发达、财政实力弱的地区学前教育资源比较紧张。另外，不同性质幼儿园经费投入不均衡。公办园以及普惠性民办园在我国学前教育公共服务体系中都占据重要位置，都是我国普惠性学前教育资源的重要组成部分。但是在部分地区，公办园能获得更多的经费支持，而普惠性民办园获得的财政支持相对较少。相比起公办园，普惠性民办园要面临更大的经费压力，这直接影响了民办幼儿园的教育教学质量，影响了我国学前教育整体的公益普惠程度，不利于我国学前教育的高质量发展。

办园条件是学前教育质量的硬件内容，是保障学前教育教学质量的基本条件。目前我国各地幼儿园办园条件仍不均衡。在我国学前教育经历高速发展之后，城乡幼儿园办园条件逐年好转，特别是乡村幼儿园办园条件得到明显改善，城乡差距正在不断缩小。但总体看来，我国乡村地区幼儿园办园条件对比城镇地区幼儿园在部分办园条件指标上还存在显著差距。教育部2021年教育统计数据显示：2021年全国城区幼儿园生均活动室面积约为3.9平方米，乡村幼儿园约3.5平方米；城区幼儿园生均寝室面积约为1.6平方米，乡村幼儿园约1.4平方米；城区幼儿园生均综合活动室面积约为0.6平方米，乡村幼儿园仅约0.4平方米；城区幼儿园生均图书约为11.9册，而乡村幼儿园约9.8册。

（二）学龄前困境儿童补偿教育亟待关注

我国学前教育事业高速发展使绝大多数儿童的受教育权利得到了有效保障，但针对以家庭经济困难儿童、特殊儿童为代表的学龄前困境儿童的学前教育服务仍然不够充足。解决学龄前困境儿童在受教育机会、教育服务质量上所面临的一系列困难，提升针对学龄前困境儿童的教育补偿水平，是进一步促进学前教育优质公平发展、实现学前教育高质量发展的重要一环。

学龄前困境儿童的受教育机会尚未得到充分保障。2019年教育部对《第二期特殊教育提升计划（2017—2020年）》的落实情况的调查结果显示，2019年我国3—6岁残障儿童总数为13.5907万，但在园残障儿童数量只有5.86万，入园率仅约为43.12%。针对学龄前困境儿童的教育服务质量还有待提高。有研究指出，当前贫困地区幼儿园办园条件普遍较差，大部分幼儿园面临设施设备不全、卫生条件差、玩教具种类单一等诸多问题，贫困地区儿童身处如此的受教育环境，其受教育质量自然难以保障。除此之外，当前针对农村留守儿童的教育质量也不高，其所在地区教育资源匮乏，幼儿园也缺乏专业的师资队伍、科学的教学理念和管理方法，学前教育严重“小学化”，往往忽视留守儿童的身心健康，使留守儿童的全面发展水平受到限制。[①] 针对特殊儿童的融合教育质量也有待提高。特殊儿童大多只是在形式上进入幼儿园随班就读，并没有在教育过程中得到实际的帮助。幼儿园缺乏具有特殊教育背景的师资，一般教师对待特殊儿童大多有心无力，在教育观念、教育行为上不符合实施特殊教育的要求，往往无法充分认识到特殊儿童的个体差异，无法给予这些孩子充分的理解与足够的尊严，更无法因材施教给予特殊儿童定制性的教育。

（三）幼儿园教育“小学化”现象依然存在

从20世纪80年代开始，政府与教育工作者们一直致力于解决幼儿园教育“小学化”问题。近年来，政府多次出台相关政策：2010年，发布《国务院关于当前发展学前教育的若干意见》；2011年，发布《教育部关于规范幼儿园保育教育工作 防止和纠正“小学化”现象的通知》；2018年，发布《教育部办公厅关于开展幼儿园“小学化”专项治理工作的通知》，专项治理学前教育“小学化”问题。然而多年来幼儿园教育“小学化”现象依然存在。

幼儿园教学存在重课堂教学轻游戏的现象。有的幼儿园开设英语、数学、生字、拼音、计算机等小学课程，盲目增加知识量和难度；给幼儿布置大量的家庭作业，以便向家长展现明显的学习成果。幼儿园教育“小学化”违背幼儿学习特点和规律，影响幼儿身心正常生长，损害幼儿大脑发育；束缚幼儿的快乐天性，压抑幼儿的个性发展，容易使幼儿产生厌学情绪。这一现象在民办幼儿园和乡村幼儿园表现尤为明显，幼儿园成为小学教育的预备班、训练场。此外，部分幼儿园常常倾向于设置具有外显成果的特色课程，小学化的硬笔书法课、英语课等成为迎合家长育儿焦虑心理的优选。

---

① 龚欣，李贞义．贫困地区农村学前教育的发展困境与突围策略——基于41所农村幼儿园的实证研究 [J]. 行政管理改革，2019（6）：28-34.

（四）学前教育教师数量与质量双重问题交叠

学前教育高质量发展需要有数量足、质量优的师资队伍作为保障。尽管近年来，我国学前教育教师队伍在数量上大幅增长，在专业水平上也不断提高，但整体来看，学前教育教师队伍仍然是我国高质量教师队伍建设的短板，在数量上和质量上都存在尚需解决的问题。

学前教育教师配备数量亟须结构性优化。根据教育部2020年颁布的《县域学前教育普及普惠督导评估办法》，县域内在园幼儿总数与幼儿园专任教师总数之比不低于15:1。教育部2021年教育统计数据显示：2021年全国学前教育专任教师总数超过300万人，生师比从2011年的26:1下降到2021年的15:1，总体上基本达到了“两教一保”的教师配备标准；但具体来看，学前教育专任教师数量仍存在城乡的结构性失衡，乡村幼儿园生师比约为18:1，城区的生师比约为14:1，乡村幼儿园生师比远低于城区，城乡学前教育专任教师配备数量结构有待优化，乡村学前教育专任教师亟待补足。

学前教育教师质量参差不齐，教师队伍整体素质有待提升。这具体表现在学前教育教师学历整体水平偏低、学历结构有待优化、高级职称教师比例偏低等方面。学前教育教师学历整体水平偏低，根据教育部2021年教育统计数据，2021年高中及以下学历的学前教师占比约为12.4%。学前教育专任教师整体学历结构也有待进一步优化。专科学历的学前教育专任教师占比最大，约为58.52%；本科学历的学前专任教师占比约为28.84%；研究生学历的学前专任教师占比约为0.23%。学历是教师专业水平的重要保障，当前本科和研究生学历的学前教育专任教师比例偏低，学前教育专任教师学历水平进一步提升的空间较大。学前教育教师专业队伍中具备高级职称的教师比例同样偏低。2021年全国具有正高级和副高级职称的学前专任教师数量合计37045人，占学前专任教师总量的比例仅约为1.16%。专业技术职务在一定程度上体现着学前教师的专业发展水平和专业能力，同时也直接关系到学前教师的工资与福利待遇的保障。学前专任教师高级职称比重极低，教师评职称困难，影响教师工作积极性，最终对学前教育质量产生负面影响。

五、学前教育优质公平发展的实践策略

实现新时代学前教育的优质公平发展，需要坚定落实政府主体责任，保障优质学前教育资源的有效供给；发挥政策杠杆作用，确保学龄前困境儿童受教育权利；深化幼儿园课程改革，提升幼儿园教育活动质量；强化教师队伍建设，加强高质量学前教育的专业支撑；健全多元治理体系，提升学前教育“三全育人”水平。

(一) 落实政府主体责任，保障优质学前教育资源的有效供给

公益普惠是我国学前教育最主要的社会属性，学前教育资源供给必须由政府主导，体现公益性特征。《中共中央 国务院关于学前教育深化改革规范发展的若干意见》指出了政府在学前教育规划、投入等方面的责任，明确了政府在学前教育供给中的主导地位。如此能最大化聚集政府和社会力量，有效回应公众对于安全、高质与个性化的学前教育需求，既符合学前教育的本质内涵、价值取向，又契合我国当前的国情与时代需要。

加大学前教育财政投入，优化学前教育经费投入机制。政府投入是学前教育事业发展的保证。学前教育是准公共产品，是一种社会福利，是社会大众的最大利益，政府应该承担主要责任。近年来，政府不断提高对学前教育事业发展的重视程度，国家财政性教育经费用于学前教育的经费，在各级各类教育中增速最快。2020年全国财政性学前教育经费为2532亿元，比2011年的416亿元增长5倍，财政性教育经费占比从2011年的2.2%提高到2020年的5.9%。[①] 然而，迅猛的增速实际上反映着前期投入的薄弱与不足。从占比和实际数额来看，国家对学前教育的财政支持仍有较大提升空间，后续应持续提升学前教育财政投入所占比例与绝对数额。要不断完善学前教育的财政投入体制机制，明确国家财政性经费的投入比重，实行学前教育财政投入的独立预算和核算，并建立起随GDP和CPI增长的学前教育经费增长机制。中央财政应继续增加学前教育发展专项资金，支持

① 中华人民共和国教育部.砥砺十年路 奋进新征程——党的十八大以来学前教育改革发展成就[EB/OL].（2022-04-26）[2023-12-22].http：//www.moe.gov.cn/fbh/live/2022/54405/sfcl/202204/t20220426_621796.html.

地方多种形式扩大普惠性资源，深化体制机制改革，通过中央专项彩票公益金等方式支持学前教育发展。此外，要健全学前教育资助制度，落实幼儿资助政策，确保接受普惠性学前教育的家庭经济困难儿童（含建档立卡家庭儿童、低保家庭儿童、特困救助供养儿童等）、孤儿和残疾儿童得到资助。

积极挖潜扩大增量，多渠道扩充优质学前教育资源。政府可以通过购买服务的方式，扩充优质学前教育资源供给。2018年《中共中央 国务院关于学前教育深化改革规范发展的若干意见》提出："通过购买服务、综合奖补、减免租金、派驻公办教师、培训教师、教研指导等方式，支持普惠性民办园发展，并将提供普惠性学位数量和办园质量作为奖补和支持的重要依据。"政府购买服务的方式多种多样，例如：直接向符合办学资质、质量标准要求的民办幼儿园购买学位；通过降低税收、提供教师编制、支付工资、支付园舍租金、校舍维修改造等形式降低服务供给机构的成本；通过采购的方式购买一些服务机构必需的诸如教学设备、教科书、食物等实物物资提供实物援助；通过输入优质品牌、派驻公办骨干教师、建立协同发展机制等，从园舍环境、师资配备、教师素养、教育内容与形式、教学管理、饮食安全与营养等各方面扩充优质教育资源。此外，政府要充分利用诸如腾退搬迁的空置厂房、乡村公共服务设施、农村中小学闲置校舍等资源，以租赁、租借、划转等形式举办公办园；鼓励支持街道、村集体、有实力的国有企事业单位，特别是普通高等学校举办公办园，在为本单位职工子女入园提供便利的同时，也为社会提供普惠性服务。对于军队停办的幼儿园，要移交地方政府接收，实行属地化管理，确保学前教育资源不流失。

发挥政府宏观调控职能，均衡经费与资源投入的地区结构。学前教育资源的有效供给，另一个关键在于供给的有效性。即供给的总量提升时，是否兼顾供给的公平与效率问题。政府仍然是资源分配的责任主体，包括对教育财政的分配和对教育资源的配给。针对供给的公平性和有效性，需要重点关注中西部地区、农村地区以及弱势群体的财政投入与资源分配不均的问题，在财政规划、资源分配上应加大对这些地区的倾斜力度，提升投入的平衡性。例如建立学前教育转移支付制度，加大对中部的财政转移支付力度，确定合理的转移支付资金规模，同时通过立法加强对学前教育转移支付资金的约束与监督。[①] 调整经济发达地区的经费与资源投入，针对经济发达、财政经费投入充足的地区要注意调整经费投入的结构，避免财政资源浪费，提高经费使用效率。

（二）发挥政策杠杆作用，确保学龄前困境儿童受教育权利

学龄前困境儿童的受教育权利需要国家发挥政策杠杆作用，给予基础性、倾斜性的保障。对困境儿童受教育权的政策保障，是对我国依法治教管理方针的有力体现，是对教育公平性和公益性的忠实遵循。

以立法明确困境儿童基本受教育权利。立法意味着拥有了来自国家层面自上而下的支持与保障。生存权和发展权是一个人天生拥有的基本权利，受教育权利作为儿童发展权的重要内容，理应受到切实的尊重与保护。相对于正常儿童而言，困境儿童的基本权利往往更难以得到保障，因而需要发挥国家社会政策尤其是国家法律的基础性、权威性、补偿性作用，以法律形式明确困境儿童基本受教育权利，帮助困境儿童获得平等的受教育机会，享有平等的公共教育资源。近年来我国一直致力于通过立法保障困境儿童的基本受教育权利，例如在《中华人民共和国未成年人保护法》《中华人民共和国教育法》等法律法规中规定要特别为残疾儿童、孤儿和弃婴等处在特殊困境下的儿童提供福利项目、设施和服务，保障其生活、康复和教育。2020年《中华人民共和国学前教育法草案（征求意见稿）》也十分强调对困境儿童受教育权的保护，例如“地方人民政府及有关部门应当优先保证经济困难家庭的学前儿童、边远贫困地区的学前儿童接受普惠性学前教育服务”“国家建立学前教育资助制度，为经济困难家庭的学前儿童接受普惠性学前教育提供资助，保障孤儿、事实无人抚养儿童、特困人员中的儿童、家庭经济困难的残疾儿童接受免费学前教育”等。未来要在此基础上进一步明确困境儿童的基本受教育权利，完善学龄前困境儿童受教育权的法律保障，凸显对困境儿童受教育权的保护。

以特惠政策给予困境儿童多方面支持。“特惠”是针对困境儿童做出的特别

① 学前教育成本分担研究课题组，吴静．我国东部、中部、西部学前教育成本分担现状分析与政策建议 [J]. 学前教育研究，2015（1）：26-35.

优惠。“特惠”是“普惠”的根基，相对普惠来说，特惠把目光更多放在对弱势群体的甄别与补偿上，即哪些儿童面临的困境最大，哪些儿童最需要政府的关心、支持与扶助以及如何对这些困境儿童进行有效的政策支持。向贫困家庭、弱势家庭倾斜是特惠行动的实践起点。“特惠”先行政策不仅符合困境儿童保障的现实需要，更是与习近平新时代中国特色社会主义思想中的“精准扶贫”相得益彰，它是今后我国普惠性学前教育公共服务体系建设的着力方向。[①] 聚焦“特惠”是未来对困境儿童的政策支持的应有之义。目前国内外有一些针对学龄前困境儿童且具有特惠性质的政策计划和模式值得我们进一步坚持和借鉴。国内如《“十三五”脱贫攻坚规划》明确提出“加快完善贫困地区学前教育公共服务体系，建立健全农村学前教育服务网络，优先保障贫困家庭适龄儿童接受学前教育”。中国发展研究基金会于2009年针对中国中西部贫困农村地区启动“一村一园”项目，基金会通过和当地政府、捐赠企业、机构、个人及非营利组织深度合作，将山村幼儿园设在村一级单位，为偏远贫困村落3到6岁儿童提供低成本保质量的免费学前教育。截至2018年先后覆盖青海、云南、湖南、四川、山西、新疆、贵州、甘肃和河北9个省份的21个贫困县，惠及17万贫困地区儿童，在学前教育精准扶贫方面做出了相当突出的成绩。这些政策方针与实践经验都值得我们继续坚持贯彻下去。国外如美国的“早期开端计划”与英国的“确保开端计划”。在实施初衷上，二者都是从针对贫困和弱势家庭的“特惠”行动着手，将弱势群体儿童及家庭作为制定政策计划基点。在实施方式上，美国的“早期开端计划”将联邦政府及州政府作为经费投入主体，为家庭条件较差的幼儿提供免费的学前教育。英国的“确保开端计划”项目则是通过医疗保健、儿童保育、家庭支持等服务形式为弱势家庭的幼儿与父母创造更美好的生活。我们也可以开创性地设立面向贫困儿童、特殊儿童等困境儿童的中国版“开端计划”，从国家层面上进行学前教育扶贫专项治理，将对困境儿童的关照作为政策杠杆的关键性、基础性发力点。

① 姜勇，李芳，庞丽娟.普惠性学前教育的内涵辨析与发展路径创新[J].学前教育研究，2019（11）：13-21.

(三) 深化幼儿园课程改革，提升幼儿园教育活动质量

幼儿园课程是指在幼儿园教育环境中进行的，旨在促进学前儿童身心全面和谐发展的各种活动的总和。幼儿园中主要包括教育活动、游戏活动和生活活动，其中游戏活动是幼儿园的基本活动。幼儿园教育活动可以相对划分为健康、语言、社会、科学、艺术等领域，各领域的内容相互渗透，从不同的角度促进幼儿情感、态度、能力、知识、技能等方面的发展。整体性、生活化、游戏化是幼儿园课程改革的重要发展趋向。

持续推进幼儿园课程改革，对提升幼儿园保教活动质量起着重要作用。课程改革始终是贯穿我国幼儿园教育变迁的主线，中华人民共和国成立以来，幼儿园课程经历了从“仿苏”（确立分科课程）到改革开放（课程模式多样化）的过程。20世纪90年代后，进入规范和创新发展时期，多学科的理论观照下各类课程实践模式不断丰富。当下提升幼儿园保教活动质量，解决幼儿园教育小学化等问题，仍需持续发挥课程改革的力量，推动从理论到实践的深层变革。

首先，加强幼儿园课程理论建设，扎实指导幼儿园课程改革实践的理论基础。理论是实践的先导，当前学前教育课程理论体系尚未完备成熟，幼儿园课程改革实践急需系统的宏观理论支持。研究者应不断加强学前课程理论体系的研究。一是应系统扎实学前课程本体论的研究，解决学前课程的“存在”问题，厘清概念、本质、规律等问题，同时辨明相关概念内涵与结构。例如幼儿园课程、教学、游戏、教育活动之间的关系究竟为何，“课程游戏化”与“游戏课程化”本质区别何在，安吉游戏与课程的关系为何，等等，这些问题仍值得进一步阐明。二是要加强学前课程理论价值论的研究。价值论是对学前课程是否满足个体和社会发展需要特性的认识，具体表现在课程设置的目的、内容选择的标准、教学方式的选择等背后的价值立场与指导思想中。三是强调课程实践论的研究，关注课程实施过程的有效性与合理性问题。

学前课程理论体系建设过程中应着重注意两对关系的处理：本土与外域的关系、理论与实践的关系。我国应在合理借鉴外域理论的基础上，更加基于本土实践、立足本土问题，建立具有中国特色、中国风格、中国气派的幼儿园课程理论体系、学术体系、话语体系。要关注理论与实践的互惠互促，加强中层理论建设。当前幼儿园课程理论与实践脱节的现象普遍存在，需要加强研究共同体建设，建

立起一线幼儿园教师与高校研究者针对具体研究问题进行沟通交流的平台。高校研究者应充分利用幼儿园实践场域，展开面向实践真问题的理论研究；幼儿园一线教师应利用与高校或科研机构合作学习的机会，提升个人理论素养和研究能力，掌握开展基于实践场域进行行动研究的基本规范，善于将零散的教育经验理论化，以扎根的姿态进行中层理论的建设，提升理论对实践的指导力。

其次，健全地方幼儿园课程管理体系，发挥地方政府的中介作用。幼儿园课程改革既包括自上而下经过宏观设计逐级落实的改革模式，也包括自下而上蕴含一线丰富实践智慧的幼儿园自主进行的草根性改革与基层经验尝试。如果上下缺少联通互动的中介力量，会带来宏观课程政策转化为地方幼儿园课程实践中的转换之难，以及幼儿园自主开展的改革实践经验缺乏有效监管、丰富的实践经验得不到有效的归纳与提炼的提升之难。我国幼儿园课程改革的整体性推进，需要地方政府承担起相应的责任，实现良好的上下联动。以江苏省为例，江苏省推进课程游戏化改革的过程就充分发挥了地方课程管理的中介作用。江苏省的课程游戏化改革在地方政府行政的有力支持下形成了省、市、县三级递进的项目培育模式，同时调动专家团队深度参与，并在前两者的基础上通过项目园、共建园等机制激发幼儿园积极参与改革的动力，最终形成合力，对本省各类幼儿园教育质量的提升都产生了强大的驱动力。在政府督导、专家引领、基层积极响应的良好推进模式下，江苏省的课程改革取得了显著成效，其中地方政府在改革项目的整体统筹过程中起到了重要作用。[①] 地方政府健全幼儿园课程管理团队，建立专门的学前教研指导部门，指导幼儿园课程开发与审议，有效支持幼儿园课程改革。要加强学前教育教研指导部门的团队建设，对部门内聘请的教研员持续进行专业化培训，以确保其能不断自我提升，具备指导幼儿园课程改革的专业水平。

最后，整合幼儿园课程改革主体力量，保证课程改革的有效落实。幼儿园课程改革是一个长期、动态、复杂的进程，需要整合各个主体的力量与智慧才能够有效推进改革的逐层落实。“大学—政府—幼儿园”常态化合作模式有利于推进幼儿园课程改革有效落实。这一模式，以科研项目为抓手，促进行政与教研的联手，使教育行政部门、大学、科研机构与幼儿园组成了唇齿相依的研究共同体，

① 蔡菡.“课程游戏化项目”背景下江苏省幼儿园课程建设的效果与启示——基于教师评价的视角[J].学前教育研究，2018（12）：39-51.

有利于各个主体共同参与政策的制定、实施以及评估的全过程，促进课程改革的层层推进，为改革积累后续经验。幼儿园是课程改革过程中的主角，要保证课程改革在幼儿园中的有效落实，必须充分激发幼儿园内部的能动性。要加强园长课程改革领导力，不仅要求园长能够针对园所制订清晰的课程教学改革实施方案，更强调园长能够营造安全的心理氛围，支持教师改革创新，激发教师在课程改革中的活力。要重视教师在课程改革中的主体作用，健全教师参与机制，保证教师有效参与改革，教师参与是教师以直接影响课程质量的教育理念、专业意识、专业能力参与课程改革和建设。要增加教师对课程决策的参与权，赋予教师多样化参与角色，允许教师以平等化身份参与课程审议。同时要提升教师课程开发与审议能力，以推动课程教学改革的有效落实。可以通过利用建构课程地图等方法支持教师能力提升，运用可视化技术来描绘课程价值、核心经验、课程资源、课程结构、学习方式、课程评价等多方面实践，可以用来指导教师进行课程构建。①

(四) 强化教师队伍建设，加强高质量学前教育的专业支撑

幼儿教师是我国教师队伍的重要组成部分，建设稳定、高素质的幼儿教师队伍是办人民满意的幼儿教育、实现幼有所育的核心关键，也是实现新时代学前教育高质量发展的重中之重。

要优化从教环境，提升幼儿教师职业吸引力。建设卓越的幼儿教师队伍需要不断提升幼儿教师职业吸引力，吸引更多优秀人才进入幼儿教师岗位。一是要重视幼儿教师社会地位，全社会共同营造尊师重教的文化氛围。从国际经验来看，国际发达国家教育强国中教师职业普遍在社会各类职业中处于较高地位。芬兰第一大报《赫尔辛基邮报》调查显示，教师职业是芬兰青年最向往的职业，教师受敬重程度甚至超过总统。提升幼儿教师准入标准，让幼儿教师的专业性得到公众认可。同时，政府、幼儿园、家长、媒体都应重视幼儿教师的地位和作用，给予幼儿教师和其他学段教师相同的尊重，提升整个幼儿教师群体的职业认同感和荣誉感。加大对广大幼儿教师的表彰和奖励力度，在各类奖励中适度向幼儿教师倾斜，设置专门的幼儿教师荣誉制度，在全社会大力营造尊重幼儿教师的良好社会

---

① 钱琴.课程地图：幼儿园园本课程建设的新视角 [J]. 学前教育研究，2021（2）：93-96.

风尚。二是政府保障幼儿教师合法权益。保障幼儿教师合理薪酬、五险一金等基本权益，保证幼儿教师编制补足、职称评聘从中小学教师评聘序列中分离。要切实提高乡村幼儿教师的工资待遇，彻底落实乡村教师的生活补助政策，在幼儿教师绩效工资分配、职称评聘、培训机会分配、表彰奖励等方面向乡村幼儿教师优先倾斜。三是幼儿园优化管理方式。幼儿园应为幼儿教师创设良好的工作环境，欧盟高质量学前教育框架即强调给幼儿教师创造有专业领导、同事反思交流、专业活动时间充裕的支持性工作环境。幼儿园管理者应提高保教领导力，为幼儿教师提供良好的专业支持，同时提高对幼儿教师的关爱型领导水平，给予幼儿教师更多的信任、关心、理解与鼓励，给幼儿教师提供安全的心理氛围。此外，扁平化的组织管理体系可为幼儿教师赋权增能，提高其专业自主权，有利于提升幼儿教师职业认同感和吸引力。

提升职前培养质量，坚定学前师范生教育信念，提升师范生专业胜任力。首先，职前教育阶段要重视学前师范生教育信念培养，提高其专业认同感，增加师范生未来从教稳定性。要在师范生理论与实践学习的全过程中持续渗透专业认同教育，促进其对学前教育专业及幼儿教师职业正确认知的形成。可以通过教师职业教育课程和宣传活动等使学前教育师范生意识到幼儿教师的职业特征、职业前景以及助力儿童成长的重要价值，进而建构起学前师范生的职业信仰。其次，要加强院校学前教育理论课程与实践课程体系的有机融合。改变重理论轻实践的弊端，在培养过程中为学前师范生提供更多实践机会，不断探索并完善实践能力培养模式。在课程设置等方面，为师范生搭建促进理论知识和实践体验融合转化的平台，在实践中验证理论并运用理论解决问题，促使师范生理论学习不断深化，进而生成专业能力。要不断加强与幼儿园之间的合作育人机制，提升师范生的专业实践能力和适应水平，促使职前教师在实践中不断优化教育观念，发展专业能力。最后，优化职前培养院校师资队伍建设，用师资质量确保职前培养质量提升。应提升教师准入门槛，从源头上引进高水平专业教师，确保新进教师具备专业教学能力。当前高职院校学前专业开设速度较快，其是否具备相应的专业教师应成为专业审核的重点。

完善职后培训，健全幼儿园教师培训体系。一方面，要完善“国培计划”，以国培为引领，构建国家、省、县三级培训网络，创新培训模式，健全培训质量监管体系，完善幼儿园教师培训的激励机制，合理分配培训名额，确保教师享有公平的培训机会。另一方面，将幼儿园教师培训的投入纳入各级政府财政预算，并规定幼儿园教师培训经费所占比例，建立稳定、制度化投入的长效机制。另外，开展幼儿教师继续教育尤其是利用网络开展继续教育，无疑是提升幼儿教师综合素质最有效的途径之一。因此，利用网络平台进行系统性培训势在必行，有助于提升教师队伍整体水平，有助于促进城乡之间和园所之间学前教育的均衡发展。

提供社群支持，构建幼儿园教师专业学习社群。专业学习社群是以霍德（Hord）为代表的美国西南教育发展中心在20世纪90年代提出的概念，指出学校教师和管理者持续寻求合作、共同学习，不断改进教学实践，从而促进学生学习，即可称为专业学习社群。[①] 构建幼儿园教师专业学习社群，其一要树立社群共同愿景。共同愿景是社群目标、价值观和使命感的高度结晶，只有建立清晰的共同愿景，才能激发社群成员的热情和责任感与认同感，提高社群凝聚力，促进活动的开展。构建幼儿园教师专业学习社群共同愿景应将专业性作为社群的契约准则。专业学习社群是教师专业精神、专业思维和专业权威形成与展现的过程。将提升教师专业性作为专业学习社群的目标，更容易激发集体力量，朝着共同的方向前进。其二，构建幼儿园教师专业学习社群需要园长的专业引领。园长领导力对教师专业学习社群及其中各种关系具有重要影响。萨金特和汉纳姆（Sargent and Hannum）发现，校长领导能力增加一个单元，与教师合作的可能性就增加34%。[②] 园长应提升自身专业素养，提升教学领导力。园长只有具备较高的专业素养，才能够深入幼儿园的课程与教学，对专业学习社群起到有效的专业指导和引领改进。研究表明，教学领导力对教师专业学习社群具有显著正向影响。[③] 园长要提高指导保育教育和教科研的能力，能参与教师专业学习活动，基于专业分析为教师提出指导建议，提升教师分享实践的质量，帮助教师改进教学。其三，构建幼儿园教师专业学习社群需要支持性条件，包括时间、空间、物质设施、资

① SM HORD.Professional learning communities：communities of continuous inquiry and improvement[EB/OL].[2021-05-03].https：//eric.ed.gov/?id=ED410659.

② TC SARGENT，E HANNUM.Doing more with less：teacher professional learning communities in resource-constrained primary schools in rural China[J].Journal of teacher education，2009，60（3）.

③ X ZHENG，H YIN，Z LI.Exploring the relationships among instructional leadership，professional learning communities and teacher self-efficacy in China[J].Educational management administration & leadership，2018，47（6）.

源等结构性条件，还包括尊重、信任、关怀等关系性条件。必要的结构性条件是支持专业学习社群发展的基本保障。幼儿园要妥善进行资源配置，重视教师专业学习社群活动时间、场地、学习资料及设施设备的保障。还要构建教师间的同僚性，为教师专业学习社群奠定关系基础。同僚性是日本学者佐藤学提出的概念，是指基于学校共同工作的场域，围绕着专业发展和学校改进，教师之间互相信任开放、共同学习进步的关系。当前幼儿园教师专业学习社群中，教师人情化、复杂化的人际关系给教师的合作学习带来了诸多羁绊。教师间信任开放、平等自由的同僚性关系是专业学习社群的关系基础。培养幼儿园教师间相互信任的关系是构建同僚性的关键。[①] 幼儿园教师间信任的关系氛围是开放分享与建议交流的基础。互相信任可以加强合作学习中的默契，增加交流深度。幼儿园应加强团队建设活动，尝试引入心理学专业的团队辅导活动，在团队辅导游戏活动中培养教师间的信任。

(五) 健全多元治理体系，提升学前教育“三全育人”水平

在学前教育高质量发展的背景下需要不断健全完善学前教育治理体系，与“全员育人、全程育人、全方位育人”的“三全育人”格局相呼应。这既是国家治理体系和治理能力现代化的需要，也是新时代经济社会高质量发展阶段的要求。健全学前教育治理体系，要回答两个问题：教育治理主体是谁？教育治理主体之间是什么关系？一方面，健全学前教育治理体系应遵循行政逻辑和专业逻辑两种逻辑要求。行政逻辑的主体主要包括政府、市场与社会，专业逻辑的主体主要包括学校、家庭、社会。行政逻辑治理是保障教育管理秩序建构以及高效率运行的前提，专业逻辑治理内生于教育教学活动本身之中，是人类理性对教育教学活动本质认识的必然性结果。[②] 另一方面，无论是行政逻辑还是专业逻辑，都要遵循多元治理的基本原则。因为教育治理的实质是对教育事务的合作管理，教育治理的典型特征正是多元主体参与的共同治理。

---

① 佐藤学．学校改革：学习共同体的构想与实践 [M]. 于莉莉，译．北京：北京师范大学出版社，2020：42-45.

② 苏君阳．新时代教育治理体系现代化：内涵、特征及其实现路径 [J]. 教育研究，2021，42（9）：120-130.

健全政府主导、市场扩面、社会补充的行政治理体系。首先是要进一步确立政府的主导地位，发挥政府的宏观调控作用。政府在学前教育治理体系中发挥的是“元治理”作用，即对多元主体参与治理过程进行治理。其优势在于确保政府部门在治理过程中的影响力和主导作用，对治理中的去中心化、去权威的自由化风险趋势进行有效控制，提高治理网络的稳定性、协作和合作行动。在所有权力主体中，任何其他权力主体均不足以与政府相提并论，政府对人类实现善治仍然有着决定性的作用。在学前教育事业发展中，政府要继续依靠政策、规划、目标、基准、指南、框架等柔性工具提供托底服务、加强质量监控、保障资源供给、协调资源分配，奠定学前教育优质公平发展的基调，牢牢把握学前教育高质量的发展方向。其次是要重视市场的扩面作用。市场机制有时能够发挥政府不能发挥的作用，例如满足多元化的学前教育需求，弥补公共财政不足等。尤其是在目前政府还不能完全顾及的0—3岁托育保教服务范畴中，更要发挥多种性质、多种类型的市场化服务机构的扩面作用，鼓励用人单位以自营或联营的方式，积极承担企业员工的部分托育服务职能，针对婴幼儿的年龄提供相应的、多元化的服务。最后，社会组织能在学前教育发展的理念引领、专业规范的制定、学前教育的决策等方面发挥重要的作用。其本质意义在于建构教育治理话语、塑造教育治理格局和增益教育治理效能。《国家中长期教育改革和发展规划纲要(2010—2020年)》就明确要求：“完善教育中介组织的准入、资助、监管和行业自律制度。积极发挥行业协会、专业学会、基金会等各类社会组织在教育公共治理中的作用。”未来要继续重视社会组织在学前教育治理体系中的作用，重塑对社会组织参与的认知，彰显社会组织充分的专业性和独立性，更好地发挥其应有的作用。

健全园所引领、家长支持、社会配合的专业育人体系。习近平总书记曾指出：“办好教育事业，家庭、学校、政府、社会都有责任。”党的十九届五中全会通过的《中共中央关于制定国民经济和社会发展第十四个五年规划和二〇三五年远景目标的建议》明确要求“健全学校家庭社会协同育人机制”。在学前教育协同育人进程中，首先要明确幼儿园的教育引领作用。幼儿园是各种关系的汇聚点，是教育治理活动中最频繁的参与主体，是幼儿教育的核心，仍然要在家园社协同共育中发挥主渠道、主阵地作用。幼儿园应通过设立家长委员会、社区志愿者等合作组织，让家长和社区参与幼儿园教学规划制订和园所管理，共同解决孩子面临的各种困难和问题。通过家长学校形成培训机制，不断提高教师对家庭教育的指导能力，积累各种好的家庭教育案例，为家长提供可借鉴的家庭教育经验。通过统筹规划好园内学习、家庭学习和园外社会实践，积极探索家庭的、社会的优质教育资源，协调好家校社共育实践，建构幼儿园、家庭、社会共育的新的教育生态。其次，需要家长理解支持幼儿园的教育工作。父母是孩子的第一任老师，家庭教育也是幼儿园教育的重要补充，家长通过日常活动、学校活动、生活习惯等各个方面对儿童的认知、情感、态度产生影响，继而影响儿童整个学前教育阶段的成长与发展，其作用是不可替代的。家长自身应积极学习育儿知识，在幼儿园的引导下积极树立正确的教育观念，掌握基本的家庭教育方法，自觉抵制违背儿童身心发展规律的行为。同时积极参与幼儿园教育工作，协助教师开展有效的教育教学活动，提升幼儿园教育活动的效果，帮助儿童获得全面发展。最后，还需要社会配合幼儿园教育、家庭教育提供广阔丰富的教育资源。社会教育以其自身丰富的文化资源承载力，对儿童情感、态度、价值观具有强大的、潜移默化的引领作用。应建立起社会教育与幼儿园教育、家庭教育的合作机制，为二者提供便利的服务平台，建立更多的专门的诸如社区文化中心等各类非营利性社会教育机构与社会教育设施，突出社会资源的教化作用，同时配合幼儿园加强社会舆论宣传，积极传播正确的儿童观、教育观，协助扭转社会上不良的教育风气。

第十章

优质均衡：新时代义务教育高质量发展的理念与对策

2017年，党的十九大做出了中国特色社会主义进入新时代、社会主要矛盾发生新变化两大战略判断，同时指出我国经济已由高速增长阶段转向高质量发展阶段。中国特色社会主义发展进入新时代后，经济社会发展全面转向高质量发展的新阶段，教育作为深受国民经济和社会发展影响的社会活动，也迎来了其如何适应高质量发展以及教育如何实现高质量发展的问题。2017年，中共中央、国务院发布了《关于深化教育体制机制改革的意见》，意见指出义务教育的发展改革主题是实现均衡、优质发展。优质均衡发展是我国教育发展不平衡不充分的基本矛盾对义务教育提出的基本要求，党的二十大报告提出要“加快义务教育优质均衡发展和城乡一体化”，优质均衡发展已经成为当前我国义务教育高质量发展的核心理念。

一、从基本均衡到优质均衡，义务教育均衡发展的历程

回顾我国义务教育的发展历程可以发现，义务教育优质均衡发展的提出既是一种实践上的阶段性跃进，也是一种思想上的理性超越。在我国经济社会全面转向高质量发展新阶段的时代背景下，更好地把握义务教育优质均衡发展的理论和实践内涵，有利于推动中国义务教育实现高质量发展。

（一）实践跃进：从基本均衡到优质均衡的实践探索

义务教育具有普及性、免费性和强迫性等基本属性。我国的义务教育发展具有起步晚、人口基数大、学龄人口分布结构不均衡等突出特征，因此要在经历了近百年战争创伤的、百废待兴的社会主义新中国实行义务教育，可谓困难重重。

这种特殊国情决定了我国的义务教育要逐个解决快速普及、基本均衡和优质均衡的发展矛盾，由此我国义务教育发展也呈现出逐步走向优质均衡的阶段性特征。

1. 扩大规模，实现快速普及发展

我国政府历来重视教育发展问题，在新中国成立之初，我国的文盲率很高，在农村地区尤甚，比例在80%以上，小学净入学率仅为20%，初中的毛入学率更是只有3.1%。[①] 快速普及普通教育、提高国民文化素质的问题是摆在新中国政府面前迫切需要解决的重大问题，快速普及是这个阶段教育发展要处理的核心矛盾。

早在1949年9月通过的具有临时宪法性质的《中国人民政治协商会议共同纲领》就提出要“有计划有步骤地实行普及教育”。新中国成立后，党和国家逐步确立了以优先普及小学教育为核心的教育发展策略。从普及小学教育入手，我国基础教育正式开启了快速普及发展的新阶段，小学和初中的教育规模不断扩大，到1965年，小学净入学率已经达到84.7%。[②] 进入80年代，学术界率先探讨中国实行义务教育的制度和立法问题。1982年的《中华人民共和国宪法》将“普及初等义务教育”写入法条。1985年，《中共中央关于教育体制改革的决定》提出要“实行九年义务教育”制度；1986年，《中华人民共和国义务教育法》颁布。中国义务教育进入了以完成“普九”任务为核心的快速普及发展时期。到2001年1月，我国如期完成基本普及九年义务教育的发展目标，即以县统计占全国总人口85%的地区普及九年义务教育，初中阶段的入学率达到85%左右，全国小学适龄儿童入学率达到99%以上。[③]

我国用了大约50年的时间快速推进义务教育发展，实现了小学净入学率从

① 中华人民共和国教育部.2018年全国教育事业发展统计公报[EB/OL].（2019-07-24）[2023-10-20].http：//www.moe.gov.cn/jyb_sjzl/sjzl_fztjgb/201907/t20190724_392041.html.

② 中华人民共和国教育部.2018年全国教育事业发展统计公报[EB/OL].（2019-07-24）[2023-10-20].http：//www.moe.gov.cn/jyb_sjzl/sjzl_fztjgb/201907/t20190724_392041.html.

③ 中华人民共和国教育部.人类教育史上的奇迹——来自中国普及九年义务教育和扫除青壮年文盲的报告[EB/OL].（2012-09-10）[2023-10-20].http：//www.moe.gov.cn/jyb_xwfb/s5147/201209/t20120910_142013.html?eqid=c5c7e21200052d500000000464798517.

20%到99.1%的转变，更实现了初中的毛入学率从3.1%到88.6%的转变。[①] 如果从我国政府正式提出“普九”任务开始计算，则是仅仅用了15年时间就实现了基本普及九年义务教育。这种发展速度在世界上是前所未有的，这也充分体现了这一阶段我国义务教育发展呈现出的扩大规模、快速普及的核心特征。

2. 缩小差距，实现基本均衡发展

义务教育在快速完成基本普及目标的同时，遗留下了一些老问题，也衍生了一些新的问题，其中最核心的表现就是发展不均衡问题。从国际上看，世界各国在完成普及义务教育任务之后，都必然有一个促进均衡发展和全面提高民族科学文化素质的过程。[②] 我国义务教育发展在完成快速普及任务后，发展重心也迅速转移到了缩小差距、实现基本均衡上来。随着2001年《全国教育事业第十个五年计划》提出“努力实现地区间教育事业的相对均衡发展”的发展规划，我国义务教育均衡发展的大幕正式拉开。

义务教育的发展差距表现在多个层次上，首先是乡镇区域内学校间的差距，其次是县域内学校间的差距，之后还有省域内和全国范围内各省之间的发展差距。与此同时在各层次间还夹杂着城乡差距、地区差距以及重点学校和普通学校的差距。回顾我国义务教育均衡发展的推进历程可以发现，我们走了一条由局部均衡迈向整体均衡的阶段性、渐进性道路。

第一，乡镇间义务教育发展差距的缩小。这个差距的缩小主要通过两方面的政策来落实。一是提高管理重心，实施“以县为主”。2001年《国务院关于基础教育改革与发展的决定》指出我国基础教育存在“总体水平还不高，发展不平衡”的问题，改变过去义务教育由乡镇负责的旧体制，开始实施“以县为主”的管理新体制，以提高义务教育的管理重心，淡化由乡镇经济社会发展不均衡带来的乡镇间义务教育发展不均衡问题。二是通过布局调整，实施撤校并点。《国务院关于基础教育改革与发展的决定》同时提出了“合理规划和调整学校布局”的要求。在实践中形成了一种在乡镇内部“撤校并点”的做法，即通过把小学校、薄弱学

① 中华人民共和国教育部.2018年全国教育事业发展统计公报[EB/OL].(2019-07-24)[2023-10-20].http：//www.moe.gov.cn/jyb_sjzl/sjzl_fztjgb/201907/t20190724_392041.html.

② 曾天山.促进义务教育均衡发展的基本思路[J].教育研究，2002(2)：16-18.

校合并到大学校，或者几个薄弱学校合并为一个新学校的方式来缩小校际差距，这种做法快速地缩小了乡镇内部义务教育学校间的差距，在一定程度上促进了义务教育的均衡发展。2005年《教育部关于进一步推进义务教育均衡发展的若干意见》，要求继续加大学校布局调整力度，保障推进义务教育均衡发展所需资金，通过加强农村学校和城镇薄弱学校师资队伍建设、完善义务教育阶段办学条件等推进义务教育均衡发展。到2010年，学校布局调整实践中出现了“简单化”“一刀切”的问题，教育部和国务院办公厅先后发布了《教育部关于贯彻落实科学发展观 进一步推进义务教育均衡发展的意见》和《国务院办公厅关于规范农村义务教育学校布局调整的意见》，对此进行了矫正和规范。以“撤校并点”为核心，通过学校布局调整和优化资源配置来实现义务教育均衡发展的模式也进入理性发展时期。可以看到，在大约10年时间里，在一个镇辖区内，义务教育的发展差距基本被消除。

第二，县域义务教育发展差距的缩小。乡镇内部义务教育发展差距得到较好的控制后，缩小差距的重心开始提高到县域内。2010年，我国制定了《国家中长期教育改革和发展规划纲要（2010—2020年）》，明确指出要率先在县（区）域内实现城乡均衡发展，逐步在更大范围内推进。2012年发布的《国务院关于深入推进义务教育均衡发展的意见》指出要“率先在县域内实现义务教育基本均衡发展，县域内学校之间差距明显缩小”。随后教育部发布《县域义务教育均衡发展督导评估暂行办法》，并于2012年开始在全国范围内进行县域义务教育均衡发展督导评估。因为县域内包含城乡两种教育形态，也存在着重点学校和普通学校，所以教育发展的城乡差距和重点学校与普通学校发展差距也在这个阶段同步获得充分关照。2013年三部委联合发布《教育部 国家发展改革委 财政部关于全面改善贫困地区义务教育薄弱学校基本办学条件的意见》，这些文件有效推动了标准化学校建设、薄弱学校改造，实质上进一步缩小了县域内各乡镇学校以及它们与县城学校在硬件条件方面的发展差距。2015年发布的《国务院关于进一步完善城乡义务教育经费保障机制的通知》和2016年发布的《国务院关于统筹推进县域内城乡义务教育一体化改革发展的若干意见》，则是针对缩小县域内城乡义务教育发展差距而出台的政策。同时，禁止设置重点学校和重点班的政策得到有效落实，义务教育阶段重点学校和普通学校的发展差距得到有效控制。由此可见，国家在县域内缩小各种发展差距，进而推进义务教育均衡发展的政策设计已经比较健全。

2012年启动的“县域义务教育均衡发展督导评估”成为检验和推动这一阶段义务教育均衡发展成效的重要措施。按照《县域义务教育均衡发展督导评估暂行办法》的规定，这次督导评估的一个核心指标就是县域内校际均衡状况，通过对各学校生均教学及辅助用房面积、生均体育运动场馆面积、生均教学仪器设备值、每百名学生拥有计算机台数、生均图书册数、师生比、生均高于规定学历教师数、生均中级及以上专业技术职务教师数等指标的测量，计算其差异系数，小学和初中的差异系数分别小于或等于0.65和0.55的县才能通过认定。截至2019年12月底，全国累计2767个县（注：因行政区划调整减少19个）通过国家认定，占比95.32%；23个省（区、市）整体通过认定。[①] 至此，我们又用10年左右的时间，在县域层面上，通过缩小各方面发展差距，实现了县域义务教育基本均衡发展。

3. 超越基本均衡，探索县域优质均衡发展

如果从局部均衡到整体均衡的宏观方向上看，实现县域义务教育基本均衡发展只是义务教育均衡发展的阶段性成就，并不是义务教育均衡发展的终点。从范围上看，县域局部之后还有省域局部和全国的均衡。从指标数据上看，还存在县域局部内的高位均衡和优质均衡。因此，义务教育发展在实现了快速普及和基本均衡之后，将进入一个新的发展阶段，即追求优质均衡，实现高质量发展的新阶段。但是如何推进义务教育实现优质均衡发展，在理论和实践上都不太明朗。在实践上，中央和地方都以县域为核心，率先探索了县域义务教育的优质均衡发展。

2010年江苏省印发了《关于江苏省义务教育优质均衡改革发展示范区建设的意见》，首批设立了南京、苏州、无锡等13个义务教育优质均衡改革发展示范区，强调要用3年左右的时间使示范区义务教育由基本均衡达到优质均衡。2013年浙江省政府出台了《浙江省人民政府关于深入推进义务教育高水平均衡发展的实施意见》，“高水平均衡发展”成为浙江省为自己制定的均衡发展目标。所谓的高水平也是在均衡内容和均衡指标方面提出更高的要求。由此可见，较早开始义务教

① 中华人民共和国教育部.2019年全国义务教育均衡发展督导评估工作报告[EB/OL].（2020-05-19）[2023-10-20].http：//www.moe.gov.cn/fbh/live/2020/51997/sfcl/202005/t20200519_456057.html.

育优质均衡探索的地区，其基本的思路仍然是率先完成国家义务教育基本均衡的指标要求，然后再设定一套高于国家标准的指标体系作为自己的发展目标。

在主要发达省市进行了大量实践探索的同时，国家义务教育均衡发展也迈上了一个新台阶，国家层面的义务教育优质均衡发展随之提出。2017年教育部印发《县域义务教育优质均衡发展督导评估办法》，并于2019年10月正式启动了全国县域义务教育优质均衡发展督导评估认定工作，并规定通过国家义务教育基本均衡发展认定三年以上的县区可以申请参加县域义务教育优质均衡发展评估认定。国家的义务教育均衡发展从基本均衡督导评估升级为优质均衡发展督导评估。对比国家2012年启动的“县域义务教育均衡发展督导评估”和2019年启动的“县域义务教育优质均衡发展督导评估”可以非常清楚地发现，从基本均衡到优质均衡，评估的要点仍然是均衡指标范围的扩展和均衡程度的提高。

回顾地方上对优质均衡、高水平均衡的探索，国家层面从县域基本均衡到县域优质均衡的督导评估认定，义务教育优质均衡发展逐渐获得了它的实践内涵。在实践上，特定区域内的义务教育优质均衡发展就是在该区域义务教育实现基本均衡发展后，在均衡程度、均衡指标方面实现的更高水平的发展，从基本均衡到优质均衡是国家义务教育均衡发展程度的跃进。由此可见，县域义务教育优质均衡发展的实践探索仍然是围绕均衡问题展开的，并未很好地关照优质发展，义务教育的优质均衡发展仍然存在很大的探索空间。

(二) 理性超越：基本均衡发展到优质均衡发展的思想理路

从基本均衡到优质均衡是一种理性的超越，这种超越建立在学界对教育均衡发展的深度探讨之上。总体上看，这些探讨集中在教育要不要均衡发展，义务教育均衡发展的内涵、内容和维度、实现路线图等方面。

1. 教育要不要均衡发展

改革开放时期，邓小平总结我国成立以来经济建设的经验教训，依据当时的基本国情，提出了非均衡发展的战略。具体包括先富带动后富指导思想、先沿海后内地发展顺序、顾全“两个大局”思想和渐进式“有计划、有步骤”改革道路等主要内容。[①] 非均衡发展的特点是一部分先进生产要素先结合起来，形成高于社会一般水平的先进生产力，由此也必然导致一部分人和地区先富起来，先富起来的人、地区和企业会给整个社会一个强烈的刺激，对社会起到榜样、扶持的作用。

受此影响，非均衡发展一度成为主导各个领域的指导思想。在教育领域，有学者认为非均衡发展是教育发展规律，也是一种客观现实，无论是从世界范围内看各国，还是一国范围内看各地，甚至是一地区内部和教育内部，教育发展都是不均衡的。面对教育非均衡发展的客观现实，要对其进行尊重和运用，如此才能保证教育顺利、健康发展。[②] 也有学者不支持非均衡发展，尤其在义务教育领域，他们指出要实现义务教育的均衡发展，主张打破当时义务教育资金保障体系的缺陷和弊端，建立有利于教育均衡发展的资金保障体系。[③] 其实在高等教育、基础教育等领域，非均衡发展战略均产生了深刻影响。在高等教育领域，学者们旗帜鲜明地倡导非均衡发展战略，国家在这一时期也先后开展了深刻影响中国高等教育发展的“985”和“211”工程，由此各类高等院校在获得教育投入、师资队伍、办学条件等方面存在很大差距，并导致高等教育质量和人才培养质量出现差异。[④] 但是在义务教育领域，非均衡发展则没有被大张旗鼓地提倡，义务教育逐渐反对非均衡发展。有学者指出，基础教育的重点校政策就是非均衡发展战略的体现。虽然从20世纪80年代起原国家教委就先后要求取消小学和初中阶段的重点学校，一直到90年代末，国家对此都是明令禁止的，但是由于种种认识上或工作上的问题，一些地方义务教育阶段实际上仍有重点校和非重点校之分。[⑤] 在当时义务教育的快速普及发展的背景下，确实很难摆脱非均衡战略的影响。在教育资源稀缺时，将公共教育资源集中向重点学校倾斜，有利于快速提高重点学校的办学质量，并形成“重点校”“名牌校”和“示范校”。[⑥] 当我们把教育发展的目标定位

① 何宝峰 . 论邓小平非均衡发展思想 [J]. 邓小平研究，2015（2）：32-44.

② 李祖超 . 论教育的非均衡发展 [J]. 教育理论与实践，1998（4）：4.

③ 苌景州 . 建立有利于义务教育均衡发展的资金保障体系 [J]. 贵州社会科学，1994（1）：47-50.

④ 段丽华，周霖，柳海民 .MOOC 的全球化发展与高等教育公平 [J]. 现代教育管理，2015（4）：11-16.

⑤ 王定华 . 在中小学阶段设重点校重点班是否符合国家规定 [J]. 人民教育，1997（6）：30.

⑥ 王善迈 . 基础教育“重点校”政策分析 [J]. 教育研究，2008（3）：64-66.

于在动态变革中追求教育事业相对优质的均衡发展时，我们就需要设法在积极发展中寻求相对的均衡发展，在非均衡发展中提高教育的效率，在均衡发展中体现教育的公平，从教育发展的战略上着眼于均衡发展，从教育发展的战术上运用非均衡发展。①

由此可见，在均衡发展的问题上，义务教育一开始就不愿接受非均衡发展，但迫于当时的社会经济和教育发展现实，义务教育也默许了非均衡发展的道路，这也导致后来非均衡发展问题的集中凸显。如果说20世纪90年代学者们对义务教育均衡发展还有所争论的话，那么进入21世纪，义务教育则旗帜鲜明地要寻求均衡发展了。然而，在均衡发展的大背景下，如何对待差异、如何凸显特色等问题仍然没有得到更多的理论观照，这给优质均衡发展的提出留下了发挥空间。

2. 义务教育均衡发展的内涵

均衡是物理学名词，当物体因受到两个相反方向上相等的力的作用时，它处于静止状态，这种状态就是均衡。后被引入经济学，产生了市场均衡理论，主要指市场供给与需求的相对均衡。教育均衡发展是对经济均衡发展的移植，它首先是教育资源配置的均衡，强调教育需要与供给之间的均衡。②但是均衡发展移植到教育领域后，强调供需均衡的旨向迅速被各地教育发展水平差距较大的问题掩盖。教育均衡发展逐渐形成了以消除发展差距为核心的价值旨向。但也有学者指出不能把均衡发展等同于平均发展，均衡发展绝不是教育上的平均主义，消除教育发展差距不是要把高水平的拉下来，而是要把低水平的扶上去。③教育均衡绝不是要求绝对的平均和平等，它只能是一个相对的概念。④在国家进行的教育均衡发展督导评估认定中，衡量是否均衡的数据指标也都是限定在一个相对的范围内，比如基本均衡要求的差异系数小学是不高于0.65，中学是不高于0.55，在优质均衡的督导评估中，小学差异系数是不高于0.50，中学是不高于0.45，即使是优质均衡发展的督导评估，在系数的设定上也为发展差距留下了足够大的空间。

① 周峰．从非均衡发展到均衡发展——学习邓小平的教育发展观 [J]. 教育探索，2002（11）：14-15.

② 翟博．教育均衡发展：现代教育发展的新境界 [J]. 教育研究，2002（2）：8-10.

③ 周峰．试论基础教育均衡发展的若干问题 [J]. 教育研究，2002（8）：70-72.

④ 于建福．教育均衡发展：一种有待普遍确立的教育理念 [J]. 教育研究，2002（2）：10-13.

教育均衡发展是教育机构和受教育者在教育活动中享受的平等待遇的理想，它是一个历史范畴。随着时代的进步，它要逐步实现三个目标，即为更多的人提供更多的教育机会、为所有的人提供基本平等的教育、为尽可能多的人提供尽可能好的教育。①

由此可见，对于什么是义务教育的均衡发展学界基本上形成了以下共识：第一，均衡发展不是平均发展；第二，均衡发展是一个相对概念，不能要求实现绝对的均衡；第三，均衡发展是一个理想目标，它的实现是一个渐进过程。

3. 义务教育均衡发展的内容和维度

均衡发展的第二个核心问题是什么之间的均衡，也就是义务教育均衡发展的内容和维度。有学者从均衡涉及的主体探讨，提出了个体、学校和社会三个层次全方位的均衡发展。②还有学者从均衡的范围看待均衡发展问题，认为义务教育均衡发展是指义务教育的平衡发展，具体是指我国不同地区之间、同一地区不同学校之间、同一学校不同群体之间的义务教育均衡发展。③还有学者建立了一个综合上述学者观点的义务教育均衡发展的三维框架，包括均衡发展要素维度、均衡发展过程维度和均衡发展空间推进维度。要素维度主要是资源配置、机会均等、培养质量、政策条件、布局结构等，过程维度主要是起点、过程和结果的均衡，空间推进维度主要是学校间、城乡间和区域间的均衡发展。④可以看到教育均衡发展涉及的维度和内容比较复杂，抛开这些分类，从教育实践上看，教育均衡发展要考察的内容多达8个方面，基本涵盖了义务教育发展各个方面的内容。⑤从后来国家开展的县域义务教育均衡发展评估认定和县域义务教育优质均衡发展评估认定标准来看，均衡发展的这些学术研究都被合理地吸纳到实践政策中了。

虽然在内容和维度上覆盖了很多方面，但是在实践中，教育均衡发展更强

---

① 翟博．树立科学的教育均衡发展观[J]．教育研究，2008(01)：3-9.

② 于建福．教育均衡发展：一种有待普遍确立的教育理念[J]．教育研究，2002(2)：10-13.

③ 柳海民，林丹．本体论域的义务教育均衡发展[J]．东北师大学报(哲学社会科学版)，2005(5)：11-18.

④ 徐小荣，朱德全．义务教育均衡发展的推进逻辑与价值旨归[J]．教育研究，2017，38(10)：37-45.

⑤ 翟博．教育均衡发展：理论、指标及测算方法[J]．教育研究，2006(3)：16-28.

调条件和过程的均衡，其实质是一种教育资源配置的均衡。学界的探讨和国家教育政策设计都把合理配置教育资源视为教育发展的关键，从经费、校舍到仪器设备、师资、学生资源等。① 条件和过程倾向的均衡发展是教育均衡发展特定阶段的必然表现，当教育资源配置均衡逐步实现后，教育结果均衡将在教育均衡发展中得到更多关注。

4. 义务教育均衡发展的实现路线图

我国的教育非均衡发展问题广泛存在于城乡、区域和学校之间。从全国范围内看，义务教育非均衡发展问题充斥于从国家到地方的各个层次，表现为国家东西部地区间的不均衡，同一地区内各省之间的不均衡，一省之内各县之间的不均衡，一县之内各乡镇间的不均衡，在乡镇内各个学校发展的不均衡。实现义务教育均衡发展应该从哪个范围和层次上发力，怎么推动义务教育均衡发展的逐步实现，很多学者发表了不同的见解。

有学者比较关注东西部地区间的均衡发展，强调政府必须采取一系列坚定的长期的促进教育均衡发展的政策措施，应以西部大开发为契机，加大对西部地区和弱势群体的教育支持，逐步实现区域教育的均衡发展。② 一方面，政府应制定优惠政策加大对中西部地区的支持力度，并鼓励东部发达地区对口支持中西部贫困地区发展教育；另一方面，应通过市场机制，吸引国外、东部地区、社会和民间资金参与中西部地区办学。③

也有学者不支持直接将均衡范围锁定在东西部地区之间，他们更倾向于在县域内率先实现义务教育均衡发展。20世纪90年代末就有学者指出，鉴于当时我国的国情，在全国范围内搞均衡化是不切实际的，要实现义务教育的均衡发展，必须区域性实施。④ 2001年“以县为主”的基础教育管理体制确立后，学术研究转向县域，做好县域教育大文章成为当时亟待解决的重大课题，县级政府在发展

① 冯建军．优质均衡：义务教育均衡发展的新目标 [J]. 教育发展研究，2011，31（6）：1-5.

② 于建福．教育均衡发展：一种有待普遍确立的教育理念 [J]. 教育研究，2002（2）：10-13.

③ 翟博．教育均衡发展：现代教育发展的新境界 [J]. 教育研究，2002（2）：8-10.

④ 李喜平．努力使义务教育区域性均衡发展 [J]. 普教研究，1997（5）：3-4.

基础教育的过程中将扮演更为重要的角色，承担更大的责任。[①] 有学者直接指出县域基础教育的均衡发展是教育均衡发展的基础，是省域、全国教育均衡发展的基础，也是经济社会发展的基础和原动力。[②] 以县域作为均衡发展突破口的主张经过学术界的广泛讨论后，逐步落实到了教育实践中。《国家中长期教育改革和发展规划纲要（2010—2020年）》则明确提出"率先在县（区）域内实现城乡均衡发展，逐步在更大范围内推进"。

在县域层面关注义务教育均衡发展成为主流的同时，省域义务教育均衡发展也得到了一定程度的关注。随着县域义务教育均衡发展的不断推进，2015年，有学者直接指出，在全面实现县域义务教育基本均衡发展已不是一件遥远的事情的背景下，省域义务教育基本均衡发展国家战略的谋划问题应及早提上议事日程。[③]

由此可见，我国义务教育均衡发展形成了从局部均衡向整体均衡逐步推进的发展策略，勾画出以县域义务教育均衡发展为突破口，逐步推进到更大范围的省域均衡、东西部地区均衡乃至全国均衡的路线图。

二、优质均衡：义务教育高质量发展的核心理念

优质均衡的概念是在均衡发展的探讨中出现的。最初优质均衡可以理解为更好的均衡，也就是说这里的"优质"是对均衡的一种修饰。同时出现的概念还有"高位均衡""高水平均衡"等。随着义务教育均衡发展理论研究的不断深入，义务教育优质均衡发展逐渐有了新的内涵，其中的"优质"不再仅仅用来修饰均衡，而成为一种对义务教育发展的新要求，其中的"均衡"也有了更丰富的内涵。义务教育优质均衡发展以"优质＋均衡"的内涵体系实现了对均衡发展的理性超越，其中的"优质"和"均衡"是对义务教育高质量发展提出的两种核心诉求。优质的诉求指向教育质量，是义务教育发展的本质诉求；均衡的诉求指向教育的运行

---

① 曾天山．促进义务教育均衡发展的基本思路 [J]. 教育研究，2002（2）：16-18.

② 田汉族．县域：基础教育均衡发展的重点和突破口 [J]. 当代教育论坛，2008（1）：17-19.

③ 吴康宁．及早谋划省域义务教育基本均衡发展的国家战略 [J]. 教育研究与实验，2015（2）：1-6.

表10-1 优质均衡发展与基本均衡发展对比表

	优质均衡发展	基本均衡发展
发展旨向	“均衡”和“优质”为核心诉求的双维旨向	以“均衡”为核心诉求的单维旨向
均衡重心	教育发展质量的关注	教育发展资源的调配
对待差距	缩小差距，承认差异，鼓励特色	缩小乃至消除差距
资源配置逻辑	达到底线标准后，通过选择实现适合	通过分配调控等实现一致
均衡内容	关注整体均衡、质量均衡	关注条件和过程均衡、资源配置均衡
判定标准	引入教育质量、社会认可等标准形成主客观结合的多维标准体系	由差异系数测算而获取的客观标准
推进路线	底线标准+特色发展，低中高梯度整体推进	局部到整体，从小范围到大范围逐步推进

样态，是义务教育发展的规范性诉求。义务教育优质均衡发展就是义务教育以均衡的样态，朝着提高质量的方向持续发展的过程。与均衡发展相比，优质均衡发展在发展旨向、基本内涵、均衡内容和维度、均衡范围、发展方式等方面都有更为丰富的内涵（见表10-1）。

（一）优质均衡的发展旨向和基本内涵

在发展旨向上，义务教育均衡发展旨在实现教育的均衡样态、保障教育的公平，在发展实践上形成了以“均衡”为核心诉求的单维发展旨向。义务教育优质均衡发展在强调均衡和公平的同时也注重提高教育质量，目的是发展公平而有质量的教育，在发展实践中应形成以“均衡”和“优质”为核心诉求的双维发展旨向。

在均衡的重心方面，均衡发展主要指通过调整资源配置，缩小差距，确保教育机构和受教育者享受到平等待遇，它的核心是尽可能缩小甚至消除差距，实现相对均衡，因此它的重心在于平衡不同群体所获得的教育发展资源，实际是一套针对我国义务教育非均衡发展问题的规范性应对体系。这套体系发挥显著作用后的效果主要表现为教育的均衡发展，但是对优质教育的关注并不够。优质均衡就是要破解“均衡不优质”的不良状况，满足人民群众对优质教育的需求，保证优质教育需求与优质教育供给的相对平衡。[①] 它的均衡重心从平衡不同群体间资源的配置转移到教育质量发展实际状况上来。所以它更强调在保障国家义务教育发展最低标准的基础上，通过教育资源的供需均衡来推动义务教育实现优质发展和特色发展。

在对待差异和差距的问题上，均衡发展强调缩小差距，理想状态是消除差距，而且这个差距主要是指不同的教育机构和受教育者之间的差距，对于发展差异没有过多关注。优质均衡发展也强调消除差距，但是这个差距不是群体间的差距，而是各个机构和受教育者与国家义务教育发展底线标准间的差距。义务教育优质均衡发展在要求消除没有达到国家标准的差距的同时，鼓励超过国家标准后进行差异化发展，从而形成教育发展特色。义务教育优质均衡发展将均衡发展追求的消除差距实现一致性发展转变为达到国家标准实现差异性发展，以达标后的差异化发展来为优质教育留下发挥空间。

在资源配置逻辑上，教育均衡发展要解决的首要矛盾是教育发展资源的均衡合理配置，它的资源配置逻辑是“别人有什么，我就给你什么”，从而确保教育机构和受教育者享受基本平等的待遇。教育优质均衡发展要解决的主要问题是教育发展资源供给对教育需求的有效满足，它关注的主要问题是教育发展资源供需平衡的问题。它的资源配置逻辑是“你想要什么，我就给你什么”。前者强调分配性和一致性，后者强调选择性和适切性。在“有没有”的时代，有了就是发展了；在想要什么的时代，要对了，用好了，才是发展。

(二) 优质均衡的内容和判断标准

在均衡的内容和维度方面，义务教育优质均衡发展应该超越均衡发展对条件均衡和过程均衡的关注，将结果均衡纳入均衡体系中来。在均衡指标和维度上，不再局限于以教育发展资源的分配和占有为核心来进行均衡设计，而是在教育发展资源达到国家基本标准的基础上，将教育质量、发展特色、人民群众的满意程度等内容纳入均衡体系中来。

在均衡与否的判断标准上，均衡发展强调控制范围内的学校、学生享受到

① 冯建军．义务教育优质均衡发展的理论研究 [J]. 全球教育展望，2013，42 (1)：84-94.

相对均衡的待遇，通过测算差异系数等指标，将待遇差距控制在一个可接受的范围内即判定为均衡发展。优质均衡的判断应该摆脱以差异指标作为基本依据的模式，转而使用达标程度作为客观依据，即看重教育发展的各项指标是否达到了国家最低标准。同时引入群众满意度、质量感受等主观指标，建立一个涵盖主客观多维判断标准的义务教育优质均衡发展认定体系。

(三) 优质均衡的推进路线

义务教育优质均衡发展的最终目的也是要求在全国范围内实现均衡发展，但是它的均衡推进路线不同于均衡发展。义务教育均衡发展形成了从局部均衡向整体均衡逐步推进的发展策略，在均衡范围上也勾画出了率先实现县域均衡，继而推动省域均衡，然后走向东西部地区间的均衡，最后实现全国均衡的均衡路线图。这条从局部到整体，从小范围到大范围逐步推进的均衡策略在实践中是否可行呢？全国各地的义务教育发展最后能否拉齐到同一个发展水平上？义务教育发展不均衡的主要原因概括起来有三个方面：一是自然环境的制约，二是区域经济发展不平衡的影响，三是现行教育政策的偏差。前两种因素可以说是客观性和历史性的，存在很大程度的不可抗拒性。[①] 这些原因不消除，要实现义务教育的均衡发展是不太现实的。

义务教育优质均衡发展在均衡推进路线上可以选择一种以特定范围的局部区域为单位，梯度推进，不断提高均衡程度，进而实现全国均衡的发展路线。优质均衡发展在均衡的界定上不是要求全国范围内的义务教育发展达到同一水平，而是希望全国义务教育发展在达到国家底线性标准的基础上进行优质发展、特色发展。因此，义务教育优质均衡发展在推进路线上，可以选择在县域范围上，从基本均衡推进到优质均衡，在优质均衡阶段推出国家义务教育均衡发展底线标准，同时根据全国义务教育发展形势，设立低水平、中等水平和高水平三档义务教育均衡发展国家标准，要求各县不断与低中高三档的国家义务教育均衡发展标准相比，通过统一的发展标准拉齐全国各县域的义务教育发展基本水平，在此基础

① 杨小微.探寻区域义务教育优质均衡发展的新机制——以集团化办学为例 [J]. 教育发展研究，2014，33(24)：1-9.

上，鼓励各县域教育发展特色，从而形成兼顾均衡和优质的发展机制。

三、义务教育优质均衡发展面临的主要挑战

改革开放40多年以来，我国义务教育的发展取得了显著成效，办学资源得到极大丰富，办学条件得以改善。[①] 但发展问题依然很突出，主要表现为均衡和优质两个层面的问题。均衡问题主要涉及硬件和软件两个方面。其中，在国家推行的标准化建设过程中，硬件实现了基本均衡。而由于历史和现实、区域环境、经济发展水平等因素，软件均衡问题依旧突出。优质问题主要涉及义务教育发展质量的提升和特色发展，以求它能够满足人们对教育多样化的需要，它是建立在基本均衡基础之上的优质，是人们对更好教育的追求，是面向"所有人的教育"。[②] 当前义务教育在基本实现均衡，迈向优质均衡，实现高质量发展的过程中依旧存在很多问题，下面对这些问题做进一步阐述和剖析。

（一）软件均衡问题依旧突出

当前义务教育的发展实现了基本的均衡，但这样的均衡是低水平的，体现得最明显的即是均衡问题中的"软件"和"硬件"问题。"软件"和"硬件"作为学校发展最为基础的物质保障，影响着义务教育整体的发展水平和质量，进一步影响义务教育由基本均衡迈向优质均衡。实现义务教育高质量发展的目标，就决定了高质量发展的教育不再是以前的外延式的发展，而是走内涵式发展道路。这必然要求所谓的均衡不再是基本的均衡，而是优质的均衡。[③] 其中涉及的软件和硬件也应该是优质的高水平均衡。关于义务教育均衡发展的问题，国家历来非常重视。从2010年《国家中长期教育改革和发展规划纲要（2010—2020年）》强调"巩

---

① 张茂聪，刘信阳．县域义务教育优质均衡发展：基于内发发展理论的构想[J]．教育研究，2015，36（12）：67-72.

② 陈学军．义务教育优质均衡发展究竟是什么？[J]．教育发展研究，2012，32（22）：10-14.

③ 朱德全．中国义务教育均衡发展论[M]．北京：人民出版社，2018：48.

固提高九年义务教育水平，推进义务教育均衡发展”，到2019年《中共中央 国务院关于深化教育教学改革全面提高义务教育质量的意见》，国家陆续发布了关于义务教育均衡发展的多个政策性文件，一直指导和引导着义务教育朝着均衡优质方向发展。实践也证明了我们的义务教育发展取得了非常大的成就，城乡、区域、学校之间在“软件”和“硬件”建设上都实现了极大的改观，差距很小，但在软件建设上差距依旧存在。义务教育阶段软件建设，主要包括师资队伍、办学理念、教学方式、学校管理、学校建设等方面。从师资队伍来看，改革开放40多年以来，我国教师队伍建设成效显著，生师比、超出规定学历教师比例以及优质教师比例的区域、城乡之间差距明显缩小。[①] 但农村地区教师的学历达标率依旧不高，教师结构性短缺问题依旧存在，教师流失严重。从办学理念来看，学校办学理念依旧较为落后，应试考试的成绩分数依旧是衡量学生的标杆，缺乏对学生本身发展的重视。从教学方式上看，传统“满堂灌”的方式依旧存在，教师“独霸”整个课堂，学生参与依旧较少。从学校管理来看，管理依旧刻板，各部门缺乏相应的自主权。从学校建设来看，注重外部硬件的建设，校内软件，如学校文化建设、制度设计、管理模式等探索少之又少。总之，当前义务教育的均衡发展仍需要加强软件建设。

（二）校内与校外教育未能协调发展

义务教育的优质均衡发展也包括校内教育与校外教育的协同发展，当前我国义务教育阶段校内与校外教育发展出现失衡状态。早在1985年《中共中央关于教育体制改革的决定》中就强调：学校教育和学校外、学校后的教育并举，各级各类教育能够主动适应经济、社会发展的需要。30多年来，正如所期望的一样，校内外教育实现了跨越式发展。然而，在校内外教育繁荣发展的背后，发展不协调的问题尤为严重，产生的问题也十分多。

校内教育与校外教育的定义与功能均存在差异。校内教育也即狭义的学校教育，作为有目的、有计划的一种教育，能够系统地向学生传递科学文化知识，其

---

① 刘天，程建坤. 改革开放40年我国义务教育均衡发展的政策变迁、动因和经验[J]. 基础教育，2018，15（6）：22-31.

主要功能是知识的传授。而校外教育不同的是，就其系统的运行机制看，这种教育以常见的一切方式存在于一切活动之中。[①] 其主要形式有少年宫、青少年活动中心、素质教育基地、少科站、实践基地、校外培训等。[②] 校外教育主要对青少年品德、能力、兴趣爱好进行培养，促进个体个性发展、综合素质的提升。通过实践活动的方式，为青少年思想品德的形成、知识技能的掌握、兴趣培养等方面的发展搭台，为青少年的兴趣培养、个性发展、锻炼能力、素质提升创造条件。校外教育与校内教育的失衡主要表现为：第一，发展的同质化倾向。校外教育作为校内教育的一种补缺，主要是对学生非智力因素的激发与培养，以便于学生能够更好地适应校内教育。而当前的现实是，原本旨在培养学生能力素质的教育，都倾向于将所有内容结构化地编成课程和教材，形式和功能和校内教育趋同，校外教育未能真正地发挥它本来的功能。第二，校外教育弱化了校内教育影响力。校外教育发展势头很猛，有竞争力的薪资、优秀的师资、高质量的教学、不断地掐尖，使得校内优秀的教师、优秀的学生都流入了校外的教育机构。当然这里主要是指民办中小学以及校外培训机构。高质量发展的教育最终呈现的是优质均衡的状态，均衡也涉及校内与校外教育发展的均衡，优质也应该是和而不同的教育，不协调的校内外教育制约着义务教育高质量的发展。

(三) 乡村义务教育高质量发展缺乏可持续性

乡村教育作为基础教育的短板，其发展的不可持续性影响着教育高质量发展目标的达成。乡村教育发展缺乏可持续性，既有历史因素，也有现实因素。历史因素指的是长期城乡二元发展格局的存在。农村和城市之间经济发展差距明显，出现了极度的不平衡。在这样的经济发展的差异下，乡村教育的投入自然就不足。这使得很多学校的经费使用进入恶性循环，一些学校具有高额的负债，每一年都在用当年经费偿还上一年的欠款，在拮据的经费面前，大多数学校难以为继。现实因素，主要指的是办学主体。首先，政府放权不够。政府在落实简政放

① 么加利．西南民族地区校内外教育系统功能研究 [J]. 西南大学学报（社会科学版），2007（3）：59-63.

② 袁德润．校外教育与校内教育衔接：可能与可行 [J]. 教育发展研究，2016，36（20）：74-80.

权时，依旧对权力明放暗不放，影响着学校自主发展的灵活性，学校不敢也不愿自主探索发展之路。其次，学校自主发展能力不足。这包括自身的管理能力不足和师资队伍极不稳定且薄弱。乡村学校工作环境艰苦、薪资待遇低、晋升困难等，使得乡村学校没有吸引力，教师很难下得去，学校自身培养的优秀教师更难留住，好老师都在想法去往城市。剩下的老师学历大多不达标，专业素养也不高，更难教好。最后，整个学校的管理缺乏科学、民主的方法，学校效率很低，即使在某段时间学校实现了一定的发展，但在这样的条件下，很难保持住当前的水平去提高，不进则退。当前的乡村义务教育发展已经进入了“深水区”和“攻坚期”，难以前进必然后退，发展的不可持续性明显。区域内知名的学校最后逐渐转为薄弱学校的例子屡见不鲜。

（四）义务教育课后服务体系不完善

2021年中共中央办公厅、国务院办公厅印发了《关于进一步减轻义务教育阶段学生作业负担和校外培训负担的意见》，随后教育部办公厅又配套发布了《关于进一步明确义务教育阶段校外培训学科类和非学科类范围的通知》《关于支持探索开展暑期托管服务的通知》《校外培训机构从业人员管理办法（试行）》等一系列文件，这是国家推进减轻学生过重学习负担工作的一个新阶段，即由原来的单纯强调减轻学生在校学习负担的“单减”阶段走向了减轻学校学习负担和校外培训负担的“双减”阶段。按照当前的政策设计，课后服务在此轮“双减”政策中扮演了非常重要的角色。“双减”政策除了规定怎么减轻校内学习负担和校外培训负担外，还专门提出了“提升学校课后服务水平，满足学生多样化需求”的政策要求。课后服务既不属于正规的学校义务教育，也不属于营利性的校外教育，作为一种新型的教育活动，其正成为“双减”后有效托举这片教育新时空的最佳选择。然而，尽管有从国家到地方的多种政策指导和规定，义务教育校内课后服务的真正落地仍然面临着层层困境。

1. 服务人员的模糊性让课后服务无法获得充足的人力支持

谁来提供稳定和专业的课后服务是制约课后服务高质量发展的首要问题。从国家和各地的政策实践来看，可以承担课后服务的工作人员主要包括校内教职工、社会组织志愿者、家长志愿者以及与学校合作的校外教育机构的工作人员等。但到底应该由谁来从事稳定专业的课后服务仍然比较模糊。从各地的实践来看，这四类人员参与课后服务工作时都遇到了不同程度的问题，导致课后服务不能获得充足的人力支持。首先是校内教职工不愿承担课后服务工作。课后服务的公益性决定了它不能给校内教师一笔满意的劳动回报，而且课后服务占用了老师休息和看护自己孩子的时间，所以很多老师不愿意承担课后服务任务。[①] 其次是社会组织志愿者和家长志愿者，这类志愿服务往往不够稳定，更换频繁，也不能保证专业资质，家长志愿者存在“被志愿”的情况，社会组织志愿者则带有“追逐名声”的功利倾向。再次是校外教育机构的工作人员，有些地区明确禁止他们从事课后服务，即使是在允许校外机构人员从事校内课后服务的地区，他们真正参与进来也面临很多复杂的手续问题，仅收费协商问题就将很多校外教育机构阻挡在门外，因为校外教育机构的逐利性与课后服务的公益性很难协调。如果再将课后服务工作人员的专业素质和从业资质等因素考虑进来，将公立学校教师不得“有偿补课”的禁令考虑进来，找到专业的、稳定的课后服务工作人员就变得更加困难。人力不足显然已经成为制约课后服务高质量发展的关键堵点。

2. 教育收费的敏感性让课后服务陷于“不收费也不干活”的消极应对中

学校收费问题一直是教育领域的敏感问题。课后服务的经费来源一直是这项政策的关键议题。从最初的自发的适当收费到“一费制”改革下的禁止收费，再到现在的通过“服务性收费或代收费”的方式允许收费，课后服务收费始终是政策落实的焦点问题。经费是课后服务得以开展的基础，没有足够的、灵活的经费支持，小到给看护自习的老师发放补助，大到大型课后服务活动的开展都无从落实。按照最新的国家政策，尽管课后服务是可以向家长收取一部分费用的，但实际上，具体落实时，收费问题仍然非常敏感，也非常复杂。最关键的是很多学校已经习惯了教育乱收费的重磅治理，不让收费已经逐渐演变为不愿收费和不敢收费。[②] 不组织和参与收费活动逐渐成为很多学校首选的最简单的应

---

① 刘宇佳. 课后服务的性质与课后服务的改进——基于我国小学“三点半难题”解决的思考 [J]. 当代教育论坛，2020（1）：45-51.

② 马健生，邹维. “三点半现象”难题及其治理——基于学校多功能视角的分析 [J]. 教育研究，2019，40（4）：118-125.

对之策。从地方教育管理部门到义务教育学校都在尽量避免课后服务收费。教育收费的敏感性限制了很多学校提高课后服务质量的积极性和主动性。学校不愿主动研究课后服务的收费问题，也不愿意探索实施在经费支持下的丰富的高质量的课后服务。甚至有的学校虽然提供课后服务，但通过直接或者间接的方式劝家长放弃参加课后服务，努力造成一种课后服务的无人自愿参加的局面，从而使课后服务形同虚设。

3. 服务时间的复杂性让政策只能做出“自行规定”的建议

学校在什么时候提供多长时间的课后服务是一个非常复杂的问题，它至少涉及服务日期、服务时段和服务时长三个问题。在服务日期上，有上学日和节假日（非上学日）的区分。在服务时段上有上学日的中午和下午放学后的区分，还有非上学日全天时段的区分。在服务时长方面，则要确定各个不同的时段分别服务多长时间的问题。除此之外，还应考虑服务时段时长的可选择性问题，即如何满足家长们多元的服务诉求，让家长能够自由选择不同的服务时段、不同的服务时长。面对这么复杂的时间问题，课后服务时间“一刀切”显然是不行的，于是就有了教育部的“自行确定”，省级政府的“范围性规定”，再到具体地区和学校的“根据实际情况自行规定”。然而考虑到地区差异、城乡差异、学校差异等现实因素，在服务真正落地时要“自行规定”出一个各方满意的服务时间显然比较困难。课后服务时间不能一直停留在“自行规定”上，如何确定合理细致的课后服务时段时长，并充分关照家长的选择度，成为课后服务政策真正落地生效的现实堵点。

4. 服务内容和形式的多样性让政策只能给出“鼓励和探索”的要求

校内课后服务作为一种新型的教育活动，从目的、内容到形式和评价都还没有形成统一的思想认识。在服务的目的上，有的是以看护为主，有的是以课后练习为主，还有的是以发展兴趣特长为主。在服务内容上，有的是无系统的内容规定，有的是围绕课堂学习的复习练习，有的是针对兴趣爱好的各种拓展活动，还有的是针对特长培养的系统训练。在服务形式上，有的就在班级教室内自习，有的走出教室开展活动，还有的与校外机构和团体开展合作。至于课后服务评价，更是标准多样、主体多元，以至于不同地区和学校的课后服务出现了不可比性，无法评价。课后服务内容和形式的这种多样性决定了它的政策规定很难细致，因此也就缺乏指导性。尤其对已经习惯了标准化、规范化取向的义务教育学校来说，这种多样性留下的探索空间比较难以把握，以至于很多学校对此都是谨小慎微。另外，课后服务的内容和形式受到经费和人员的限制，没有充足的经费和人员保障，课后服务的内容和形式只能维持在非常简单的层面，而经费和人员的政策权限又是一个涉及政府的发展改革、教育、财政、人事等多个部门的管理问题，所以很多地区的课后服务内容与形式的规定都只是突出了“鼓励和探索”的要求，对于具体的内容和形式无法做出更多指导。面对这样的政策要求，很多学校的课后服务都是一种无从下手、停滞不前的状态。

四、推动义务教育实现优质均衡发展的主要对策

推动义务教育实现优质均衡发展需要有统一的思想认识、完善的制度体系和周密的规划设计。

（一）提高思想认识，锚定高质量发展主题

推动义务教育实现优质均衡发展的前提是形成统一的思想认识，各级教育管理人员、一线校长教师都要对什么是优质均衡有清楚准确的理解，同时要将义务教育的优质均衡发展放在我国经济社会全面转向高质量发展、在高质量发展中不断促进共同富裕的社会发展大背景下看待。

“优质”和“均衡”已经成为义务教育高质量发展的两种核心诉求。优质的诉求指向教育质量，是义务教育发展的本质诉求；均衡的诉求指向教育的运行样态，是义务教育发展的规范性诉求。优质诉求的实现与我国高质量发展的时代背景密切相关。《远景目标纲要》明确指出“十四五”时期经济社会发展要以推动高质量发展为主题，其中专门指出，要“建设高质量教育体系”。在国家整体走向高质量发展的背景下，各行各业都面临着高质量发展的要求和挑战。实际上，国家整体上实现高质量发展关键是要有高质量的人才支撑，这是高质量发展对教育系统最根本的诉求，也是高质量教育体系建设的重要使命。如果说以往几十年

的发展中，我们可以从国外引进高质量人才，可以通过留学、访学等形式借助西方教育体系培养高质量人才，那么在国际形势日趋严峻的背景下，我们更应该尽快建立起自己的高质量教育体系。在整个高质量教育体系建设中，义务教育阶段是发挥基础性作用的关键阶段。义务教育赋予人们适应社会和进一步发展的基本素养，高质量的义务教育能够为人才的后续发展提供坚实的知识基础和优秀的学习能力。

义务教育高质量发展的均衡诉求是对推动全体人民共同富裕的时代回应，主要针对义务教育的运行样态而言。共同富裕是社会主义的内在本质，也是社会主义制度优越性的集中体现。《远景目标纲要》提出将全体人民共同富裕取得更为明显的实质性进展作为2035年远景目标，“十四五”期间的具体目标也提到了全体人民共同富裕要迈出坚实步伐。义务教育除了具有普及性、强迫性和免费性基本属性外，还有鲜明的共同性特征。正如“共同教育论”所阐述的，将学习权和教育权作为现代公民社会的基本人权，将教育作为与该社会统合、维持、再生产、发展相关的基础性事业。义务教育是以这两种概念为基础，并以共同性、公开性、平等性和基础性为基本条件而组织起来的。[①] 鉴于义务教育本身具有的这些特殊属性，其供给水平和运行样态成为衡量全社会共同富裕水平的重要标准。共同富裕是有差别的富裕，不是一刀切的平均的富裕。实现共同富裕的过程就是不断缩小区域差别、城乡差别、贫富差别的过程，缩小三大差别而不是消灭三大差别，是要让过大的差别缩小到社会可以容忍、大家可以接受的状态。这是理解共同富裕的关键，也是理解义务教育高质量发展的均衡诉求的关键。优质均衡不是平均主义，它也强调消除差距，但是这个差距不是群体间的差距，而是各个机构和受教育者与国家义务教育发展底线标准间的差距，并且鼓励超过国家标准后进行差异化发展，从而形成教育发展特色。同时在衡量均衡的指标和维度上，不再局限于以教育发展资源的分配和占有为核心来进行均衡评价，而是在教育发展资源达到国家基本标准的基础上，将教育质量、发展特色、人民群众的满意程度等内容纳入均衡评价体系中来。

① 藤田英典.走出教育改革的误区[M].张琼华，许敏，译.北京：人民教育出版社，2000：206.

(二) 对标义务教育国家标准，找准现实发展差距

最近几年国家义务教育制度体系不断健全，陆续发布了一系列义务教育相关的国家标准。2021年3月，教育部等六部门印发《义务教育质量评价指南》，要求在县域、学校、学生3个层面开展教育质量评价，并提出了明确的质量评价指标。2017年教育部公布了《县域义务教育优质均衡发展督导评估办法》，其中也指出县域义务教育优质均衡发展督导评估认定主要包括资源配置、政府保障程度、教育质量、社会认可度4个方面的内容。《义务教育质量评价指南》和《县域义务教育优质均衡发展督导评估办法》配套提出一套完整的国家义务教育质量评价标准体系。

《义务教育质量评价指南》指出，县域义务教育质量评价主要包括价值导向、组织领导、教学条件、教师队伍、均衡发展5个方面重点内容。学校办学质量评价主要包括办学方向、课程教学、教师发展、学校管理、学生发展5个方面重点内容。学生发展质量评价主要包括学生品德发展、学业发展、身心发展、审美素养、劳动与社会实践5个方面重点内容。[①]《县域义务教育优质均衡发展督导评估办法》在资源配置上提出了县域义务教育学校在教师、校舍、仪器设备等7个方面的指标，同时评估这些指标的校际均衡情况。在政府保障程度方面提出了县级人民政府依法履职，落实国家有关法律、法规、政策要求等15项指标，重点评估，推进义务教育均衡发展和城乡一体化的工作成效。教育质量评估则提出了县域义务教育普及程度、学校管理水平、学生学业质量、综合素质发展水平等方面的9项指标。社会认可度调查主要是开展对学生、家长、教师、校长、人大代表、政协委员及其他群众的认可度调查，调查的主要内容包括县级人民政府及有关职能部门落实教育公平政策、推动优质资源共享，以及义务教育学校规范办学行为、实施素质教育、考试评估制度改革、提高教育质量等方面取得的成效等。一个地区、一所学校努力推动义务教育实现优质均衡发展应该以这些国家标准为依据，找准教育发展现实与国家标准之间的差距，开展对标发展。

---

① 中华人民共和国教育部．教育部等六部门关于印发《义务教育质量评价指南》的通知 [EB/OL].（2021-03-04）[2021-10-10].http：//www.moe.gov.cn/srcsite/A06/s3321/202103/t20210317_520238.html.

（三）结合“十四五”发展规划，对标优质均衡发展设计

2021年是“十四五”开局之年，从国家到地方、学校都要制订“十四五”发展规划。推动义务教育优质均衡发展一定要写入发展规划，同时也要依托发展规划有序推进。地方政府和学校制订发展规划时要参照已经发布的《远景目标纲要》的要求，准确理解国家建设高质量教育体系、推进基本公共教育均等化、巩固义务教育基本均衡成果、完善办学标准、推动义务教育优质均衡发展和城乡一体化的相关要求。2022年教育部工作要点中提出要出台构建优质均衡的基本公共教育服务体系的意见，指导各省制订实施方案，大力推进义务教育优质均衡发展。各地各校要根据发展规划做好准备，根据自身条件解决优质均衡发展的突出问题，总结实现县域义务教育优质均衡发展的典型经验。

发展规划的制订不能停留在纸面上，要深入地区和学校发展实践中。所以在制订发展规划时要明确如下几个问题。第一是准确把握当前地区教育发展和学校发展所具有的基础条件，分析发展面临的优势、劣势，明确机遇和挑战。第二是确立指导思想和发展目标，明确按照什么思想指导发展实践，同时要确定好发展目标，包括近期发展目标和远期发展目标，其中就要有对标优质均衡的发展设计。第三是明确发展的主要任务。结合发展现实的分析和发展目标，确定具体的发展任务，在优质均衡发展方面，主要是明确课程教学领域的质量发展任务以及资源配置领域的均衡发展任务。第四是健全完善的保障措施。强有力的保障措施是发展规划得到执行落实的关键，对规划涉及的各项任务都要有人、财、物和制度方面的保障措施，确保发展规划任务可以实现图表化流程和手册化操作。

（四）突出实践操作，有效推进优质均衡发展落地

推动义务教育优质均衡发展还需要有强有力的落地措施。针对制约优质均衡发展的典型问题，分别制定操作性强、针对性强的有力措施。

1. 加强教育发展软件建设，进一步缩小义务教育发展的城乡差距

对于当前义务教育发展过程中的软件均衡问题，需要提出适切性的方案来进一步优化和提升义务教育阶段软件问题。在推进义务教育高质量发展的过程中，

我们已经基本实现了义务教育基本均衡的发展，这里的均衡是指一个区域内的发展水平。尽管整体实现了基本的均衡，但是局部不均衡问题依旧突出，最具代表性的是软件的均衡。针对这一问题，为了进一步改善城乡学校软件状况、实现真正意义上的均衡，对于较为薄弱的学校，要进一步加强师资队伍建设。在师资队伍建设方面，国家先后实施了“公费师范生制度”“特岗教师计划”“教师轮岗制度”。这些政策短时期内对教师数量和质量的稳定、对农村教师队伍的建设起到了重要的作用。此外，不同区域也积极探索，不断地改善农村教师的生活和工作环境，争取待遇留人、情感留人，培养了一批下得去、留得住、教得好的优秀教师。在教育理念和教学方式层面，要积极学习先进的教学理念和教学方式，更新教学观念。采取国培、省培、校级培训、自主培训相结合的方式，不断地促进教师专业化发展，提高教育质量。最后要加强乡村学校管理能力建设，推进治理体系和治理能力现代化，使得乡村学校在外部条件一般的情况下实现自主发展、内生发展，缩小城乡教育发展差距，让人们享受更加公平而优质的教育资源。

2. 不断完善义务教育课后服务体系，增强义务教育优质均衡的获得感

“双减”减出了校内学习和校外教育的一片新时空，而填补它的正是介于二者间的课后服务。然而当前的课后服务体系能够真正托举起“双减”之后的教育新时空吗？显然，建设高质量的校内课后服务体系已成为收获“双减”实效的关键环节。

课后服务能否吸引更多学生的一个关键因素就是时间安排是不是合理。最初我国课后服务政策的出现就是为了解决“三点半”等时间难题。要想在与校外培训的竞争中胜出，真正给家长们带来方便，还有很大的提升和改进空间。首先，课后服务的时长规定要更有弹性。即在满足了不早于当地正常下班时间后，还要考虑部分家庭提前接、延后接等特殊情况，不能为了便于管理而硬性规定一个统一的结束时间。要从真正关切家长需求的角度，探索建立课后服务分段结束的模式，为家长们提供“早接”“正常接”“晚接”三种选择，在时长设计上实现错峰分段结束，增强课后服务时长规定的弹性。其次，课后服务的时段规定要有更大的覆盖面。目前课后服务主要集中在下午放学后的时间，但实际上，课后服务的时段应该全面地覆盖中午放学后时段、下午放学后时段、周六周日时段、寒暑假时段。在节假日的学科类课后服务禁停之后，课后服务应该考虑那些没有寒暑假

的家庭的现实需求，要让课后服务成为他们的一种新选择。各地要根据实际情况逐步发展能够有效覆盖全部时段的课后服务体系。最后，课后服务的参与要有更自由的选择度。课后服务增强了时长上的弹性和时段上的覆盖面后，还应该允许家长们根据实际需求进行自主选择。总之，课后服务应该以更灵活的时间管理来迎合每个家庭复杂多变的服务诉求，用尽量灵活的调整吸引更多的学生和家长参加课后服务，从而进一步压缩校外教育的营运时间范围，有效地填补“双减”后的空闲时间。

课后服务能否把学生留在学校的另一大影响因素是它的内容和形式，即提供什么样的课后服务能够让家长放弃校外培训来参加课后服务。课后服务作为一个特定时段教育活动的统称，实际上包括了两种不同性质的活动。一是以看护为主的课后看护服务，二是以发展为主的课后发展服务。二者在活动诉求、活动开展的条件、服务时间等方面都有显著不同。① 前者要解决的是放学后无人接送看护的问题，后者要解决的是发展多方面兴趣、拓展综合素质的问题。在活动开展的条件方面，课后看护服务基本上在校内、班内就可解决场地问题，在校内教师、志愿者范围内就可解决人员问题，政府专项经费、课后服务费、校内津贴等常见措施就可解决经费问题。而课后发展服务的实施则有较高的要求。首先是场地上就涉及校内各种功能教室和教育设施，甚至涉及校外机构的场地和设施。其次是服务人员，开展兴趣特长培养等多元化的发展服务除了动员全校教师参加外，还可能涉及校外有资质的工作人员。最后是它还需要得到充分的经费支持，是一种收费的非营利性活动。因此，课后服务中的看护服务和发展服务是两种不同的活动，在实践上不能将二者混为一谈，更不能一刀切地统一管理。建设高质量的课后服务应该坚持分类管理、分类实施的策略，将课后服务分为课后看护服务和课后发展服务。首先要将课后看护服务纳入公共教育服务体系，作为一种底线性保障服务为全体义务教育儿童统一提供。其次应鼓励各地在遵循教育性、非营利性、需求导向性等原则的基础上积极探索建立开放多元的课后发展服务体系。

建设高质量课后服务体系，以更灵活的时间设计、更丰富的内容和形式把学

① 杨清溪，邬志辉. 义务教育学校课后服务落地难的堵点及其疏通对策 [J]. 教育发展研究，2021，41（Z2）：42-49.

生吸引到课后服务中，让深陷于“剧场效应”中的学生回到课后服务的平台上重新开始。放学后大家都参加课后服务，谁也别去外面“抢跑”，让造成学业负担的内卷停下来。一旦学生回流到课后服务体系中，我们就可以有效地利用这个平台，重新夺回学习进度的主动权，确保教学内容上不超纲，从而让造成学业负担的难度降下来。我们也可以从容地在形式上真正做到课后不再上课，从而让造成学业负担的作业总量减下来。此外，我们还可以让开放的课后服务体系合理吸纳安置校外教育从业人员，让火爆的校外培训有序地冷静下来。总之，我们应该继续全面升级课后服务体系，以高质量课后服务建设为突破口构建良好教育生态，不断增强人民群众在教育方面的幸福感和获得感。

第十一章

优质多样：新时代普通高中教育高质量发展的理念与对策

随着世界各国战略竞争和人才竞争的不断加剧，普通高中教育在过去的几十年中已经成为国际教育竞争的焦点，并成为很多国家教育改革中培养高质量后备人才的主要阵地。党的二十大报告提出要“坚持高中阶段学校多样化发展”。新时代背景下，我国普通高中教育已经从以“普及”促“公平”转向以“多样”促“优质”的发展阶段。

一、普通高中教育高质量发展政策的价值变迁

教育政策是指一个国家在一定时期为实现一定的教育任务而规定的调整国家与教育之间、社会各领域与教育之间关系和教育内部各种关系的行动依据和准则。[①]教育政策的价值取向是国家或政党对教育发展总体要求在一定历史时期的具体体现。普通高中教育是我国国民教育体系的重要组成部分，连接义务教育和高等教育。高质量的教育体系强调优质和内涵发展，是将立德树人摆在中心位置、围绕德智体美劳全面发展的育人体系。改革开放至今，我国普通高中教育从数量扩张转向质量提高再转向高质量发展政策的价值变迁经历了三个阶段，即恢复发展时期的社会本位、规模扩张时期的大众主义和内涵优质时期的育人为本。

（一）恢复发展时期（1978—1992年）：社会本位

十一届三中全会以后，随着教育领域一系列改革政策的颁布，我国高中教育开始进入恢复和发展时期。1980年教育部、国家劳动总局印发的《关于中等教育

① 顾明远．中国教育大百科全书：第二卷[M].上海：上海教育出版社，2012：1027-1028.

结构改革的报告》提出，中等教育结构改革主要是改革高中阶段的教育，要使高中阶段的教育适应社会主义现代化建设的需要，应当实行普通教育与职业（技术）教育并举。可适当将一部分普通高中改办为职业（技术）学校、职业中学、农业中学。经过调整改革，各类职业（技术）学校的在校学生数在整个高级中等教育中的比重大大增长。同时对普通高中的课程也提出了改革要求，普通高中要逐步增设职业（技术）教育课，学习科目可由学生自己选择。这次中等教育结构改革，是为了尽早实现四个现代化，发展职业技术教育成了当时亟待解决的问题。

党的十二届三中全会的召开，为我国社会生产力大发展、社会主义物质文明和精神文明大提高指明了方向，教育事业在经济发展的基础上也要有一个大的发展。为了更快更好地提高教育质量，全国各地相继开办了重点中学，一方面是为高等教育输送优质生源，另一方面是为社会主义建设培养各类人才。1985年，中共中央颁布的《中共中央关于教育体制改革的决定》明确了教育体制改革的根本目的是提高民族素质、多出人才、出好人才，学校逐步实行校长负责制。调整中等教育结构，大力发展职业技术教育，大规模地培养新的能够坚持社会主义方向的各级各类合格人才。由于国家对技术人才的急需和对中等教育结构的调整，普通高中学生数量呈现下降趋势，而中等职业教育学生数量不断上升。1985年普通高中学生数量为741.13万人，到1993年为656.91万人，下降了约11.4%；而当时中等职业教育学生数量为415.62万人，到1993年猛增到762.28万人，上升了约83.4%。[①]

改革开放以后相当长的一段时间内，国家制定的中等教育结构的政策包括高中和职业教育，既没有专门的高中教育政策，更没有普通高中教育政策。为了培养劳动型人才，国家更强调发展职业技术教育，社会主义建设必须依靠教育，教育必须为社会主义建设服务的社会本位价值观得到了极大的体现。

(二) 规模扩张时期 (1993—2009年)：大众主义

20世纪90年代初，我国进入实现四个现代化和建设社会主义市场经济的关

① 中华人民共和国国家教育委员会计划建设司．中国教育事业统计年鉴1993[M]. 北京：人民教育出版社，1994：5-6.

键时刻。1993年，中共中央、国务院印发的《中国教育改革和发展纲要》，指出我国改革开放和现代化建设事业进入了一个新阶段，社会主义教育制度已经基本确立，并把包括高中教育的十二年基础教育作为提高民族素质的奠基工程。首次提出大城市市区和沿海经济发达地区积极普及高中阶段教育，普通高中的办学体制和办学模式要多样化。由于受九年义务教育普及和高等教育扩招的双重影响，普通高中进入了史无前例的发展快车道。国家统计局数据显示，1994年，普通高中学生数量开始止降回升，招生人数较上一年增长了约6.7%，达到243.4万人。随后几年普通高中招生人数一路高歌猛进，到2003年达到了752.1万人。[①] 普通高中继续向普及教育的方向迈进。

世纪之交，世界各国科学技术突飞猛进，知识经济已见端倪，国力竞争日趋激烈。教育在综合国力的形成中处于基础地位，国力的强弱越来越取决于劳动者的素质，取决于各类人才的质量和数量，这对于培养和造就我国21世纪的一代新人提出了更加迫切的要求。1998年的《面向21世纪教育振兴行动计划》再次强调城市和经济发达地区有步骤地普及高中阶段教育。为了培养适应21世纪现代化建设需要的社会主义新人，1999年中共中央、国务院印发《关于深化教育改革全面推进素质教育的决定》，拉开了基础教育领域全面推进素质教育的序幕。在确保“两基”的前提下，不断扩大普通高中阶段教育规模，积极发展包括普通教育和职业教育在内的高中阶段教育，形成中央和省级人民政府两级管理、以省级人民政府管理为主的新体制。

为了积极推动高中阶段教育事业的发展，提高国民受教育水平，适应普及九年义务教育后人民群众对普通高中教育日益增长的需求，1999年教育部颁布的《关于积极推进高中阶段教育事业发展的若干意见》(简称1999年《意见》)做出了很多重要部署，普通高中开始向着更快更好的方向发展。首先，普及教育方面，在确保实现“两基”目标和巩固提高的基础上，普通高中不仅要扩大规模，更要注重提高教育质量和办学效益；要处理好速度、规模与质量、效益的关系，避免发生盲目追求速度和规模、忽视质量和效益的倾向；对普通高中和中等职业教育发展之间的关系提出了新的要求。其次，学校办学方面，首次提出通过

① 中华人民共和国教育部发展规划司．中国教育统计年鉴2003[M]．北京：人民教育出版社，2004：9-10.

学校布局调整、高初中分离的要求；首次提出创办外语、艺术和体育等特色普通高中；鼓励办学条件较好、教育质量较高的公办普通高中在保证本校规模和教育质量的前提下，采取多种方式与其他学校、社会力量联合举办民办普通高中。再次，办学主体方面，鼓励民间办学，为民办普通高中学校创造条件、提供优惠政策。最后，学费方面，由于高中阶段教育属于非义务教育，允许不同地区、不同类型的普通高中收取学费。[①]1999年《意见》的颁布，开启了普通高中教育发展的新篇章，学校规模急剧扩张，名校集团化办学现象在全国各地席卷开来，多所学校形成合力继续助力名校品牌建设，扩大优质教育资源，实现普通高中均衡发展。

党的十六大明确将基本普及高中阶段教育作为继往开来、与时俱进、加快推进社会主义现代化的战略目标。2001年的《国务院关于基础教育改革与发展的决定》确立了基础教育在社会主义现代化建设中的战略地位和优先地位，再次将发展普职融通的高级中学作为基础教育阶段的重要任务，保持普通高中与中等职业学校的合理比例。为了全面推进素质教育，构建了新的基础教育课程体系，高中以分科课程为主，普通高中要设置信息技术类课程和综合实践活动。[②]

为了全面建成小康社会，科教兴国和人才强国被摆在了国家发展的战略地位。十几年间我国的教育事业实现了跨越式发展，教育改革取得了突破性进展，国民受教育程度逐步提高。2004年2月，教育部颁布了《2003—2007年教育振兴行动计划》，将巩固成果、深化改革和提高质量作为持续发展的根本目标。为了扩大规模、提高质量，鼓励多种形式积极发展普通高中教育，开始引导示范性高中建设，扩大高中优质教育资源供给能力。随后，全国各地纷纷集中资源创建具有重点学校性质的示范性高中。以培养德智体美等全面发展的一代新人为根本宗旨，以培养学生的创新精神和实践能力为重点，继续全面实施素质教育，逐步推进普通高中新课程。积极推进校本教研制度建设。在改进学校体育工作方面，对

① 中华人民共和国教育部.关于积极推进高中阶段教育事业发展的若干意见[EB/OL].(1999-08-12)[2021-09-08].http：//www.moe.gov.cn/srcsite/A26/s7054/199908/t19990812_166063.html.

② 中华人民共和国教育部.国务院关于基础教育改革与发展的决定[EB/OL].(2001-05-29)[2021-09-08].http：//www.moe.gov.cn/jyb_xxgk/moe_1777/moe_1778/201412/t20141217_181775.html.

学生的身体健康格外关注，全国推广《国家学生体质健康标准》，提高体育课程和课外活动的质量，建立学生体质健康监测体系。

这一时期，没有专门的普通高中教育政策，都是作为高中教育的一部分和职业教育一起颁布的。高中阶段教育普及政策具有较强的探索性，城乡二元结构体制明显，高中阶段教育普及的主要目的是巩固义务教育普及成果。经过多年的努力，教育改革发展取得了显著的成就，教育普及水平明显提高。普及高中阶段教育实现普职融通是国家政策中多次强调的重要任务，高中和初中开始分离，以加快高中的发展。实施素质教育是当时普通高中教育发展的主旋律，在办学体制和办学模式两方面提出了普通高中要多样化发展，在追求规模扩张的同时，强调提高教育质量。到2009年，全国普通高中阶段教育已经从快速发展转向了基本稳定，国家大力发展普通高中教育，使其在短时间内飞快地从精英教育迈进了大众教育的新阶段。构建了与社会主义市场经济体制和教育内在规律相适应、不同类型教育相互沟通相互衔接的教育体制。在普通高中扩大规模的同时，中等职业教育学生数占高中阶段学生数的比例有所下降。2009年普通高中在校生2434.28万人，中等职业教育在校生2195.16万人，分别约占高中阶段教育在校生总数的52%和47%。办学条件有所改善，教育信息化水平不断提高。2009年全国普通高中学校体育运动场（馆）达标校数的比例为79.26%，体育器材配备达标校数的比例为79.43%，音乐器材配备达标校数的比例为74.87%，美术器材配备达标校数的比例为75.94%，理科实验仪器达标校数的比例为83.74%（83.38%），建立校园网校数的比例为74.02%。[①] 2009年全国普通高中的超大班额现象在全国县镇比较突出。其中46人以下的班额，城市为34084个，占比约8.0%，县镇为25736个，占比约6.0%，农村为5779个，占比约1.3%；其中66人及以上的超大班额，城市为20794个，占比约4.9%，县镇为62561个，占比约14.6%，农村为6589个，占比约1.5%。[②]

① 中华人民共和国教育部.2009年全国教育事业发展统计公报[EB/OL].（2010-08-03）[2021-11-15].http：//www.moe.gov.cn/srcsite/A03/s180/moe_633/201008/t20100803_93763.html.

② 中华人民共和国教育部.普通高中班额情况[EB/OL].（2010-12-31）[2021-11-15].http：//www.moe.gov.cn/jyb_sjzl/moe_560/s4958/s4961/201012/t20101231_113641.html.

（三）内涵优质时期（2010年至今）：育人为本

当今世界正处在大发展大变革大调整时期。世界多极化、经济全球化深入发展，科技进步日新月异，人才竞争日趋激烈。面对前所未有的机遇和挑战，深化教育改革成为全社会共同心声。2010年7月，教育部颁布了《国家中长期教育改革和发展规划纲要（2010—2020年）》（简称《规划纲要》），专章论述高中阶段教育，将高中阶段教育与义务教育、高等教育并列，并提出了三项发展任务：加快普及高中阶段教育、全面提高普通高中学生综合素质、推动普通高中多样化发展。首次在政策中专门制定提高普通高中教育质量的发展要求，把提高质量作为改革发展的核心任务，提出实现更高水平的普及教育。

从现代化建设的要求看，经济社会发展对教育和人才的需求发生了深刻的变化，迫切需要进一步提高劳动者素质，调整人才培养结构，增加应用型、技能型、复合型人才的供给。为此，《规划纲要》提出推动普通高中多样化发展。首先，促进办学体制多样化，推进培养模式多样化，满足不同潜质学生的发展需要。其次，探索发现和培养创新人才的途径，鼓励普通高中办出特色。最后，鼓励有条件的普通高中根据需要适当增加职业教育的教学内容，探索综合高中发展模式，采取多种方式为在校生和未升学毕业生提供职业教育。《规划纲要》的颁布意味着我国普通高中的发展面临一个历史性的重大转折，进入一个全新的发展阶段。当前和今后的一段时期，人民群众对优质教育资源的选择性需求越来越旺盛，经济结构调整和转型升级对人力资源的需求越来越多样，日趋激烈的国际竞争对提升教育质量的要求越来越迫切，中国基础教育进入了巩固普及成果、全面提高质量、促进均衡发展的新阶段。随后，关于普通高中教育改革的政策密集出台，迎来了前所未有的发展新机遇。

2012年《国家教育事业发展第十二个五年规划》把育人为本作为根本要求，把促进公平和提高质量作为重点任务，提出调整人才培养结构，面向全体学生，培养多样化人才，增加应用型、技能型、复合型人才的供给，全面提高教育质量，确立了“基本普及高中阶段教育，毛入学率达到87%”的发展目标，标志着我国已进入了加快建设教育强国和人力资源强国的历史新阶段。

考试招生制度是国家基本教育制度，对提高教育质量、提升国民素质发挥了不可替代的重要作用，高考改革也是普通高中教育改革的重要内容之一。2014

年，国务院、教育部连续出台了《国务院关于深化考试招生制度改革的实施意见》和《教育部关于加强和改进普通高中学生综合素质评价的意见》两个文件，确立了2014年启动考试招生制度改革试点，2017年全面推进，到2020年基本建立中国特色现代教育考试招生制度的总目标，形成分类考试、综合评价、多元录取的考试招生模式，构建衔接沟通各级各类教育、认可多种学习成果的终身学习“立交桥”。2015年10月召开的党的十八届五中全会明确提出提高教育质量，普及高中阶段教育。这是党的中央全会第一次提出高中教育的发展目标，为有质量地普及高中教育创造了有利条件。

2017年是普通高中教育改革有史以来最紧锣密鼓全面提高质量内涵式发展的一年，国家连续出台了三个文件。第一个文件是3月由教育部等四部门印发的《高中阶段教育普及攻坚计划（2017—2020年）》，第二个文件是9月中共中央办公厅、国务院办公厅颁布的《关于深化教育体制机制改革的意见》，第三个文件是12月教育部印发的《普通高中课程方案和语文等学科课程标准（2017年版）》。总体来说上述文件的主要内容包括以下几个方面：首先，普通高中的重点任务是全面提高普及水平、优化结构布局、加强条件保障和提升教育质量，增强普通高中课程选择性，推进选课走班，满足学生多样化需求。其次，推进普通高中育人方式改革，深化普通高中教育教学改革，稳妥推进高考改革。最后，在普通高中课程方案中进一步明确了普通高中教育的定位，进一步优化了课程结构，强化了课程有效实施的制度建设。这三个文件的发布进一步深化了高中教育改革，做好了与高考综合改革的衔接，解决了普通高中课程改革面临的问题与挑战。新课标的颁布与实施，意味着一场以核心素养为导向的教学变革全面展开。从“双基”到“三维目标”再到“核心素养”，中国普通高中实现教育回归到落实立德树人的轨道上。新课标着力建设以核心素养为主线的课程教学体系，追求的是符合学生成长需要的质量，这是为学生的终身发展和一生幸福奠基的质量，也是让学生更加适应社会发展趋势的质量，这是富有时代性和先进性特征的主流价值观。

2019年也是我国普通高中教育发展多重政策的叠加时期，中共中央办公厅、国务院办公厅印发的《加快推进教育现代化实施方案（2018—2022年）》确定了普通高中未来发展方向是实现普及的更高水平更有质量的优质特色发展。《中国教育现代化2035》定义了新时代普通高中教育发展的宏观政策背景和建设高质量教育体系。《国务院办公厅关于新时代推进普通高中育人方式改革的指导意见》勾画了近年普通高中教育的改革路径，明确了学校课程教学的新方向。义务教育改革的深入推进加上中考改革，正改变着普通高中学校的生源结构和生源特征；而高考改革通过对学生和学校评价的改革也改变着学生的未来去向。

自《规划纲要》颁布到现在，普通高中教育政策的连续出台，既反映了国家建设对于未来人才的需求，也回应了普通高中教育发展中存在的一些突出问题。

作为连接义务教育和高等教育的关键阶段，普通高中的发展起着举足轻重的作用，它的改革具有战略性和全局性。普通高中着力推进教育内涵式发展，坚持走以提高质量为重点的内涵式发展道路，立足国家现代化长远战略目标，紧紧围绕科教兴国、人才强国和可持续发展三大战略，从提升国家核心竞争力、人力资源规模质量的高度实现更高水平的普及教育。

综上所述，在“普及”政策推行近三十年时间内，我国高中阶段教育规模急剧扩张，普及水平大幅提高。2019年我国高中阶段教育招生数约为1439.9万人。① 早期普及阶段的特点是教育外延发展，重点是增加入学机会和扩大学生规模，其核心是确保学生能享受公平和均等的普通高中教育。随着普通高中教育普及率的提高，教育政策从数量扩张转向质量提高再转向高质量发展，既反映了我国教育发展重心的转移，也体现了普通高中教育的战略性调整。注重教育内涵发展，培养什么样的人和怎样培养人成为普通高中教育的主要任务，普通高中多样化发展对提高教育质量、人才培养质量至关重要。为学生提供适合的教育是普通高中质量的主要维度，当前的高中教育开始走向高质量的普及，这既是对新时代经济社会发展要求的回应，也是推进教育现代化、实现教育强国的迫切需要。

普通高中教育的快速发展使学校面貌日新月异，办学条件明显改善，素质教育不断深入，课程改革取得积极进展，人才培养模式也发生了深刻变革，学生综合素质得到了明显提高。普通高中教育的长足发展，为巩固义务教育普及成果、实现高等教育大众化、提升国民素质、促进我国经济社会发展做出了不可磨灭的历史性贡献。科学地配置教育资源，改革教育管理体制，在增加教育投入、扩大优质教育资源总量的同时优化教育资源结构，提高教育效益。面向2035的普通高中，多样化有特色的优质教育是我国面临的主要的挑战和追求。这个时期，普通

① 中华人民共和国教育部．各级各类学历教育学生情况[EB/OL].(2020-06-11)[2021-12-10]. http://www.moe.gov.cn/jyb_sjzl/moe_560/jytjsj_2019/qg/202006/t20200611_464803.html.

高中扩大招生规模以后人数飙升，职业教育学生数不断下降，2019年普通高中在校生数约为2414.3万人，中等职业教育在校生数约为1576.5万人，占高中阶段教育在校生数的比重分别约为60.4%和39.5%。① 加快发展现代职业教育，扩大职业教育招生人数，为社会培养各行各业的劳动技能型人才成为当前和今后教育领域的重要任务之一。

二、优质多样：普通高中教育高质量发展的时代理念

新时代背景下，如何构建普通高中教育优质多样化发展新格局，为建设高质量基础教育体系打造关键一环，值得从内涵、特征和路径等方面进行积极探索。

（一）优质多样的核心内涵

高中是学生个性形成、自主发展、完成生命底色的重要时期。想要界定普通高中教育优质多样化的内涵，有必要先弄清楚普通高中教育定位。

1. 优质教育

优质是指好的高质量的。优质教育是教育理念先进、实践方式科学与具体形式合理的一种品质优良的教育形态，它是一般教育活动发展的方向与目标，在一般教育活动中发挥着引领、示范与导向的功能。从内在组织看，优质教育是按照先进教育理念，按照高效教育实践的要求组织起来的，运作有效、组织完善、结构合理是优质教育的典型特征。从外在功能看，优质教育总是满足社会实践的发展要求，体现时代的强烈需要，昭示着未来教育实践的发展方向，并为未来教育的发展发挥引领、示范与预示的功能。优质教育是社会的期待、教育的理念、民众的期盼、师生的目标，它在社会时代发展中最具生命力、创造力与发展力。②

---

① 中华人民共和国教育部．各级各类学历教育学生情况[EB/OL].（2020-06-11）[2021-12-10]. http://www.moe.gov.cn/jyb_sjzl/moe_560/jytjsj_2019/qg/202006/t20200611_464803.html.

② 陈振华，祁占勇．优质教育资源发展论[M].杭州：浙江大学出版社，2015：4-6.

2. 普通高中教育定位

普通高中教育定位决定着其发展的方向和目标，通过厘清定位有助于解决普通高中教育发展中面临的问题与困难，从而推动其更好地为社会和个人服务，实现普通高中教育高质量发展。

关于普通高中教育定位的讨论不绝于耳，争论的焦点主要围绕着“预备教育”“基础教育”和“基础＋选择教育”等几个方面。然而，当前普通高中教育定位仍然不清晰，要想明确此问题需要从以下三个维度展开思考。

第一，普通高中教育定位离不开传统历史使命的影响。1922年，“壬戌学制”颁布，中国开始设置普通高中。自其作为一个相对独立的学段确立以来，一直被视为大学预备教育，主要发挥选拔和淘汰的功能。2000年教育部颁布的《全日制普通高级中学课程计划(试验修订稿)》和2003年教育部在《普通高中课程方案(实验)》中都强调指出普通高中教育是在九年义务教育基础上进一步提高国民素质、面向大众的基础教育。由此确立了普通高中教育要为每个学生的终身发展奠定基础的任务。把普通高中确定为基础教育，目的是强调这个阶段将为每个人的终身学习奠定基础，高中学历也成为学生未来社会就业的基本学历和个人享受文明生活所应具备的基本条件。

第二，普通高中教育本身的复杂性。在整个国民教育系统中，普通高中教育处在承上启下、承前启后的关键阶段，既带动义务教育质量的提升，又影响高等教育的发展后劲，地位十分重要。普通高中是具有独立价值的特殊教育阶段，尽管国家把高中和义务教育合在一起统称为基础教育，但高中绝不是义务教育的自然延伸。高中必须始终面对大众和精英、基础和分流、规范和选择等两难问题，因此不能把普及义务教育的做法简单套用于高中。[①] 普通高中教育是基础教育的高级阶段，也是最后一个阶段，既是终止性的又是预备性的，既要进行普通教育还要进行职业教育，既是基础教育又是非义务教育，既要强调培养学生的共同基础，又要关注学生的个性发展。作为多个使命的矛盾结合体，普通高中教育应将人的发展看作教育的核心，教育发展除了满足经济建设和预备升学外，更应该完成促进人的发展这一重要使命。

第三，普通高中教育定位具有时代性。《普通高中课程方案（2017年版）》进

---

① 霍益萍．普及有质量的高中教育[N]. 中国教育报，2016-02-18(3).

一步明确了普通高中教育的定位，指出：普通高中教育是在义务教育基础上进一步提高国民素质、面向大众的基础教育；普通高中教育的任务是促进学生全面而有个性的发展，为学生适应社会生活、高等教育和职业发展做准备，为学生的终身发展奠定基础。这一表述再次确定普通高中是提高国民素质和面向大众的基础教育，强调促进个性发展是学生升学、就业和终身发展的基础。进入新时代，全面普及高中阶段教育、全面提高普通高中教育质量的发展任务要求普通高中教育定位应在细化“育人”功能的内涵基础上进一步厘清社会生活、高等教育和职业教育之间的关系及其与“育人”之间的关系。① 2019年，《国务院办公厅关于新时代推进普通高中育人方式改革的指导意见》明确了改革目标，2022年德智体美劳全面培养体系进一步完善，立德树人落实机制进一步健全。2019年中共中央、国务院印发的《中国教育现代化2035》提出努力提供公平、优质、包容的教育，使教育选择更多样、成长道路更宽广，让人人都有人生出彩的机会。

综上所述，普通高中作为国民教育体系的重要组成部分，承担着三类任务群，即核心任务（立德树人）、基本任务（人才培养、文化传承、服务社区、提高素质）和外在任务（升学准备、职业准备等），在普通高中教育定位表述中应该明确和清晰这些内容。②

3. 普通高中教育优质多样

普通高中教育定位决定着普通高中教育承担的使命远远不是升学，而是要为建设创新型国家、国家高质量发展奠定创新人才基础，为国家的繁荣进步提高国民综合素质。加快解决经济社会发展对高质量多样化人才的需要与教育培养能力不足的矛盾，《国家中长期教育改革和发展规划纲要（2010—2020年）》把提高质量作为教育改革发展的核心任务。树立以提高质量为核心的教育发展观，注重教育内涵发展，鼓励学校办出特色、办出水平，出名师，育英才。提出推动普通高中多样化发展，鼓励普通高中办出特色。2019年中共中央、国务院印发的《中国教育现代化2035》明确鼓励普通高中多样化有特色发展；同年，《国务院办公厅

① 陈如平，李建民．当前普通高中教育发展应关注的几个重大问题[J]．中小学校长，2020（6）：3-9.

② 陈如平，李建民．当前普通高中教育发展应关注的几个重大问题[J]．中小学校长，2020（6）：3-9.

关于新时代推进普通高中育人方式改革的指导意见》提出，到2022年普通高中多样化有特色发展的格局基本形成。由此，“多样化、有特色”成为普通高中高质量发展的明确方向和现实目标。

(1)普通高中多样化

联合国教科文组织的一本教育著作《教育——财富蕴藏其中》认为，教育的多样化就是摆脱单一教育模式，使教育的内容、种类和途径多样化，使学习尤其是实用技能学习的方法和地点多样化。[①] 普通高中多样化包含范围广泛、内涵丰富的概念，主要包括培养目标多样化、学校类型多样化、课程设置多样化、招生与评价多样化等内容。

第一，培养目标多样化。培养目标是各级各类学校对培养人的社会角色和素质规格的具体要求，是教育目的的具体化。从国家层面上来说，各级各类学校的培养目标是一致的，但从不同的学校来看培养目标又是有差异的，因为不同学校的办学理念、培养路径是有明显区别的。普通高中培养目标是指普通高中教育对学生的品德、知识、技能、身体素质、心理素质等提出的具体要求和培养标准。培养目标是教育目的的下位概念，是与丰富多样的人才类型相对应的概念。研究普通高中学校培养目标，还需要研究与其相关联的学校宗旨、学校课程与教学、学校管理与环境、各种类型学校之间的合作、学校教育与社区的联系、学校教育资源的差异性配置等问题。[②]

第二，学校类型多样化。目前关于高等学校类型多样化的研究较多，而关于中小学校尤其是高中学校类型的研究较少。从字面意思来看，学校类型多样化通常指的是学校组织多样化的外部表现形式，主要体现在一定范围和阶段内学校机构和管理模式上有差异的构成状态和发展趋势。

第三，课程设置多样化。课程设置是指学校或教育主管部门根据课程目标、课程要求、学生需要等因素对学校课程所做的安排，是人才培养目标的具体体现。从课程开发的主体来看，可以将课程分为国家课程、地方课程与校本课程。国家课程也称国家统一课程，它是自上而下由中央政府负责编制、实施和评价的

---

① 教育——财富蕴藏其中[M].联合国教科文组织总部中文科，译.北京：教育科学出版社，1996：69-70.

② 袁桂林.对普通高中多样化发展的理解[J].人民教育，2013(8)：2-5.

课程。学校课程是由学校全体教师、部分教师或个别教师编制、实施和评价的课程。地方课程则介于国家课程与学校课程之间，指由国家授权，地方根据区域特点、自身发展需要开发的课程。当前，越来越多的国家教育主管部门已经意识到，虽然国家课程、地方课程和学校课程是三种不同的课程形式，但它们之间是互相补充、相辅相成的。从课程设置的形式来看，还可以将课程分为选修课和必修课。选修课是指学校教学计划中规定的由学生自行选择学习的课程；必修课与选修课相对，是学校规定学生必须学习的课程。当然，根据课程设置形式不同，还包括其他课程，如显性课程、隐性课程、分科课程、综合课程等，但它们不在本章的研究范围，所以不加赘述。普通高中多样化的核心是课程设置多样化，建立起适合本校特色的多元化、丰富性、开放性的课程体系，是促进高中学生全面发展和个性发展的关键所在。同时，把职业教育引入传统的普通高中学术课程，内容包括技术工艺和实践操作等方面的知识，使普通教育与职业教育之间相互渗透、相互融合也是课程设置多样化的关键。[①] 另外，从课程管理层面讲，建立弹性的学分制课程管理制度也是实施普通高中课程多样化的重要举措。

第四，招生与评价多样化。《教育学大辞典》中招生的定义是各级各类学校招生目的、方针和实施办法的总称。具体包括考试制度、招生计划与录取制度和招生管理制度三部分。[②] 2016年，《教育部关于进一步推进高中阶段学校考试招生制度改革的指导意见》提出，到2020年左右初步形成基于初中学业水平考试成绩、结合综合素质评价的高中阶段学校考试招生录取模式和规范有序、监督有力的管理机制，促进学生全面发展、健康成长，维护教育公平。由此，评价不再被看成教学过程终结之后的一个环节或凌驾于教学过程之上的活动。相反，评价要被当作镶嵌于教与学过程之中的一个成分，与教学、学习一起构成了三位一体的整体。要倡导各种新型的评价方式，关注内部评价尤其是课堂层面的评价，同时还要注重多元评价。[③]

由此可见，普通高中多样化应是顺应时代潮流的，在先进教育理念指导下的

① 朱益明，石雪丽．论我国加快普及高中阶段教育的四项任务[J]. 基础教育，2019，16(1)：15-22.

② 顾明远．教育学大辞典：增订合编本[M]. 上海：上海教育出版社，1998：145.

③ 崔允漷．促进学习：学业评价的新范式[J]. 教育科学研究，2010(3)：11-15.

培养目标多样化、学校类型多样化、课程设置多样化、学生录取与评价多样化。它是一种时代的需要，从规模发展到内涵发展；是一种目标的深化，从教育目标到培养目标；是一种观念的改变，从追求划一到追求多样；是一种能力的释放，从关注大众到关注个体。

（2）普通高中有特色

“特色”一词通常指事物所表现出来的独特的色彩和风格。独特与优质是特色的基本属性。办学特色是学校在长期的办学传统和办学实践中所形成的独特的个性风貌和风格。它包括特色教材、课程设置、教学方法、培养目标、管理模式、管理风格、教育教学组织运作形式、校园文化等。① 办学特色与学校所处的地理位置、历史积淀和教育资源配置等息息相关，是整个学校办学理念的折射，是学校办学状况的整体体现，是学校培养出满足社会需要的具有个性才能的优质学生。基于此，普通高中办学特色的本质特征包括：

首先，办学特色的独特性。独特性是一所特色学校的基本属性，是学校传统、学校文化、办学思想和办学条件等因素的个性化体现。独特性不一定是前无古人、后无来者，而是“人无我有、人有我优”，更多的时候体现为相对独特。比如上海复旦大学附属学校通过开设不同种类的劳动技术课培养学生创造力，在课程设置上高一年级为“金工技术和实体设计”，高二年级为“数字电子技术”，高三年级为“微电子技术”。这些课程开设几十年来对学生终身发展起到了积极的作用，虽然为非高考科目，但却以其特色课程和特色教育受到学生的喜爱。

其次，办学特色的整体性。一所普通高中在办学过程中单靠一两个亮点和单个的创新活动不能称其为办学特色，应该是在办学思想引导下长期形成的办学风格，以及行政管理、办学理念、课程、教学、校园环境甚至学校建筑等整体展现出来的办学特色。② 比如创办于1937年的上海海事大学附属北蔡高级中学，自2011年确立“航海文化教育”办学特色以来，在“自主立身合作共赢”办学理念的引领下，打造航海文化教育品牌，目前是全国国防教育特色学校、全国海洋科普教育基地学校，通过项目化学习、研究性学习、校本课程建设和科创教育为社会培养高质量特色人才。

---

① 王益文．塑造“学校特色”与打造“特色学校”[J]. 读写算，2018（7）：146.

② 袁先潋．论普通高中办学特色 [D]. 武汉：华中师范大学，2016：20-30.

最后，办学特色的稳定性。古今中外很多特色高中的办学特色不是一朝一夕形成的，而是在悠悠岁月中多少代人共同塑造出来的。这样的学校抚今思昔、追根溯源，在时代的风雨中兼程，在历史的嬗变中前行，办学特色早已记录赫赫史册，流入全校师生的血液中。特色学校不会因为校长的更换而改变办学特色，具备战略眼光和创新意识的校长会顺应时代要求、与时俱进，结合本校实际带领全体教师把学校办学特色继续发扬光大。比如俄罗斯历史最悠久、传统最优良的圣彼得堡第二文科中学，始建于沙皇亚历山大一世时期，因其拥有二百多年的历史，被称为俄罗斯现代教育体系的基石，这所学校以古典和现代相融合的人文学科英才教育为特色，为国家培养了很多人类学家、宇宙学家、艺术家和外交官等。

办学特色是普通高中学校办学水平和质量不断提升的内涵式发展，它以基本质量保障为底线，以普通高中多样化发展为必然结果，实际上是对学生多样化个性需求的积极回应，也是新时代有效提升普通高中教育质量的举措。办学特色的终极目的是创建"特色学校"。"学校特色"与"特色学校"不是一回事：学校特色是从学校内部和学校之间来说的，学校内部通过特色课程、教师队伍建设、教育教学、学生指导等方面体现其特色；特色学校，如人文高中、数理高中、科技高中、体育高中和艺术高中等不同类型的高中。两者之间是量的积累与质的飞跃关系，塑造"学校特色"是创建"特色学校"的起点和初级阶段，没有"学校特色"的长期积淀，不可能创建"特色学校"。创建"特色学校"是矢志不渝地追求办学特色的结果。每所学校都具备打造特色学校的潜质，都可以发展成为特色学校。特色学校是办学理念独特、培养学生个性、得到社会认可的优质学校。①

（3）优质多样化

优质多样化是为了办好人民满意的教育的本质要求，基于普通高中教育定位，追求培养目标、学校类型、课程设置、学生录取与评价的多样化，满足不同潜质学生的发展需要。多样化是普通高中发展的重要方向，特色高中是多样化发展众多举措中的一个方面。普通高中需要以优质多样化发展为原则，探索发现和培养创新人才的途径，追求不一样的办学特色，从而促进教育高质量发展。

---

① 王益文．塑造"学校特色"与打造"特色学校"[J]．读写算，2018（7）：146.

(二) 优质多样的本质特征

1. 更加注重办学特色

办学特色是普通高中学校优质多样化的表现形式之一，以促进学生多样发展为目标，依据党和国家的教育方针和教育目的，培养满足社会发展需要的、适应新时代变化的优质人才。

首先，办学特色是学校对优质教育的追求。有特色的学校具有不甘平庸、追求卓越的品质，在多年历史积淀中逐渐形成独特的办学风格和与众不同的创造力，以其优质教育和独特魅力把学校打造成弥足珍贵的“名片”，赢得社会的广泛赞誉。一所没有特色的普通高中，无法履行国家和人民赋予的重任，很难培养出多样化的高素质社会主义接班人。办学特色不是简单地求新求异、贴标签、赶时髦，更不是简单地复制和模仿。因此，学校不能为了追求特色而生搬硬套搞特色，牺牲学生个性化发展，背离学校办学特色的教育性。新时代教育领域的矛盾主要集中于人们日益增长的对优质教育的需求，以及优质教育资源的分布不均和相对匮乏。办学特色天然具备了提升学校品质的教育价值，它使学校拥有与众不同的个性特征，表现出不可替代性，从而在竞争中具备了更为广阔的生存和发展空间。在应试教育大行其道的今天，大一统的教育模式下，学校的生存基于升学率的比拼，是学校之间你优我劣的排他性竞争，倡导办学特色是倡导学校与学校之间的一种共赢和多赢的错位竞争，也是百家争鸣、百花齐放的优质教育追求。①

其次，办学特色促进学生个性化发展。每一个孩子都是完全特殊的、独一无二的。没有差别的世界是一个孤寂的世界，没有差别的人只是一尊尊丧失个性的木偶。② 高中是个性和才能显露与发展的关键阶段，由于学生的潜能和天赋各不相同，必须使用不同的教育方法才能更有利于他们成长和成才。由于社会发展对人才的需求是多层次多规格的，学生未来选择的人生道路也会各不相同，普通高中是面向全体学生的全面发展教育，是全面而有个性的发展，在注重学生全面发展的基础上应该关注学生的个性化需求，满足不同学生的多样化兴趣爱好。普

① 袁先潋 . 论普通高中办学特色 [D]. 武汉：华中师范大学，2016：28-30.

② 吉尔·德勒兹 . 尼采与哲学 [M]. 周颖，刘玉宇，译 . 北京：社会科学文献出版社，2001：257.

通高中办学特色是为学生个性化成才创造机会，为学生终身发展奠定基础。新时代背景下，有特色普通高中是对人才多样化和个性化发展需求的主动回应。学校既要为每一位学生创造适宜的学习环境，也要满足不同学生的多样化发展需要，同时为具有不同天赋才智的学生提供优质学习环境以促进他们成长为优秀人才。

最后，办学特色激发教师的创新意识。每所有特色的学校都需要校长和教师的共同努力和开拓创新。校长是学校办学治教的核心，先进的教育思想、博大宽广的胸怀、开拓创新的意识、较高水平的专业素养和强烈的事业心等都是新时代校长所应具备的优良品质。校长的办学思想要想贯彻落实到具体实践中，需要通过全体教师齐心协力实现。成功的经验告诉我们，学校教师的特色和专长是特色办学的力量和源泉，只有具备高素质的教师队伍才会有高质量的教学，有创新精神的教师才能培养出有创造力的学生。特色学校应该为老师营造尊师重教、鼓励创新和积极向上的工作氛围，提供宽松自由的创新环境，充分挖掘潜能激发老师的特长，组建创新教师团队，开展特色项目和特色课程相结合的教学模式，培养出有特色才能的优质学生。

2. 更加注重面向人人

普通高中教育是在义务教育基础上进一步提高国民素质、面向大众的基础教育，不只是为考大学做准备，还要为学生适应社会生活和职业发展做准备，为学生的终身发展奠定基础。新时代的普通高中教育立足培养担当民族复兴大任的时代新人，应该加快发展面向每个人、适合每个人、更加开放灵活的教育体系。坚持有教无类，保障每个人平等享受教育的权利，努力提供公平、优质、包容的教育，使教育选择更多样、成长道路更宽广，更公平地惠及全体学生，让人人都有人生出彩的机会。面向人人的教育是落实立德树人这一根本任务的必然选择，是立足新发展阶段、贯彻新发展理念、构建新发展格局的必然选择，更是破解当前普通高中面临基本矛盾的必然选择。普通高中教育应该通过各种形式的学校教学和课堂活动，给予每一个学生发展自我的机会，帮助他们树立正确的人生观和世界观，从而让他们在未来的工作中各施所长、发光发热。作为基础教育的高级阶段，要培养学生良好的学习动机，保持并继续提升学生学习兴趣，让他们热爱学习、主动学习并养成终身学习的习惯和能力。真正成功、有效的学校教育不仅要照顾每一个学生的学习，还应关注他们的成长。

3. 更加注重因材施教

自两千多年前孔子倡导因材施教的教学原则以来，北宋理学家程颐继承了孔子的思想提出“孔子教人，各因其材”的观点，朱熹也对因材施教提出了自己的看法：“圣贤施教，各因其材，小以成小，大以成大，无弃人也。”进入新时代，因材施教是重要的教育理念之一，既是教师需要遵循的教育原则，也是最佳的教学方式。面向学习者个性化、多样化的学习和发展需求，完善教育体系，创新体制机制，改进培养模式，努力使不同性格禀赋、不同兴趣特长、不同素质潜力的学生都接受符合自己成长需要的教育，促进学习者主动学习、释放潜能，获得发展自身、奉献社会、造福人民的能力。只有入学形式上的平等已经不能满足多样需求，完全同样地对待每个学生既不能实现机会平等，也是不现实的，需要采取专门措施为学生提供差别对待，以使不同潜能的学生获得发展的机会。多样化人才需求应该实施多样化教育，普通高中在实现普及化、优质多样化的背景下，要尊重和爱护每一个学生，关心和成全学生的生命发展，用辩证的眼光看待他们，既要帮助学习困难的学生，也要为在某方面表现出天赋的资质优异学生如智力超常儿童提供英才教育的机会和条件，最大限度地满足学生个性发展的需要，帮助其走向成人、成才和成功的道路，为社会培育拔尖创新人才。

（三）优质多样的新时代路径

新时代呼唤新教育，新教育呼唤新使命。优质多样化是新时代普通高中教育的新使命，也是未来发展的新方向。普通高中教育高质量发展着力点在于管办评分离、激发学校办学活力以及以人为本尊重差异。

1. 加快推进教育治理体系现代化，促进管办评分离

进入新时代，当高质量发展成为我国教育事业的基本主题和战略任务以后，积极推进教育治理体系与治理能力现代化，成为普通高中优质多样化发展的重要路径之一。教育治理是指国家机关、社会组织、利益群体和公民个体，通过一定的制度安排进行合作互动，共同管理教育公共事务的过程。治理的典型特征是多

元主体参与的共同治理，即“共治”。[①] 教育治理是对传统教育管理方式的转变，是教育管理民主化的集中体现，是教育管理的现代形态。

根据教育系统的构成关系，教育治理主体可划分为政府、学校和社会三个要素，分别对应管、办、评三种教育行为。政府和教育行政部门主要负责“管”的问题，解决谁管、怎么管、如何管等问题。这就需要从根本上改变长期以来政府权力集中垄断的弊端，重点做好宏观规划、标准引领、资源配置等内容，不断提高政府的执政能力和执政水平。学校主要负责“办”学问题，解决谁办、怎么办、如何办。在教育治理体系框架下，“办”学的核心是自主办学，而自主办学的前提是政府切实落实学校办学自主权，改变以往政府直接插手管理学校的单一方式，实行简政放权，以恰当的方式将办学权下放到学校，使学校成为真正独立的办学主体，自主管理，自主办学。“评”主要是指谁来评、怎么评的问题。实际上是政府督导评估、学校自我评估和社会专业评估相结合的多元评估体系。[②]

伴随教育事业突飞猛进发展，我国的教育管理相对落后，存在着一些严重的、急需解决的问题，其中最突出的是教育管理中政府宏观管理能力不足、社会参与不够、学校内部治理体系不完善等。解决此类问题的关键是教育治理中的政府分权。首先，政府向学校下放权力。学校是办学主体，给学校自主权，让学校摆脱对政府的依附性，逐步形成自主管理、自主发展、自我约束的机制，凸显学校的主体性，增进学校办学的专业性，更好地满足学生的教育需求，促进学生多样化发展。其次，政府向各类社会组织转移权力。社会组织作为一种中间调节机制，在一定程度上可以很好地弥补政府的不足，充当宏观国家和微观社会之间的一个中观协调角色，在利益表达、利益分配、社会纠偏等方面发挥重要作用。[③]《国家中长期教育改革和发展规划纲要（2010—2020年）》明确提出：“完善教育中介组织的准入、资助、监管和行业自律制度。积极发挥行业协会、专业学会、基金会等各类社会组织在教育公共治理中的作用。”最后，政府向市场转移权力。市场机制能够发挥政府不能发挥的作用。市场机制可以促进学校良性竞争，从而提高办学质量。在土建、仪器设备购买、图书采购、食堂招标等制度中引入市场

① 褚宏启．教育治理：以共治求善治 [J]. 教育研究，2014，35（10）：4-11.

② 范国睿．教育管办评分离改革：理论假设与实践路径 [J]. 教育科学研究，2017（5）：5-21.

③ 褚宏启．教育治理：以共治求善治 [J]. 教育研究，2014，35（10）：4-11.

机制，成效显著。[①]

2. 进一步激发学校办学活力

2020年9月，教育部等八部门发布《关于进一步激发中小学办学活力的若干意见》，引发社会各界的广泛关注和热烈讨论。要想使普通高中优质多样发展，需要全面松绑，这样才能真正激发学校办学活力。

活力通常指生命力，包括活着的动力与活着的能力，二者缺一不可。[②] 办学活力是学校组织的活力、学校内部的活力。[③] 办学活力是新时代学校创新发展的需要，是学校主动发展、积极发展的源泉。办学活力包括外部和内部两个因素，两者之间相互影响。外部因素主要是指政府部门管理中小学校的制度与方法，还有日渐强大的各种媒体（包括自媒体），它们在激发中小学办学活力上至关重要；内部因素就是中小学校自身在管理、教育、教学等方面的思想和行为。学校的主体是人，只有校长有活力，教师有活力，学生有活力，这所学校才算有活力。让校长能真正"当家做主"，才能激发校长办学治校的活力；教师在教育教学上有一定的自由空间，能够按教育规律干自己应该干的事、干自己喜欢干的事，才能有创新、有活力，才能形成自己独特的教学风格。[④]

在实践中激发学校办学活力主要包括三个方面：第一，学校自主探索与创新发展。创新是学校办学活力的源头活水，自主创新是新时代发展的主题，同样也是激发普通高中办学活力的驱动力。办学自主权是激发学校办学活力的关键，发挥学校办学的创造性和创新性，培育学校可持续发展的内生动力。有探索能力和创新精神的学校才能够充分激发教师的主动性和积极性，从而培养学生的创新精神和实践能力，真正实现每个学生都有人生出彩的机会。普通高中学校作为独立法人而存在，是办学的直接执行者，具有主体性角色定位。在外部环境支持学校发展的背景下，学校应主动行使自身的权利和义务，创新增强学校办学内生动力，充分发挥教师与学生的参与性、自觉性和求生力。第二，科学规划引领学

① 褚宏启. 教育治理：以共治求善治 [J]. 教育研究，2014，35（10）：4-11.

② 褚宏启. 我们需要什么样的学校办学活力 [J]. 中小学管理，2021（1）：60-61.

③ 石中英. 学校活力的内涵和源泉 [J]. 河北师范大学学报（教育科学版），2017，19（2）：5-7.

④ 王殿军. 全面松绑，方能激发学校办学活力 [J]. 教育家，2021（4）：10-11.

校发展。学校发展规划是学校办学思想与办学理念的凝练，是学校主动发展的标志。学校发展规划不是应付上级检查的工具，不能只挂在墙上，而应是围绕人的发展所做出的系统设计、科学部署和实践指引，关乎学校中每个人的发展。[①] 第三，学校成为师生生命共同体。办学活力应该是学校整体的生命力体现，不仅是指校长和教师的参与和贡献，也包括学生与家长的认同与支持。[②] 推进学校民主管理，把权力下放给教师、学生和家长等，激发他们的活力；在课堂和班级层面，给学生和家长分权，推进课堂教学民主、班级管理民主，以激发学生活力和课堂活力。将学校打造成为生命共同体，是激发办学活力的又一表现。

3. 着力践行以人为本尊重差异的原则

《国家中长期教育改革和发展规划纲要（2010—2020年）》提出："关心每个学生，促进每个学生主动地、生动活泼地发展，尊重教育规律和学生身心发展规律，为每个学生提供适合的教育。"作为基础教育的普通高中教育应该以学生为本，为学生的一生发展和终身幸福奠定基础。美国教育心理学家加德纳研究发现，人类所有个体在不同程度上都具有相对独立的七个智能领域，即语言智能、数学逻辑智能、音乐智能、空间智能、身体运动智能、人际交往智能和自我认识智能，后来又补充了第八种智能，即自然智能。这种智能多元观（pluralistic view of mind）认为，人们存在许多不同的、各自独立的认知方式，不同的人具有不同的认知强项（cognitive strengths）和对应的认知风格（cognitive style）。建立在这种理论基础之上的学校模式应该是以个人为中心的学校（indvidual centered school）模式，人类的每一种智能都应该被激活。例如音乐智能的基本能力特征，就是对于音高的敏感性；而语言智能的基本能力特征，就是对于发音和声韵的敏感性。[③]

每个人都是具有多种能力组合的个体，而不是只拥有单一的、用纸和笔测试出来的解答问题能力的生命个体。两个人，甚至同卵双胞胎都不会拥有一模一

① 朱益明.激发中小学办学活力的意蕴、要求和表现[J].北京教育（普教版），2021（4）：30-34.

② 朱益明.激发中小学办学活力的意蕴、要求和表现[J].北京教育（普教版），2021（4）：30-34.

③ 霍华德·加德纳.多元智能新视野：纪念版[M].沈致隆，译.杭州：浙江人民出版社，2017：3-7.

样的智能轮廓，因为即使基因物质来自同一卵子，出生后的人类个体也会有不同经历。人与人的差别，主要在于人与人所具有的不同智能的组合，如果我们能调动起人类的所有能力，人们就不仅仅是更有能力或对自己更有信心，而且会更积极、更投入地为整个团体甚至整个社会的利益工作。[①]当儿童找到他所擅长的智能领域时，他将乐于探索，并逐步建立良好的自我感觉，成功的体验会让他有信心挑战一个难度更大的领域。然而，教室并非一个个"原子"的集合体，而是一个由人组成的社会团体，只有当其中的个体相互认识、相互尊重、遵守大家一致认同的规范时，团体才能发挥作用。儿童在一个规划得很好的团体中学习时，其表现往往更佳。个体能否在成人社会中发挥作用也常常取决于他是否有能力成为团体中有用的一员，有自己的强项，同时也有他人可以弥补的弱项。培养儿童的智能强项并不意味着限制他们在其他领域的发展。相反，广泛的学习经验可以帮助儿童充分证明并发展自己的潜能、兴趣、能力和强项。[②]

三、普通高中教育高质量发展面临的问题与挑战

近一二十年来，普通高中教育取得了较大的进步与发展，随着高中阶段教育的全面普及和普通高中教育高质量发展任务的明确，以及实现我国加快推进教育现代化、建设教育强国的目标，普通高中教育发展面临着一些问题与挑战，值得关注和研究。

（一）集权化教育管理体制使学校没有办学自主权

受过去计划经济体制的影响，我国在教育管理体制上中央集权倾向比较明显，随着市场经济体制的逐步完善，教育管理上的中央集权有所松动，但仍然强调中央集中统一领导。集权主义在教育管理体制中表现出一种自上而下的绝对控

① 霍华德·加德纳．多元智能新视野：纪念版 [M]. 沈致隆，译．杭州：浙江人民出版社，2017：3-7.

② 陈杰琦，克瑞克维斯基，维恩斯．多元智能的理论与实践：让每个儿童在自己强项的基础上发展 [M]. 方钧君，译．北京：北京师范大学出版社，2015：140-145.

制，显著特征就是政府直接进行教育行政管理，学校只需要按照上级下达的指令办学。在我国计划经济体制下，这种集权化的教育管理模式有利于各地区教育资源平衡发展，在一定程度上避免产生教育不公平。但随着我国政治经济文化水平的提高，这种自上而下集权化的管理体制给普通高中多样发展带来的弊端逐渐暴露出来。集权化的管理体制束缚了校长的办学思想，限制了学校的办学积极性，这些弊端导致普通高中千校一面现象越来越严重。同时，由于地方政府部门在教育管理过程中普遍存在重结果轻过程、重权力轻责任的现象，导致普通高中教育偏离了育人的轨道。①

学校没有自主权就没有主动性和活力，放权、搞活是普通高中多样化有特色的关键点。《国家中长期教育改革和发展规划纲要（2010—2020年）》明确提出，要扩大普通高中办学自主权。如今十几年过去了，实践中学校的自主权不但没有扩大，有的地方甚至出现了“倒退”。一些地方把原来下放到高中的教师招聘、经费使用等方面的自主权又收了回去。表面上看是出于防止腐败、促进公平的考虑，深究起来却是某些人对于权力的迷恋和资源的贪婪。在许多地区，教育行政部门已经习惯了计划经济时代高度集中、一统天下的管理模式。在一些政府的督导评估方案里，用一把尺子衡量所有学校的做法司空见惯。这种教育管理模式势必造成千校一面，学校失去生机和活力，成为“考试加工厂”，学生是生产线上的零件。② 办学自主权还体现在学校治理的方方面面，比如学校人事自主权，从教师招聘到评定职称、从评选先进到遴选中层干部都应交给学校自主负责，但现在绝大多数学校是没有这样的人事自主权的。即使有些地方规定学校可以自主设立校内机构、选拔中层干部，但这些都需要向上级教育行政主管部门报批或者备案，看似给了学校自主权，实际上最后的审批权、决定权并不在学校手里。由此可见，学校在日常运行管理等内部事务中自己说的不算，没有自主权，教育行政部门在抓大放小、把握好办学方向方面没有做好。激发学校办学活力，教育行政部门首先应该做到“管办评”分离，管的是政策保障、经费支持、资源供给等，办的是把握好政治方向、选好校长，评的是对学校办学过程的监督。可到目前为

① 吕黄梅．普通高中教育多样化发展问题研究 [D]. 武汉：华中师范大学，2016：20-25.

② 范国睿．基于教育管办评分离的中小学依法自主办学的体制机制改革探索 [J]. 教育研究，2017，38（4）：27-36.

止，给学校自主权喊了很多年，却一直是雷声大雨点小，教育行政部门对学校具体办学过程的过多干预阻碍了学校百花齐放、百家争鸣，学校无法办出自己的特色，无法实现多样化发展。

（二）普通高中高质量发展的政策落实与管理支持不到位

《国家中长期教育改革和发展规划纲要（2010—2020年）》提出把提高质量作为教育改革发展的核心任务，推动普通高中多样化发展；《中国教育现代化2035》定义了新时代普通高中教育发展的宏观政策背景，推动各级教育高水平高质量普及。多样化、高质量普及是国家对高中教育改革与发展的重要战略决策，国家从宏观层面提供政策引导并为地方具体实践提供改革支持，但是目前仍然存在地方普通高中政策落实与管理支持不到位的问题。

第一，地方政府对普通高中发展定位不清晰，不能对其多样化发展予以规范监管和足够支持。高中教育下启义务教育，上承高等教育，处在中间阶段，对提高国民素质和培养创新人才具有特殊意义。目前，地方政府和基层教育行政部门在对普通高中进行管理的过程中，却常因高中教育定位不明而产生“把普通高中教育当作义务教育来管”“把普通高中教育作为高等教育的预备教育来办”的现象。基层教育行政部门对高中教育办学定位的理解偏差，导致高中教育内部办学模式和学校类型发展单一等问题难以解决。[①]

第二，地方政府常常忽视对普通高中的支持和投入，导致高中学校办学困难。普通高中教育发展实际上成为地方政府的“良心活”，高中教育的发展更多依靠的是地区教育行政部门对高中教育的重视程度。以财政支持为例，我国基础教育实行“地方负责、以县为主、分级管理”的教育财政体制。普通高中作为基础教育阶段的重要组成部分，其教育财政支付中心在地方政府。在基础教育领域，地方政府通常选择将更多的教育财政资源向义务教育倾斜，以完成“普九”“两基”等任务，回应国家和社会对义务教育发展的关注。县级政府财力有限，在投入义务教育之外难以再顾及普通高中。加上现代教学技术革新带来了学校运

① 余凯，谢珊．普通高中教育多样化发展的问题分析与政策建议[J]．中国教育学刊，2020（2）：40-45.

行成本的增加，普通高中取消择校收费后学校面临更为严峻的经费紧缺问题，高中举债办学现象非常普遍。[①] 学校经费吃紧导致优秀教师资源流失、学校教育设施陈旧，从而影响了高中正常办学，更别提高质量教育了。

第三，基础教育行政部门对普通高中的发展规划和政策执行缺乏明确指导。相较于义务教育阶段，普通高中对教师的学历层次、教学技能以及综合素养要求更高，但普通高中的教师未享受到相应的工资待遇，其劳动付出、专业素质与劳动所得极不匹配，不利于吸引优秀人才加入教师队伍。[②]

(三) 普通高中同质化现象严重导致学生片面发展

普通高中"同质化"现象是指高中三年学生的整个培养过程和人才培养模式的统一，即从课程、教学到考试评价等所有育人环节的全国大一统。我国普通高中同质化现象严重，千校一面、万人一书，缺乏特色导致学生片面发展。

一是课程设置趋同。根据教育部制定的普通高中课程方案要求，学校课程以必修课为主、选修课为辅，目的是在保证共同基础的前提下，为不同发展方向的学生提供有选择的课程，促进学生多样化发展。但现实情况是，普通高中课程设置高度趋同、单一，很多高中少开甚至不开音乐、体育、美术、综合实践、社区服务等必修课和选修课，把课时让给了考试科目，把常规三年的课程压缩至两年甚至更短的时间学完。很多学校只是机械地设置国家课程，不能开发地方课程和校本课程。有些学校虽有校本课程，但限于师资困境，校本课程普遍质量较低，无法达到理想效果。高中学校趋同的课程体系，不能满足学生多样化的学习需求，不能适应国家多样化人才培养需要。在学科关联性方面，应试教育下的课程，没有关注课程内容与社会生活、高等教育和职业发展的内在联系。

二是教学模式趋同。为了追求整齐划一和学习速度，很多学校忽视学生的认知发展规律，仍然采用传统的填鸭式教学、题海战，按照同样的标准、同样的教学方法授课，缺少创新意识和创新能力的培养，导致学生失去学习兴趣，学习效

---

① 余凯，谢珊．普通高中教育多样化发展的问题分析与政策建议 [J]. 中国教育学刊，2020（2）：40-45.

② 余凯，谢珊．普通高中教育多样化发展的问题分析与政策建议 [J]. 中国教育学刊，2020（2）：40-45.

率低下。在教学组织形式上，小组合作学习和走班制教学流于形式或没有实施。新课标主张的因材施教、合作探究、学思结合、知行统一的教学模式尚未形成，不能完成培养担当民族复兴大任的时代新人任务。

三是考试评价趋同。普通高中课程设置和教学模式趋同客观上是由于考试评价决定的，有什么样的评价就有什么样的模式。评价趋同、单一造成了全省乃至全国的普通高中都向示范性高中看齐，普遍存在为高考而教、为高考而学的应试教育倾向。压缩正常教学时间，提前讲完三年课程以赢得更多时间进行高考总复习成为高中学校常用的做法，讲授背诵打天下、题海战术、重复机械训练成为高中学校获得高升学率的诀窍。高考升学率乃至一流大学升学率成为地方政府、社会、家长评价学校办学水平高低的唯一指标。统一的教育内容、统一的教育进度、统一的教育评价之下，学生丧失了主体地位，没有学习兴趣和学习主动性，只需机械地完成外在规定的学习任务就行。很多学生考入理想大学的奋斗目标并非来源于自己的人生理想，植根于自己的选择，而是迫于高考压力或者家长、老师的期待。高考主要是纸笔考试，它检测的是人的记忆力和数理逻辑，却扼杀了具有其他智力优势学生的个性化发展。由于学生兴趣爱好、知识基础、能力倾向及志向抱负各不相同，参加整齐划一、统一标准的考试，泯灭了学生的创造力，从而使学生产生厌学情绪，甚至辍学。高考下的高中生将升入理想大学作为人生理想的全部，无暇顾及升入理想大学后到底要做什么，要成为怎样的人。等高考一结束，马上将平日里苦读的书本撕成碎片方觉大快人心，没有终身学习的兴趣和愿望。

四是学校类型单一。我国高中主要包括普通高中和职业高中两种，学生初中毕业后面临着入学比例大体相当的非普即职的选择。按照分数对学生进行普职分流，不符合社会对多样化人才的综合素养要求。普职双轨制使学生身份固化，学籍分属不同教育科室管理，给学生身份贴标签，限制了学生的自由选择和流动，更不能满足学生个性化需求。另外，普职分流也使得普通高中完全陷入追求高考升学率的恶性竞争状态，职业高中完全陷入职业技术轨道，限制了学生发展和人生选择的通道和路径。尽管当国家意识到职业教育发展滞后时，转向呼吁发展职业教育，却矫枉过正、缺少科学依据地做出“非普即职、非职即普”，普职比“大体相当”的主观臆断。可实际上在职业教育被喊得身价骤增的同时，职业学校却处于资金不足、师资不足、招生不足的尴尬境地，甚至还有职业学校迫不得已一边举办普高班，一边掩人耳目，应付上级检查。①在高校扩张、职业教育受到重视的同时，普通高中多样化进程放缓，使普通高中朝着应试教育、高考升学率一路狂奔下去，普通高中学校出现了千校一面的同质化现象。

鉴于上述同质化问题，很多高中沦落成教育“大工厂”，课程沦落成“生产车间”，教师沦落成流水线上的“操作工”，学生则是被加工出来一模一样的“标准件”。学校中的“人”不是完整的人，首先是抽象化的存在，学生被贴上各种数字标签，比如成绩排名、等级奖项、升学率等，被划分为三六九等。其次是分裂化，应试教育下学生出现了身心的对立和分离，焦虑和叛逆是高中生的主要特点。最后是非自主化，学校中的学生失去了自由学习的权利，迫于升学压力，他们只能学习考试内容，与考试无关的知识无暇顾及，每天的活动空间被固定在教室里。要想破解高中学校的“唯分数”难题，只有促进普通高中从“育分”转向“育人”。

（四）超级中学破坏地区教育生态

所谓超级中学通常是指在校生规模庞大、生源质量较高、师资力量雄厚、办学条件优越、一流大学录取率高的学校。由于重点学校制度的支持，省内少数重点高中获得了优先发展权，拥有比本省其他高中更多更好的师资力量和经费投入。不同学校在经费投入上的差距逐渐发展成为办学质量上的差距，重点中学凭借远高于其他学校的高考升学率，成为学生和家长口口相传的名校。当地政府为缓解重点高中教育资源供不应求的矛盾，开始鼓励名校与民校联合办学，为公办名校办民校提供了便利条件，由此进一步加剧了少数重点高中的地区垄断。这类学校拥有其他学校所不具备的两个优势：其一，依托公办名校的民办学校凭借其现代化的硬件设施、优美的校园环境、过硬的师资力量等品牌优势，使自己的名气越来越大，受到很多家长和学生的青睐和追捧；其二，为规避政府明令禁止公办学校跨区招生的政策，公办名校利用其民办学校的身份全省跨区县招生，通过公办民办混合招生、招收复读生等方式，掠夺“好苗子”或“掐尖招生”，招收了全省范围内的优质学生。与此同时，这类学校通过公办加民办混合办学的优

① 袁桂林．高中多样化发展是解决学制中段矛盾的需求[J]．基础教育参考，2013（3）：7-9.

势，经费来源渠道广泛，能够灵活使用学校经费，教师工资待遇和福利远高于其他学校，不仅调动了本校教师的工作热情，还变相挖来其他学校的骨干教师，使学校师资实力继续为打造名校锦上添花。拥有如此雄厚的资源和实力，加上当地政府的鼎力支持，这类学校规模越来越大、生源越来越好、名声越传越广、一流大学升学率越来越高，成为当地名副其实的“超级中学航母”。[①]

虽然超级中学在形成之初产生了一定的积极影响，但随着这类学校的不断发展壮大，其消极影响却越来越严重。首先，超级中学严重破坏了区域内普通高中教育生态。由于超级中学不公平地垄断区域内优质教育资源，在生源、师资和资源配置方面具有绝对优势，享有各种特权和政策照顾，省内普通高中教育发展两极分化现象日益加剧，超级中学几乎包揽了本省一流大学录取名额，一枝独秀风光无比，而日渐没落的一般中学和县级中学高考升学率很低，甚至出现了“县中沦陷”的情况。其次，超级中学强化了应试教育。高升学率尤其是“清北录取率”成为这类学校不惜一切代价疯狂追求的目标，高强度、高难度训练刷题技巧，题海战术，“只要学不死就往死里学”的口号，把学生培养成考试机器，扼杀了学生的创造力，忽略了普通高中本该具有的育人功能。再次，超级中学不利于因材施教。当前在校生人数达到7000人以上、班级超过60个的高中不在少数，甚至个别高中规模更大，人数超过10000人，新校区绵延一公里多。[②] 如此超大规模导致学校管理僵化，只能采用军事化管理或年级校长制等。与国外教育发达国家普通高中实现小班化教学相比，超级中学不利于培养学生个性，不利于因材施教。最后，超级中学不利于教育公平的实现。这类学校凭借对优质教育资源的垄断，加剧了择校现象和多种隐性入学方式的泛滥，如凭借关系入学、缴纳高额择校费等。这种关系生既有外地的，也有本地的，从市县领导到局长处长，每人都有几个关系生指标，根据分数多少、关系远近，缴纳多少钱进入超级中学。不具备经济实力、社会资源的城市普通家庭或农村家庭子女是很难进入学校的，当然也就很难通过超级中学升入理想的一流大学。由此造成的学生阶层分化、城乡差距扩大，是社会不公平在教育领域的延伸，最终导致区域教育公平遭到破坏，基

① 郭丛斌，徐柱柱，张首登．超级中学：提高抑或降低各省普通高中的教育质量 [J]. 教育研究，2021，42（4）：37-51.

② 吴全华．论以有质量和有公平为目标的普通高中教育改革 [J]. 当代教师教育，2020，13（4）：9-16.

础教育处于失衡、失序的状态。[①]

四、普通高中教育高质量发展的实践路线

处在普及阶段的高中追求教育规模和入学机会，这是高中外延发展阶段的必然特征。当高中从外延发展转向内涵发展时，入学机会供给依然重要，但学校类型、教育过程、育人方式等将更加受到关注，成为普通高中教育高质量发展的重心。

(一) 聚焦优质：战略重心从规模扩张到高质量普及

高中教育事业发展重心主要表现在两个方面：一是教育规模，二是教育质量。就规模来看，过去一段时期至今，主要任务是普及高中阶段教育。提高教育质量、普及高中阶段教育是党的十八届五中全会的重大战略决定，是党和国家对未来高中发展确定的方向指针。普及高中阶段教育，是顺应经济社会发展对劳动力素质乃至全民族素质提升的新需求，是我国实现教育现代化、全面建成小康社会的重要战略决定。[②]《2022年全国教育事业发展统计公报》显示，普通高中招生947.54万人，高中阶段毛入学率91.6%，已经基本实现了高中教育的普及。[③]面向2035，我国普及高中阶段教育的任务依然存在，但已经不再是主要矛盾了。

进入新时代，随着我国高中阶段教育的全面普及，普通高中教育已经进入以内涵式发展和质量提升为重点的新阶段。要进一步支持中西部贫困地区特别是刚刚普九的地区，增加普通高中教育资源供给，提高普及水平，为学生提供更多的入学机会。在这个过程中应始终将提高教育质量作为普及的基本要求，全面落实好国家课程方案，开齐开足课程，避免低水平、简单化的规模数量增加，实现有

① 杨东平，王帅.从“衡中模式”看基础教育治理的困境与出路[J].清华大学教育研究，2018，39(4)：87-93.

② 徐士强.面向2035的普通高中教育发展新境界[J].中国教育学刊，2018(9)：20-24.

③ 中华人民共和国教育部.2022年全国教育事业发展统计公报[EB/OL].(2023-07-05)[2023-07-14].http：//www.moe.gov.cn/jyb_sjzl/sjzl_fztjgb/202307/t20230705_1067278.html.

质量的普及。坚持把立德树人放在首位，着力培养学生高尚的道德情操、扎实的科学文化知识、良好的身体素质、健康的审美情趣，提升学生的综合素养。加强制度建设与体制机制建设，在扩规模提质量的同时建立健全教师补充机制、督导评估机制和经费投入机制，加大财政投入力度，为普通高中健康持续发展提供制度保障。[①] 激发学校办学活力，政府部门依法管理学校，在校长队伍建设与管理方面回归教育专业立场，创新教师队伍建设思路。

2017年3月，教育部等四部委发布《高中阶段教育普及攻坚计划（2017—2020年）》，提出“基本消除普通高中大班额现象，减少超大规模学校”，“优化资源配置，适应高考综合改革对学生选课走班等教育教学改革的要求”。由此可见，超级中学的治理和转型已是大势所趋。在十二年基础教育逐步普及的背景下，需要提出指导高中教育的新的政策规范，即“普通高中均衡发展的政策”，保障区域内高中教育的健康发展，为治理超级中学和大规模学校、禁止跨区招生等行为提供法治保障。[②] 为此，需要改变等级化的学校制度，不再把普通高中分为三六九等，而是特色化办学，并实行属地化管理，改变一些优势学校享受招生特权的情况。在任何领域，垄断都是有害的，是需要反对和打破的，基础教育领域也是如此，应该明确反对超级中学一家独大、上下通吃、成就自己、破坏整体的局面。依法治理和控制招生方式和招生规模，是对超级中学的源头治理，是全面实施高质量办学的有力举措。[③]

县域普通高中（即县、县级市举办的普通高中，以下简称“县中”）在推进教育高质量发展和乡村振兴战略中承担着重要使命，寄托着广大农村学生对接受更好教育的美好期盼。2021年12月14日教育部等九部门印发《“十四五”学前教育发展提升行动计划》和《“十四五”县域普通高中发展提升行动计划》的通知，提出了实施县中托管帮扶工程的有力举措，通过国家引导、地方支持、双向选择的方式，开展多种形式的县中托管帮扶工作，努力使每个教育基础薄弱县都得到支持，加快整体提升县中办学水平。具体做法就是教育部依托举办附属中学的部

---

① 刘利民．普及高中教育首先应该做什么？[N]. 光明日报，2015-11-17（14）.

② 杨东平，王帅．从“衡中模式”看基础教育治理的困境与出路 [J]. 清华大学教育研究，2018，39（4）：87-93.

③ 杨东平，王帅．从“衡中模式”看基础教育治理的困境与出路 [J]. 清华大学教育研究，2018，39（4）：87-93.

属高校，面向100个县托管100所县中，发挥示范引领作用；按照对口支援关系，组织东部发达地区省份，面向西部10省160个国家乡村振兴重点帮扶县开展组团式对口帮扶。① 2022年1月11日，国新办召开新闻发布会介绍《“十四五”公共服务规划》有关情况。会上，教育部发展规划司指出：“十四五”期间，教育方面的重点工作之一是大力提升县域普通高中整体质量；县域普通高中作为县域基础教育的龙头，对带动义务教育优质均衡发展、促进乡村振兴以及培养输送优秀人才具有重要的作用。国新办再次重点强调了教育部将依托相关部属高校托管100所县中，组织东部发达地区面向西部国家乡村振兴重点帮扶县开展对口帮扶。总的考虑，就是以县中的高质量发展促进高中学校多样化、有特色发展。发展更高质量、更加公平的教育公共服务，是加快推进教育现代化、建设教育强国、办好人民满意教育的重要方面。②

(二) 五育并举：培养全面而有个性发展的人

2010年7月颁布的《国家中长期教育改革和发展规划纲要（2010—2020年）》，提出普通高中要促进学生全面而有个性的发展。2019年6月，国务院办公厅发布《国务院办公厅关于新时代推进普通高中育人方式改革的指导意见》，要求培养担当民族复兴大任的时代新人，努力培养德智体美劳全面发展的社会主义建设者和接班人。健全立德树人落实机制，明确“培养什么人、怎样培养人、为谁培养人”的教育根本问题。首先，培养什么人是普通高中教育的首要问题。作为社会主义建设者和接班人，要把学生培养成社会发展、知识积累、文化传承、国家存续、制度运行所要求的人。其次，除了德育，还应加强科学文化教育、体育、美育和劳动教育，充分发挥树德、增智、强体、育美的综合育人价值。培养全面发展的

---

① 中华人民共和国教育部．教育部等九部门关于印发《“十四五”学前教育发展提升行动计划》和《“十四五”县域普通高中发展提升行动计划》的通知[EB/OL].（2021-12-14）[2022-05-08].http：//www.moe.gov.cn/srcsite/A06/s7053/202112/t20211216_587718.html.

② 中华人民共和国国家发展和改革委员会．关于印发《“十四五”公共服务规划》的通知 [EB/OL].（2022-01-10）[2022-10-11].https：//www.ndrc.gov.cn/xxgk/zcfb/ghwb/202201/t20220110_1311622.html.

人，“五育”是一个有机统一的整体，是相互融合、相互促进的整体。[①]

缩减班级规模是提高教育质量、实施个性化教学的有效手段之一，消除大班额、探索小班化教学是进行选课走班的前提条件。作为新一轮普通高中课程改革的创新之一，选课走班是一种新型教学管理组织形式。从功能上看，选课走班是为了适应新高考改革的需要；从形式上看，它在保证全体学生达到基本学习要求后，为每位学生提供个性化的课程内容；从实效上看，这种教学模式更能满足学生的个性化、个别化学习需求。[②]《国家中长期教育改革和发展规划纲要（2010—2020年）》最早提出推进“走班制”，国务院印发的《国家教育事业发展“十三五”规划》也鼓励普通高中实行“选课制”“走班制”。从现有高中学校推行走班制的成功经验来看，这方面大有可为。第一，建立健全选课指导制度，形成课程说明和选课指南；第二，开发课程安排信息管理系统，统筹做好班级编排、教师调配、教学设施配备、学生管理等工作，构建规范有序、科学高效的选课走班运行机制；第三，组织有经验的教师建立指导团队，服务于学生的选课指导；第四，加强走班教学管理，强化任课教师责任，支持学生自我管理。在推行走班制过程中，要避免单纯将考试成绩作为选课的依据，杜绝功利性和盲目性，防止出现偏科现象。[③]

虽然高中教育属于基础教育，但它又不像义务教育那样实行统一的强制教育，而是为高等教育甄选和培养优秀人才，除了基础性外更强调教育的选拔功能。积极鼓励普通高中与高等院校开展合作，促进双方建立有效的沟通协调机制和联合育人机制。支持国家一流大学或具有学科优势的教学型大学与特色高中联合开发高中教育特色课程，帮助其建设高水平实验室，选派优秀教师到高中开设大学先修课程，开设专题讲座；允许优秀高中生到大学修读基础课程，向优秀高中生开放实验室、图书馆等教育资源，以联合办学或联合培养的方式，共同培养优秀高中生。借鉴国外成熟的英才教育经验，组织高水平专家开发一系列英才儿

---

① 陈如平．以育人方式改革为重点推动普通高中深度变革[J]．中国教育学刊，2020（8）：31-35.

② 陈如平．以育人方式改革为重点推动普通高中深度变革[J]．中国教育学刊，2020（8）：31-35.

③ 陈如平．以育人方式改革为重点推动普通高中深度变革[J]．中国教育学刊，2020（8）：31-35.

童甄别技术和标准，建立与完善英才儿童培养的特殊教育内容、教育模式、教育标准，开发具有一定深度和广度、富有挑战性的核心课程、综合课程、创新实践活动等，着力培养他们的创造思维、批判思维、发现与探索新问题的意识与能力、分析和解决问题的能力。制定选拔和培养中学生精英人才的国家战略，对在某一领域具有超常天赋和特殊兴趣的学生，实行特殊的招生、培养和管理模式，创办一批专门培养精英人才的学校或实验班，对确有天赋和特殊才能的学生进行特别培养。充分调动大学、科研机构、社会教育机构与企业等社会教育资源，建立健全精英人才培养的社会支持系统。①

(三) 推进多样化：使普通高中有特色发展

普通高中多样化、特色化发展是由普通高中教育的使命决定的，根据多元智能理论所揭示的观点，不同的人会有不同的智能组合，学校教育应为他们提供合适的发展机会。类型多样化的普通高中学校通过多样化的培养目标可以履行普通高中教育的使命，为学生发展提供个性化教育，从而为社会培养多样人才。普通高中多样化主要包括两种不同的类型：一是学校类型多样化，如俄罗斯高中学校类型有文科中学、实科中学、特科中学、普通中学和教育中心等，其中特科中学又包括外语中学、音乐中学、艺术中学、经济中学等。二是某一学校类型里面专业和课程领域的多样化，如俄罗斯的实科高中有培养核研究后备人才的国家核研究大学附属中学，有设置医学、心理学和经济学专业的实科高中，有设置数学、物理专业的实科高中等，多种多样、各具特色。

古典与现代相互融合的文科中学。文科中学作为中等普通教育机构的一种类型，在欧洲已经有500余年的历史了，沙俄时期属于贵族学校。现在的文科中学面向大众招生，是重点完全中学，实施英才教育，注重选拔有天赋的学生发展他们的个性才能，为国家培养人文精英。文科中学以学习人文知识为基础，自然科学学科也受到重视，培养学生的科学创新和研究能力，小班教学。如圣彼得堡第二文科中学的特色专业是语言学和社会经济学，语言学联邦部分专业课程包括俄语、文学、外语，社会经济学联邦部分专业课程包括代数和初等分析、几何、社

① 范国睿.促进高中教育多样化发展[J].教育发展研究，2010，30(24)：5.

会科学知识、经济学。这所学校培养了很多杰出的艺术家、人类学家、民族学家以及外交官等。

注重实践训练的实科中学。俄罗斯最早的实科中学是1810年由沙皇亚历山大一世创办的皇家学校，现在的实科中学是一种特殊类型的国立普通教育机构，是有职业导向的重点高中，针对具体职业加深学习自然科学和技术学科，并对学生实施职业培训。实科中学对学生进行专业知识教学，注重实践训练，根据地方教育管理部门的规定，学生可以自行选择安排科研活动。学生通常在7年级毕业以后就可以进入实科中学学习了，但要经过严格的选拔竞赛、考试和面试，成绩合格的才可以被实科中学录取。实科中学通常与一所或多所大学密切合作，甚至很多学校都是大学的附属中学，直接为大学培养和输送优质生源。不是大学附属中学的实科中学往往会与多所重点大学合作办学，大学教师参与中学的教学过程，比如和中学一起开展选拔招生、讲授课程、组织竞赛、实验室实验、开研讨会、作报告及野外基地实践等活动。培养核研究后备人才的“国家核研究大学附属预科中学”是实施国家优先教育项目，应用现代技术创建高科技教育空间的现代教育机构。办学目标是选拔和培养具有创造才能、研究潜力的高中生，以及培养未来大学生的智力开发、职业动机、独立思考和爱国情怀，使其初步掌握科学研究能力，为大学输送优质生源。学校只设置三个专业：物理数学、物理化学和信息工艺学。莫斯科大学附属柯尔莫哥洛夫寄宿高中作为一所普通高中，是苏联时期为培养科技英才在特殊历史背景下由国防部倡议、科学家创办的。学校开设六个专业：物理、数学、生物、化学、信息学和人文科学。办学目标是寻找在精密科学、自然科学和人文科学方面有天赋的高中生，培养其创新能力，同时为莫斯科大学输送优秀生源。

加深学习某些学科的特科中学。为了满足学生多样化的学习兴趣，这类中学通常会加深学习一个或几个学科，包括外语、物理、数学（物理—数学）、化学、生物（生物—化学）、文学、历史、经济等。实施差异化个别化教学，逐渐加深学习专业课程。如加深学习西班牙语的第1252中学、加深学习物理和数学的第2007中学、加深学习艺术审美的第123中学等。

面向大众的普通中学。普通中学办学特色不像前三类学校那么鲜明，主要是对学生进行普通基础知识的传授，学生可以自由安排时间，学习压力不大。这类中学质量高低不一，总的来说教学质量低于前三类中学，学生升入重点大学的比例也不高。

特殊学校教育中心。教育中心本着持续、不间断、通俗易懂和个性定位的原则，对学生进行职业教育和补充教育。在教育中心学习的主要是生活在当地的残疾儿童，教学方式为面授和利用远程技术的函授。为了最大限度地满足个性化的教育需求，俄罗斯的普通高中学校还开设了不同程度和不同培养方向的班级，如实科班、文科班、特科班、民族教育班、专门矫正班、体育班等。其办学程序需依据地方政府颁布的文件执行，同样享受政府预算拨款。

俄罗斯普通高中学校类型丰富多样，这五大类型的普通高中既有相同之处，又各有区别，它们都属于俄罗斯普通教育机构，都是依据俄联邦教育法实施办学，享受政府财政预算拨款，都是按照中等普通教育国家标准制定教学大纲和教学计划，根据学生心理和年龄特点组织教育活动。不同之处在于，文科中学、实科中学和特科中学是特色中学。文科中学与实科中学属于重点中学，严格选拔天赋学生实施精英教育，加深学习某些专业，两类中学的培养目标都是为大学输送优秀生源。为适应俄罗斯社会对不同类型人才的需求，各类高中在办学水平、招生对象、课程设置等方面各有不同。文科中学通常设置以人文学科为主的课程，无论在联邦课程还是地方课程与学校课程中，人文课程所占比重很大，但文科中学也会兼顾其他课程，设置自然科学专业课程供学生学习，培养全面发展的人才。实科中学则以实用型、技术型为主，也兼顾人文课程，培养学生的人文素养。普通中学在课程设置方面没有上述两类学校专业性这么突出。学习成绩不是那么优秀，同时自己也不愿意学习那么累、压力那么大的学生，往往会选择去普通中学学习。文科中学和实科中学更强调质量，教师也是经过层层考核聘任的，教师不仅要给学生上课，还要能指导学生做学术研究，带领学生参加各类竞赛。虽然对普通中学的教师也有要求，但不是那么高。

普通高中多样化发展还包括评价多样，美国对高中学校的评价维度是多元的，常见的评价指标有生师比、毕业率、每年毕业生参加大学先修课程考试（AP）和国际高中文凭考试（IB）的人次、SAT/ACT 平均成绩等。每项指标权重各不相同，学校综合表现一目了然。美国还根据学校规模、优势学科、学校硬件设施配备等对具有优越条件的高中单独评价，强强对比更公平。借鉴美国的经验，我国对高中学校的评价应该摒弃高考升学率的一维指标，从生源情况、学校获得的教育资源、培养目标、培养过程、毕业成绩、学生毕业后若干年的发展状况等多维指标进行综合评价，才能真正促进普通高中更好地发展。[①]

(四) 普职融通：搭建双向贯通的立交桥

我国现有普通高中和中等职业学校是双轨制，界限分明，管理体制迥异，教育资源各自盘算，不能共享。高中教育阶段实行的普职分离，更多的是传统教育制度的特点，而普职相互渗透融合，则是世界教育制度改革的趋势和重点。美国实用主义教育家杜威认为职业教育与普通教育的分割会导致不同的受教育群体出现等级差异，不仅使那些接受“生产线教育”的下层阶级的人们沦为社会效率时代中生产机器的附庸，而且还会使教育成为社会政治和经济的附属品。更重要的问题在于，在民主主义社会中实行普职分离，将会加重社会阶级的分化，进而损害社会民主。这样的教育制度以及职业课程只会给少数经济上占优势的阶层带来自由教育的好处，而对广大民众却造成狭隘的不利影响。在一个复杂的工业社会中，这些工人无法掌握自己的命运。技术变革会导致这些人在任何时候都无法就业甚至面临生存危机，而不论他们在任何特定技能方面的能力水平如何。在杜威看来，职业教育不是为了给学生安排固定的职业岗位，而是让他们获得更多的技能，提高社会适应能力，从而拥有更多的职业选择。为此，杜威主张在普通教育中增加职业教育，将普通教育与职业教育融合起来，使普通课程与职业课程相互融合，培养既有道德文化又有职业技能的公民。[②]

改革开放40多年来，我国经济发展水平不断提高，GDP总值迅速增长，三大产业结构不断优化，逐渐由资源和劳动密集型向资本和技术密集型转变，尤其是“中国制造2025”以及“工匠精神”的政策导向，意味着多层次、多类型的高技能人才将越来越成为我国未来人才的主要需求。由此，高中阶段的普通教育需求将加大，而直接面向就业的中职教育需求将有所缩减。从长远来看，适当提高普通教育的比例应成为一种发展趋势。教育的根本出发点和最终归宿是培养完整的、全面发展的人。促进人的全面发展离不开长期的、深度的普通教育。人接

---

① 袁桂林.促进高中教育多样化发展的三个关键点[J].人民教育，2018(2)：40-43.

② 冯嘉慧.普职融合还是普职分离：杜威与斯尼登的争议[J].全球教育展望，2021，50(11)：59-71.

受普通教育的时间越长，越具有宽厚的基础和广泛的适应性，不仅能以综合素养去应对各个职业领域的具体事务，而且能准确把握社会实践的本真向度和发展趋势。[①] 普通高中教育不仅有利于人的全面发展，也能够提高学生未来的社会适应性，有利于人的长远发展和可持续发展。

普职融通是教育高质量发展的必然选择。普职教育同属教育，在人才培养目标上各有侧重，普通教育侧重培养学术型人才，职业教育侧重培养技能型人才，两者不是水火不容而是水乳交融。普职融通以高中阶段教育为重点，普及高中阶段教育是我国继普及九年义务教育后进一步提升国民整体素质和劳动竞争力、建设人力资源强国的重大举措。取消全国统一的普职比例“大体相当”政策，建立一个四通八达、畅通无阻、双向贯通的教育“立交桥”，切实加强高中普职之间的横向融通，为学生提供多种选择甚至可以在普职之间多次自由选择的机会，使学生能够自愿、自然分流。探索课程互选、学分互认、学籍互转、资源互通的崭新人才培养模式，促进学生主动适应社会，培养创新型、实用型和复合型人才。[②] 建设少而精、高质量、有特色的中职学校。普通高校适当加大招收中职学生的比例，提升职业教育办学层次，构建从专科、本科、硕士到博士的应用型人才培养体系。拓展中职学校学生的升学空间和发展后劲，切实提高中职教育的吸引力和认可度，促进高中教育的全面普及和协调发展。[③] 教育部等四部门发布的《高中阶段教育普及攻坚计划（2017—2020年）》提出要发展综合高中。综合高中是解决高中横向贯通、连接左右的切入点，应启动国家综合高中实验区，打破非普即职的僵化格局，为学生提供更多选择机会。研发“宽基础”“按照个性潜质”分化规律展开的综合高中课程体系，既开设学术性课程（科学、数学、人文、社会等），又开设职业技术类课程（建筑、机电、烹饪等），由学生基于兴趣和特长自主选择合适的教育，允许综合高中学生有“双学籍”，使综合高中具有诱惑力。[④]

---

① 朱新卓，赵宽宽．我国高中阶段普职规模大体相当政策的反思与变革 [J]. 中国教育学刊，2020（7）：11-16.

② 刘丽群．高中阶段普职结构改革的国际经验与中国选择 [J]. 比较教育研究，2020，42（9）：30-36.

③ 刘丽群．高中阶段普职结构改革的国际经验与中国选择 [J]. 比较教育研究，2020，42（9）：30-36.

④ 袁桂林．关注高中横向定位问题——对促进高中学校类型多样的思考 [N]. 中国教育报，2012-05-11（6）.

综上所述，新时代普通高中发展是把提高质量作为教育改革发展的核心任务，把促进人全面发展、适应社会需要作为衡量教育质量的根本标准。普通高中要注重内涵发展，促进学校办出特色、办出水平，出名师，育英才。同时，应建立以提高教育质量为导向的管理制度和工作机制，把教育资源配置和学校工作重点集中到强化教学环节、提高教育质量上来。为了构建数以亿计的高素质劳动者和数以千万计的专门人才以及一大批拔尖创新人才组成的人力资源结构，为了适应社会生活越来越丰富多样以及职业新要求对人的素质要求发生的变化，普通高中应培养出多种类型的人才，并坚持走特色化发展之路。通过三年的高中教育，学生应该了解自己、了解社会、了解教育、了解职业，从而学会选择并顺利完成人生的初次选择，并拥有出彩的人生。①

① 霍益萍. 关于普通高中多样化发展的几个问题 [J]. 基础教育参考，2013（3）：3-6.

第十二章

优质创新：新时代高等教育高质量发展的理念与对策

提高高等教育质量是新时代建设高质量教育体系的重要内容。实现新时代高等教育高质量发展，首要的任务就是要在全面分析时代背景的基础上，明确高等教育高质量发展的内涵、目标和高等教育高质量发展的时代战略，并细化到具体策略以指导实践。高等教育高质量发展按照人才培养层次，一是要建设高质量本科教育，二是要提升研究生教育质量。本科教育和研究生教育属于不同教育阶段，培养目标不同，所以在探寻高等教育高质量发展的道路上，还需有所侧重。

一、优质创新：新时代高等教育高质量发展的核心理念

党的二十大报告明确提出：教育、科技、人才是全面建设社会主义现代化国家的基础性、战略性支撑。必须坚持科技是第一生产力、人才是第一资源、创新是第一动力，深入实施科教兴国战略、人才强国战略、创新驱动发展战略，开辟发展新领域新赛道，不断塑造发展新动能新优势。高等教育的优质创新发展成为新时代中国高等教育发展的核心理念。

（一）高质量发展是新时代高等教育发展的新命题

中国特色社会主义进入新时代后，社会主要矛盾发生转化，满足人民日益增长的美好生活需要成为全社会的奋斗目标。而推动高质量发展成为适应我国社会主要矛盾变化、促进社会经济高质量发展的必然要求，成为确定发展思路、制定经济政策、实施宏观调控的根本要求[①]，成为新时代发展的新理念、新表述、新

① 陆娅楠．向着高质量发展迈进 [N]. 人民日报，2017-12-22（2）.

要求，渗透到了包括教育在内的社会的各个领域。2018年召开的新时代全国高等学校本科教育工作会议在一定程度上也是适应社会矛盾转型、经济高质量发展背景下的一次全面改革的大会，开启了中国高等教育高质量发展的新征程，进入了高等教育人才培养提质增效的新时代。在党的十九届五中全会通过的《中共中央关于制定国民经济和社会发展第十四个五年规划和二〇三五年远景目标的建议》中，更是明确了“建设高质量教育体系”的政策导向和重点要求。高等教育作为专业人才培养的重要阵地和教育体系的重要组成部分，高质量发展必须摆在更加突出的位置，作为高等教育发展的行动自觉和内在追求。

（二）优质创新是高等教育高质量发展的核心目标

1. 本科教育以优质为目标，筑牢社会主义现代化强国根基

2018年9月10日党中央召开的全国教育大会明确了三个重要节点：一是到2022年，是加快教育现代化、建设教育强国的关键期；二是到2035年，是总体实现教育现代化、建成教育强国、进入世界第一方阵前列的决胜期；三是到本世纪中叶，是建成社会主义现代化强国、实现中华民族伟大复兴的达成期。这是中国教育的“新三步走”战略。可以说，高等教育是实现第一个百年奋斗目标的基础战略平台，是实现第二个百年奋斗目标的战略引领力量。再纵观世界高等教育发展，世界一流大学甚至国家无不把本科教育放在学校发展的重要战略地位，将培养一流本科生作为学校发展的坚定目标和国家发展的重要依托。进入21世纪，世界各国尤其是发达国家把大学人才培养的本质职能进一步强化，“回归本科教育”已经成为国际高等教育的共识和趋势。由此，无论是就国家发展目标与战略而言，还是从国际经验来看，“以本为本”，提高本科教育质量，是社会主义现代化强国的根基。也只有全面振兴本科教育，才可能顺利实现全国教育大会上的三个重要时间节点的目标，最终成为社会主义现代化强国，实现中华民族伟大复兴。

2. 研究生教育以创新为目标，提升中华民族复兴力

2017年10月18日，习近平同志在党的十九大报告中指出，实现中华民族伟大复兴是近代以来中华民族最伟大的梦想。民族复兴不是简单地“回复”中华民

族曾经有过的辉煌，也不是守住过去的成就，而是“兴建”出新时代内容、价值与地位，能够代表中华民族的最高利益和根本利益，能够为人类谋和平与发展。而这就需要有创新精神、创新意识、创新能力。如果说本科生教育在于打牢民族根基，那么研究生教育贵在创新，因为“研究”本身就意味着创新。对此，习近平总书记曾于2020年就研究生教育工作做出过重要指示，强调研究生教育旨在培养创新人才、提高创新能力。国务院总理李克强也批示研究生教育须增强研究生实践能力、创新能力等。可见，“创新”成为新时代研究生教育的着力点和发力点。2020年7月29日，按照习近平总书记对研究生教育工作做出的重要指示，全国研究生教育会议召开。这是自1978年恢复研究生教育以来，首次召开的全国研究生教育会议，具有重要的战略性和历史性意义。在这次会议上多次、反复强调培养研究生重在“创新能力”，并把研究和创新作为衡量研究生素质的基本指标。由此，培养具有研究和创新能力的高层次人才成为新时代研究生教育的重要战略和重要目标。

二、时代变局：高等教育高质量发展的形势与挑战

(一) 新时代高等教育发展的新形势

1. 国家发展新征程赋予新目标

党的十五大报告首次提出“两个一百年”奋斗目标：到建党一百年时，使国民经济更加发展，各项制度更加完善；到本世纪中叶建国一百年时，基本实现现代化，建成富强、民主、文明的社会主义国家。此后，“两个一百年”奋斗目标成为我国各项事业发展的宏伟蓝图、各族人民共同的奋斗目标。党的十九大报告更是完善了全面建成社会主义现代化强国的时间表和路线图：在2020年全面建成小康社会、实现第一个百年奋斗目标的基础上，再奋斗15年，在2035年基本实现社会主义现代化；从2035年到本世纪中叶，在基本实现现代化的基础上，再奋斗15年，把我国建成富强民主文明和谐美丽的社会主义现代化强国。党的十九届五中全会审议通过的《中共中央关于制定国民经济和社会发展第十四个五年规划和二〇三五年远景目标的建议》中，可以看到我国第一个百年奋斗目标全面建

成小康社会取得伟大历史性成就，自“十四五”始开启了全面建设社会主义现代化国家新征程，吹响了向第二个百年奋斗目标奋进的号角。一个新的发展阶段、一个新的奋斗目标为高等教育谋划新发展提供了根本遵循。

在全面建成小康社会和全面建设社会主义现代化国家过程中，对高等教育的要求与意义是不同的。全面建成小康社会需要通过普及义务教育，借助高等教育的普及化，全面提升最广大劳动者的基本素质，让劳动者掌握基本的知识和技能，从而解决劳动者就业的基本条件问题。但是在全面建设社会主义现代化国家过程中，仅仅解决劳动者基本的劳动知识和技能的问题是不够的。现代化是指在现代科学技术的推动下，以经济为基础，包括社会组织、社会文化、社会生活、人的素质等各方面的社会发展过程。现代化是一个整体性的概念，包含多层次、多方面的内容。① 现代化首要在科学技术的发展与创新，而国家发展越依靠科学技术的发展与创新，就越需要依靠高等教育，依靠高等教育培养的高素质创新人才和高等学校的科研创新成果。所以在国家步入发展新阶段、迎战新目标的新时代，高等教育要有新担当、新作为，成为一个先行现代化的教育体系，要能够全面支撑和引领国家现代化，不仅能够满足国家经济发展的需要，而且能够满足社会进步、文明传承、生态优美等全面现代化的需要。②

2. 国家转型发展赋予新使命

张德祥教授指出，高等教育发展史就是一部高等教育与社会关系的历史。与普通教育相比，高等教育与社会存在更为密切、更为直接、更为复杂的关系。③ 所以研究高等教育发展的社会影响是现实的客观需要。其实，教育领域中对质量的要求不是近两年才倡导的。早在2010年颁布的《国家中长期教育改革和发展规划纲要（2010—2020年）》就提出过“提供更加丰富的优质教育”。那么这是否说明，高等教育质量革命的提出与当前经济由高速增长转向高质量发展的社会转型

① 张首吉，杨源新，孙志武，等．党的十一届三中全会以来新名词术语辞典 [M]. 济南：济南出版社，1992：326-327.

② 瞿振元．科学谋发展 奋进“十四五”——对高等教育“十四五”时期发展的几点思考 [J]. 中国人民大学教育学刊，2020（4）：5-10.

③ 张德祥．高等教育基本关系与高等教育学体系建设 [J]. 高等教育研究，2020，41（10）：46-54.

发展没有密切关系呢？实则不然。应该说，正是当前社会转型发展为高等教育质量革命提供了前所未有的时代背景和条件，增强了高等教育高质量发展的可能性与现实性，也更加明确了高质量发展的目标与方向。自2014年开始，习近平总书记先后提出“中国制造向中国创造转变、中国速度向中国质量转变、中国产品向中国品牌转变”“推动经济发展质量变革”“我国经济由高速增长阶段转向高质量发展阶段”等要求，使整个社会的发展中心都转移到了高质量，高质量成为社会各个领域的发展思路、基本要求，成为社会各个领域领导者、从业者的共识。“关系是事物的存在形态，任何事物都在关系中存在，在关系中发展，在关系中被定义，在关系中被认识。……高等教育作为社会的一种现象，是一种关系的存在物，同样在关系的网络中存在、发展和被认识。”[①] 所以高等教育高质量发展的社会经济影响也应该基于高等教育在社会经济发展中的地位和作用去认识、去定义。高等教育主要通过提供一支科学研究和高级设计队伍、一支掌握和运用先进生产方法和技术的队伍、一支适应工业化水平的生产技术的管理队伍等保证经济快速持续增长。[②] 而在当前经济转向高质量发展的新时代，经济对教育的要求不仅仅是提供研究队伍、技术队伍、管理队伍，还是培养能够适应并引领经济发展方式转变、优化经济结构、转换增长动力、培育新的经济增长点的高质量人才，为建设高等教育强国服务。所以在大国质量发展的理念与转型发展之下，高等教育高质量发展必须基于建设高等教育强国的核心地位去认识，把它提升到国家富强、民族复兴的先导地位去认识和推进，从思想、理念、标准、模式、文化、体系等方面构建与经济高质量发展、大国质量相匹配的高等教育方案，[③] 为大国质量发展提供助力。

3. 国际格局重构提出新命题

面对当今中华民族伟大复兴战略全局和世界百年未有之大变局的“两个大

① 张德祥．高等教育基本关系与高等教育学体系建设 [J]. 高等教育研究，2020，41（10）：46-54.

② 胡德海．教育学原理：第三版 [M]. 北京：人民教育出版社，2013：424.

③ 陈宝生．掀起一场高等教育“质量革命”助力打造“质量中国”——在“六卓越一拔尖”计划2.0启动大会上的讲话 [EB/OL].（2019-04-30）[2020-10-19].https：//www.csust.edu.cn/mksxy/info/1017/5446.htm.

局”，我国作为世界第二大经济体、世界高等教育第一大国，必须积极回应国际大环境的变革。21世纪以来，国际格局开始朝着多极化的趋势发展，科技竞争日趋激烈，以竞争和融合为核心的创新之战成为常态，科技创新对经济的支撑作用更加凸显，已经成为国与国之间争夺生存权、发展权和话语权的焦点与核心。[①]针对中国经济转型、产业升级的“卡脖子”“制裁”“断供”等国际性技术垄断行为，企图以西方先进科学技术优势打压中国发展，破坏正常国际合作秩序，就是一个很好的证明。当然，逆全球化发展不是国际发展规律。但是从全局来看，逆全球化的技术型“卡脖子”等短期行为仍然不会彻底消失。我国在全球化发展道路上仍然会面临各种难题。所以在当今国际格局重构的背景下，面临西方国家强行推进的科技“脱钩”等策略，我国科技发展、自主发展面临着巨大挑战。

在这个国际大背景下，我国迫切需要以自我发展的韧性与能力为后盾，具备提升技术和产业竞争的能力，具备突破技术垄断的能力。而技术与产业竞争的能力须以拥有推动科技发展的自主创新创生能力为前提。科技发展的自主创新创生能力说到底是人的创新能力，而人的创新能力培养在于高质量的教育。高质量教育成为培养创新人才、解决科技发展的终端所在，是我国参与国际竞争、推进“共商、共建、共享”新型全球化的大国责任的基础。因此，竞争与合作，表面上是国家之间的较量，实质上是科技竞争，是人才竞争，更是教育质量与能力竞争。所以促进科技与教育相结合必须成为新世界格局之下国家创新体系建设的关键，[②]把习近平总书记所说的“对高等教育的需要比以往任何时候都更加迫切，对科学知识和卓越人才的渴求比以往任何时候都更加强烈”[③]的战略思维落到实处。

（二）新时代高等教育发展的新挑战

教育资源配置不够均衡，城乡教育差距亟待缩小，人才培养模式改革需要提

① 钟秉林．“十四五”期间我国高等教育发展的基础与关键[J]. 河北师范大学学报（教育科学版），2021，23（1）：1-8.

② 钟秉林．“十四五”期间我国高等教育发展的基础与关键[J]. 河北师范大学学报（教育科学版），2021，23（1）：1-8.

③ 习近平在全国高校思想政治工作会议上强调把思想政治工作贯穿教育教学全过程开创我国高等教育事业发展新局面[N]. 人民日报，2016-12-09（1）.

速，教育创新与服务潜力尚未更好释放，同人民群众对高质量教育体系的需求相比还有很大差距。

1. 科学技术创新和驱动不强

科技创新人才是推动科技事业发展，奋力突围破解“卡脖子”难题的关键，是加强原创性、引领性科技攻关的核心力量。而新时代培养科技创新人才，高等教育是重中之重。[①] 近几年，随着我国人工智能、物联网、大数据和云计算的广泛运用，与此相关的高新技术产业成为我国经济新的增长点，需要大量的从业人员，但是我国在与此方面有关的学科发展、专业设置、人才储备远不能满足需求，岗位人才缺口大。据工业和信息化部的调研统计，中国人工智能产业发展与人才需求比为1∶10，至2030年，人工智能核心产业规模将达到1万亿，相关产业规模达到10万亿，人工智能人才缺口达到500万；在物联网方面，IHS预测，未来五年，物联网人才需求量将达到1000万人以上。就嵌入式开发来说，我国人才缺口每年有50万人左右；而在大数据方面，数联寻英发布的《大数据人才报告》显示，目前全国的大数据人才仅46万，未来3—5年内大数据人才的缺口将高达150万。[②] 随着人工智能、物联网、大数据和云计算等科学技术的发展，相关的技术要求也需要不断升级，应用的领域也越来越广泛。但是高新科技领域人才的匮乏会直接影响新一代数字技术支撑和驱动作用，影响产业优化升级。目前，中央对加快新型基础设施建设进度接连做出重要部署，要求发挥5G、数据中心、人工智能等新一代数字技术支撑作用，为新基建注入强动力。但是支撑“新基建”的核心关键是以人工智能、云计算、区块链等为代表的新技术人才，而巨大的人才缺口直接影响数字产业化和产业数字化的基础设施建设，也影响随之而产生的新的产品服务、新的生产体系和新的商业模式。

2. 后规模化时代学术质量不高

《2022年全国教育事业发展统计公报》显示，我国各类高等教育在学总规模

---

① 王越，刘进，马丽娜，等.从新中国70年看高等教育如何培养科技创新人才——王越院士专访[J].重庆高教研究，2019，7（5）：5-13.

② 中国13个新职业公布，包括人工智能、大数据、云计算、物联网……[EB/OL].（2019-04-09）[2021-03-30].https：//www.sohu.com/a/306754110_100160300.

达到4655万人，毛入学率达到59.6%，实现了高等教育普及化，应该说，我国高等教育规模实现了质的飞跃，进入了后规模化时代。后规模化时代的重要特征就是在高等教育普及化基础上实现高质量的普及化。但是从目前来看，距离高质量普及化还有很大差距。高等教育学术发展质量整体不高。以世界公认的《泰晤士高等教育》(*Times Higher Education*，简称 THE）世界大学排名选用的，以学术能力为核心的5项指标（其中教学、研究、论文引用至少占90%）来看，泰晤士THE 世界大学排名2021前100中，我国有10所大学，数量上超过了德国的7所、荷兰的7所、澳大利亚的6所，但作为高等教育大国，领先并不是特别明显，而且数量上也是远低于美国的37所，少于英国的11所。① 就学科发展而言，2019—2020年 QS 世界大学51个学科排名中，我国也仅有6所大学入围7个学科的前10，即环境研究（清华大学）、土木工程（清华大学）、现代语言学（北京大学）、农学与林学（中国农业大学）、牙医学（香港大学）、表演艺术（香港演艺学院）、酒店管理(香港理工大学)。② 可见我国高校无论是整体学术实力，还是单个学科发展，质量都不高。学科是大学的基本组织单位，是承载大学四大功能的基本单元，也是衡量大学水平的重要标志。学科发展质量不高，必然会影响高质量人才的培养，影响高质量普及化。

3. 教育资源区域布局不均衡

诚如上文所言，全面建设现代化是一个整体性的概念，而不是区域性概念。所以依赖高等教育支撑和引领国家现代化，也只能是依靠高等教育的整体性发展。但是从目前已有情况看，教育资源区域布局仍然存在不少问题，东西差距、南北差距、城市间差距、央属高校与地方高校的差距、“双一流”高校与一般院校的差距等，影响高等教育释放服务社会现代化发展的潜力。例如，张德祥、贾枭利用《2017年全国普通高等学校名单》与《2017年中国城市统计年鉴》的统计数据，在有建制的城市按照行政区划和人口规模大小两种方式进行划分的基础上，对当前我国高等学校布局进行了研究。研究发现：97.26% 的普通高校集中

---

① 新东方网 . 重磅！ 2021泰晤士 Times 世界大学排名1000强榜单（最新完整版）[EB/OL].（2020-09-02）[2023-10-20].https：//mtoutiao.xdf.cn/goabroad/202009/11103653.html.

② 2020年 QS 世界大学学科排名 [EB/OL].（2020-03-03）[2020-11-12].https：//www.qschina.cn/subject-rankings-2020.

于地级及以上城市，而几乎占全国城市一半数量的360座县级市，只有11座县级市有共计13所高校，高校数量仅占全国的0.49%；而在为了推动我国高等教育尽快进入世界一流行列，提高高校人才培养、科研创新和文化传承的能力的“双一流”工程启动以来，高等教育资源布局不均衡进一步加剧，42所一流大学全部分布在直辖市、省会城市和计划单列市。[①] 可见我国高校集中现象非常突出。（见表12-1）2020年全国普通高校数量相比2017年有所增加，但是即便所有新建院校都建在地级以下城市，也只有微乎其微的效应，无法改变高等教育资源不均的现实。实际上，高等学校建在哪里，相应的教育资源就会聚集到哪里，人才就会在哪里扎根，教育资源的不均衡带动了整个社会发展的不均衡。随着社会主义建设步入新阶段，面对新目标，当前高等学校布局很难再继续满足社会发展要求和高等教育发展要求，亟须调整高等学校布局，带动教育资源均衡发展。

表12-1　我国各类型普通高校在各行政区划城市的分布状态[②]

行政区划		城市数/座	普通高校数/所	一流大学数/所	省属高校数/所	普通本科数/所	普通专科数/所	民办普通高校数/所
直辖市		4	279	15	226	161	118	74
地级市	省会城市	27	1152	23	1103	576	576	364
	计划单列市	5	87	4	80	52	35	40
	普通城市	261	1041	0	1031	430	611	258
县级市		360	13	0	13	4	9	3
地、州、盟		40	59	0	59	20	39	7
总计		697	2631	42	2512	1243	1388	746
地级及以上城市		297	2559	42	2440	1219	1340	736
地级及以上城市的高校数量占比合计（%）		—	97.26	100	95.54	98.07	96.54	98.66

① 张德祥，贾枭．我国高等教育布局结构优化的一个战略选择——逐步向中小城市布局高等学校[J]. 西北工业大学学报（社会科学版），2018（4）：14-21.

② 张德祥，贾枭．我国高等教育布局结构优化的一个战略选择——逐步向中小城市布局高等学校[J]. 西北工业大学学报（社会科学版），2018（4）：14-21.

三、质量革命：高等教育高质量发展的时代战略

（一）质量革命的使命

在新时代高质量发展背景下，高等教育领域以一流本科教育改革与实践为引领，开始了质量革命，如整顿教育教学秩序、严格本科教育教学过程管理、实施“双一流”计划等。应该说上述改革措施有力地推进了高等教育高质量发展进程，但改革措施本身是否是质量革命的本质和全部内涵，还需进一步探讨，因为只有明确了质量革命的本质，才能使高质量发展措施有所遵循。由于质量革命的战略来自高质量发展的社会背景，所以弄清楚质量革命的本质内涵，还需要从高等教育高质量发展的基本认识以及高质量与质量变革之间的关系入手。

1. 高质量发展的本质

按照学校教育系统分类，教育高质量也应该是一个多维度、多元化的概念。至于如何界定不同教育阶段的高质量，这就要依循不同教育阶段的教育规律而定，因为只有符合教育规律又具备现实条件的教育才能变成真正意义上的高质量教育。高等教育不同于普通教育。高等教育是高等专业教育，培养的是直接进入各个领域、各个行业的高级专门人才。① 因此相较于普通教育而言，高等教育除了要适应培养全面发展的人的内部规律之外，还需要面对更加复杂多变的外部环境，即适应外部规律并在学科专业设置、教学内容、教学方法等方面必须做出快速、直接而又具体的反应。因此对于高等教育高质量发展而言，必须从内外部规律来进行界定：一是从教育与人才的关系而言，需以学生为中心，着眼于人的全面发展；二是从教育与社会的关系而言，教育必须重视培养适应并适度超前于社会发展的人。基于上述高等教育内外部关系规律的认识，高等教育高质量发展可以理解为，能够更好地提高人才培养质量和更好地适应时代真实需要的高等教育发展方式、结构和动力状态。② 其实质就是要使高等教育发展目标和动力机制主

① 潘懋元．教育基本规律及其在高等教育研究与实践中的运用 [J]. 上海高教研究，1997(2)：1-7.

② 金碚．关于“高质量发展”的经济学研究 [J]. 中国工业经济，2018(4)：5-18.

要由偏重于以高等教育毛入学率为关注点的高等教育总量增加，转向更加注重人才发展质量与社会发展的适应度，回归到高等教育发展的本质问题。

那么何为高等教育高质量发展的本质呢？在此从两个方面来阐述。第一，“高质量发展”从语义学来看是一个复合型概念，是“高质量”+“发展”的偏正结构。“高质量”正好限制了“发展”的方式和动力机制，框定了我们所研究的发展是“高质量”发展，而不是“扩张式”发展，也不是“外延式”发展，更不是“粗犷式”发展。所以高质量发展从根本而言是一种发展理念，是基本指导思想和新的发展机制。第二，高等教育高质量发展包含着满足社会真实需要的状态。然而社会真实需要会随着社会各个系统的发展而变化，其对人才的真实需求也会不断发生变化，而这也正是高等教育改革的动力源，诚如高质量经济发展转型对高等教育提出了高质量发展的需求。所以高质量标准也就成为一定时间内的标准，不变的只有发展运动，而且是随着社会需求的不断变化，质量发展标准也在发生同频变化，这是一个连续推进的过程。所以“高质量发展”同时也是一个动态过程。因此，与其把高等教育高质量发展看成伴随着中国经济的高质量发展而提出的具有时代特征的政策诠释，还不如把它正视为高等教育的发展理念和发展机制，永远指导高等教育发展的方向。

2. 质量革命的使命

早在2016年5月，国务院常务会议上首次出现了“品质革命”。而后在2018年政府工作报告中，国务院总理李克强也明确指出，要弘扬工匠精神，来一场中国制造的“品质革命”。随着经济领域品质革命的兴起与本科教育工作会议的召开，教育领域也开始掀起一场质量革命，助力打造质量中国。何谓质量革命？目前并无文献对其进行明确说明。作者认为质量革命并不是对质量的重新定义，也不是对质量本身的调整、修饰或变更的革命，因为对质量本身的调整、修饰或变更并不能给高质量发展带来实质性改变。就像我们制作一双符合ISO9001质量管理体系认证的37码的鞋子，规格、尺寸、质量要求摆放在那里，但是制作不出来。此时我们都不会认为制作不出37码鞋子的原因在于质量管理体系认证本身，而是认为我们的制作工艺出现了问题，认为是根据规格要求改变原材料的形状尺寸、性质和相互位置关系方面出现了问题，所以解决37码鞋子制作问题的落脚点是制作工艺而不是质量标准。高等教育质量革命正如上面的例子，高等教育质量革命的对象也不应是人才质量标准本身，而是人才教育质量的达成方式。为此，高等教育质量革命从宏观层面来讲是高等教育人才培养质量达成方式的革命，是高质量发展机制的革命，是高质量发展理念转为现实策略的革命。从微观来讲是对高等教育高质量发展的供给侧的关注和教育在场者本身的关切，是培育高质量发展新动能的具体举措，比如体制机制改革、师资队伍建设、教育评价改革等。

事实上，自2018年10月教育部颁布《关于加快建设高水平本科教育全面提高人才培养能力的意见》以来，从国家层面实施了诸多配套的提高高等教育质量计划，如一流专业建设“双万计划”、一流课程建设“双万计划”、“六卓越一拔尖”计划、“新工科、新医科、新农科和新文科”建设等。这些计划在发展质量方面起到了一定的作用，但这些都属于微观层面对质量革命的操作性改革。质量革命不应该仅仅局限于一种简单的纠正弊端和项目实施。质量革命是要实现一种对已经固化的不再被视为偏离常规的发展模式、发展机制的超越，是要从宏观层面确定质量革命的要义，并作为具体措施的指导和方向。所以质量革命的使命首要在于实现高质量发展机制、发展理念的革新，以此形成教育改革自觉，带动和唤醒更多更有效的改革举措。

(二) 质量革命的转向

提高质量一直是高等教育的生命线，也是最核心最紧迫的任务。[①] 现在提出高质量，在质量前面加了一个“高”字，如何理解？世界高等教育发展水平参差不齐，即便是世界一流大学也未能对高质量形成普遍共识，没有给出统一的标准，可见高质量是一个具有相当模糊性的概念表达。但正如前文所述高等教育高质量发展的本质是一种发展理念与发展机制，质量革命是发展理念与发展机制的革新，所以从这个意义上并不妨碍对提高人才培养质量所进行的努力方向的判定，至少在实际行动上可以基于对高质量模糊量值的估量而确定质量革命的宏观图景。

---

① 刘延东．深化高等教育改革 走以提高质量为核心的内涵式发展道路[J]. 中国高等教育，2012（11）：4-9.

1. 向内涵式发展转型

在逻辑学的学术范围内，内涵和外延一起构成事物概念的最基本的逻辑特征。内涵指向概念中的对象的本质属性，是概念的质的方面。外延是指一个概念所概括的思维对象的数量或范围。[①] 如果把“高等教育发展”抽象成事物概念，那么“高等教育发展”也具有内涵方面的质的规定性和外延方面的量的规定性。“发展”即事物在规模、结构、程度、性质等方面发生由低级到高级、由旧质到新质的前进运动变化过程。唯物辩证法关于发展学说的特点是：发展是量到质的转化。由此高等教育发展的内涵在于质的变化，质量提升是实现高等教育内涵式发展的核心；而规模、结构是发展的外延范畴，属于量的规定性。然而事物的“质”也不是固定不变的，随着客观事物和人们实践及其环境的发展变化，质的内涵也会发生相应的发展变化。[②] 由此，高等教育由质量发展到高质量发展，不仅把发展的新动能转向内涵式发展，而且反映出实内涵、厚内涵发展的新要求，正如党的十九大提出的“实现高等教育内涵式发展是对高等教育提出的重要任务”。具体到高等教育实内涵、厚内涵发展内容，就是把原有与人才培养紧密关联的高校内部各种要素诸如教师、学生、方法、环境、资源、管理等方面进一步夯实的原则下，融合新时代特征，以信息时代科学技术为支撑，加强各要素与信息手段融通，从而构建信息时代的教育支撑体系，提升信息时代高层次人才培养质量。

2. 向高效率发展转型

社会哲学把人类活动的效率归纳为两种效率，即经济效率和社会效率。前者主要指利用资源，形成产品并消费产品过程中产生的效率；后者专指人类活动对社会影响的大小。从管理学角度分析，公共部门的效率包括两方面：一是生产效率，二是配置效率。前者指生产或者提供服务的平均成本，后者指组织所提供的产品或服务是否能够满足利害关系人的不同偏好，分别对应于社会哲学中的经济效率与社会效率。所以无论是社会哲学还是管理学，对效率的理解都可以归结为内部组织结构自身的活动效果和对自身外其他关联的影响。作为人类活动的高等

① 汪馥郁，郎好成．实用逻辑学词典 [M]. 北京：冶金工业出版社，1990：15-16.

② 金炳华．马克思主义哲学大辞典 [M]. 上海：上海辞书出版社，2003：242，582.

教育，其效率也可以同样理解为上述双层效率结构。[①] 其中高等教育的经济效率主要指在大学本科教育阶段，高等教育管理机构和高等院校的供给投入与人才培养的量的多少、质的高低、服务的优劣等之间的关系。

但这是否意味着在供给投入越少的情况下，培养的人才越多，符合国家标准的人才越多，就意味着高等教育效率越高呢？这也不尽然。因为新时代教育矛盾的转变还重在满足人民对教育的主动需求与教育消费者需求的满意度。所以高等教育高经济效率需满足三个条件，即资源优化组合下的低投入、人才培养质量的提高，以及教育消费者需求的高满意度。当然从社会效益角度而言，还有与社会需求的适应度。这也就是契合了高等教育高质量发展的以学生为中心，着眼于人的全面发展的达成度和人才培养与社会发展的适应度的两个维度。因此在大学本科教育阶段，如果以最低而优化的内部资源供给满足人才发展需要，促进人的全面发展，并获取最大的社会效应才是高效率的发展，也是高质量的发展。

3. 向引领式发展转型

高等教育向引领式发展转型，是基于高等教育的外部规律而提出的。任何国家的高等教育系统都是与社会中其他系统相结合的产物。就高等教育产生与发展而言，它是伴随着经济、政治和文化发展及其需要而产生的，但是随着高等教育本质、功能等认识的加深以及人力资本理论等的提出，高等教育逐渐走向了社会活动的中心，与其他社会关系日益密切。有学者曾就中国高校数量规模对经济发展的影响做过实证研究，得出我国高校数量增加，尤其是高校扩招对经济发展起到了积极推动作用，高校数量增加 1% 可推动 4 年后的人均 GDP 增长 0.97%，但是随着扩招后高校数量增长的弹性系数的下降，高校数量规模发展对人均 GDP 的拉动作用减弱，同时对人力资本的增进作用也不显著。[②] 对个人收入而言，经过扩张后的大众化教育阶段，非重点大学与高中教育的收入回报无显著差异。[③]

---

① 郑银华，姚利民．对高等教育效率的思考 [J]. 大学教育科学，2006（2）：30-33.

② 郑浩，张印鹏．中国高校数量规模对经济发展影响的实证研究 [J]. 中国高教研究，2017（8）：68-73.

③ 周扬，谢宇．从大学到精英大学：高等教育扩张下的异质性收入回报与社会归类机制 [J]. 教育研究，2020，41（5）：86-98.

上述研究成果反映出，在一定的历史时期，高等教育规模的扩张确实拉动了经济发展，但是高等教育扩招能力很有限，仅仅通过提高受教育者受教育的年限进而增加人力资本的做法对经济发展的推动的后续作用不强。数量与质量是高等教育发展的两方面，除了数量之外，引领经济的发展还在于教育质量的提升。通过对2013—2019年THE世界大学排名前100的高校与其所在国家的GDP总量进行分析，发现这些高校主要分布在15—16个国家，其中美国、德国、英国等9个国家的高校常年占据泰晤士高等教育TOP100的80个以上席位。而这9个国家又始终稳居全球GDP总量排行前16位。[①]（见表12-2）由此，我们可以窥视到，高质量高等教育与社会经济发展之间存在必然联系。引领社会经济发展的教育必然是以高质量为核心的教育，也只有高质量的教育才能从消极等待社会变化转变为积极地引领社会变革。同理，社会中文化、科技、卫生、军事等方面的发展也无不需要高质量教育的并跑甚至是领跑来实现。所以就高等教育与社会的关系而言，通过高等教育高质量发展引领社会变革是高等教育与社会关系的应有之义。

4. 向可持续性发展能力转型

可持续发展概念的提出可以追溯到1987年第42届联合国大会，该大会针对工业革命以来所造成的人口、资源、环境等问题，首次在《我们共同的未来》的报告中提出“可持续发展”的概念。可持续发展说的核心到底还是发展，落后和贫穷是不可能实现可持续发展目标的。[②]但是可持续发展本质上还是发展观，它需要可持续发展的能力作为支撑。依据谢洪礼的研究，可持续发展的能力包括四种，即经济能力、社会能力、生态能力、宏观调控能力。这就意味着四种可持续发展的能力越高，可持续发展实现得就越好。以社会能力为例，社会能力主要包括人口容量、人口素质、文化道德、公众意识、生活方式、社会公平性、社会稳定性、体制合理性等，[③]其中人口素质、文化道德、公众意识是教育直接作用的结

① 数据来源：2013—2019年THE世界大学排名前100中各国所占高校数量是根据网站https://www.timeshighereducation.com/world-university-rankings提供的数据统计而成。2013—2019年GDP总量世界排位是根据网站https://www.kylc.com/stats/global/yearly_overview/g_gdp.html提供的数据统计而成。

② 张志强，孙成权，程国栋，等.可持续发展研究：进展与趋向[J].地球科学进展，1999(6)：589-595.

③ 谢洪礼.关于可持续发展指标体系的述评(一)[J].统计研究，1998(6)：54-57.

表12-2　2013—2019年 THE 世界大学排名 TOP100部分高校与所在国 GDP 世界排名对照表

年 / 项目 / 国家	2013		2014		2015		2016		2017		2018		2019	
	TOP100高校数（所）	世界GDP总量排名	TOP100高校数（所）	世界GDP总量排名	TOP100高校数（所）	世界GDP总量排名	TOP100高校数（所）	世界GDP总量排名	TOP100高校数（所）	世界GDP总量排名	TOP100高校数（所）	世界GDP总量排名	TOP100高校数（所）	世界GDP总量排名
美国	46	1	45	1	39	1	41	1	41	1	41	1	40	1
英国	11	6	11	5	16	5	12	5	12	5	11	5	11	5
德国	6	4	6	4	9	4	9	4	10	4	8	4	8	4
澳大利亚	5	12	5	13	6	13	6	14	6	13	6	13	6	13
中国	4	2	4	2	4	2	5	2	5	2	6	2	6	2
加拿大	4	11	4	11	4	10	3	10	4	10	5	11	5	11
日本	2	3	2	3	2	3	2	3	2	3	2	3	2	3
韩国	3	13	3	12	1	11	2	11	2	11	2	10	2	10
法国	3	5	2	6	1	6	1	6	1	7	2	6	3	6
总和	84	—	82	—	82	—	81	—	83	—	83	—	83	—

果，教育质量越高，人口素质、文化道德越高，公众意识也越强。而其他社会能力以及宏观调控能力的高低，也都是教育功能发挥作用的结果。所以我们可以得出，可持续性发展中必然包含着教育高质量发展的要求，而高质量发展中也暗含着可持续性能力发展的理念。因此，向可持续发展能力转型也就成为新时代质量革命的战略之一。在向可持续发展能力转型中，应该注重三方面：一是在高等教育阶段，针对人本体而言，高质量教育重在培养人在思维、管理、创新等方面的可持续发展的能力。二是从关系角度而言，高质量教育要培养人对可持续的人类发展和社会发展的关切度和解决能力。比如对气候、能源、自然资源、文化遗产以及当今世界面对的 STEM（科学、技术、工程和数学）教育危机的能力。三是针对全体劳动者提供高质量的职业后教育，不断提升劳动者的劳动能力。

四、主体回归：本科教育高质量发展的主要对策

目前国家的高等教育“高质量发展”计划使得高质量人才培养的基础平台和基本框架基本形成，现在面对怎么实现的问题。这就需要从高等教育供给侧和教育实施主体两方面探索切实可行的实施对策。教育部原部长陈宝生曾在新时代全国高等学校本科教育工作会议上提到教育回归，在此借用回归的理念，从高等教育、高等学校、教师、政府四个主体的回归探讨高等学校本科教育优质发展的主要对策。

(一) 高等教育回归本体

高等教育是培养高层次人才的专业教育，而本科教育是提高高校人才培养质量的重要基础，本科生是高素质专门人才培养的最大集群。所以高等教育回归本体：一是要以本为根，振兴本科教育；二是以生为本，提高人才培养质量。

1. 以本为根，振兴本科教育

高等教育包括本科教育和研究生教育，没有优质的本科教育就不会有高质量的研究生教育，所以高等教育仍需以振兴本科教育为前提。这不但符合人才培养

规律，也符合高等教育高质量教育体系建构的规律。以本为根，振兴本科教育，一是要在量上满足各种人群对高等教育的需求。我国高等教育经过数十年的努力，毛入学率已经超过50%，在2022年更是达到59.6%[①]，实现了从大众化向普及化的历史性跨越。2020年，新增劳动力接受过高等教育比例达到53.5%[②]；但是由于历史欠债较多，2022年，我国16—59岁劳动年龄人口平均受教育年限为10.93年[③]，新增劳动力平均受教育年限为14年[④]。这就意味着教育服务和支撑国家战略，推动国家经济社会高质量发展将会受到影响。国内外大量实证研究证明，劳动年龄人口受教育年限的提高对经济增长有显著的促进作用。[⑤]因此，虽然目前提出高质量发展，但这并不意味着暂时又可以牺牲掉规模，企图以大投入、小规模提升质量。在高等教育后规模化时代，高质量发展是高等教育质量与规模的协调发展，或者说是在现有规模甚至扩大现有规模基础之上的高质量发展。因此，结合目前劳动年龄人口平均受教育年限情况和社会需求，仍需加大规模，发展多元化、多类型的高校，继续提高高等教育普及水平。二是要在质的方面有所提升。全篇重在论述如何提升质量，在此重点说明，加强存量高校的优化提升，这当中也包括民办高校。由此，应从人力资源增量增长和存量高校优化提升两方面实现“双轮驱动”，做强国家高质量发展的基础。[⑥]

2. 以生为本，提高人才培养质量

高等教育事业的改革与发展正面临着国内外经济政治形势的重要挑战，遭遇着百年未遇之大变局的国际政治形势。高等教育事业不仅要适应国内外局势的变

---

① 中华人民共和国教育部.2022年全国教育事业发展统计公报[EB/OL].(2023-07-05)[2023-08-30].http://www.moe.gov.cn/jyb_sjzl/sjzl_fztjgb/202307/t20230705_1067278.html.

② 中华人民共和国教育部.2020年全国教育事业发展统计公报[EB/OL].(2021-08-27)[2023-10-20].http://www.moe.gov.cn/jyb_sjzl/sjzl_fztjgb/202108/t20210827_555004.html.

③ 国家统计局.王萍萍：人口总量略有下降 城镇化水平继续提高[EB/OL].(2023-01-18)[2023-10-20].https://www.stats.gov.cn/sj/sjjd/202302/t20230202_1896742.html.

④ 中华人民共和国教育部.2022年全国教育事业发展基本情况[EB/OL].(2023-03-23)[2023-10-20].http://www.moe.gov.cn/fbh/live/2023/55167/sfcl/202303/t20230323_1052203.html.

⑤ 欧媚.“十四五”规划提出，提高劳动年龄人口平均受教育年限——11.3年，将为社会发展创造哪些红利[N].中国教育报，2021-04-08(1).

⑥ 欧媚.“十四五”规划提出，提高劳动年龄人口平均受教育年限——11.3年，将为社会发展创造哪些红利[N].中国教育报，2021-04-08(1).

化，还要为其服务。这是由高等教育的规律决定的，是高等教育的功能。但是无论从经济社会转型发展对教育的要求还是从教育自身的改革发展来看，当前高等教育的改革与创新仍必须聚焦“培养人”这一根本使命，坚持以生为本，树立以生为本的教育观。紧紧围绕“培养什么样的人、怎样培养人、为谁培养人”来开展一切活动，形成“以生为本”的管理体系、服务体系、评价体系和教学体系。尤其是在人才培养规格上，关注知识、能力、心智、价值观的全面发展。不但注重学生专业知识、相关学业学习方法的增长，更要让学生学会适应和应变的能力。在人工智能时代，突出区别于机器的人的特点，更多注重培养人的道德伦理素养、价值判断能力、创造性、社会情感能力以及直觉判断能力①，以此拉大人与机器的差距，而不是让人陷入人工智能陷阱。

(二) 高等学校回归本分

教育的基本功能就是教书育人。教是手段，育是目的；教是过程，育是结果。高校就要做教育分内的事，得天下英才而育之。在社会主义新时代做好育人工作，高等学校就必须深入到高等教育的核心。

1. 深化“双一流”建设

2015年8月18日，中央全面深化改革领导小组第15次会议审议通过《统筹推进世界一流大学和一流学科建设总体方案》，决定统筹推进建设世界一流大学和一流学科。2017年9月21日，教育部、财政部、国家发展改革委联合发布《关于公布世界一流大学和一流学科建设高校及建设学科名单的通知》，世界一流大学和一流学科建设高校及建设学科名单正式确认公布，确认首批“双一流”建设高校137所，其中世界一流大学建设高校42所（A类36所，B类6所），世界一流学科建设高校95所；“双一流”建设学科共计465个（其中自定学科44个）。接下来关键任务就是深化和推进一流大学和一流学科建设。从国家方面而言，深化和推进的关键点就落在了《统筹推进世界一流大学和一流学科建设实施办法(暂行)》中提出的建立动态调整机制上，使之成为解决以往重点建设存在的身份固化、竞

① 赵勇.智能机器时代的教育：方向与策略[J].教育研究，2020，41(3)：26-35.

争缺失、重复交叉等问题的创新举措。[①] 为此对于入围“双一流”建设高校就必须加大力气进行特色建设，增强竞争优势，实施三步走策略：在建设初期，需要根据各自的办学传统、特色和优势编制整体建设方案和分学科建设方案，并根据高校自己聘请的专家委员会的建议进行优化与完善，走特色办学、差异化发展道路；在中期，进行校内自检自查，聘请有关部门、高校、科研机构、行业组织人员组成中期检查评估小组进行自评，找到建设中存在的问题，并提出今后或下一阶段的完善思路；在末期，做好当期建设方案完成度及整体评价工作，迎接“国家‘双一流’建设专家委员会”对高校的评价。[②] 而针对未入围世界一流大学和一流学科地位的高校和学科，国家的动态调整机制恰恰提供了成为“双一流”的机会，关键在于利用目前的时间差加强建设，确定高校的建设方案，重点加强主干基础学科、优势特色学科、新兴交叉学科等学科建设。

2. 推进“新四科”建设

高等学校是知识创新和技术创新的主阵地，而学科建设是高等教育高质量发展的关键，是知识创新的基础，是技术创新的先导。所以高等学校回归本分首要是回归到学科建设的核心任务中来。在当下的产业升级、科技创新背景下，一些重要科学问题和关键核心技术已经呈现出革命性突破的先兆，新的学科分支和增长点不断涌现，学科深度交叉融合势不可挡，经济社会发展对高层次创新型、复合型、应用型人才的需求更为迫切。[③] 而新工业革命所需要的数字化、智能化、国际化、创新型、复合型高端人才大多数分布在交叉学科领域。[④] 因此交叉学科发展成为培养拔尖创新人才的有效路径，是经济社会发展的内在需求。为健全新时代高等教育学科专业体系，进一步提升对科技创新重大突破和重大理论创新的支撑能力，2021 年国务院学位委员会、教育部印发通知，将交叉学科作为新的学科门类，交叉学科成为我国第 14 个学科门类，在学科专业目录上直接体现。这

① 赵沁平．走出中国建设世界一流大学的路子 [N]. 光明日报，2017-03-07（13）.

② 万明，梁壮．“双一流”建设高校的动态调整机制研究 [J]. 研究生教育研究，2021（6）：85-89.

③ “交叉学科”成为我国第 14 个学科门类 [EB/OL].（2021-01-13）[2021-04-07].http：//edu.people.com.cn/n1/2021/0113/c367001-31998834.html.

④ 辜胜阻．引领第四次工业革命亟须打造教育升级版 [J]. 教育研究，2020，41（5）：10-12.

是继2018年教育部提出发展新工科、新医科、新农科、新文科（“新四科”），建设本科专业集群，振兴本科教育后的又一次对学科专业建设的新路子的推动并形成学科融合发展的引领。如果说“新四科”是新时代高等教育现代化、教育强国建设创新型探索，那么学科交叉融合是“新四科”建设的核心要素，是灵魂。学科交叉融合程度决定着“新四科”的建设进程和效果。随着“双一流”大学建设，虽然很多重点高校都建立了不同方向的学科交叉平台，但是还需在原有基础上结合新时代“新四科”布局与建设，结合时代变局，有针对性地深化学科融合，做好组织模式创新、课程改革创新、教师队伍建设等，为“新四科”建设提供支撑，助力科技创新发展。

3. 加强“金课”建设

课程是专业建设和人才培养的核心，所以“金课”建设成为高等教育内涵式发展的一个重要内容。高等院校可以依托“双一流”课程建设促进“金课”建设。2019年10月教育部发布《关于一流本科课程建设的实施意见》，提出经过3年左右时间，建成万门左右国家级和万门左右省级一流本科课程。到2021年基本实现一流本科课程建设的预期目标，并且覆盖所有类型高校、所有类型课程。但是“双万”一流本科建设的预期目标的达成，并不等于一流本科课程的建设完成。学校申报、教育部审批只是一流本科课程建设路上的第一步，最关键的还是后期的使用、管理与质量。正如文件中提到的，教育部将通过评价、定期检查等方式，对国家级一流本科课程继续建设进行跟踪监督和管理。自公布之日起5年内，未能按照各类课程要求开放共享或持续建设的课程，将取消国家级一流本科课程资格。当然高等学校申报的省级一流本科课程也会面临省级管理单位的跟踪监督和管理。对于申报成功“双一流”本科课程的高校而言，一流本科课程建设才刚刚开始，并进入了深化阶段，所以建议高校：第一，保证已申报一流本科课程的开课率和使用率，尤其是线上课程和混合课程，这样才能在做到不浪费资源的同时，为后期持续课程建设、提高课程质量提供参考数据。第二，做好校内的监督与管理。每年利用学生评价监测课程建设水平，督促并审核教师改进课程内容、教学方法等方面的进程，不断提升含金量。第三，引进竞争机制，对于在一定时期内“双一流”本科课程利用率不高、学生评价不高或者建设停滞的，及时进行调换补位，保证数量和质量的双稳定。这也是调动非双一流本科课程走向“金课”

的激励机制和可能途径。第四，配合“双一流”本科课程竞争机制，持续加强校内“金课”建设，激励非双一流本科课程建设成为校内“金课”，逐步建设成为“双一流”本科课程。

4. 推进内部治理体系改革

大学作为实施高等教育的组织机构，其内部治理结构的科学性是决定一流大学建设和大学内涵式发展的重要基础，例如香港科技大学。[①] 高校内部治理体系主要包括五个方面：政治制度、行政制度、学术制度、参与制度、监督制度。具体而言，包括负责制、大学章程、大学理事会制度、财务制度、人事制度、学术委员会制度、本科生培养制度、研究生培养制度、教学制度、学生管理制度、评价制度、民主监督制度等。即凡是符合高校办学理念和价值的大学制度，都属于高校内部治理体系内涵的具体内容，它是在一定理念指导下的高校制度的集合。[②] 而其中最重要的，影响最为深刻而广泛的可能就是学术制度与行政制度及由此产生的学术权力与行政权力及其之间的关系。

潘懋元先生曾从“知能教育”、大学生身心发展特征、高等教育内外部规律论述过高等教育与普通教育之间的不同。就知能方面而言，高等教育具有学习的广度和深度，具有科学研究的因素；就与外部关系而言，高等教育与国家发展需要密切相关；从大学生发展特征而言，高等教育更加开放多元专业。同时发挥高等教育三种特征，需要一种精神价值的支撑，而这种精神价值就是大学文化。大学文化回归，才能重拾大学本质。遵循大学本质的教育，才不会让高质量发展成为一个阶段性口号。我想“独立之精神，自由之思想”可能是对大学文化最好的诠释。“教育可以是国家的，而不是政府的。政府可以委派视察员，视察员对教学过程本身虽然无权干涉，但应该监督法律的遵守”[③] 或许又是对大学“独立”“自由”最好的诠释。放到学校内部治理系统就是，行政系统不再是对学术系统的简单管控而是通过共同治理方式让两个系统形成的能量场高度耦合，行政系统的

① 眭依凡. 转向大学内部治理体系创新：高等教育治理体系现代化的紧要议程 [J]. 教育研究，2020，41(12)：67-85.

② 卢彩晨. 我国公立高校内部治理体系：内涵、特征及新动向 [J]. 北京教育（高教），2021(3)：38-41.

③ 苏联教育科学院. 马克思恩格斯论教育：下卷 [M]. 北京：人民教育出版社，1986：10.

价值所在是让学术系统的能量得以充分释放而不是相反。[①] 所以，目前迫切要做的就是确保学术权力与行政权力有效分离，使大学的行政系统和学术系统各司其职，只有这样才能真正释放高质量发展活力，为学科建设提供创造知识和技术环境的良好环境。

(三) 教师回归本位

高等教育的优质创新发展，根本上要靠教师，所以要把教师队伍建设作为高等教育高质量发展的重要基础。高等院校教师回归本位最根本的在于为教师教育教学创设一个良好的潜心教书、静心育人的环境，引导广大教师回归到“教”的本职工作中来。具体包括：

1. 改革教师评价体系

高等教育高质量发展需要的是精雕细琢式的“慢教育”。“慢教育”对于教师而言，就是能有充沛的自由与时间，精耕细作；对供给侧而言，就是能耐住性子，尊重科学研究周期，等待成果。当然“慢教育”并不是指低效率，而是要求供给侧摆脱“量化”“粗放”的方便自我为目的的管理模式，以高质量服务带动高质量发展。高质量服务就要以大学学术发展为质、以科技发展为要、以学生发展为本、以教师潜心教学为体。以一流课程建设“双万计划”为例，课程建设的主体是教师，然而教师管理制度是否为教师提供了课程建设的良好的空间和潜心建设的时间呢？教师忙于繁重的教学任务和应对各种科研评价成为一种风气。然而我们知道，许多出色的学科教师并不一定是出色的研究者，专业教学和科学研究是不同的两个方面[②]，我们不应该用双重标准去评价老师。教师评价体系不改革，课程“双万计划”、“金课”建设也只能是一种敷衍，而不能上升为改革的高度。因此对教师的评价改革迫在眉睫。

习近平总书记在全国教育大会上指出，要扭转不科学的教育评价导向，坚决克服唯分数、唯升学、唯文凭、唯论文、唯帽子的顽瘴痼疾，从根本上解决教育

① 眭依凡. 关于一流大学建设与大学治理现代化的理性思考 [J]. 中国高教研究，2019(5)：1-5.

② 奥尔托加·加塞特. 大学的使命 [M]. 徐小洲，陈军，译. 杭州：浙江教育出版社，2001：11.

评价指挥棒问题。2020年6月30日，中央全面深化改革委员会第十四次会议审议通过《深化新时代教育评价改革总体方案》，将破“五唯”问题从隐性转为显性，从学校、教师、学生、社会的呼吁转为政府的行动，为深化教育教学改革、实现教育现代化指明了方向[①]，也为教师评价体系改革、实现“慢教育”指明了道路。在对教师的评价标准上，突出质量导向，注重教育教学实绩，弱化量化的科研数量评价；在评价方式上，探索长周期评价和研究领域评价，体现评价目标导向和尊重学术规律的统一；在结果应用上，贯穿教师队伍成长发展全环节、全周期，体现了教师队伍评价的特殊作用。[②]

2. 提高教师社会声望

“名师出高徒”，教师的能力水平决定了学生职业生涯的起点。OECD教学国际调查（TALIS）的名为《作为终身学习者的教师和学校领导》的报告称，吸引最优秀和最聪明的人加入这一职业对于确保年轻人获得在未来职场中茁壮成长所需的技能至关重要。所以未来如何让更多更优秀的人加入终身学习的教师和学校领导者职业，如何让现就职于教师岗位的教师做到育人水平高超和方法技术娴熟，成为培养高质量人才的重要条件。那么如何能吸引到更多最优秀、最聪明的人加入教师职业呢？2019年6月19日，OECD的一份新报告显示，各国需要让教师职业在经济上和智力上更具吸引力，以满足世界各地对高质量教师日益增长的需求。从这份报告中不难看出，教师的身份、待遇及社会地位成为影响教师队伍质量及稳定性的重要因素[③]，也成为世界的共识。《中共中央 国务院关于全面深化新时代教师队伍建设改革的意见》中也提到让“教师成为让人羡慕的职业”，要通过提高教师地位待遇，增强教师职业吸引力。事实上，《中华人民共和国教育法》《中华人民共和国教师法》等法律法规都对教师的政治地位进行了确认，但是国际经合组织对全球教育行业调查数据显示：中国教师法定地位和政治地位虽然较高，但是工资收入不高。以具有15年经验的高中教师为例，2021年日本教师年

① 储常连．立“五维”破“五唯”推进教育评价现代化[N]. 中国教育报，2020-10-30（6）.

② 徐惠彬．抓住教育评价这个“牛鼻子”[N]. 人民日报，2021-03-17（12）.

③ 姜勇，王艺芳，等．新时期学前教育发展研究[M]. 上海：华东师范大学出版社，2020：80-81.

收入为49356美元，韩国为60247美元[①]，远远高出我国高中教师收入水平。大学教师收入差距也不例外。所以相较而言，在目前社会中，经济地位或成为制约教师声望提升的主要因素，快速提高教师收入水平已经成为实质性提高其社会声望的关键一环。

3. 健全中国特色教师教育体系

教师回归教学本位、育人本位，须具备教育情怀深厚、专业基础扎实、勇于创新教学、善于综合育人和终身学习发展等素养，而这些素养的培养离不开教师教育。习近平总书记指出，教师是教育发展的第一资源，是立教之本、兴教之源。强教必先强师。党的十九大报告将培养高素质教师队伍作为建设教育强国的重要举措。培养高素质的教师队伍就必须加强教师教育体系建设，首先，加大对教师教育的支持力度，继续深入推进《关于实施卓越教师培养计划2.0的意见》，加快建设一流师范院校和一流师范专业，全面引领教师教育改革发展，强化教师教育师资队伍建设；落实《"十四五"时期教育强国推进工程实施方案》中"支持一批本科师范院校（含综合类院校中的师范学院）加强教学科研设施建设，重点支持建设一批国家师范教育基地"的建设任务，显著提升人才培养能力，为实现教育强国服务。其次，优化教师教育布局结构，健全以师范院校为主体、高水平非师范院校参与、优质中小学（幼儿园）为实践基地的开放、协同、联动的中国特色教师教育体系。[②]最后，加大教师教育投入力度，健全以政府投入为主、多渠道筹集教育经费的体制，在信息技术助推教育教学改革背景下，全面改善教师教育资源、环境、条件等。

(四) 政府回归本职

随着国家服务型政府建设目标的提出，政府在政策法律、学科专业建设等方面作用逐渐增强，但还是需要不断回归主导职责，做好发展规划和整体设计。

---

① OECD.Teachers'salaries（indicator）[EB/OL].[2023-10-20].https：//data.oecd.org/teachers/teachers-salaries.htm.

② 中共中央、国务院印发《中国教育现代化2035》[N].人民日报，2019-02-24（1）.

1. 优化办学体制机制

办学体制改革是优化教育资源配置、提高教育资源利用率、化解教育投入不足与资源相对浪费之间矛盾的有效途径。目前我国办学体制改革逐步形成了以政府办学为主体、社会力量共同参与、公办学校和民办学校相辅相成的多元化发展格局。但是随着民办高校营利性与非营利性分类管理改革，在高等学校的办学体制上可以进一步探索。鼓励与扶持社会力量非营利性办学，但也不忽视营利性办学，使营利性与非营利性民办高校都有发展的空间。针对非营利性民办高校，可以根据新法新政精神，探索基金会办学，办成真正意义上的社会性、公益性、非营利性大学。借助修改《基金会管理条例》契机，增加基金会办学方面的相关内容，一方面是鼓励基金会办学，另一方面使《基金会管理条例》不仅限于起到规范基金会组织的行政管理作用，而是更大程度上发挥基金会本身的非营利法人主体功能，让基金会作为办学主体有法可依。

办学机制方面，高等教育进入普及化阶段之后，高等教育治理与决策越来越受到不同利益群体多元化诉求的影响，并且随着“十三五”期间中共中央、国务院颁布的多项改革方案，高等教育办学体制改革进入“深水区”。所以一是要按照习近平总书记的要求，立足服务国家区域发展战略，优化区域教育资源配置，加快形成点线面结合、东中西呼应的教育发展空间格局，提升教育服务区域发展战略水平。二是引导大学协调好大学与社会、大学与政府之间的关系，优化大学内部治理结构，进而解决学校与政府关系不顺畅、学校与社会关系不协调、学校内部治理结构不平衡的问题，优化同新发展格局相适应的教育结构、学科专业结构、人才培养结构，统筹推进招生方式、育人方式、办学模式、管理体制、保障机制改革，推进学校内涵建设和可持续发展。[①]

2. 扶持社会力量办学

2017年10月党的十九大会议中，习近平同志指出：中国特色社会主义进入新时代，我国社会主要矛盾已经转化为人民日益增长的美好生活需要和不平衡不充分的发展之间的矛盾。社会矛盾的变化为高等教育未来发展带来诸多挑战。在

---

① 钟秉林．“十四五”期间我国高等教育发展的基础与关键 [J]. 河北师范大学学报（教育科学版），2021，23（1）：1-8.

推动建设高等教育强国背景下，我们要解决不同地域间人民日益增长的受教育需求与高等教育结构发展不平衡不充分间的矛盾，并处理好人民日益增长的优质教育需求与高等教育质量发展不平衡不充分间的矛盾。民办教育是高等教育的重要组成部分，而且已经成为人才培养的重要阵地。2022年，民办高等学校764所，占全国高校的25.36%；民办普通、职业本专科在校生924.89万人，占全国普通、职业本专科在校生的25.27%。[①] 但是民办高等教育教学、科研水平普遍不高，尤其是民办教育新法新政颁布之后，民办高等教育水平及科研水平出现不升反降的局面。这在整体上不但影响人才培养质量，而且影响高等教育高质量体系的构建。《中国高教研究》编辑部每年都会根据不同情况基于14—18家教育类期刊的发文，对全国高校高等教育科研论文进行统计分析。对近几年数据的统计分析发现，随着民办高校数量增加，科研论文发文数量不增反降，而且以新法颁布为分水岭，出现了严重的下降，到2019年民办高校科研论文发文数量比新法颁布之前少了63%左右(具体见表12-3)。这反映出2016年民办教育新法新政实施以后，营非选择的困惑和地方扶持政策不明朗，影响了民办教育举办者安心从事教学科研的积极性，严重影响了民办高等教育质量。因此建议：一是对民办高校发展坚持扶持先行、规范并重，尤其是尽快落实民办教育新法中对选择非营利性民办高校的举办者的“奖励或补偿”的政策承诺，给举办者一个可预期的未来，稳定举办者办学信心，让举办者安心搞教育教学；二是尽快落实对营利性与非营利性民办高校的分类扶持政策，解决民办高校难题；三是分类建设一流大学和一流学科，

表12-3　全国民办高校2014—2019年在重要期刊上发表高等教育科研论文的基本情况[②]

年份	2014	2015	2016	2017	2018	2019
民办高校数量（所）	—	722	734	735	735	756
发文总量（篇）	79	80	96	79	38	30
占被统计论文比例（%）	2.42	2.33	2.8	2.43	1.7	1.55

① 中华人民共和国教育部.2022年全国教育事业发展统计公报[EB/OL].（2023-07-05）[2023-10-20].http：//www.moe.gov.cn/jyb_sjzl/sjzl_fztjgb/202307/t20230705_1067278.html.

② 数据来源：根据2015—2020年《中国高教研究》期刊第四期刊发的《全国高校高等教育科研论文统计分析》一文整理而成。

启动民办高校高水平建设，把民办高校也纳入国家“双一流”建设之中进行同步设计和发展，加快培养理工农医类专业紧缺人才。

五、重在创新：研究生教育高质量发展的主要对策

2020年7月29日召开了全国研究生教育会议，这是一次具有战略性和历史性意义的重要会议，标志着我国研究生教育进入了新的发展阶段。研究生教育在今后的发展中将突出研究和创新，将瞄准科技前沿和关键领域作为研究生教育的出发点，“研究能力”与“创新能力”将成为研究生素质的基本指标。为此，研究生教育要紧紧围绕“研究”和“创新”两个关键词，调整研究生的培养模式、培养机制以及评价体系，加快培养国家急需的高层次人才，为实现中华民族伟大复兴的中国梦做出贡献。

（一）以创新为基点，深化研究生培养模式

在全国研究生教育会议上，国务院总理李克强做出重要批示：深化研究生培养模式改革，进一步优化考试招生制度、学科课程设置，促进科教融合和产教融合，加强国际合作，着力增强研究生实践能力、创新能力，为全面建成社会主义现代化强国提供更坚实的人才支撑。研究生实践能力、创新能力的培养与研究生培养模式息息相关，相辅相成。研究生实践能力、创新能力的培养需要研究生培养模式改革，研究生培养模式改革的目标是提升研究生实践能力与创新能力。那么研究生培养模式该如何改革呢？这就要看什么最有利于激发研究生实践能力与创新能力。我们知道幼儿天生就具有好奇心，喜欢探究，喜欢冒险，而且还会有千奇百怪的想法，那是因为他们心里有十万个为什么，有十万个问题。再反观研究生，虽然数十年寒窗苦读，积累了很多知识，但是唯独缺乏的就是实践创新能力。究其原因就是在他们头脑中只有知识，没有问题。事实上所有的实践创新能力都是从问题而来，是由问题解决而激发所致。所以研究生实践创新能力培养就要由过去的知识传授向问题解决模式改革，构建“QBE”人才培养模式。当然这里不是说不要知识传授，而是弱化知识的独立性，把知识与社会实践相结合，把

课程视为手段而非目的，而且随着社会发展和问题转移，还需不断重构知识体系。既然要构建“QBE”人才培养模式，那么就要保证问题是真问题，是社会需要解决的问题，是具有前瞻性的问题，是值得研究的问题。那么这样的问题是从哪里得来呢？如何保证问题是真问题呢？这就需要加快推进培养机制改革，保证问题确实是社会发展、社会实践中的真问题。

（二）以创新为目标，改革研究生培养机制

正如上文所述，要构建“QBE”人才培养模式，就要建立配套的培养机制，以保证问题的前沿性、社会性、真实性。但是我们知道高等学校是培养各类人才的基地，主要优势在于对人才的基础知识训练、理论知识授予和思考能力锻炼等。它自身不会产生问题。而企业不同，企业的优势是直接面对社会需要，重点要解决社会急需的难点问题和核心技术。[①]而研究生的教学与培养要求研究生不但要有扎实的理论知识，更要有实践创新能力。因此，校企合作、产教融合是目前最适宜于“QBE”人才培养模式的培养机制。校企合作的方式很多：有“企业引入”模式，即把企业建成校内生产性实训基地，为学生提供实训岗位；有“校企共训”模式，即共同组建培训团队，互相培训；有“项目合作”模式，即学生直接参与项目研究，直接参与实际项目运行；有“导师制”模式，即邀请企业高级技术人员担任实践指导教师或副导师；有“学术研讨”模式，即邀请现场技术人员来校讲课[②]；等等。但在诸多的校企融合模式中，最有利于培养研究生实践创新能力的合作模式是科研项目合作，这是最直接、最实际、最贴近“问题”的合作方式，在“新四科”背景下也均适用于文科类研究生和理工科类研究生。

此外，我们也可以借鉴日本京都大学教育学部做法，改革研究生招生办法，开放招生门户，招收社会人员进入研究生院学习，把社会人员在社会现场获得的实际经验与大学内的研究结合起来。大学要学会主动出击，接纳社会，尤其是在

① 余伟健．基于提高研究生科研创新能力的科教融合培养实施途径[J]．大学教育，2021(4)：25-28.

② 余伟健．基于提高研究生科研创新能力的科教融合培养实施途径[J]．大学教育，2021(4)：25-28.

扩大专业硕士培养的背景下，主动靠近社会是必然的转型。与此同时在社会变化显著、国内外环境巨变的情况下，加快教育领域内国际合作，让研究生不但有机会遇到国内的社会问题，而且有机会去研究国际问题。

（三）以创新为指标，革新研究生评价体系

教育评价是研究生教育改革的重要内容，是提升研究生实践创新能力的关键领域，是实现高等教育高质量发展的重要抓手，因此研究生评价体系也必须结合研究生工作会议精神，转变研究生教育评价理念，以“创新”指标，革新研究生评价体系，为新时代高质量高等教育发展服务。研究生评价体系不仅包括对研究生本人的创新能力方面的评价，还应该包括对研究生创新培养相关的基础建设评价。有学者借鉴相关文献，以调查问卷结果为依据，在遵循代表性、综合性、科学性等指标选取原则的前提下，最终从创新基础、创新思维、创新成果三个维度选取导师学术水平、学校学院的科研设施完善程度、自学能力、综合知识更新能力、科学方法知识的掌握程度、学术论文数量、主持或认真参与过的科研项目数量等共18个指标，构建了区域经济学研究生创新能力评价指标体系。[①]（见表12-4）其实，每个学科都可以根据学科特点和培养特点，借鉴“区域经济学研究生创新能力评价指标体系”，构建出适合本学科的评价指标体系，但必须是要能突出“创新实践能力”的指标。操作上，可以保留创新基础、创新思维、创新成果三个维度，在18项具体指标上有所区别。比如，教育学学科在创新思维方面可以增加“问题意识”，创新成果方面增加“论文选题的创新性”等。

表12-4 区域经济学研究生创新能力评价指标体系

目标层	维度层次	指标层
区域经济学专业研究生创新能力水平 A	创新基础 B1	导师学术水平 C1
		学校学院的科研设施完善程度 C2
		学校学院的创新激励机制完善程度 C3
		创新课程设置情况 C4
		探究式等教学模式创新情况 C5

① 钱力，倪修凤. 区域经济学专业研究生创新能力评价及培养模式改进——基于财经类高校实证分析 [J]. 兰州文理学院学报（社会科学版），2020，36（4）：92-101.

（续表）

目标层	维度层次	指标层
	创新思维B2	自学能力C6
		创新意识C7
		综合知识更新能力C8
		科学方法知识的掌握程度C9
		知识运用能力C10
		逻辑思维能力C11
		批判思维能力C12
	创新成果B3	综合素质成绩情况C13
		学术论文数量C14
		主持的科研项目数量C15
		认真参与过的科研项目数量C16
		发表过的最高等级论文水平C17
		在省级及以上级别学术竞赛获奖次数C18

高等教育高质量发展是新时代中国特色社会主义教育理论的要求，是高等教育历史发展的必然性体现，更是中国特色社会主义“新时代”的根本要求。而伴随高质量发展而提出的质量革命更是成为向高质量发展的新时代战略。高等教育高质量发展，不仅要突出提升质量方面的具体方法，更要关注宏观层面高质量发展机制，为具体方法提供全面而坚实的理论指导。与此同时，高等教育的高质量发展不仅要突出本科教育的优质发展，还要突出研究生教育的创新发展。

第十三章

优质融合：新时代职业教育高质量发展的理念与对策

新中国成立70多年来，中国发生了翻天覆地的变化，我国职业教育由小到大、由弱到强，其间有过艰难曲折，有过迟疑不前，但更多的时候都是坚持和奋进。伴随着我国经济社会进入新的发展阶段，国家对职业教育适时提出新的发展战略和要求。

2021年，我国已建成世界规模最大的职业教育体系，全国共有职业院校1.15万所。其中，中职学校7294所，高职（专科）学校1486所，本科层次职业学校32所。中职招生488.99万人，在校生1311.81万人，分别约占高中阶段教育招生和在校生数的33.60%、32.99%；职业本专科招生556.72万人，在校生1603.03万人，分别约占高等教育招生和在校生数的31.25%、28.96%。[①] 职业教育每年向社会输送毕业生1000万人左右，每年培训上亿人次，为国家经济社会发展提供了不可或缺的人力资源支撑。[②]

2022年10月16日，党的二十大胜利召开，习近平总书记在大会报告中指出要“统筹职业教育、高等教育、继续教育协同创新，推进职普融通、产教融合、科教融汇，优化职业教育类型定位”，首次在党中央的报告中明确将“大国工匠”和“高技能人才”纳入国家战略人才行列；提出通过推进教育数字化，建设全民终身学习的学习型社会、学习型大国；指出“健全终身职业技能培训制度，推动解决结构性就业矛盾”是就业优先战略的重要举措。这是以习近平同志为核心的党中央全面部署“实施科教兴国战略，强化现代化建设人才支撑”的重点举措，对开拓职业教育、高等教育、继续教育可持续发展新局面，书写教育多方位服务

① 中华人民共和国教育部．各级各类学历教育学生情况 [EB/OL].（2022-12-30）[2023-10-20]. http：//www.moe.gov.cn/jyb_sjzl/moe_560/2021/quanguo/202301/t20230104_1038067.html.

② 中华人民共和国教育部．中国特色现代职业教育体系向纵深推进——党的十八大以来职业教育改革发展成就 [EB/OL].（2022-05-24）[2023-10-20].http：//www.moe.gov.cn/fbh/live/2022/54487/sfcl/202205/t20220524_629748.html.

社会主义现代化建设新篇章，具有非常重要的导向意义。

对于正处于快速发展期的中国职业教育而言，要从中国经济建设实际和职业教育规律出发，吸取国内外职业教育发展先进经验，正确处理好优质、融合两个关键性问题，真正做到高质量发展。

一、现阶段职业教育取得的突出成就

（一）坚持党的领导，走特色发展之路

2021年召开的全国职业教育大会是我国职业教育发展史上又一里程碑。习近平总书记对职业教育工作做出重要指示，国务院总理李克强做出重要批示，孙春兰副总理出席会议并讲话，为新阶段职业教育发展指明了前进方向，提供了根本遵循。深刻学习领会习近平总书记重要指示和全国职业教育大会精神，就要以习近平新时代中国特色社会主义思想为指导，深入贯彻党的十九大和十九届二中、三中、四中、五中全会精神，坚持党的领导，需要着眼于国内国际两个大局，进一步解放思想、提高站位，从立足新发展阶段、贯彻新发展理念、构建新发展格局的高度深化对职业教育的认识。

一是坚持社会主义办学方向。职业技术教育和普通教育一样，都要回答好“培养什么人、怎样培养人、为谁培养人”这一根本性问题，承担立德树人的根本任务，这就要以习近平总书记关于职业技术教育的重要论述为根本遵循，全面贯彻党的教育方针，以立德为根本，以树人为核心，筑牢为党育人、为国育才的坚强阵地，切实将党的领导贯彻到办学治校、教书育人的全过程，培养德智体美劳全面发展的社会主义建设者和接班人。

二是确定“前途广阔、大有可为”的战略定位。习近平总书记指出，“在全面建设社会主义现代化国家新征程中，职业教育前途广阔、大有可为”，从党和国家工作全局的高度，深刻阐明了发展职业教育的重大意义，体现了党中央对职业教育的高度重视。无论是应对百年未有之大变局这一世界之变、时代之变、历史之变，还是实现中华民族伟大复兴这一百年梦想，都必须把加快发展现代职业教育摆在更加突出的战略位置，并纳入社会主义现代化建设的总体部署中，推动

职业教育与经济社会同步发展，为全面建设社会主义现代化国家提供坚实的技术技能人才支撑。

三是走类型发展道路。习近平总书记的重要指示，就如何坚定职业教育类型定位、遵循职业教育规律办职业教育，为我们提供了基本遵循。在逻辑起点上，强调“优化职业教育类型定位”；在发展路径上，强调“深化产教融合、校企合作”；在关键改革上，强调“深入推进育人方式、办学模式、管理体制、保障机制改革”；在发展重点上，强调“稳步发展职业本科教育，建设一批高水平职业院校和专业”；在发展要求上，强调“推动职普融通，增强职业教育适应性，加快构建现代职业教育体系，培养更多高素质技术技能人才、能工巧匠、大国工匠”；在战略价值上，强调“为全面建设社会主义现代化国家、实现中华民族伟大复兴的中国梦提供有力人才和技能支撑”。

(二) 坚持质量引领，走提质培优之路

一是建立三级工作机制。为了适应职业教育改革发展的历史关键期，处理好机遇和挑战，教育部在党中央、国务院领导下，连同各相关部委、省级地方政府建立了三级工作机制；在国务院职业教育工作部际联席会议制度下，与发改委、工业和信息化部、财政部、人力资源和社会保障部、农业农村部、国资委、税务总局、扶贫办（现国家乡村振兴局）等联席会议成员单位分工协作，定期会商研究解决职业教育重大问题，出台了一批关键政策，部署了一批重大改革，建立了部际协同机制；在推进“职教20条”“双高计划”等重大改革发展项目中，创新性地建立了国家宏观管理、省级统筹保障的央地联动机制，尤其是在部省共建职业教育创新发展高地建设中，央地联动的机制得以固化，极大地调动了基层首创的积极性，丰富了职业教育制度模式；制定并实施《职业教育改革成效明显的省（区、市）激励措施实施办法》，对地方推进职业教育改革成效定量评价，对于真抓实干、具有引领和示范带动作用的省份予以激励，并在部署新的重大项目中给予倾斜支持。在推进“创新发展行动计划”、提质培优三年行动计划等综合改革中，强化过程管理和激励约束，向地方传递“干与不干不一样”“干多干少不一样”的工作信号，推动各地形成比学赶超、良性竞争态势，形成省域竞争机制。

二是推进职业教育体系内涵建设。在现代职业教育体系基本建立的基础上，

教育部相关部门积极落实全国职教大会精神，在现代职教体系内涵建设方面持续用力，取得一些新进展。在研制完成一体化专业目录方面，2021年3月，教育部印发《职业教育专业目录（2021年）》，这是首次将中职、高职专科和高职本科三个层次专业目录进行一体化设计，建立了统一的分类框架和上下衔接的专业名称，使职业教育类型特征更为凸显。在中职办学定位调整方面，按照《关于推动现代职业教育高质量发展的意见》的要求，中等职业教育要注重为高等职业教育输送具有扎实技术技能基础和合格文化基础的生源，成为高等职业教育的基础，开始从“就业导向”转向“升学和就业两条腿走路”。在专科高职进入提质培优、增值赋能、以质图强、加快迈进现代化新阶段方面，2019年我国启动“双高”校建设，每5年一个支持周期。教育部、财政部在中期对197所“双高”校进行中期绩效评价，评价结果或涉及项目经费支持额度调整。“双高”校建设成为推动高质量发展的发动机和主引擎。在职教本科起步发展方面，2021年，教育部分两批批复设立了12所职业技术大学，使职业技术大学总数达到33所；颁发了《本科层次职业教育专业设置管理办法（试行）》《本科层次职业学校设置标准（试行）》《职业教育专业目录（2021年）》《本科层次职业学校本科教学工作合格评估指标和基本要求（试行）》4份文件，规范职业本科教育发展。

三是推动空间优化布局。按照“东部提质培优、中部提质扩容、西部扩容提质”的总体布局，相继在山东、甘肃、江西、江苏的“苏锡常”都市圈、福建厦门、广东深圳等地启动高地建设，推进职业教育区域化、区域职业教育产业化、产业职业教育集群化发展，东中西梯次发展的改革联动节奏和空间布局基本形成。地方政府和职业院校主动承接“提质培优行动计划”建设任务，31个省（区、市）和新疆生产建设兵团共有4562家学校单位承接了建设任务，任务总布点数达12.8万个，带动地方资金和社会资本预算投入3000多亿元。

以江苏省为例，该省正在着力打造职业教育高质量发展样板。苏锡常三市是重要的先进制造业基地，经济发展水平相近，历史文化相似，产业结构有同有异。在《教育部 江苏省人民政府关于整体推进苏锡常都市圈职业教育改革创新打造高质量发展样板的实施意见》的整体要求下，三市立足城市产业发展特色，充分利用各自的资源禀赋，聚焦“一市一策”改革目标，既各有特色，又紧密联系、相互促进，协同发挥整体改革效应。[①]

苏州提出“加快建设根植江南文化、对接苏州制造，产教深度融合”的总体发展目标，同时提出了“五大工程、20项举措、60项任务”。牵头建设长三角示范区“新职教产业园”。苏州出台《关于进一步加强职业学校德育工作的指导意见》，将“三全育人”与“五育并举”有机融合。促进职普融通，推进职业教育师资、设备、课程等资源向基础教育开放，建立省级中小学生职业体验中心30个。依托千亿级产业建成4个产教融合联合体，遴选38个市级优秀企业学院。加强专业布局调整和集群式发展，15个大类专业覆盖了苏州主导产业、新兴产业和重点服务业，提升职业教育与区域产业发展的吻合度。《双元制职业教育人才培养指南》《双元制职业教育培训中心建设规范》被确立为职业教育地方标准。

常州打造国家产教融合型城市和国家职业教育创新发展高地“双试点”，在全国首创“城市职教中心”“高等职业教育集约化发展”“职业教育特色小镇”等职业教育发展模式。促进职业院校提档升级，投入超2亿元将常州科教城现代工业中心升级为具有国际水准的现代公共实训基地。搭建“新职师”发展平台，实施“新职师”引才项目，全市每年投入200万元支持职业院校、科研机构和高科技企业互选互聘120名高层次人才。常州信息职业技术学院牵头打造智慧校园样板，为全国智慧校园建设提供参考。江苏理工学院牵头组建职业教育研究院，构建覆盖都市圈的职业教育科研体系，开展职业教育类型特征的基本理论与实证研究。

无锡实施职业教育质量提升攀登计划，聚焦立德树人、产教融合、教学改革、名师培育、社会服务等重点领域实施“五项工程”。在物联网、大数据、人工智能等重点产业领域，联合组建10个高技能人才联合培养平台，建成40个市级产教深度融合现代化实训基地、22个国家和省级产教融合平台、100个校企合作示范组合。积极落实税收政策，合计为31家企业减免各类税收优惠925.31万元，与世界500强企业、国内领军企业共建产业学院7个；设立2000万元职业教育无锡高地建设专项经费。无锡职业技术学院牵头成立了由苏锡常三市近20所中职院校和34所高职院校组成的苏锡常都市圈职业教育党建联盟，共促重大主题活动，

① 周彩丽．打造职业教育高质量发展样板——专访江苏省教育厅厅长葛道凯[J].教育家，2021(51)：14-15.

搭建党建展示平台，联建党建培训基地，共建区域党建智库，以高质量党建引领苏锡常都市圈职业教育高质量发展。

（三）坚持制度建设，走融合发展之路

职业教育的特点决定了它必须面向社会开放办学，突出市场需求的引导作用，优化调整层次、布局和结构。如何提升就业质量与水平，如何推进专业与产业的无缝对接，如何解决人才供给侧与产业需求侧不完全匹配的问题，还是要抓住产教融合、校企合作这个关键。

一是国家出台政策推动发展。中央政府和地方政府出台的政策体系是推动产教融合深化的重要保障，为了深化产教融合，国家出台了一系列政策举措。2013年，《教育部关于2013年深化教育领域综合改革的意见》提出“完善职业教育产教融合制度”；党的十八届三中全会提出“加快现代职业教育体系建设，深化产教融合、校企合作，培养高素质劳动者和技能型人才”；党的十九大明确指出“完善职业教育和培训体系，深化产教融合、校企合作”；2017年，《国务院办公厅关于深化产教融合的若干意见》首次站在教育综合改革和经济高质量发展的角度进行全面规划；2019年，《国家职业教育改革实施方案》提出“建立产教融合型企业认证制度”“培育数以万计的产教融合型企业”；2019年，国家发改委等六部委印发《国家产教融合建设试点实施方案》，提出“试点布局建设50个左右产教融合型城市，在试点城市及其所在省域内打造一批区域特色鲜明的产教融合型行业”；2020年教育部等九部门印发的《职业教育提质培优行动计划（2020—2023年）》提出要“深化职业教育供给侧结构性改革”，要“深化校企合作协同育人模式改革”；2021年全国职业教育大会上，习近平总书记对职业教育工作做出重要指示，强调“深化产教融合、校企合作，深入推进育人方式、办学模式、管理体制、保障机制改革”；2021年，《关于推动现代职业教育高质量发展的意见》提出“完善产教融合办学体制”“创新校企合作办学机制”。

二是完善行业参与的融合机制。在建立和完善行业参与职业教育机制方面，主要做好三方面工作。首先，建立了行业指导职业教育的组织平台。近几年来，教育部委托相关行业主管部门或行业组织牵头，继续组建行业职业教育教学指导委员会。其次，教育部推动并联合机械、有色金属、供销、水利等行业，分类制

定专项政策，推动校企联合实施教育教学改革。最后，全国各地也相继组建行业职业教育教学指导委员会，开展各种形式的行业参与职业教育活动；教育部联合行业主管部门和行业组织加大举办产教对话活动力度，教育部、地方政府、行业、企业共议产教融合、校企合作事项；全国各地也纷纷举办各种形式的职业教育产教对接与校企对接活动，积极举办以产教融合、校企合作为主题的经验交流会和学术论坛，包括区域性、全国性及国际性的座谈会和学术论坛，建立起教育界、产业界、学术界与各级政府共同推动职业教育产教融合、校企合作的平台，很好地促进了校企合作理论研究水平及实践水平的提升。

三是推动职业院校办学模式创新。在推动职业教育集团化办学创新方面，教育部及其他部委发布相关指导意见，采取措施积极推动，部分地区也相继颁布相关支持政策，鼓励多元主体组建职业教育集团，包括院校牵头组建的面向区域主导产业、特色产业的区域型职业教育集团，行业部门、企业、职业院校牵头组建的行业型职业教育集团，以及跨区域、跨行业的复合型职业教育集团。同时，教育行政部门主动联合有关行业主管部门，建立联席会、理事会或董事会等，健全工作章程、管理制度、工作程序等，不断规范完善职业教育集团治理结构。在此基础上，各职业教育集团也创新产权制度和治理结构，建立资源共建和利益共享长效合作机制，提升自身综合服务能力；探索发展股份制、混合所有制职业院校，是深化职业教育产教融合、校企合作的重要模式创新。《国务院关于加快发展现代职业教育的决定》提出“探索发展股份制、混合所有制职业院校，允许以资本、知识、技术、管理等要素参与办学并享有相应权利”。在政策引导下，我国一些区域和职业院校开始探索“股份制”和“混合所有制”办学。

四是开展现代学徒制人才培养模式创新。教育部2015年正式启动国家级现代学徒制的试点工作，2015、2017年先后两批共遴选出368个现代学徒制试点单位，教育部还组织成立全国现代学徒制工作专家指导委员会，针对现代学徒制开展咨询、指导、培训、评估、检查和促进交流等活动。人力资源和社会保障部与财政部于2015年7月启动企业新型学徒制试点工作，2015、2016年共确定了22个试点省份。在国家试点推行之前，已有很多地方先行进行了现代学徒制探索，随着国家现代学徒制试点工作的推进，全国大部分地区都出台有关政策推进现代学徒制试点，一些地区完成了省级、地市级的方案设计和布局。

(四) 坚持内生发展，走深化教改之路

一是加强教师队伍建设。教育部等四部门印发了《深化新时代职业教育“双师型”教师队伍建设改革实施方案》(简称《职教师资12条》)。这12项工作举措可以划分为建设一项标准体系、改革创新两项基本制度、完善三项管理保障机制、实施六大举措提升教师双师素质。在标准体系方面，明确建立中等和高等职业教育层次分明，覆盖公共课、专业课、实践课等各类课程的教师专业标准体系。不断完善职业教育教师评价标准体系。在基本制度方面，提出以双师素质为导向改革新教师准入制度，以双师素质为核心深化教师考核评价改革。在保障机制方面，要求加强党对教师队伍建设的全面领导，落实权益保障和激励机制，提升教师社会地位，强化教师队伍建设改革的保障措施。在提高素质方面，提出构建以职业技术师范院校为主体、产教融合的多元办学格局，完善“固定岗 + 流动岗”的教师资源配置新机制，建立校企人员双向交流协作共同体，聚焦“1+X”证书制度，开展教师全员培训，创建高水平结构化教师教学创新团队，以“国家工匠之师”为引领加强高层次人才队伍建设。

二是加强“教材”建设。国家已印发《职业院校教材管理办法》，完善职业学校教材政府分级管理，教育行政部门统筹，行业、学校和企业多方参与的管理体制。以高质量教材为目标，以高水平教学资源为支撑，组织建设量大面广的专业核心课程教材，遴选发布一批校企“双元”合作开发的国家规划教材，倡导使用新型活页式、工作手册式教材并配套信息化资源。

三是探索“教法”改革。教育部印发了《关于职业院校专业人才培养方案制订与实施工作的指导意见》，指导学校科学规范制订专业人才培养方案，要求学校党委会审定各专业人才培养方案，切实加强党对一切工作的全面领导，以高质量示范课堂为抓手，以高标准教学质量为目标，普及推广项目教学、案例教学、情境教学、工作过程导向教学等，推广混合式教学、理实一体教学、模块化教学等新型教学模式。适应“互联网 + 职业教育”新要求，推动大数据、人工智能、虚拟现实等现代信息技术在教育教学中的广泛应用，推广远程协作、实时互动、翻转课堂、移动学习等信息化教学模式，推动教师角色的转变与创优，在学校教育中，以学生为中心，学生是主体，以教师为主导。在教育理念、教学观念、教学内容、教材教法以及教学评价、机制环境等方面不断改革创优，使职业教育真

正能够因材施教，对学生起到“扬长教育”的作用，避其所短，扬其所长，让学生做自己擅长领域的强者。

四是进行“课程思政”探索实践。“课程思政”是贯彻落实习近平新时代中国特色社会主义思想、党的十九大精神，贯彻落实习近平总书记关于教育的重要论述，特别是在全国高校思想政治工作会议、全国教育大会、学校思想政治理论课教师座谈会上的重要讲话精神的重要举措。近年来，在国家政策引领下，职业教育“课程思政”改革实践和理论探索不断加深，在课程思政教师队伍建设、课程思政工作形式、课程思政教育资源等方面都积累了一定的经验。

(五) 坚持国际合作，走开放共赢之路

改革开放40多年来，职业教育始终坚持对外开放，积极主动地开展和扩大职业教育的国际交流与合作，在“请进来”借鉴国外先进经验的同时，努力地“走出去”，与世界分享中国特色职业教育经验，贡献中国职业教育标准和中国职业教育发展模式，培养了大批具有国际发展意识、国际交往能力和国际竞争力的高素质、高技能人才，大幅提升了中国职业教育的国际影响力，为对外开放、“一带一路”建设的实施提供了强大的智力支撑和人才保障。

一是对外交流与合作成果颇丰。40多年来，职业教育广泛开展对外交流与合作项目，提升我国开放办学水平和教育国际影响力。特别是近年来，为推动职业教育开展对外交流与合作，我国职业教育已在政策对话、人员互访、校际交流、人员培训、技术培训、课程开放、学校建设、科学研究等领域取得了实质性进展。为助力重点行业到国（境）外办学，我国已与30多个国家、10多个国际组织开展了交流合作。职业教育在扩大对外开放方面取得了丰硕成果。高职院校通过多种形式吸纳境外优质教师和教学资源，与境外办学机构协同开展技术技能人才培养和教师培训，提高学生和教师的跨文化交流能力，拓宽国际视野，满足人民群众“上好学”的需求。

二是为提升中国教育影响力贡献力量。我国鼓励高职院校教师在国（境）外组织担任职务，参与有关国际标准和规则的制定，开发具有国际水平的课程资源，提高中国职业教育的国际话语权。2017年，专任教师在国（境）外组织担任职务人数为876人，分布在177所高职院校。开发国（境）外认可的专业教学标准

和课程标准1806个，主持或参与院校156所。178所高职院校的学生在国（境）外技能大赛中获得735个奖项。在阿联酋阿布扎比举行的世界技能组织2017年大会上，上海出版印刷高等专科学校青年教师张淑萍和优秀学生萧达飞，作为技能青年代表和学生代表作申办陈述，助力我国上海获得2021年第46届世界技能大赛的举办权。

三是服务“一带一路”建设，助力中国企业“走出去”。在“一带一路”建设中，职业院校充分发挥技术技能人才支撑作用及人文交流中的桥梁作用，与“一带一路”参与国家和地区的教育界、产业界人士携手合作，共同探索高技能人才的培养路径，增进民心相通。2021年，职业教育国际化发展取得显著成效，呈蓬勃发展之势。“鲁班工坊”项目继续推进，合作主体不断增加，专业领域日益扩大，持续推动我国职业教育和服务我国企业“走出去”。12月3日，摩洛哥鲁班工坊在“云上”正式揭牌，成为我国在非洲建成运行的第12个鲁班工坊，成为在全球建成运行的第20个鲁班工坊，向全世界展示了中国职业教育“走出去”的坚定态度与坚韧步伐。中国与东盟国家在职业教育领域持续深化合作，积极推动中国—东盟职业教育合作共同体建设，召开第六届中国—东盟职业教育联展暨论坛，推动近20所职业院校协同中国企业与东盟国家职业院校合作办学，共享130余项职业教育课程教学标准。①

二、优质融合：职业教育高质量发展的核心理念

虽然我国建成了世界最大规模的职业教育，但是总体上来看，我们的规模优势还没有完全转化成质量优势。科学合理地促进职业教育高质量发展，需要职业教育树立“优质融合”发展理念，遵循“三教”协同和“三融”发展思想，健全服务全民终身学习的现代职业教育体系，增强各级政府对职业教育发展的统筹能力，提升职业教育与普通教育、产业与科技协同创新和融合发展的能力。

① 王扬南．努力让每个人都有人生出彩的机会——改革开放40年中国职业教育发展报告[M]. 北京：高等教育出版社，2019：105.

(一) 优质融合发展理念的内涵

解析优质融合理念，首先看“优质”的概念，《说文解字》载：“优，饶也。从人尤声。一曰倡也。”此处有充足、富裕之意。《诗·小雅·信南山》将其解释为“既优既渥，既沾既足，生我百谷”，有雨水充沛之意。诸葛亮在《出师表》中，有“优劣得所”的表述，可以理解为优良、美好、优越，跟“劣”相对。除上述意涵之外，“优”还有宽厚、宽容、安闲、悠闲、安逸、优厚、柔弱、优待、协调、调和、嘉奖等含义，现在多理解为优良的、美好的、出众的。

《说文解字》载：“质，以物相赘。”意即将某物或人作抵押以换取自己想要的东西，此处“质”为交换之意，由此可引申出作为名词的“交换之物”的用法，如“人质”。《康熙字典》载：“《易·系辞》原始要终，以为质也。”“质”还有种类、类型和要求等意，以上是“质”的几种常见用法，现在主要指事物的“本体”“本质”，包括其“属性”“品质”“特性”等。

简单梳理“优”与“质”的含义有助于我们理解何为“优质”。“优质”在《现代汉语词典》里的解释是：“属性词，质量优良的。”

再来看“融合”的概念，《说文解字》载：“融，炊气上出也。从鬲，虫省声。”在这里取其本意，有炊气上升之意。孙绰《游天台山赋》载，“融而为川渎”。融有融化、消融之意。除此之外，“融”还有融合、融会、长远、长久、明亮、显明、昌盛、和乐、和煦等意涵，现在主要取融合、调和之意。

《说文解字》载：“合，合口也。”《庄子·秋水》载“公孙龙口呿而不合”，这里的“合”取其本意，即闭合、合拢。《庄子·达生》载“合则成体”。《后汉书·张衡传》载“合盖隆起”，引申为开合之意。除此之外，“合”还有汇聚、聚合、联合、联络、结合、符合、不违背、适合、合并等义，现在主要指结合到一起、凑到一起。

进一步梳理“融”与“合”的含义有助于我们更好地理解“融合”概念。《华阳国志·汉中志》载，“孱水出孱山，其源出金银矿，洗取，火融合之，为金银”。融合在这里有融解、熔化之意。《书赵永丰训之行录后》载，“天人报应，尚堕渺茫；上下融合，实关激劝”。融合在这里有调和、和洽之意。《现代汉语词典》里的解释是：几种不同的事物合成一体。物理意义上指熔成或如熔化那样融成一体。心理意义上指不同个体或不同群体在一定的碰撞或接触之后，认知、情感或态度倾向融为一体。

其实，我们说优质融合的职业教育，一方面追求的是本质上的“优质”也就是高质量发展，另一方面追求的是运行样态上的“融合”也就是协调共生发展。

（二）优质融合发展理念的时代价值

2017年党的十九大做出了中国特色社会主义进入新时代、社会主要矛盾发生新变化两大战略判断，强调建设质量强国，要求“质量第一、效益优先”，把质量放到了非常突出的战略位置。

2019年国务院印发的《国家职业教育改革实施方案》(以下简称“职教20条”）为解决职业教育质量和技术技能人才培养质量问题明确了具体行动方案，提出了一系列政策措施。“职教20条”的出台标志着我国高职教育开启了以提高质量为核心、以立德树人为根本的内涵式发展新征程。

2021年4月12日至13日，全国职业教育大会在北京胜利召开。此次大会是经党中央批准，在建党100周年、“十四五”开局之年也是全面建设社会主义现代化国家新征程的开启之年这一重要时刻召开的一次重要会议，是新中国成立以来，首次以党中央、国务院名义召开的全国职业教育大会。大会主要围绕优化职业教育类型定位，深化产教融合、校企合作，深入推进育人方式、办学模式、管理体制、保障机制改革，稳步发展职业本科教育，推进普职融通，增强职业教育适应性，加快构建现代职业教育体系，培养更多高素质技术技能人才、能工巧匠、大国工匠做出一系列重大部署，这对加快构建现代职业教育体系、建设技能型社会意义重大、影响深远。

2022年党的二十大报告中指出要“统筹职业教育、高等教育、继续教育协同创新，推进职普融通、产教融合、科教融汇，优化职业教育类型定位”。习近平总书记关于职业教育的新论述为我国职业教育的创新发展提供了根本遵循，体现出党中央对职业教育推进中国式现代化寄予的新期待，服务科教兴国战略、人才强国战略、创新驱动发展战略、就业优先战略成为职业教育的重要使命。健全服务全民终身学习的现代职业教育体系，增强各级政府对职业教育发展的统筹能力，提升职业教育与普通教育、产业与科技协同创新和融合发展的能力，将成为未来推动职业教育高质量发展的重中之重。

进入社会主义新时代，我国职业教育也进入到发展快车道，职业教育比以往任何时候都更加迫切地感受到了党和国家的期望，更加深刻体会到所肩负的服务经济社会发展大局、助力现代产业结构转型发展、为国家培养高技术技能人才、努力为每个人提供人生出彩机会、实现中华民族伟大复兴中国梦的历史重任。此时此刻，优质融合的职业教育成为时代发展的需要，成为职业教育继续发展的核心理念，这个理念比较全面地反映了新时期职业教育的发展需求和未来面向，可以说，反映了我国职业教育由规模化发展向优质高效发展，由学校主导办学向校企合作办学，由职业教育单一发展向职业教育、高等教育、继续教育融合发展，由职业教育与普通教育融合发展向职普融通、产教融合、科教融汇融合发展的新思路。

（三）优质融合发展理念的实践路径

根据习近平总书记关于职业教育的重要指示精神以及中共中央办公厅、国务院办公厅印发的《关于深化现代职业教育体系建设改革的意见》的要求，第一，更新全社会对发展职业教育的观念和认识，彻底改变对于职业学校以及职校生的偏见，切实把职业学校作为协同创新重要主体、国家人才培养重要基地和学习型社会重要支撑来看待。第二，努力将“三融”发展理念落到实处。以深化产教融合为重点，以推动职普融通为关键，以科教融合为新方向发展职业教育，塑造发展新动能新优势。第三，压实各方主体责任。央地互动、区域联动、政行企校协同的机制是产教联合体、产教融合共同体建设的前提。第四，以提升职业院校关键能力为基础，深化现代职业教育体系建设改革。第五，加强和落实职业教育法治建设，为引导职业教育科学健康发展提供法律保障。第六，加强双师型教师队伍建设，为职业教育发展提供人才支撑和智力支持。

以上是落实职业教育优质融合发展核心理念的实践路径，职业教育建设和发展应该在先进理念引导、工作扎实开展、工作成果共享、思路转变更新等方面持续发力，充分体现优质融合发展理念，实现职业教育高质量融合发展。

三、中国职业教育存在的问题

总体来看，职业教育起步晚，相对普通教育发展基础薄弱，大而不强、质量不高的问题依然存在。其中有政府部门的统筹协调问题，有教育自身的发展问题，也有社会观念问题。具体表现在以下几方面。

（一）办学特色不鲜明，结构布局需调整

一是办学理念和模式相对滞后，没有根本脱离普通教育的束缚。在产业结构转型升级的背景下，职业高等学校的人才培养在相当程度上仍在沿袭普通高等学校的办学方向和育人理念、课程体系和教学内容、教育方法和培养模式等，符合现代产业体系要求和市场需求的高技能人才长期供不应求，一些区域的人口红利逐渐消失，人才力量储备相对不足。

二是高职院校办学定位不清晰，结构和布局需要优化。长期以来，部分地区在高职院校布局上与区域经济社会发展没有同步谋划，一些发展质量高、产业和人口集中的地区缺少相应的技术技能人才供给。研究发现，一些高职院校的专业设置与行业企业需求没有及时对接，"就业难"与"技工荒"的问题同时存在，一些高职院校毕业生找不到与专业匹配度高的工作，而一些新产业、新行业、新工种也找不到能力与之匹配的技术工人。

三是办学特色不鲜明，职业教育整体吸引力不强。近年来，一些职业院校盲目追求升格更名、提高办学层次，但学科专业设置同质化、学校教育体系封闭化，学生没有获得高质量职业教育的体验，毕业生的技术技能也不能很好地适应市场需求和岗位职责，职业教育的类型特征长期以来没有得到社会普遍认可。

（二）管理体制机制不健全，办学主体需多元

一是管理边界不清。职业教育包括职业学校教育和职业培训，涉及教育部、人社部、各行业部门等方方面面。目前，各部门在职业教育管理中的职能存在交叉，职责边界不够清晰。比如，教育部和人社部实行两套专业目录、两个招生平台、两种招生办法。

二是职业教育管理体制需要完善。一方面，职业教育领域条块分割、多头管理、政出多门的体制性矛盾仍然存在，分级管理、地方为主、政府统筹、行业指导、社会参与的管理体制还没有完全理顺。另一方面，个别省市高职院校办学自主权下放不够充分，一些地区对考试招生、培养模式、专业设置、教师管理、经费使用等微观环节管得过多、过细，在学校内部治理方面，现代职业学校制度不健全，职业院校章程不完善，学校自主办学能力有待加强。

三是企业和社会力量进入职业教育壁垒仍然存在。民办高职院校在生均经费拨付、教师队伍建设、基金项目支持、奖助学金覆盖面等方面，没有得到与公办高职院校同等的待遇；还有个别地区在职业院校设置审批上私设门槛，提高职业教育行业准入标准，一定程度上影响了社会资金进入职业教育领域的预期。

（三）产教融合渠道不畅，职普统筹不够

一是行业龙头企业举办职业教育的内生动力不足。社会上还普遍存在着教育培养人才、企业使用人才的惯性思维，现阶段，企业拥有更大的选人用人裁量权，缺乏举办职业教育的内在动力。《关于推动现代职业教育高质量发展的意见》明确提出鼓励上市公司、行业龙头企业举办职业教育。但是相关落地政策仍显迟缓，实施细则不清不明，企业和学校在期待和观望情绪中徘徊不定。其中国有资产运营管理、评估和退出机制等关键性问题不明晰的情况仍然存在，成为制约产教融合和混合所有制实质性推进的最大政策障碍。

二是有参与职业教育积极性的企业得不到政策扶持。专家认为，教育与其他部门之间存在政策矛盾和抵触现象，企业办学的合法性遭到质疑，企业办学性质不明、教师身份不明等问题首当其冲，打击了企业办学的积极性和主动性。企业举办职业院校没有纳入财政生均拨款制度的覆盖范围，学校融资和核算渠道不畅、教育费附加返还的比例和对象不明等问题普遍存在，企业办学经费不足，基本办学条件难以保障。此外，对于企业举办职业教育还存在条件过高等问题，政策要求与企业实际严重不符，例如开展技能培训的经费条件过于严苛。

三是职普统筹不够。近几年，职普比问题频繁引发关注，部分地区尤其是经济欠发达地区职普比下滑趋势严重。2010年，我国职普比为4.8∶5.2。随后几年，中职学校数和在校生数出现双下降，虽然“职教20条”印发后有所改善，但

是2020年的4.2∶5.8的水平与十年前的水平相比差距还较大。职教与普教供给结构的失衡，不仅会影响我国教育现代化的进程，更将直接导致我国劳动力结构失衡，影响国家实体经济发展。当前我国正处于产业转型升级关键期，要做强实体经济，亟须大量技术技能人才支撑。据初步测算，到2025年，我国制造业十大重点领域人才需求缺口接近3000万人，服务业的缺口更大，仅家政、养老等领域至少需要4000万人，而2020年中职、高职相关专业毕业生只有100万人左右。[①]

（四）吸引力不够强，规模质量不匹配

一是认可度不高。受传统观念影响，社会对职业教育认可度总体不高，加之当前我国技术技能人才发展渠道窄，社会待遇总体不高，甚至在落户、就业、参加机关事业单位招聘、职称评审、职级晋升等方面，还存在不同程度的歧视现象。绝大多数学生和家长不愿主动选择职业教育，认为职业教育是次等教育，是被普通教育淘汰的教育，认为上职业学校低人一等。

二是体系建设不完善。目前我们的标准体系和质量监控体系还不完善，职业本科教育仍是短板，职业学校治理能力还有待提升，教师水平、教材建设、培养特色还不够突出，产教融合、校企合作层次还不够深入。

三是规模质量不足。甚至有些职业院校基本办学条件还存在大面积不达标的情况。比如，全国还有近一半中职学校占地面积、校舍建筑面积不达标；高职三年扩招后，高职院校占地面积、教师都存在较大缺口，如不能及时补上缺口，将严重影响办学质量。

（五）经费保障不到位，多方投入需制度化

一是职业教育经费投入机制不完善，经费投入不均衡。职业教育经费稳步增长机制不够健全，仍不能满足加快发展现代职业教育的需求。以政府投入为主、受教育者合理分担、其他多种渠道筹措经费的投入机制还没有完全建立起来。经

① 本刊编辑部．学习宣传贯彻全国职业教育大会精神 加快构建现代职业教育体系——专访教育部职业教育与成人教育司司长陈子季 [J]. 国家教育行政学院学报，2021（5）：3-10.

费投入不均衡问题仍然存在，无论从投入的总量和投入的区域分布上看，还是从职业教育经费来源和支出的结构上看，与职业教育事业的发展都存在较大差距。

二是各地对职业教育的战略地位重视程度不一。部分地区对发展职业教育的战略意义认识不到位，存在重普通教育、轻职业教育的做法。职业教育发展的支持政策不够，环境氛围不佳，改革效果不彰。在经费保障方面，有些省份财政统筹力度不够，地市级财政保障不足，职业教育经费投入不到位，高职院校生均拨款制度落实不到位。

三是民间资本投入体制机制不健全。从发展历程看，民间资本进入职业教育领域的总体规模不大，增速相对缓慢，社会力量投资教育的整体意愿需要全面激活。一些行业企业举办的职业院校在财政部门没有户头，很多地方行业和企业举办的职业院校得不到公共财政的生均拨款支持，学费以外的办学经费需要企业从主营收入中拨款补助。

四、中国职业教育发展解决策略

（一）突出职业教育类型特色，优化学科专业结构布局

一是坚持应用型办学方向。研究制订推动职业教育高质量发展的实施方案，大幅改善高职院校办学条件，引导更多高职院校面向市场需求增加创新技术技能型人才供给、提高服务经济社会高质量发展的能力、稳定和促进就业创业。以促进学生的全面发展为核心，面向区域经济社会发展需求，实现技术技能型人才培养与劳动力市场岗位职责对接；以职业教育和培训内容体系改革为抓手，实现高职院校学科专业设置与产业需求对接、学生综合素养能力与职业标准对接；以服务行业市场一线为基本原则，实现人才培养过程与产品生产过程对接，毕业证书、学位证书与职业资格证书对接。

二是统筹优化高等职业教育和普通高等教育发展结构。按照国家区域发展战略和总体规划，引导一大批应用型高校向京津冀、长三角地区、长江经济带、粤港澳大湾区等经济社会发展质量高、吸纳技术技能型人才就业能力强、新产业新行业容量大的地区倾斜；更多地鼓励一批专科层次职业院校向经济相对薄弱的西

部、东北和老少边穷地区倾斜，为区域经济社会发展提供急需的技术技能型人才。在促进脱贫攻坚和乡村振兴有效衔接的关键时期，围绕新型城镇化和乡村振兴战略部署，重点支持一批高质量高职院校向“三区三州”等主战场倾斜，充分发挥职业教育巩固脱贫攻坚成果的重要作用。

三是合理设置学科专业。学科和专业建设是推动高等职业教育高质量发展的关键，是组织教育教学的基本依据和衡量职业教育服务能力的重要观测点。坚持特色发展、多样化探索，统筹资源做强传统优势学科，做精经济社会发展急需的学科，做实新兴交叉融合学科，实现学科布局和专业设置与现代产业、市场行业、新兴职业的无缝链接。积极对接新发展需求，建立高校、行业和用人单位等多方主体参与的专业动态调整机制，形成紧密对接区域产业链、创新链的学科专业体系、专业集群。

(二) 完善多元办学体制机制，鼓励优秀企业高标准举办职业教育

一是坚持需求导向和高质量标准。侧重于国家优先发展的先进制造、新能源、人工智能等方向，积极推动华为等行业顶尖企业与职业院校共同研制具有中国特色、世界水准的职业教育质量标准体系。

二是推动政策细则落地实施。鼓励地方研究出台促进产教融合的区域性法律法规，通过个案突破引领改革，特别是在资产评估、退出机制、税收优惠、办学身份等关键性问题上给出明确指向，用法律和制度改善龙头企业的顾虑与观望情绪，让利好政策落到实处，从根本上打破企业以营利为目的举办职业教育的不良预期。

三是促进投资与职教发展良性循环。引导鼓励实业公司、制造业企业投资职业教育，借鉴国际经验，未雨绸缪，研究出台行业企业必须参与产教融合、校企合作的硬约束政策与激励政策。完善政策体系，引导民间资本合理、理性投入职教教育。

(三) 加快产教深度融合，创新校企协同育人模式

一是明确界定地方政府、行业、企业等加快高职院校产教融合的责任和权

利。强化地方政府的统筹主体职能，将推动产教融合、校企合作成效纳入地方经济社会发展考核评价体系，深化“引企入教”改革。强化企业重要主体责任，将推动产教融合、校企合作纳入企业主体责任和社会责任报告，并将其作为评选各类示范企业的重要参考，构建新型政校企协同推进现代职业教育的新局面。完善高职院校分类评价体系，不断增加产教融合、校企合作情况影响资源配置的权重，并将其作为评价办学质量的重要内容，引导高职院校将更多精力用在推动产教融合、校企合作上。

二是创新高等职业教育与产业融合发展的运行模式。建立高职院校、地方政府、行业企业等共同参与的合作办学、合作治理机制，鼓励品牌企业依托或联合高职院校主导建立全国性、行业性职教集团，推进实体化运作；推动校企共建共管产业学院、企业学院，设立工作室、实验室、创新基地、实践基地等，拓展高职院校办学空间。鼓励有条件的地区积极探索高职院校股份制、混合所有制改革，为这些先行先试的高职院校提供稳定持续的政策支持，保障相关主体的合法权益。允许企业以资本、技术、管理等要素依法参与办学并享有相应权利，为企业参与办学提供制度保障。

三是重组开放式人才培养结构和流程。主动参与供需对接和流程再造，明晰技术技能型人才社会需求和培养规格，推动专业建设与产业发展相适应，实质推进协同育人；研究制订产教融合、校企合作人才培养方案，细化知识能力素质结构，推行面向企业真实生产环境的任务式培养模式。

(四) 扩大优质教育资源供给，统筹推进教师、教材、教法改革

一是分类扩大不同层次、不同类型的优质教育资源供给。面对高职扩招三年行动目标，加快落实“现代职业教育质量提升计划”，推动一批地方普通本科院校向应用型高校转型，稳步推进本科层次职业院校改革，高标准建设职业本科学校和专业，持续扩大本科层次技术技能型人才和专业学位研究生人才培养规模；支持符合条件的技师学院开办社区学院或升格为高职院校，为城乡新增和存量劳动力提供更多接受高等职业教育的机会。鼓励引导独立学院转设为应用型高校，并积极开展职业本科教育，拓展更多类型的优质高等职业教育资源。推进高等职业教育提质培优，加快落实“高水平高职学校和专业建设计划”，更好地引领职

业教育改革发展和培养高素质、多层次的技术技能人才。

二是推进分类考试招生制度和“1+X”证书制度试点改革。面对生源结构多元和服务对象多样的现状，不断深化“职教高考”制度改革，构建“多样化评价、多元化录取、多渠道入学”的考试招生体系。探索“1+X”证书制度改革试点，把毕业生的职业资格证书与学历学位证书紧密结合，建立权责明确、分工合作的证书管理体系，发挥行业协会在职业资格鉴定中的实施主体作用，鼓励支持多方主体参与职业技能认证、课程开发和人才培养工作。

三是统筹推进教师、教材、教法“三教”改革，着力加强“双师型”教师队伍建设。完善高等职业教育教师资格认定制度，在资格考试中强化专业教学和实践要求，深入实施职业院校教师素质提高计划；鼓励职业院校自主聘任有丰富实践经验的高素质技术技能人才担任专兼职教师，用政策手段引导企业的技术人员和职业院校的教师交互锻炼、双向流动；在高职院校中推广学校和企业“双导师制”，全程参与高职院校人才培养环节。以质量提升为主线，推动高职院校教师队伍、教学内容、教学方式改革，将新技术、新工艺、新规范、新案例及时纳入教学内容，推动现代信息技术与教育教学深度融合，增强职业教育的适应性，大幅提升技术技能型人才培养能力。

（五）加大多方投入力度，强化高等职业教育条件保障

一是不断提高高等职业教育投入水平。通过政策设计、制度安排、标准引导带动投入，在保障合理投入的同时，优化支出结构，鼓励各地新增教育经费向职业教育倾斜，健全财政性教育投入持续稳定增长的长效机制。持续在中央和地方两个层面加大对高等职业教育的财政投入，建立与办学规模、培养成本、质量声誉等相适应的经费动态投入制度；有效落实高职院校生均拨款标准或公用经费标准，有效覆盖非营利性民办高职院校，并根据当地财力和经济社会发展实情逐步提高拨款水平。

二是加大职业教育专项投入。以“十四五”教育提质扩容工程为契机，以“双高计划”为基础，加快建设一大批高水平高职院校和高水平专业，提高职业教育转移支付水平，通过专项投入补齐历史欠账和高职扩招后的资源短板；中央财政发挥引导作用，通过专项资金给予奖补支持；有关部门和行业企业以合作共建方

式积极参与项目建设；项目学校积极筹集社会资源，增强自我造血功能。

三是拓宽经费筹措渠道。在促进共同富裕背景下，健全高职院校筹融资机制，鼓励社会力量捐资、出资兴办高等职业教育，综合运用基金奖励、项目申报、政府购买、税费减免、土地划拨等政策手段，支持引导企业和社会力量提供新增高等职业教育服务和产品，鼓励有条件的品牌企业在境外开办高职院校，利用社会力量和市场机制把高等职业教育办好做大。

参考文献

【著作类】

[1] 阿马蒂亚·森，刘民权，夏庆杰，等.从增长到发展[M].北京：中国人民大学出版社，2015.

[2] 阿马蒂亚·森.以自由看待发展[M].任赜，于真，译.北京：中国人民大学出版社，2002.

[3] 本书编写组.习近平总书记教育重要论述讲义[M].北京：高等教育出版社，2020.

[4] 褚宏启.教育现代化的路径——现代教育导论：第2版[M].北京：教育科学出版社，2013.

[5] 褚宏启.中国现代教育体系研究[M].北京：北京师范大学出版社，2014.

[6] 范国睿.教育政策与教育改革（上卷）：本土探索[M].北京：教育科学出版社，2016.

[7] 朱旭东.中国教育改革开放40年[M].北京：北京师范大学出版社，2019.

[8] 国务院发展研究中心课题组.迈向高质量发展：战略与对策[M].北京：中国发展出版社，2017.

[9] 埃里克·哈努谢克，卢德格尔·沃斯曼因.国家的知识资本[M].银温泉，等译.北京：中信出版社，2017.

[10] 胡鞍钢，鄢一龙，唐啸，等.中国新发展理念[M].杭州：浙江人民出版社，2017.

[11] 黄守宏.中国经济社会发展形势与对策——国务院研究室调研成果选（2018）[M].北京：中国言实出版社，2018.

[12] 黄忠敬，等.基础教育发展的中国之路[M].上海：华东师范大学出版社，2016.

[13] 姜勇，王艺芳，等.新时期学前教育发展研究[M].上海：华东师范大学出版社，2020.

[14] 吉尔伯·李斯特.发展的迷思：一个西方信仰的历史[M].陆象淦，译.北京：社会科学文献出版社，2011.

[15] 江小国.供给侧改革：方法论与实践逻辑[M].北京：中国人民大学出版社，2017.

[16] 经济合作与发展组织.民生问题——衡量社会幸福的11个指标[M].北京：新华出版社，2012.

[17] 李凌.创新驱动高质量发展[M].上海：上海社会科学院出版社，2018.

[18] 李小云，齐顾波，徐秀丽.普通发展学：第二版[M].北京：社会科学文献出版社，2012.

[19] 厉以宁.大变局与新动力：中国经济下一程[M].北京：中信出版社，2017.

[20] 刘福森.西方文明的危机与发展伦理学——发展的合理性研究[M].南昌：江西教育出版社，2005.

[21] 刘复兴，薛二勇，等. 中国教育发展指数 [M]. 北京：北京师范大学出版社，2014.

[22] 刘松柏，葛玉良，杨筱寂. 建设现代化强国的必由之路：高质量发展怎么看怎么干 [M]. 北京：中国言实出版社，2019.

[23] 张男星，等. 中国高等教育发展研究 [M]. 北京：科学出版社，2018.

[24] 任保平，魏婕，郭晗，等. 超越数量：质量经济学的范式与标准研究 [M]. 北京：人民出版社，2017.

[25] 任保平. 经济增长质量的逻辑：修订本 [M]. 北京：人民出版社，2018.

[26] 史宁中，等. 新农村建设与城镇化推进中农村教育布局调整研究 [M]. 北京：经济科学出版社，2014.

[27] 孙霄兵. 推进教育优先发展政策与制度建设研究 [M]. 北京：教育科学出版社，2010.

[28] 王玲玲，冯皓. 发展伦理探究 [M]. 北京：人民出版社，2010.

[29] 王善迈，袁连生. 中国地区教育发展报告 [M]. 北京：北京师范大学出版社，2011.

[30] 王卫东. 现代化进程中的教育价值观：西方之鉴与本土之路 [M]. 北京：中国社会科学出版社，2002.

[31] 王一鸣，陈昌盛，等. 高质量发展：宏观经济形势展望与打好三大攻坚战 [M]. 北京：中国发展出版社，2022.

[32] 维诺德·托马斯，王燕. 增长的质量：第二版 [M]. 张绘，唐仲，林渊，译. 北京：中国财政经济出版社，2017.

[33] 邬志辉，秦玉友，等. 中国农村教育发展报告2016[M]. 北京：北京师范大学出版社，2017.

[34] 吴全化. 教育现代性的合理性 [M]. 广州：广东人民出版社，2009.

[35] 习近平. 习近平谈治国理政：第二卷 [M]. 北京：外文出版社，2017.

[36] 习近平. 习近平谈治国理政：第一卷 [M]. 北京：外文出版社，2014.

[37] 本书编写组. 决胜全面建成小康社会夺取新时代中国特色社会主义伟大胜利——在中国共产党第十九次全国代表大会上的报告 [M]. 北京：人民出版社，2017.

[38] 夏春玉. 中国高质量发展：基于新发展理念的指数评价与比较分析 [M]. 大连：东北财经大学出版社，2018.

[39] 许庆豫. 教育发展论：理论评介与个案分析 [M]. 福州：福建教育出版社，2001.

[40] 杨东平. 中国教育发展报告（2018）[M]. 北京：社会科学文献出版社，2018.

[41] 杨书兵. 大力推动高质量发展 [M]. 北京：中国言实出版社，2018.

[42] 杨文选，侯彦峰. 反思与重构：发展的伦理审视 [M]. 北京：中国社会科学出版社，2015.

[43] 袁振国. 教育现代化的中国之路——纪念教育改革开放40年丛书 [M]. 上海：华东师范大学出版社，2018.

[44] 张宁娟，等. 从追赶到超越：教育跨越式发展之路 [M]. 上海：华东师范大学出版社，2018.

[45] 张钰，等. 国家“十二五”教育发展规划实施情况跟踪研究 [M]. 上海：上海人民出版社，2019.

[46] 朱德全．中国义务教育均衡发展论 [M]. 北京：人民出版社，2019.

[47] 张卓元 . 经济转型与改革攻坚 [M]. 北京：中国人民大学出版社，2017.

[48] 中国教育与人力资源问题报告课题组 . 从人口大国迈向人力资源强国 [M]. 北京：高等教育出版社，2003.

[49] 中共中央党史和文献研究院 . 习近平扶贫论述摘编 [M]. 北京：中央文献出版社，2018.

[50] 中共中央宣传部 . 习近平新时代中国特色社会主义思想三十讲 [M]. 北京：学习出版社，2018.

【报刊类】

[1] 鲍传友 . 提升学校治理能力需要进一步完善学校内部治理结构 [J]. 教育发展研究，2017，37（20）：3.

[2] 曾凡银 . 深入推进区域协调高质量发展 [J]. 红旗文稿，2021（12）：29-31.

[3] 曾天山 . 促进义务教育均衡发展的基本思路 [J]. 教育研究，2002（2）：16-18.

[4] 陈宝生 . 建设高质量教育体系加快建成教育强国 [J]. 旗帜，2020（12）：8-10.

[5] 陈法宝 .PISA 测评对英国基础教育改革动向的影响——例论“中英数学教师交流项目”[J]. 基础教育，2016，13（5）：107-112.

[6] 陈慧荣 . 国家治理与国家建设 [J]. 学术月刊，2014，46（7）：9-12.

[7] 陈如平 . 以育人方式改革为重点推动普通高中深度变革 [J]. 中国教育学刊，2020（8）：31-35.

[8] 陈学军 . 义务教育优质均衡发展究竟是什么？ [J]. 教育发展研究，2012，32（22）：10-14.

[9] 成刚 . 更多的教育投入能带来更好的教育吗？ [J]. 北京师范大学学报（社会科学版），2019（2）：38-51.

[10] 储常连 . 立“五维”破“五唯”推进教育评价现代化 [N]. 中国教育报，2020-10-30(6).

[11] 褚宏启 . 教育治理：以共治求善治 [J]. 教育研究，2014，35（10）：4-11.

[12] 褚宏启 . 我们需要什么样的学校办学活力 [J]. 中小学管理，2021（1）：60-61.

[13] 褚宏启 . 新时代需要什么样的教育公平：研究问题域与政策工具箱 [J]. 教育研究，2020，41（2）：4-16.

[14] 崔允漷 . 促进学习：学业评价的新范式 [J]. 教育科学研究，2010（3）：11-15.

[15] 邓友超 . 以制度自觉支撑制度自信 [J]. 中国高等教育，2017（19）：48-49.

[16] 董丽丽，王敏 . 英国基础教育教师招聘与留用战略探析 [J]. 比较教育研究，2020，42（4）：82-89.

[17] 窦桂梅 . 清华大学附属小学：成志教育——儿童成长的指南针 [J]. 人民教育，2019（Z1）：44-48.

[18] 杜屏，谢瑶 . 农村中小学教师工资与流失意愿关系探究 [J]. 华东师范大学学报（教

育科学版)，2019，37(1)：103-115.

[19] 段俊吉 . 美国基础教育改革的公平演进及现实反思——基于二战后联邦教育政策的考察 [J]. 外国中小学教育，2019(2)：9-14.

[20] 段丽华，周霖，柳海民 .MOOC 的全球化发展与高等教育公平 [J]. 现代教育管理，2015(4)：11-16.

[21] 范国睿，孙闻泽 . 改革开放40年教育体制机制改革的历史与逻辑分析 [J]. 教育研究，2018，39(7)：15-23.

[22] 范国睿 . 促进高中教育多样化发展 [J]. 教育发展研究，2010，30(24)：5.

[23] 冯嘉慧 . 普职融合还是普职分离：杜威与斯尼登的争议 [J]. 全球教育展望，2021，50(11)：59-71.

[24] 冯建军 . 义务教育优质均衡发展的理论研究 [J]. 全球教育展望，2013，42(1)：84-94.

[25] 冯建军 . 优质均衡：义务教育均衡发展的新目标 [J]. 教育发展研究，2011，31(6)：1-5.

[26] 冯晓霞，周兢 . 构筑国家财富——联合国教科文组织首届世界幼儿保育和教育大会简介 [J]. 学前教育研究，2011(1)：20-28.

[27] 付智，丁峰，郑安怡 . 我国高质量发展评价及空间分异 [J]. 金融与经济，2021(5)：68-76.

[28] 高丙成，陈如平 . 我国普通高中教育综合发展水平研究 [J]. 教育研究，2013，34(9)：58-66.

[29] 高杭，余雅风 . 坚持深化教育改革创新 [J]. 中国高等教育，2019(7)：13-15.

[30] 高培勇，袁富华，胡怀国，等 . 高质量发展的动力、机制与治理 [J]. 经济研究，2020，55(4)：4-19.

[31] 龚添妙，朱厚望 . 冲突与引领：文化视域下高职教育深化产教融合的再审视 [J]. 职教论坛，2020(1)：36-41.

[32] 辜胜阻 . 引领第四次工业革命亟须打造教育升级版 [J]. 教育研究，2020，41(5)：10-12.

[33] 顾明远 . 让每个孩子都享有公平而有质量的教育 [J]. 教育研究，2017，38(11)：4-7.

[34] 管培俊 . 建设高质量教育体系是教育强国的奠基工程 [J]. 教育研究，2021，42(3)：12-15.

[35] 郭丛斌，徐柱柱，张首登 . 超级中学：提高抑或降低各省普通高中的教育质量 [J]. 教育研究，2021，42(4)：37-51.

[36] 国家发展改革委经济研究所课题组 . 推动经济高质量发展研究 [J]. 宏观经济研究，2019(2)：5-17.

[37] 郝文武 . 提高教育质量的永恒追求与时代特征 [J]. 陕西师范大学学报(哲学社会科学版)，2015，44(2)：157-166.

[38] 何秀超 . 教育督导推进教育“管办评”分离的思考 [J]. 教育研究，2019，40(2)：124-130.

[39] 侯佳，刘月琴 . 关于落实学校办学自主权的理性思考 [J]. 教育理论与实践，2018，

38（7）：31-34.

[40] 胡永斌，龙陶陶．美国基础教育信息化的现状和启示 [J]. 中国电化教育，2017（3）：36-43.

[41] 胡咏梅，元静．“十四五”期间完善义务教育经费保障机制研究 [J]. 教育与经济，2021，37（1）：57-66.

[42] 皇甫林晓，梁茜．新中国成立70年来高等教育办学体制改革的历史回顾与未来展望 [J]. 大学教育科学，2020（1）：73-79.

[43] 黄芳．普及化高等教育阶段的质量观——基于美国、英国和日本的经验及启示 [J]. 现代教育论丛，2018（6）：37-42.

[44] 黄瑾，熊灿灿．我国“有质量”的学前教育发展内涵与实现进路 [J]. 华东师范大学学报（教育科学版），2021，39（3）：33-47.

[45] 惠中，韩苏曼．论我国中小学教师队伍建设中的性别结构失衡问题 [J]. 全球教育展望，2011，40（10）：66-71.

[46] 霍益萍．普及有质量的高中教育 [N]. 中国教育报，2016-02-18（3）.

[47] 于建福．教育均衡发展：一种有待普遍确立的教育理念 [J]. 教育研究，2002（2）：10-13.

[48] 姜勇，李芳，庞丽娟．普惠性学前教育的内涵辨析与发展路径创新 [J]. 学前教育研究，2019（11）：13-21.

[49] 焦师文．坚持发展性评价方向推进教师考核评价改革 [J]. 中国高等教育，2014（10）：30-32.

[50] 教育部人事司．为教育事业科学发展提供组织保障和人才支持 [N]. 中国教育报，2011-08-03（2）.

[51] 荆文君，孙宝文．数字经济促进经济高质量发展：一个理论分析框架 [J]. 经济学家，2019（2）：66-73.

[52] 雷万鹏，王浩文.70年义务教育学校布局调整回顾与反思 [J]. 华中师范大学学报（人文社会科学版），2019，58（6）：12-24.

[53] 李波，黄斌，汪栋．回顾与前瞻：中国义务教育财政体制70年 [J]. 华中师范大学学报（人文社会科学版），2019，58（6）：35-44.

[54] 李娟．美国弱势群体补偿教育立法的历史研究——基于教育公平的视角 [J]. 外国教育研究，2016，43（1）：71-81.

[55] 李克强作的政府工作报告（摘登）[N]. 人民日报，2020-05-23（3）.

[56] 李梦欣，任保平．新时代中国高质量发展的综合评价及其路径选择 [J]. 财经科学，2019（5）：26-40.

[57] 李润华．基于个性差异的日本中小学教育改革实践研究 [J]. 世界教育信息，2016，29（17）：47-52.

[58] 李淑芳，时少华，任伟宁．高职院校师资队伍结构优化途径的研究 [J]. 中国职业技术教育，2008（14）：37-38.

[59] 李伟. 高质量发展有六大内涵 [N]. 人民日报（海外版），2018-01-22（3）.

[60] 李小红，李玉娇．美国推进 STEM 教育的策略 [J]. 比较教育研究，2019，41（12）：

87-93.

[61] 李晓燕，陶夏．从均等到公平：美国教育平等理念的嬗变——基于20世纪70年代以来美国基础教育财政诉讼的视角 [J]. 教育与经济，2015（3）：58-64.

[62] 李昱辉．日本综合学习嬗变、特征与问题 [J]. 比较教育研究，2019，41（1）：63-70.

[63] 李政涛．中国教育公平的新阶段：公平与质量的互释互构 [J]. 中国教育学刊，2020（10）：47-52.

[64] 廖婧茜．基础教育高质量发展的实现机制 [N]. 中国社会科学报，2021-08-13（3）.

[65] 林靖云，刘亚敏．我国教育治理中的社会参与：困境与出路 [J]. 现代教育管理，2020（11）：44-50.

[66] 林兆木．关于我国经济高质量发展的几点认识 [N]. 人民日报，2018-01-17（7）.

[67] 刘冬冬，张新平．教育治理现代化：科学内涵、价值维度、实践路径 [J]. 现代教育管理，2017（7）：1-6.

[68] 刘海丹，梁入文，周兢．让每位幼儿都享有优质教育——《早期学习环境评量表》的背景、结构和启示 [J]. 外国教育研究，2020，47（11）：103-116.

[69] 刘丽群．高中阶段普职结构改革的国际经验与中国选择 [J]. 比较教育研究，2020，42（9）：30-36.

[70] 刘利民．普及高中教育首先应该做什么？ [N]. 光明日报，2015-11-17（14）.

[71] 刘天，程建坤．改革开放40年我国义务教育均衡发展的政策变迁、动因和经验 [J]. 基础教育，2018，15（6）：22-31.

[72] 刘献君．新中国高等教育70年的回顾与展望 [J]. 高等教育研究，2019，40（11）：1-8.

[73] 刘学智，王馨若．基于立德树人的大中小学教材一体化建设 [J]. 课程·教材·教法，2019，39（8）：12-19.

[74] 刘延东．深化高等教育改革 走以提高质量为核心的内涵式发展道路 [J]. 中国高等教育，2012（11）：4-9.

[75] 刘焱，涂玥，史瑾．我国农村学前一年班级教育环境质量研究 [J]. 教育发展研究，2015，35（12）：16-22.

[76] 刘尧．开创提升质量的教育评价新时代 [J]. 教育测量与评价，2018（6）：1.

[77] 刘义兵，付光槐．教师教育一体化发展的体制机制创新 [J]. 教育研究，2014，35（1）：111-116.

[78] 刘永林．新中国成立70年来高等教育法治建设的回顾与展望 [J]. 中国高教研究，2020（1）：27-34.

[79] 刘友金，周健．“换道超车”：新时代经济高质量发展路径创新 [J]. 湖南科技大学学报（社会科学版），2018，21（1）：49-57.

[80] 刘云生．经济转向高质量发展阶段：教育怎么办 [J]. 教育发展研究，2018，38（11）：1-10.

[81] 刘志强．“落实2030年可持续发展议程：我们在行动”——首届可持续发展论坛在京成功举办 [N]. 人民日报，2019-10-28（10）.

[82] 柳海民，邹红军．高质量：中国基础教育发展路向的时代转换 [J]. 教育研究，2021，42（4）：11-24.

[83] 柳海民，许浙川．教育生态承载力：区域教育高质量发展的必要支撑 [J]. 现代教育管理，2020（12）：1-6.

[84] 龙安邦，余文森．我国基础教育课程方案变革70年的回顾与展望 [J]. 中国教育学刊，2019（10）：28-35.

[85] 卢彩晨．我国公立高校内部治理体系：内涵、特征及新动向 [J]. 北京教育（高教），2021（3）：38-41.

[86] 卢丽珠．法国“教育优先区”政策改革新探索 [J]. 比较教育研究，2019，41（9）：90-97.

[87] 陆韵．义务教育阶段“民办择校热”背后教育不公平的生成与治理 [J]. 中国教育学刊，2020（12）：35-41.

[88] 罗士琰，张辉蓉，宋乃庆．基础教育改革与发展的中国模式探析 [J]. 江西师范大学学报（哲学社会科学版），2020，53（1）：123-129.

[89] 骆徽．我国高等教育公平指标体系研究——基于 CIPP 评价模式的视角 [J]. 教育发展研究，2012，32（21）：59-64.

[90] 马健生，邹维．“三点半现象”难题及其治理——基于学校多功能视角的分析 [J]. 教育研究，2019，40（4）：118-125.

[91] 马立超．教育精准扶贫政策体系建设的成效、困境与突破——基于政策设计的分析视角 [J]. 当代教育科学，2020（6）：94.

[92] 倪闽景．努力实现更加公平更高质量的教育 [J]. 人民教育，2021（6）：1.

[93] 庞丽娟，夏婧．国际学前教育发展战略：普及、公平与高质量 [J]. 教育学报，2013，9（3）：49-55.

[94] 蒲蕊．论教育治理中的社会参与 [J]. 中国教育学刊，2015（7）：26-31.

[95] 蒲蕊．新中国基础教育管理体制70年：历程、经验与展望 [J]. 中国教育学刊，2019（10）：48-53.

[96] 祁占勇，刘丹．国际视野下学习成果认定的保障机制及其启示 [J]. 湖南师范大学教育科学学报，2021，20（4）：83-92.

[97] 钱琴．课程地图：幼儿园园本课程建设的新视角 [J]. 学前教育研究，2021（2）：93-96.

[98] 秦玉友．从高速增长迈向高质量发展——新时代教育内涵发展战略转型 [J]. 南京师大学报（社会科学版），2019（6）：15-24.

[99] 秦玉友．问题友好型学校治理：教育高质量发展的切入点 [J]. 教育发展研究，2018，38（12）：3.

[100] 清华大学附属小学．成志教育：小学立德树人的模式构建与实践探索 [J]. 人民教育，2018（8）：59.

[101] 阙明坤，王华，王慧英．改革开放40年我国民办教育发展历程与展望 [J]. 中国教育学刊，2019（1）：29-36.

[102] 任保平．新时代中国经济从高速增长转向高质量发展：理论阐释与实践取向 [J]. 学术月刊，2018，50（3）：66-74.

[103] 任平，迈纳特·迈尔．从 PISA 危机到能力导向的革命：世纪之交德国基础教育改

革的困境、举措与效果 [J]. 比较教育学报，2020（1）：117-130.

[104] 任友群 . 赓续百年初心 打造高质量教师队伍 [N]. 中国教育报，2021-08-23（1）.

[105] 生兆欣 . 政府 · 市场 · 社会：学前教育治理的历史变迁及当代审视 [J]. 南京师大学报（社会科学版），2021（4）：40-51.

[106] 石中英 . 高等教育内涵式发展的理论要义与实践要求 [J]. 国家教育行政学院学报，2020（9）：7-15.

[107] 石中英 . 回归教育本体——当前我国教育评价体系改革刍议 [J]. 教育研究，2020，41（9）：4-15.

[108] 宋乃庆，罗士琰，王晓杰 . 义务教育改革与发展40年的中国模式 [J]. 南京社会科学，2018（9）：25-30.

[109] 苏君阳 . 新时代教育治理体系现代化：内涵、特征及其实现路径 [J]. 教育研究，2021，42（9）：120-130.

[110] 眭依凡 . 关于一流大学建设与大学治理现代化的理性思考 [J]. 中国高教研究，2019（5）：1-5.

[111] 眭依凡 . 转向大学内部治理体系创新：高等教育治理体系现代化的紧要议程 [J]. 教育研究，2020，41（12）：67-85.

[112] 孙颖，刘红，杨英英，等 . 日本职业教育质量外部评价的经验与启示——以短期大学为例 [J]. 比较教育研究，2013，35（12）：48-55.

[113] 孙志远 . 构建“中国教育走出去”战略的四个基本问题 [J]. 复旦教育论坛，2021，19（1）：24-30.

[114] 覃红霞，刘海峰 . 美国弱势群体入学政策的法律审视与启示 [J]. 高等教育研究，2015，36（3）：91-96.

[115] 唐小艳 . 管办评分离视域下职业教育第三方评价的运行模式 [J]. 现代教育管理，2020（6）：96-101.

[116] 田慧生 . 深入学习贯彻党的十九大精神 为推进新时代教育改革发展提供智力支持 [J]. 教育研究，2018，39（1）：11-17.

[117] 王炳林 . 加强党对教育事业的全面领导是办好教育的根本保证 [J]. 中国高等教育，2020（18）：4-6.

[118] 王定华 . 新时代我国教育改革发展的新方向新要求——学习习近平总书记在全国教育大会上的重要讲话 [J]. 教育研究，2018，39（10）：4-11.

[119] 王嘉毅，封清云 . 坚持系统观念：“十四五”教育发展的重要实践遵循 [J]. 国家教育行政学院学报，2021（2）：3-9.

[120] 王建华 . 什么是高等教育高质量发展 [J]. 中国高教研究，2021（6）：15-22.

[121] 王善迈，董俊燕，赵佳音 . 义务教育县域内校际均衡发展评价指标体系 [J]. 教育研究，2013，34（2）：65-69.

[122] 王树涛，毛亚庆 . 我国义务教育阶段公平有质量学校教育的区域均衡研究 [J]. 现代教育管理，2018（2）：51-55.

[123] 王澍 . 抓两头带中间：中国教育高质量发展的动力机制 [J]. 东北师大学报（哲学社会科学版），2020（6）：105-112.

[124] 王维 . 我国各省份基本公共教育服务水平评价研究 [J]. 教育科学，2017，33（2）：1-10.

[125] 王正青，徐辉 . 当前美国基础教育质量现状与改进趋势——“追求卓越”理念引领下的实践 [J]. 教育研究，2014，35（9）：121-126.

[126] 卫建国，秦一帆 . 我国中小学减负政策70年：回顾与变迁 [J]. 教育理论与实践，2019，39（22）：27-31.

[127] 魏晓宇，苏娜 . 学校教育可以兼顾公平与质量吗？ [J]. 华东师范大学学报（教育科学版），2021，39（8）：116-126.

[128] 邬志辉，范国睿，李立国，等 . 教育高质量发展笔谈 [J]. 清华大学教育研究，2022，43（2）：24-39.

[129] 吴晶，金志峰，葛亮 . 为什么教师职业对于女性更具吸引力——基于社会比较理论的视角 [J]. 教育发展研究，2020，40（2）：59-68.

[130] 吴康宁 . 及早谋划省域义务教育基本均衡发展的国家战略 [J]. 教育研究与实验，2015（2）：1-6.

[131] 吴全华 . 论以有质量和有公平为目标的普通高中教育改革 [J]. 当代教师教育，2020，13（4）：9-16.

[132] 谢春风 . 英国“有效学前中小学教育项目”的特点与启示 [J]. 学前教育研究，2016（7）：22-30.

[133] 熊丙奇 . 落实《新时代高教40条》，强化质量评价保障机制 [J]. 上海教育评估研究，2018，7（6）：26-28.

[134] 徐惠彬 . 抓住教育评价这个“牛鼻子” [N]. 人民日报，2021-03-17（12）.

[135] 徐建梅 . 以党建促进学校教育教学高质量发展 [J]. 中国教育学刊，2021（S1）：132-135.

[136] 徐小荣，朱德全 . 义务教育均衡发展的推进逻辑与价值旨归 [J]. 教育研究，2017，38（10）：37-45.

[137] 严文法，刘雯，李彦花 . 全球基础教育质量评估变化趋势及其对我国基础教育质量监测的启示——以 PISA、TIMSS、NAEP 为例 [J]. 外国教育研究，2020，47（9）：75-86.

[138] 杨东平，王帅 . 从“衡中模式”看基础教育治理的困境 [J]. 清华大学教育研究，2018，39（4）：87-93.

[139] 杨清溪，柳海民 . 优质均衡：中国义务教育高质量发展的时代路向 [J]. 东北师大学报（哲学社会科学版），2020（6）：89-96.

[140] 杨清溪，邬志辉 . 义务教育学校课后服务落地难的堵点及其疏通对策 [J]. 教育发展研究，2021，41（Z2）：42-49.

[141] 杨涛，辛涛，董奇 . 法国基础教育质量测评体系探析 [J]. 比较教育研究，2013，35（4）：60-65.

[142] 杨小微 . 探寻区域义务教育优质均衡发展的新机制——以集团化办学为例 [J]. 教育发展研究，2014，33（24）：1-9.

[143] 杨银付 .70年基础教育发展的“中国道路” [J]. 中国教育学刊，2019（10）：3.

[144] 余凯，谢珊 . 普通高中教育多样化发展的问题分析与政策建议 [J]. 中国教育学刊，

2020（2）：40-45.

[145] 余雅风 . 以制度为关键和重点，让教育治理更有水平——推进教育治理体系和治理能力现代化 [J]. 中国电化教育，2020（1）：2-6.

[146] 虞永平 . 幼有所育的基本支撑 [J]. 中国教育学刊，2019（2）：158.

[147] 袁桂林 . 促进高中教育多样化发展的三个关键点 [J]. 人民教育，2018（2）：43.

[148] 袁磊，张淑鑫，雷敏，等 . 技术赋能教育高质量发展：人工智能、区块链和机器人应用前沿 [J]. 开放教育研究，2021，27（4）：4-16.

[149] 袁振国，张男星，孙继红 .2012 年高校绩效评价研究报告 [J]. 教育研究，2013，34（10）：55-64.

[150] 岳昌君 . 高等教育结构与产业结构的关系研究 [J]. 中国高教研究，2017（7）：31-36.

[151] 翟博，孙百才 . 中国基础教育均衡发展实证研究报告 [J]. 教育研究，2012，33（5）：22-30.

[152] 翟博 . 教育均衡发展：理论、指标及测算方法 [J]. 教育研究，2006（3）：16-28.

[153] 湛中乐，靳澜涛 . 新中国教育立法 70 年的回顾与展望 [J]. 首都师范大学学报（社会科学版），2019（5）：1-9.

[154] 张德祥 . 高等教育基本关系与高等教育学体系建设 [J]. 高等教育研究，2020，41（10）：46-54.

[155] 张继东，王颖 . 改革开放以来我国高等教育成就及对“双一流”建设路径的启示 [J]. 天津大学学报（社会科学版），2021，23（1）：50-57.

[156] 张乐天 . 新时代我国教育发展与教育指标的新建构——兼谈 OECD 教育指标的借鉴意义 [J]. 南京师大学报（社会科学版），2019（4）：13-19.

[157] 张茂聪，刘信阳 . 县域义务教育优质均衡发展：基于内发发展理论的构想 [J]. 教育研究，2015，36（12）：67-72.

[158] 张娜，蔡迎旗 . 卓越幼儿园教师的教学行为特征 [J]. 学前教育研究，2019（9）：24-36.

[159] 张男星，王纾，孙继红 . 我国高等教育综合发展水平评价及区域差异研究 [J]. 教育研究，2014，35（5）：28-36.

[160] 张新平，佘林茂 . 对教育高质量发展的三重理解 [N]. 中国教育报，2021-03-18（7）.

[161] 张宇，徐国庆 . 美国生涯与技术教育质量问责机制评析 [J]. 职业技术教育，2015，36（15）：72-75.

[162] 赵沁平 . 走出中国建设世界一流大学的路子 [N]. 光明日报，2017-03-07（13）.

[163] 赵庆寺 . 新时代高校国家安全教育的理念、逻辑与路径 [J]. 思想理论教育，2019（7）：99-105.

[164] 赵勇 . 智能机器时代的教育：方向与策略 [J]. 教育研究，2020，41（3）：26-35.

[165] 郑浩，张印鹏 . 中国高校数量规模对经济发展影响的实证研究 [J]. 中国高教研究，2017（8）：68-73.

[166] 钟秉林 .“十四五”期间我国高等教育发展的基础与关键 [J]. 河北师范大学学报（教育科学版），2021，23（1）：1-8.

[167] 钟秉林．深化综合改革坚持依法治教提高教育质量 [J]. 教育研究，2016，37（2）：30-36.

[168] 钟晓敏．新时代高等教育高质量发展论析 [J]. 中国高教研究，2020（5）：90-94.

[169] 周川．我国高等教育管理体制 70 年探索历程及其展望 [J]. 高等教育研究，2019，40（7）：10-17.

[170] 周峰．试论基础教育均衡发展的若干问题 [J]. 教育研究，2002（8）：70-72.

[171] 周光礼．改革体制机制 推进基本公共教育服务体系现代化 [J]. 人民教育，2017（19）：48-50.

[172] 周扬，谢宇．从大学到精英大学：高等教育扩张下的异质性收入回报与社会归类机制 [J]. 教育研究，2020，41（5）：86-98.

[173] 朱家存，阮成武，刘宝根．区域义务教育均衡发展监测指标体系研究——基于安徽省义务教育政策实践 [J]. 教育研究，2010，31（11）：12-17.

[174] 朱新卓，赵宽宽．我国高中阶段普职规模大体相当政策的反思与变革 [J]. 中国教育学刊，2020（7）：11-16.

[175] 朱益明，石雪丽．论我国加快普及高中阶段教育的四项任务 [J]. 基础教育，2019，16（1）：15-22.

[176] 朱紫雯，徐梦雨．中国经济结构变迁与高质量发展——首届中国发展经济学学者论坛综述 [J]. 经济研究，2019，54（3）：194-198.

[177] 邹红军，柳海民．新中国 70 年中小学师德政策建设回眸与前瞻 [J]. 中国教育科学（中英文），2020，3（1）：38-44.

【外文类】

[1] LJ COLLINS，X LIANG.Examining high quality online teacher professional development：teachers’ voices[J].International journal of teacher leadership，2015，6（1）.

[2] LM DESIMONE，K PAK.Instructional coaching as high-quality professional development[J].Theory into practice，2017，56（1）.

[3] SS GUZEY，K TANK，HH WANG，et al.A high-quality professional development for teachers of grades 3-6 for implementing engineering into classrooms[J].School science & mathematics，2014，114（3）.

[4] H YOSHIKAWA，AJ WUERMLI，A RAIKES，et al.Toward high-quality early childhood development programs and policies at national scale：directions for research in global contexts[J].Social policy report，2018，31（1）.

[5] LA KIMBREL.High quality professional development in charter schools：barriers and impact[J].International journal of educational leadership preparation，2018，13（1）.

[6] MJJ LIN，CH HUANG，IC CHIANG.Explaining trade-offs in new product development speed，cost，and quality：the case of high-tech industry in Taiwan[J].Total quality management & business excellence，2012，23（9/10）.

[7] N SAKAKIBARA，Y MANABE，Y HIROMOTO，et al.Development of high quality thermal spraying process by shielding control[J].Science & technology of welding & joining，2008，13（4）.

[8] P SAMUELS，K RODENBERG，N FREY，et al.Growing a community of high quality teachers：an urban professional development middle school[J].Education，2001，122（2）.

[9] MJ SIRGY，DJ LEE，C MILLER，et al.The impact of imports and exports on a country’s quality of life[J].Social indicators research，2007，83（2）.

[10] C WEILAND，M MCCORMICK，S MATTERA，et al.Preschool curricula and professional development features for getting to high-quality implementation at scale：a comparative review across five trials[J].Aera open，2018，4（1）.

[11] AK YADAV，M SRIVASTAVA.Educational development index in India：an inner-state perspective[EB/OL].[2018-12-21].https：//datacatalog.worldbank.org/search/dataset/0037712.

[12] UNESCO INSTITUTE FOR STATISTICS.Global education digest 2009：comparing education statistics across the world[EB/OL].[2019-01-20].https：//unesdoc.unesco.org/ark：/48223/pf0000183249.

[13] Education at a glance 2018：oecd indicators[EB/OL].（2018-09-11）[2019-01-23].https：//www.oecd-ilibrary.org/education/education-at-a-glance-2018_eag-2018-en.

[14] Global education monitoring report 2020：inclusion and education：all means all[EB/OL].[2021-02-05].https：//unesdoc.unesco.org/ark：/48223/pf0000373718.

[15] JJ HECKMAN，SH MOON，R PINTO，et al.The rate of return to the highscope perry preschool program[J].Journal of public economics，2010，94（1/2）.

[16] SM HORD.Professional learning communities：communities of continuous inquiry and improvement[EB/OL].[2021-05-03].https：//eric.ed.gov/?id=ED410659.

[17] J JOHN，C HARRIS ANTHONY，D PUTT GRAEME.Streaming in first-year university class[J].Studies in higher education，1990，15（1）.

[18] TC SARGENT，E HANNUM.Doing more with less：teacher professional learning communities in resource-constrained primary schools in rural China[J].Journal of teacher education，2009，60（3）.

[19] DL STUFFLEBEAM，GF MADAUS，T KELLAGHAN.Evaluation models：viewpoints on educational and human services evaluation[M].2nd ed.Boston：Kluwer Academic Publishers，2000：287.

[20] X ZHENG，H YIN，Z LI.Exploring the relationships among instructional leadership，professional learning communities and teacher self-efficacy in China[J].Educational management administration & leadership，2018，47（6）.